新工科建设·机器人工程精品系列教材

机器人智能算法导论

韦世奎 阮涛 赵耀
编著

電子工業出版社
Publishing House of Electronics Industry
北京·BEIJING

内 容 简 介

机器人智能是机器人和人工智能的交叉学科，是机器人获得类人智能的关键领域。本书作为该领域的入门教材，试图通过剖析机器人智能相关的经典算法，使读者不仅知其然，还知其所以然，形成解决机器人智能相关问题的方法论。本书可分为 5 个部分：第 1 部分（第 1 ~ 4 章）介绍机器人的基本概念及相关的数学、机器学习基础知识；第 2 部分（第 5 ~ 6 章）介绍机器人传感器和感知数据处理方法；第 3 部分（第 7 ~ 9 章）讲述贝叶斯滤波器、线性卡尔曼滤波器、扩展卡尔曼滤波器等经典状态估计算法；第 4 部分（第 10 ~ 11 章）讲述基于扩展卡尔曼滤波器的机器人定位和 SLAM 的完整流程，将经典算法与具体机器人任务相结合；第 5 部分（第 12 章）介绍机器人运动规划。

本书可以作为高等院校人工智能、计算机科学与技术、自动化、物联网等相关专业的本科生或研究生教材，也可以作为从事机器人研发的工程师和科研人员的参考书，还可供对机器人智能感兴趣的人员参考。

图书在版编目（CIP）数据

机器人智能算法导论 / 韦世奎，阮涛，赵耀编著. 北京 : 电子工业出版社, 2025. 8. -- ISBN 978-7-121-51071-7

Ⅰ. TP242

中国国家版本馆 CIP 数据核字第 2025400ZM7 号

责任编辑：牛晓丽　　文字编辑：韩玉宏
印　　刷：涿州市京南印刷厂
装　　订：涿州市京南印刷厂
出版发行：电子工业出版社
　　　　　北京市海淀区万寿路 173 信箱　　邮编：100036
开　　本：787×1092　1/16　　印张：17.5　　字数：448 千字
版　　次：2025 年 8 月第 1 版
印　　次：2025 年 8 月第 1 次印刷
定　　价：68.00 元

凡所购买电子工业出版社图书有缺损问题，请向购买书店调换。若书店售缺，请与本社发行部联系，联系及邮购电话：（010）88254888，88258888。

质量投诉请发邮件至 zlts@phei.com.cn，盗版侵权举报请发邮件至 dbqq@phei.com.cn。

本书咨询联系方式： QQ 9616328。

前　　言

机器人技术是新一轮科技革命和产业变革的核心驱动力之一，在智能制造、无人驾驶、智慧医疗、国防安全等领域发挥着关键作用。随着人工智能技术的快速发展，智能算法已成为机器人实现自主感知、决策与执行的核心支撑。在全球科技竞争日益激烈的背景下，掌握机器人的核心技术，不仅关乎国家产业升级和经济高质量发展，更是提升国家科技竞争力的战略需求。当前，我国在机器人技术领域已取得显著进展，但仍面临关键算法自主创新能力不足、高端人才短缺等挑战。因此，系统培养具备机器人智能算法研发能力的复合型人才，对推动我国机器人产业迈向高端化、智能化具有重要意义。

当前，机器人领域的教材体系存在明显的结构性不足，难以满足人工智能时代对机器人智能算法人才培养的需求。传统教材大多沿袭经典机器人学的框架，以运动学、动力学、机械结构和控制理论为核心内容，强调刚体系统的建模与分析。这类教材虽然体系严谨，但普遍存在两个问题：一是对现代智能算法的覆盖不足，二是知识组织方式难以适应计算机和人工智能相关专业的学习需求。从内容覆盖来看，现有教材往往将机器人智能算法视为辅助性内容，仅以零散章节或附录形式简单介绍概率滤波、同时定位与地图构建（SLAM）或路径规划等关键技术。这种安排导致读者难以系统掌握算法之间的内在关联，也无法深入理解智能算法如何赋能机器人实现自主决策。从知识组织逻辑来看，机器人智能算法的教学内容分散于多个学科领域，没有以机器人问题为导向将这些内容有机整合。本书系统整合概率论、机器学习、状态估计、运动规划等关键技术，并以机器人典型任务（如定位、建图）为主线组织内容，帮助读者建立“问题—算法—实现”的完整认知链条。

本书旨在系统介绍机器人智能算法的核心理论、方法与实践，帮助读者深入理解算法原理。与传统教材不同，本书不仅注重数学推导，还强调算法在机器人系统中的实际应用，使读者不仅知其然，还知其所以然。通过对贝叶斯滤波、卡尔曼滤波、SLAM、运动规划等的剖析，本书希望培养读者的问题求解能力，使其在面对新技术时能够灵活运用所学知识。

在内容组织上，本书采用“基础理论 → 感知 → 决策 → 规划”的递进结构，涵盖概率论基础、机器学习基础、传感器、数据处理、状态估计、定位与建图、运动规划等核心模块。第 1 章为绪论，介绍机器人的定义、分类、组成及面临的挑战性问题。第 2~3 章为数学基础知识，包括概率论基础（随机变量、概率分布、贝叶斯定理）和矩理论（期望、方差、高斯分布、矩生成函数），为后续算法奠定数学基础。第 4 章为机器学习基础，介绍函数建模、参数估计、正则化等核心概念，帮助读者理解机器学习在机器人中的应用范式。第 5~6 章为感知部分，涵盖机器人常用传感器（旋转编码器、超声波传感器、可见光图像传感器、激光雷达传感器等）及数据处理方法（边缘检测、直线检测等）。第 7~9 章为经典状态估计算法，详细介绍贝叶斯滤波器、线性卡尔曼滤波器（LKF）和扩展卡尔曼滤波器（EKF）。第 10 章为基于 EKF 的机器人定位，介绍机器人定位的基本概念、基于 EKF 的机器人定位的基本框架、机器人地图、机器人的运动学模型、机器人定位的观测模型和基于 EKF 的机器人定位完整算法。第 11 章为 EKF-SLAM，介绍 EKF-SLAM 的基本问题、关键模块和完整算法。第 12 章为机器人运动规划，介绍图论基础、基本运动规划、全局运动规划与局部运动规划、机器人的工作环境表达和图搜索算法。

本书主要面向高等院校人工智能、计算机科学与技术、自动化、物联网等相关专业的本科生和研究生，可作为“机器人学”“智能机器人算法”等课程的教材。同时，本书也适合从事机器人研发的工程师和科研人员参考，帮助其系统掌握机器人智能算法的核心原理与实现方法。通过本书的学习，读者将具备解决机器人感知、定位、建图与规划等实际问题的能力，为后续科研或工程开发奠定坚实基础。

由于编著者水平有限，加上时间仓促，书中难免存在瑕疵，敬请读者给予批评指正。

编著者

目 录

第1章 绪论

机器人学是一个涵盖机械、电子、控制、计算机、软件、材料等多学科的交叉研究领域，从其概念被提出到现在，已经经历了 100 多年的发展。事实上，经过多年的发展，机器人的内涵和外延都有了很大的变化，其形态也不断发生变化，核心科学问题也不断延伸。特别是近 10 年来，人工智能技术赋能机器人，使得机器人的智慧化水平和任务执行能力都有了较大的提升，各种形态的机器人正在各个应用领域崭露头角。本章将对机器人的定义、分类、组成和挑战性问题展开讨论，具体包括：

- 什么是机器人？
- 机器人有哪些主要类型？
- 机器人由哪四大子系统组成？
- 移动机器人都有哪些挑战性问题？

1.1 机器人的定义

“机器人”一词源自捷克语的“Robot”，最早在 1920 年被用来表示虚拟的类人生物。虽然“机器人”一词已经问世 100 多年，并且机器人的历史悠久，但人们对机器人的理解依然处于仁者见仁、智者见智的阶段，还没有形成一个被广泛接受的定义。主要原因在于，随着时代和技术的发展，人们对机器人的功能和形态有了更多的期望，导致“机器人”这一概念的内涵和外延正被不断扩展，难以形成一个稳定的定义。另外，由于不同国家和组织分别在文化和行业上的不同，对机器人的理解和认知也有所不同，导致对机器人的定义也有所不同。

这里，我们给出机器人的几种主流定义。我国将机器人定义为自动化机器，即机器人是一种具备一些与人或其他生物相似的智能能力（如感知能力、规划能力、动作能力和协同能力）、具有高度灵活性的自动化机器。维基百科将机器人定义为一种机械，即机器人是一切模拟人类行为或思想、模拟其他生物的机械（如机器狗、机器猫等）。维基百科还将机器人定义为一种人造机械设备，即机器人是用于取代或协助人类工作、由计算机程序或电子电路控制、能自动执行任务的人造机械设备。美国机器人协会（Robot Institute of American，RIA）将机器人定义为多功能操作机，即机器人是一种用于移动各种材料、零件、工具或专用装置的，通过程序动作来执行各种任务，并具有编程能力的多功能操作机。美国国家标准局对机器人的定义和维基百科类似，将机器人定义为一种机械装置，即机器人是一种能够进行编程并在自动控制下完成某些操作和移动作业任务或动作的机械装置。国际标准化组织（International Organization for Standardization，ISO）对工业机器人下了一个定义，将其视作可编程操作机，即工业机器人是一种具有自动控制的操作和移动功能、能完成各种作业的可编程操作机。日本对机器人的定义和维基百科类似，将机器人定义为机械装置，即机器人是在自动控制下能够完成某些操作或动作功能的机械装置。英国将机器人定义为貌似人的自动机，即机器人是一种外貌类人的、具有智力的和顺从于人的、但不具有人格的机器。

从上述几种主流定义可以看出，无论哪种定义，其关于机器人的内容都包含两个关键因素：一个是物理实体，即机械装置；另一个是类人因素。换句话说，将机器和人有机统一起来，形成关于机器人的定义。总体来看，上述主流定义对于物理实体的认知是一致的，主要差别在于对人的认知。有些定义将机器人中的“人”定义为外形类人，如人形机器人；有些定义将“人”定义为类人智能，如将具备类人智能的机器狗也视为机器人。

1.2 机器人的分类

与机器人的定义类似，从单一视角精确地对机器人进行分类是比较困难的。经过几十年的发展，机器人的内涵和外延都发生了很大的变化，每种机器人都有自己独特的功能，并在大小、形状和功能上差异很大，很难从一个统一的视角来精确分类。因此，通常从多个不同维度来对机器人进行分类。这里，我们主要从机器人是否具备移动作业能力、机器人的应用领域和任务两个维度来对机器人进行分类。图 1.1展示了机器人分类结构图。

1.2.1 按机器人是否具备移动作业能力分类

按机器人是否具备移动作业能力分类，机器人可以分为固定机器人和移动机器人。

固定机器人是指主体固定在底座上的机器人，通常其主体不能执行平移动作，只能移动部分关节，用于执行特定重复性任务。因为固定机器人的工作环境可以根据需求定制，其工作环境已知且长期保持稳定，所以固定机器人的设计相对简单，对环境感知的要求比较低，可以针对特定任务实现高精度作业。通常，这类机器人用于大型工业流水线，如汽车的装配车间流水线、电气焊流水线、喷漆流水线等。

与之对比，移动机器人是指主体可以沿特定方向或任意方向移动的机器人。移动机器人按工作环境还可以分为水域机器人、陆域机器人、空域机器人和两栖机器人。水域机器人还可以细分为水上机器人和水下机器人。陆域机器人还可以细分为轮式机器人、履带式机器人、足式机器人、蛇形机器人、轨道机器人等。空域机器人还可以细分为固定翼机器人、旋转翼机器人等。常用的移动机器人包括扫地机器人、无人配送车、无人车和巡逻机器人等。

事实上，随着移动机器人适应环境的能力越来越强，工作环境的界限也越来越模糊。比如，一些水陆两栖机器人，可以同时在水域和陆域工作。因为移动机器人的工作环境随移动而时时发生变化，所以其需要设计复杂的感知系统来实时感知环境。然而，感知系统、执行机构的不精确性导致移动机器人对工作环境感知的不确定性，增大了作业的不确定性，降低了作业精度。

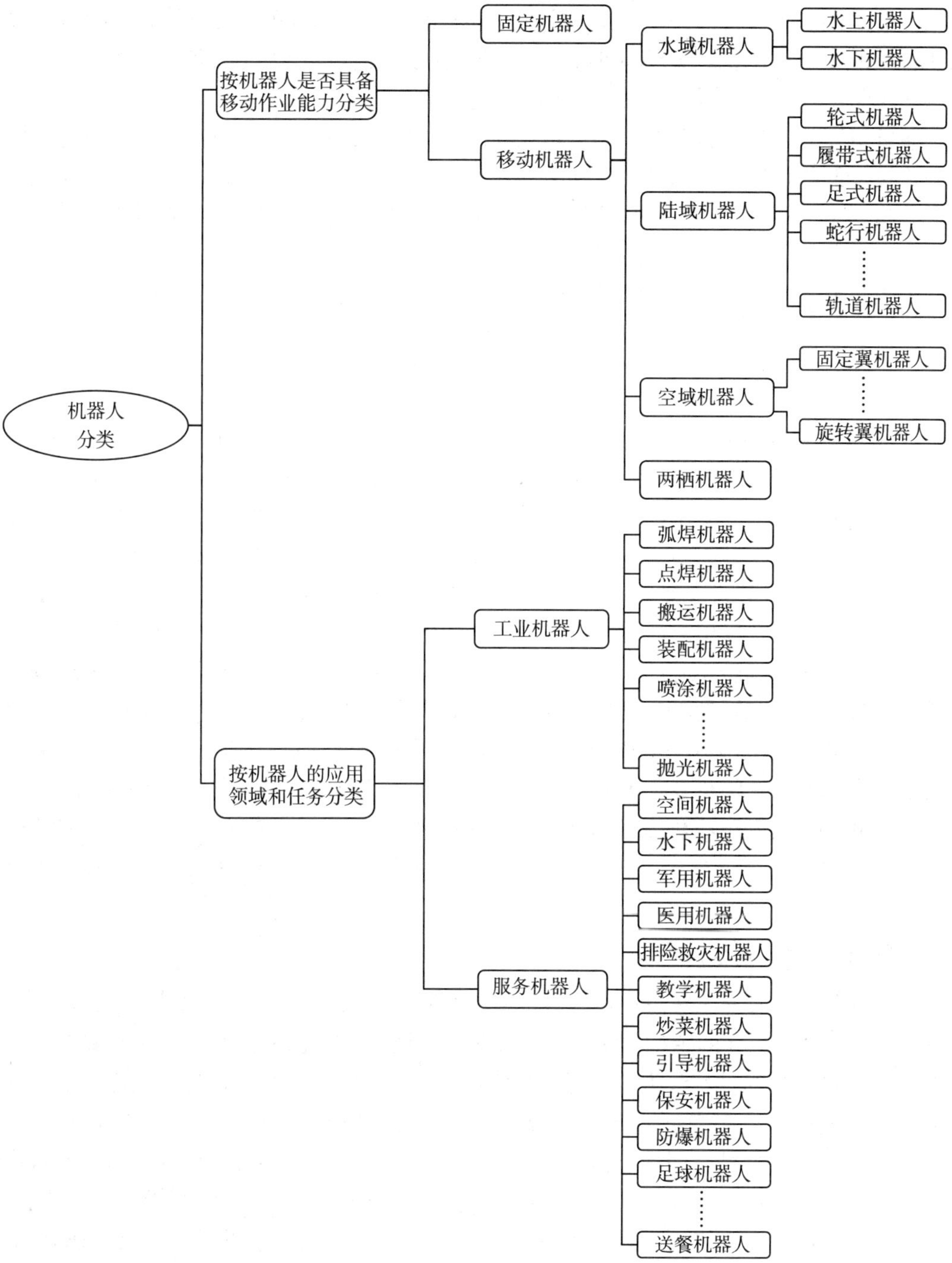

图 1.1 机器人分类结构图

1.2.2 按机器人的应用领域和任务分类

按机器人的应用领域和任务分类，机器人可以分为工业机器人和服务机器人。

工业机器人是指面向工业领域的、多关节机器人或多自由度的机器人，主要执行弧焊、点焊、搬运、装配、喷涂、抛光等特定单一任务，实现高效、精确、持续的作业。工业机器人一般是固定机器人，其以自身固定底座为基准，通过内部测量传感器来计算自身关节或机械手的姿态和位置，实现精准作业。一般来说，工业机器人不具备自主能力，其通常按预先编制的程序执行固定的动作，完成特定任务。

服务机器人是指能够自主或半自主地辅助人类完成特定任务的机器人，其面向的领域比较广泛。服务机器人可以分为空间机器人、水下机器人、军用机器人、医用机器人、排险救灾机器人、教学机器人、炒菜机器人、引导机器人、保安机器人、防爆机器人、足球机器人、送餐机器人等。和工业机器人相比，服务机器人的工作环境更加开放和复杂，需要机器人具有强大的感知和探索环境的能力，并能自主或半自主地进行决策。

1.3 机器人的组成

从狭义的机器人定义来看，机器人是一个物理实体，是一个高度自动化的机电一体化设备，是一个软硬件集合体。尽管机器人这个软硬件集合体在复杂性和功能方面不断演进，并且可执行任务的范围和能力也呈指数增长，但各种类型机器人都是由一些通用的关键组件组成的。如果单纯从硬件的角度来分析机器人的组成，那么无论是极其复杂的机器人还是相对简单的机器人，其通常都包含以下 3 类关键硬件组件：① 控制器，充当机器人的大脑，是一个以中央处理单元（Central Processing Unit，CPU）和（或）图形处理单元（Graphics Processing Unit，GPU）等计算单元为核心构成的计算机，负责机器人的安全、逻辑和运动控制；② 机械部件，用于执行控制器的指令，产生动作；③ 传感器，用于感知机器人的内部变化和外部刺激，帮助机器人提升作业性能。如果从功能的角度来分析机器人的组成，并且将机器人看作一个大系统，那么其通常由四大子系统组成，即感知系统（感知环境，获取环境刺激）、中央控制系统（主动给出任务指令或根据环境刺激给出任务指令）、机械系统（提供本体、机械结构）、驱动系统（也称执行系统，使得机械系统能运动）。

1.3.1 感知系统（感觉器官）

感知系统（Perceptual System）用于感知和收集机器人自身和执行任务所处环境的实时信息，其类似于人体的感觉器官。我们知道，人体包含五大感官功能，即眼睛的视觉、耳朵的听觉、鼻子的嗅觉、舌头的触觉及身体各部位的触觉。人体通过其感觉器官来获取外部信息（或刺激），并将这信息传递给大脑，大脑分析处理后做出反应。与人体相似，机器人包含许多感知部件，即传感器。在机器人领域，有大量的传感器可供使用，包括定位传感器、视觉传感器、接触传感器、距离传感器、压力传感器、旋转编码器、声音传感器、温度传感器等。与人体的感觉器官类似，不同类型的传感器通常实现不同的环境感知功能，协同辅助大脑决策。

定位传感器可以估算机器人本体在室内或室外工作环境中的位置，帮助机器人确立自身与工作环境的位置关系。常用的定位传感器包括全球定位系统（Global Positioning System，GPS）、惯性测量单元（Inertial Measurement Unit，IMU）、数字罗盘等。视觉传感器利用光学摄像机来获取机器人工作环境的视觉信息，并通过机器人中央控制系统（包含 AI 算法）来解析视觉信息，并做出反馈。视觉传感器可采集大量的环境信息，其利用程度和效果严重依赖于中央控制系统所加载智能视觉分析算法的优劣，而视觉分析算法对中央控制系统的算力要求也很高。距离传感器可以获取机器人和工作环境中其他物体之间的距离信息。比如，无人驾驶车辆可通过距离传感器获得自身与前面车辆的距离，以避免发生碰撞。常用的距离传感器包括超声波传感器、激光雷达传感器、毫米波雷达传感器等。事实上，利用先进的智能分析技术，视觉传感器也可以实现距离测量的功能，充当距离传感器。距离传感器可帮助机器人实现安全导航。压力传感器是一种能感受并测量压力的传感器，它可以用来控制动力机械臂的握力，使其不会弄碎正在处理的物品。旋转编码器是用于测量角度变化的传感器，是一种内部测量传感器，通常用于测量机器人自身的旋转信息。比如，中央控制系统要求机械臂执行一个旋转 25° 的动作，就需要旋转编码器配合才能达到精确控制。简而言之，机器人就是利用各种类型的传感器来获取其自身及周围环境信息，实现任务的精确执行的。

1.3.2　中央控制系统（大脑）

中央控制系统（Central Control System）相当于机器人的大脑，是接收外部刺激信息并提供反馈的机器人部件，用于协调机器人的所有运动。从生物学的角度来说，生物都是通过刺激–反馈机制来与其赖以生存的环境进行交互的，从而能在复杂环境中生存。事实上，响应外部刺激并提供反馈需要一个专门的部件进行处理。对人体来说，这个部件就是大脑。人体的大脑是人体最重要的器官。当人体的感觉器官接收到外部刺激时，这些刺激信息被传递给大脑，大脑进行必要的分析处理，并做出反馈。比如，当手接触到一个装有开水的杯子时，手感受到高温刺激，高温信息被传递给大脑，大脑马上做出反馈，指挥手快速弹开。与人体类似，当机器人的传感器获取到环境信息时，环境信息就被传递给机器人的中央控制系统，中央控制系统对输入的数据进行分析和解释，并采取相应的行动。

从上述内容可以看出，机器人的中央控制系统不仅要具备强大的计算能力，还要具备强大的分析和决策能力。因此，机器人的中央控制系统不仅要包含计算所需的中央处理单元或图形处理单元、内存、存储等硬件设备，还应该包含囊括各种智能分析算法的软件。事实上，机器人的中央控制系统不仅可以根据传感器传递来的数据来指挥机器人的执行系统去完成特定任务，还可以根据预先设定好的作业指令来完成特定任务。如果机器人的中央控制系统不具备刺激–反馈机制，只依靠预先设定好的作业指令来执行作业，那么该控制系统为开环控制系统。开环控制系统只是单向传递信息（控制命令），没有和环境进行交互。与之相对，如果机器人的中央控制系统不仅能够前向传递控制命令，还可以反向传递从传感器获取的环境信息，那么该控制系统为闭环控制系统。具备刺激–反馈机制的控制系统是典型的闭环控制系统。

1.3.3　机械系统（人体骨骼、关节）

从广义上讲，机械系统（Mechanical System）是借由机械原理让机械部件互相作用的系统，其核心是如何让动力源传输动力、如何利用动力来驱动机械部件。在这里，我们讨论的机器人机械系统是指狭义上的机械系统，即机器人的物理本体。因此，机器人的机械系统可以定义为由一系列能够完成各种运动的机械部件构成的系统，是机器人进行运动、执行任务的载体。为了便于在各个方向执行运动操作，每一个机械部件通常都有若干个自由度，从而构成一个多自由度的机械系统。对工业机器人来说，其机械系统不仅包含底座、机身、腕部、手部、臂部等传动部件，还包含焊枪、机械手、喷枪等末端执行器。

1.3.4 驱动系统（肌肉）

驱动系统（Drive System）是指供机器人内部使用的、能驱动机械系统运动的能量转换装置，其主要功能是将能量转换为运动。具体来说，驱动系统的核心部件就是一系列直接连接到机械部件上的小型马达（发动机），其将动力源的能量转换为动能，驱动具体的机械部件运动。

根据动力源的不同，驱动马达通常分为 3 类，即电动马达、液压马达和气动马达。电动马达使用电流和磁铁来产生运动。由于电动马达具有控制灵活、环境友好、噪声小、便于编程控制等优点，其应用比较广泛。电动马达又可以分为步进马达、直流伺服马达、交流伺服马达 3 种。液压马达将液压泵提供的液体压力能转换为其输出轴的机械能，从而产生运动。因为该种类型的马达通过液体来传递力和运动，所以称之为液压马达。液压马达的特点是运动平稳、输出动力强劲，其适合重载搬运和高负载零件加工等任务。事实上，由于液压马达一般是油驱动的马达，其存在管道复杂、清洁困难、低速不稳定等缺点，不适合装配作业。气动马达是将压缩空气提供的压力能转换为旋转机械能，从而产生运动。由于气动马达的动力由空气传递，其具有工作安全、温度上升较小等优点。然而，气动马达也有明显的缺点，如速度稳定性差、动力输出小、效率低、容易产生振动、噪声大等。一般情况下，机器人机械手的开合都采用气动形式。另外，在制造业作业环境和其他稳定的室内环境中，气动驱动系统是很好的选择。

对于机器人，其驱动系统可以只采用单一类型的马达，从而构成一个单一形式的驱动系统，如电动驱动系统、液压驱动系统、气动驱动系统，也可以组合两种或 3 种类型的马达，从而形成混合驱动系统。另外，在驱动形式上，驱动马达可以直接驱动机械部件，构成直接驱动系统，也可以通过链条、轮轴、同步带等间接地驱动机械部件，构成间接驱动系统。简而言之，机器人的关节（机械部件）和马达使机器人能够一次又一次地执行极其精确、可重复的运动任务。

1.4 机器人的挑战性问题

我们以移动机器人为例来讨论机器人的挑战性问题。可以想象一个场景：小昕同学来到一个陌生城市旅游，下高铁后乘坐出租车去酒店。不幸的是，出租车将其放到一个错误的地点，并且小昕将手机落在出租车上。这个地点对小昕来说是完全陌生的，小昕的任务是如何快速、准确地到达酒店。小昕面临的第 1 个问题是：我在哪儿？准确地说，这个问题是小昕位于地图中的什么位置。幸运的是，小昕有随时携带地图的好习惯，她现在有一张所在城市的地图。小昕为了确定自己的位置，可能会观察所在位置周围的标志性建筑及所在街道的路牌，并且和手中的地图匹配。一旦匹配成功，小昕就知道自己在什么位置了。这就是所谓的定位问题。一旦小昕确定了自己所在的位置，其面临的下一个问题就是：我要去哪儿？准确地说，这个问题是小昕要去的酒店在地图中的什么位置。小昕已知酒店的一些信息，如酒店所在的区、酒店所在的街道、酒店的名称等。利用这些预先知道的信息，小昕就可以去地图中寻找酒店的位置。这就是所谓的地图搜索问题。一旦小昕确定了酒店在地图中的位置，其面临的下一个问题就是：我如何到那儿？准确地说，这个问题是小昕如何在地图中找到一条从当前位置到目的地酒店的路线。这时候，小昕可能会面临抉择：是大路优先还是最短路线优先？一旦小昕确定了某种原则，她就可以找到一条符合要求的路线。这就是所谓的全局路径规划问题。到目前为止，小昕在地图中的位置已经确定，酒店在地图中的位置也已经确定，并且也已经找到了一条路线。那么，小昕面临的下一个问题是：如何顺着这条路线一步一步地从当前位置到达目的地酒店？这个问题其实是"我如何到那儿"这个问题的子问题。如果这条路线是小昕独享的，并且是确定的、稳定的，那么小昕只需要顺着地图路线的指引，并确保自己在城市的对应道路上行进（实时定位），即可安全到达目的地。问题是小昕所在的城市是一个繁华的都市，街道车水马龙、行人如织，道路环境非常复杂。小昕要想安全、顺利地到达目的地，需要不断地躲避行人和车辆等障碍物，需要等待红绿灯，需要不断地观察城市环境并和地图进行匹配，以确保没有偏离地图路线。遇到突发事件，如道路施工，甚至需要重新找一条路线。无论如何，小昕依靠自己强大的大脑，能比较轻松地完成这个任务。

对人类来说，上述任务是习以为常的任务，可以轻松完成。然而，恰恰是这些对人类来说习以为常的简单任务，给能处理非常复杂任务的机器人带来严峻挑战。我们先看第 1 个问题：我在哪儿？我们也假设机器人已经拥有一个电子地图，那么如果机器人想确定自己所在的位置，也需要像人一样观察周围环境并和电子地图进行匹配。物理世界到地图的匹配任务，对人来说是轻而易举的，但对机器人来说极具挑战性。当然，我们也可以直接利用 GPS 来确定机器人在电子地图中的位置，但物理世界到地图的匹配依然是必需的。比如，在某些高楼林立的大城市环境中，GPS 信号比较弱，并且定位精度不足以引导机器人行进。再来看第 2 个问题：我要去哪儿？在机器人拥有电子地图的条件下，这个任务相对简单，机器人只需要根据输入的目的地，就可以确定其在电子地图中的位置。对机器人来说，最具挑战性的是第 3 个问题：我如何到那儿？这涉及两个子问题，即路径规划问题和路径跟踪问题。对于第 1 个子问题，相对比较简单，只需要设定路径规划的原则，如最短优先、大路优先等，就可以利用机器人强大的计算能力从地图中搜索出一条最优路径。对于第 2 个子问题，就比较具有挑战性了。首先，机器人如何快速发现和躲避障碍物是一个挑战；其次，机器人如何处理不精确观察、不精确运动等引起的不确定性是一个挑战；最后，如何规划局部最优路径是一个挑战。

如果抛开机器人具体执行的任务，那么我们可以将移动机器人的挑战性问题归结如下。

（1）环境感知和理解方面的挑战性问题。无论移动机器人执行何种任务，都希望充分地了解自身所处的环境。这就需要对环境进行感知和理解，包括解析环境中的语义信息，检测、识别和跟踪障碍物（包括人类和其他机器人等）。这些对人类来说轻而易举的任务，对机器人来说却是巨大挑战，需要综合利用机器学习、计算机视觉、传感器等多种技术来进行环境感知和理解。尽管以深度学习为驱动的新一代人工智能技术获得了巨大的发展，并且环境感知和理解方面技术也取得了空前的成就，但一些核心挑战性问题依然存在。

（2）导航和路径规划方面的挑战性问题。为了使移动机器人能自主地导航和规划路径，需要机器人在未知环境中进行建图和定位，生成合适的行进路径，并且在移动过程中要避开障碍物，遵循事先约定的约束条件。目前，主流的导航和路径规划技术严重依赖高精度地图。然而，构建高精度地图本身就面临传感器数据获取、数据预处理、地图构建、地图优化、多传感器数据融合等诸多挑战性问题。另外，新的导航和路径规划技术路线开始避免高度依赖高精度地图，关注开发更高效的环境建模技术。

（3）动态环境中决策和控制方面的挑战性问题。移动机器人所面临的一大挑战性问题是其工作环境的不确定性和动态性，这就要求机器人必须具备高度灵敏的决策和控制能力，能够在不确定和动态的环境中快速做出决策和控制。这涉及环境实时感知、路径动态规划等问题。

简而言之，在移动机器人领域，具有很多挑战性问题，需要不断地研究并加以解决。本书通过机器人感知、定位、建图、路径规划等具体任务，讲解相关经典算法。

第2章 概率论基础

一个智能机器人系统通常包含感知单元、决策单元、控制单元和执行单元。这些单元在机器人运行的过程中，将面临多种不确定性。对一个智能机器人系统来说，其正常运行的关键点之一是如何处理各种不确定性。首先，智能机器人面临环境的不确定性。此类不确定性强度较大，其原因在于机器人面临的环境是高度不可测的。即使环境场景类型已知（如已知是城市道路场景），但场景本身随时间的变化会进一步带来新的不确定性。其次，智能机器人面临感知的不确定性。为了获取环境信息，智能机器人通常利用各种传感器感知环境，以获取测量数据。然而，传感器本身的缺陷或精度问题使得测量数据具有不确定性。比如，当利用激光雷达传感器进行物体测距时，物体本身材质具有不确定性（高反物体更容易获得精确测量），环境的不确定性带来激光多路径延迟的不确定性，多种不确定性叠加使得最终的测量结果亦具有不确定性，即测量数据不能真实反映真实数据。再次，智能机器人面临决策模型的不确定性。对于感知单元获得的测量数据，我们需要建立模型来分析数据，进而进行决策。由于模型是对现实世界的模拟，不同的模型对现实世界的模拟可能不同，不可避免地带有随机性。此外，数据的不完整、不精确、不充足情况，也给模型的决策带来不确定性。进一步地，在模型求解时，由于精确的、确定的解通常很难获得，需要利用近似算法来逼近，也给模型的求解带来不确定性。最后，智能机器人面临执行单元的不确定性。动作执行机构本身的不精确性及机器人所处环境对执行机构的影响 (如风向、地面摩擦力等)，皆会使得机器人执行单元的执行结果具有不确定性。如何处理上述智能机器人系统中的各种不确定性，是智能机器人系统正常运行所需要解决的一个关键问题，而概率论为处理不确定性问题提供了完整的理论框架。因此，在机器人系统中，涉及大量关于概率论的知识。为了便于后续讲解机器人智能算法，本章将对概率论的一些基础知识进行简要介绍，具体包括：

- 概率论的基本概念
- 随机变量的定义、类型及概率函数
- 随机向量的定义、类型及概率函数
- 贝叶斯定理、求和准则、乘积准则

2.1 概率论的基本概念

概率是描述不确定性或随机性的一种数学和统计概念，它用于衡量事件发生的可能性或事件发生的程度。本节将介绍概率论的基本概念。

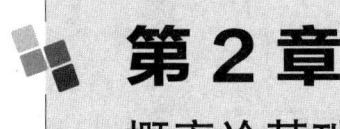

2.1.1 随机试验、样本空间和各类事件

1. 随机试验

随机试验是概率论的基石，概率论中的一系列概念都是基于随机试验来定义的。下面我们给出随机试验的正式定义。

定义 2.1 随机试验

随机试验（Random Trial）或称随机实验（Random Experiment），是一种满足下列 3 个条件的过程：

(1) 可以在相同的条件下无限重复地进行。

(2) 每次单独进行试验的结果是随机的，且至少有两种可能的结果。

(3) 试验所得的所有可能结果是可列举的。♣

2. 样本空间

假设 $\Omega=\{\omega_1,\omega_2,\cdots,\omega_N\}$ 是一个包含随机试验的所有可能结果的集合，那么称这个集合为样本空间（Sample Space）。样本空间中的一个元素 ω_i 被称为一个样本点（Sample Point）或一个可能的结果（Possible Outcome）。如果某个 $\omega^*\in\Omega$ 已经发生，那么 ω^* 被称为已经出现的结果（Realized Outcome）。比如，假设一个桶中放着 5 个不同颜色的小球，分别是黑球（D）、白球（W）、红球（R）、绿球（G）和蓝球（B），让机器人随机地从桶中抓取一个小球，其抓取的结果只可能是 5 个小球中的一个，那么此随机试验的样本空间为 $\Omega=\{D,W,R,G,B\}$，D 就是一个样本点。如果机器人进行一次抓取试验，机器人抓取到一个红球，那么 R 就是一个已经出现的结果，即 $\omega^*=R$。

根据样本空间中样本点的性质，可以将样本空间分为离散样本空间和连续样本空间。如果样本空间 Ω 包含的样本点个数为有限个，或样本点个数无限但可以一一列举出来，那么称此样本空间为离散样本空间（Discrete Sample Space）。比如，上面机器人随机抓取小球的随机试验的样本空间，就是一个离散样本空间，其样本点个数是有限可数的。又如，假设机器人每次移动的步数是随机的，那么机器人每次移动的步数就构成一个样本点个数无限但可以列举的离散样本空间。如果样本空间 Ω 包含的样本点个数无限且无法一一列举出来，那么称此样本空间为连续样本空间（Continuous Sample Space）。比如，假设机器人每次移动的距离是随机的，由于每次移动的距离在实数空间取值，这种取值是连续的，因此“机器人每次移动的距离”这个随机试验的样本空间就是一个无限不可数的连续样本空间。

从上面的定义及举例可以看出，样本空间必须对应一个特定的、可描述的随机试验。随机试验中能够产生的所有基本事件组合成了样本空间，该空间中的随机变量服从于某种特定分布。接下来，我们对样本空间包含的各类事件进行定义。

3. 各类事件

定义 2.2　随机事件

随机事件（Random Event）简称事件（Event），是包含随机试验中的一个或多个不同单一输出结果的事件，对应样本空间的一个子集 $E(E \subseteq \Omega)$。♣

在上面机器人随机抓取小球的随机试验中，假设 $E = \{D, W\}$，那么 $E(E \subset \Omega)$ 就是一个随机事件。这个随机事件可以描述为"机器人抓取到黑白球"。因为一个随机事件只依赖于样本空间 Ω 中的一个或多个样本点，所以通常用一个样本点集合（样本空间 Ω 的子集）来表示一个随机事件。因此，在本书的后续讨论中，"样本点集合"和"随机事件"这两个概念可认为是等价的。

定义 2.3　基本事件

基本事件（Elementary Event）也称原子事件或简单事件，是仅包含随机试验中的一个单一输出结果的事件，对应样本空间中的一个单一样本点集合 $\{\omega_i\}$。♣

在上面机器人随机抓取小球的随机试验中，只包含一个样本点的子集 $\{\omega_i\}(\{\omega_i\} \subset \Omega)$ 就是一个基本事件。因为一个基本事件只和样本空间 Ω 中的某一个样本点对应，所以通常用一个样本点来表示一个基本事件。因此，在本书的后续讨论中，"样本点"和"基本事件"这两个概念可认为是等价的。可以看出，基本事件是随机事件的一个特例。

定义 2.4　必然事件

必然事件（Certain Event）是包含随机试验中的所有不同单一输出结果的事件，对应样本空间中的所有样本点集合 $E(E = \Omega)$。♣

在上面机器人随机抓取小球的随机试验中，包含所有样本点的集合 $E(E = \Omega)$ 就是一个必然事件。

定义 2.5　不可能事件

不可能事件（Impossible Event）是不包含随机试验中的任何单一输出结果的事件，对应空集 $\varnothing$。♣

需要注意的是，随机事件和随机试验的输出结果相对应。随机试验是一个行为，相当于起因、原因；随机事件是行为产生的输出，是结果。随机试验单独进行一次，只能产生一个单一的结果，但随机事件可以根据统计目标的需要自行定义，可以有多种不同的随机事件。由随机事件的定义可知，其定义基于样本空间，对于一个包含有限个样本点的样本空间，随机事件一共有 2^N 个，其中 N 是样本空间中的样本点个数。在上面机器人随机抓取小球的随机试验中，一共有 5 个样本点，可以组合出 $\mathrm{C}_5^0 + \mathrm{C}_5^1 + \mathrm{C}_5^2 + \mathrm{C}_5^3 + \mathrm{C}_5^4 + \mathrm{C}_5^5 = 32$ 个随机事件。这些随机事件是由样本空间中 5 个样本点单独组合、二二组合、三三组合、四四组合和五五组合的结果，并且添加了一个不可能事件。

2.1.2 概率空间和概率测量函数

在明确了样本空间与各类事件的定义后，我们介绍随机试验建模的相关术语，其核心为概率空间。假设 Ω 是随机试验的样本空间，F 是事件空间，P 是概率测量函数，那么概率空间是一个满足某些条件的三元组 (Ω, F, P)。概率空间正式的公理化定义如下：

定义 2.6 概率空间

一个概率空间（Probability Space）是一个以三元组形式表达的测度空间（Measure Space）(Ω, F, P)，其满足下列条件：

(1) Ω 是样本空间，是任意非空集合。

(2) F 是定义在样本空间 Ω 上的事件空间，是集合 Ω 的 α–代数。F 是一个新的集合，它的元素是集合 Ω 的子集，并且满足下列条件（α–代数条件）：

- F 包含样本空间 Ω（$\Omega \in F$），即事件空间 F 包含所有基本事件。
- 满足补集运算的封闭性，即如果集合 $A \in F$，那么它的补集 $\overline{A} = (\Omega \setminus A) \in F$。
- 满足有限可数集合并集运算的封闭性，即如果 $A_i \in F, i = 1, 2, \cdots$，那么这些集合的并集 $(\bigcup\limits_{i=1}^{\infty} A_i) \in F$。

(3) P 是概率测量函数，即从事件空间 F 到实数域区间 [0,1] 的函数 $P: F \to [0,1]$。此函数满足下列条件（柯尔莫果洛夫公理）：

- 第一公理（非负性）：一个事件的概率是非负的实数，即对于任意一个事件 $A \in F$，$P(A) \geqslant 0$。
- 第二公理（归一化性）：在整个样本空间中，至少有一个基本事件发生的概率为 1，即 $P(\Omega) = 1$。这个公理约定，样本点集合 Ω 之外，不存在其他基本事件。
- 第三公理（α–可加性）：F 中任意两两不相交的集合（事件）组成的可数序列 $A_1, A_2, \cdots$，满足 $P(\bigcup\limits_{i=1}^{\infty} A_i) = \sum\limits_{i=1}^{\infty} P(A_i)$。♣

在概率空间的定义中，使用了概率测量函数这个概念。概率测量函数通常也被称为概率函数（Probability Function），其是一个以事件空间 F 为定义域的实值函数，其值域范围为 $[0, 1]$。概率测量函数可以为事件空间中的每一个随机事件分配一个概率。当我们说事件 A 发生的概率是多少时，实际上等价于输入为事件 A 的概率测量函数的输出值是多少。事实上，并不是每一个值域范围为 $[0, 1]$ 的函数都可以被当作概率测量函数。概率测量函数 P 必须满足柯尔莫果洛夫公理。

上述概率空间及概率测量函数定义了概率的内涵。具体来说，概率就是一个随机事件发生的可能性度量，其是一个位于 $[0,1]$ 的非负实数。假设 $E(E \subseteq \Omega)$ 是一个随机事件，那么该随机事件发生的概率就是概率测量函数 P 的输出，记为 $P(E)$。

2.1.3　条件概率

概率度量了一个随机事件发生的可能性，而条件概率度量了一个随机事件在另一个随机事件已经发生的前提下发生的可能性。假设 $A(A \subseteq \Omega)$ 和 $E(E \subseteq \Omega)$ 是定义在样本空间 Ω 上的两个随机事件，事件 A 发生的概率为 $P(A)$，事件 E 发生的概率为 $P(E)$。如果获得一个已经出现的结果（Realized Outcome），并且这个结果属于事件 E，那么在已知事件 E 发生的条件下事件 A 发生的概率称为条件概率（Conditional Probability），记为 $P(A|E)$。条件概率公式为

$$P(A|E) = \frac{P(A \cap E)}{P(E)} \tag{2.1}$$

我们仍以机器人随机抓取小球的随机试验为例，来阐述条件概率的内涵。在这个随机试验中，所有可能结果就是样本空间，即

$$\Omega = \{D, W, R, G, B\} \tag{2.2}$$

如果假设机器人随机抓取到任意一个小球的概率相等，那么

$$P(\{D\}) = P(\{W\}) = P(\{R\}) = P(\{G\}) = P(\{B\}) = \frac{1}{5} \tag{2.3}$$

定义事件 A 为

$$A = \{D, W, R\} \tag{2.4}$$

则事件 A 可以描述为“机器人抓取到黑白球或红球”。由概率公式可知，事件 A 发生的概率为

$$P(A) = P(\{D\}) + P(\{W\}) + P(\{R\}) = \frac{3}{5} \tag{2.5}$$

定义事件 E 为

$$E = \{R, G, B\} \tag{2.6}$$

则事件 E 可以描述为”机器人抓取到彩色球”。由概率公式可知，事件 E 发生的概率为

$$P(E) = P(\{R\}) + P(\{G\}) + P(\{B\}) = \frac{3}{5} \tag{2.7}$$

事件 $A \cap E$ 发生的概率为

$$P(A \cap E) = P(\{R\}) = \frac{1}{5} \tag{2.8}$$

由式 (2.1) 可以得出，在已知事件 E 发生的条件下事件 A 发生的概率为

$$P(A|E) = \frac{P(A \cap E)}{P(E)} = \frac{1}{3} \tag{2.9}$$

对比式 (2.5) 和式 (2.9) 可以看出，在事件 E 已经发生的条件下，事件 A 发生的概率被更新。这说明事件 E 的发生给事件 A 带来了新知识，事件 A 和 E 是相互关联的。条件概率是贝叶斯定理的基础。

根据条件概率，我们还可以定义独立事件和互斥事件。

定义 2.7　独立事件

独立事件（Independent Event）：假设 A 和 E 是定义在同一个样本空间 Ω 上的随机事件，如果 A 和 E 满足下列条件，那么我们称它们是相互独立的。

$$P(A \cap E) = P(A)P(E) \tag{2.10}$$

♣

定义 2.8　互斥事件

互斥事件（Exclusive Event）：假设 A 和 E 是定义在同一个样本空间 Ω 上的随机事件，如果 A 和 E 满足下列条件，那么我们称它们是相互排斥的。

$$P(A \cap E) = P(\varnothing) = 0 \tag{2.11}$$

♣

2.1.4　全概率

在介绍全概率之前，我们先定义一个新的概念，即样本空间划分 (Partition of Sample Space)。

定义 2.9　样本空间划分

假设 $\{E_1, E_2, \cdots, E_N\}$ 是定义在样本空间 Ω 上的一个随机事件集合，如果这个事件集合满足下列条件，那么称这个事件集合是样本空间的一个划分：

(1) 两两互斥性：事件集合中任意两个不同事件是互斥的，即 $E_i \cap E_j = \varnothing, i \neq j, i, j = 1, 2, \cdots, N$。

(2) 完整性：所有事件的并集涵盖所有样本点，即 $\Omega = \bigcup_{i=1}^{N} E_i$。

(3) 恒正性：任意一个事件 E_i 发生的概率恒大于零，即 $P(E_i) > 0, i = 1, 2, \cdots, N$。

♣

一旦我们获得样本空间 Ω 的一个划分 $\{E_1, E_2, \cdots, E_N\}$，对于任意一个随机事件 $A \subseteq \Omega$，以下公式就成立：

$$P(A) = \sum_{i=1}^{N} P(A|E_i)P(E_i) \tag{2.12}$$

式 (2.12) 被称为全概率公式。全概率公式的物理意义在于，我们不能直接知道事件 A 发生的整体概率，但知道发生事件 A 的所有可能起因，并且知道每一个起因本身发生的概率和每一个起因引发事件 A 发生的概率，那么就可以利用全概率公式计算事件 A 发生的概率。

2.1.5　贝叶斯定理

贝叶斯定理（Bayes' Theorem）是概率论中的一个基本定理，用于在已知一些先验信息的情况下，更新某一事件的后验概率。它被广泛用于统计学、机器学习、人工智能和其他领域的推断与决策问题。具体来说，贝叶斯定理是一个用来计算条件概率的定理。假设 A 和 E 是定义在同一个样本空间 Ω 上的随机事件，并且假设 $P(A)$ 和 $P(E)$ 都大于 0，那么贝叶斯定理的基本形式为

$$P(A|E) = \frac{P(E|A)P(A)}{P(E)} \tag{2.13}$$

式中：① $P(A)$ 是事件 A 的先验概率，即在没有关于事件 B 的信息时事件 A 发生的概率。先验概率是根据我们对事件已有的背景知识或历史数据得出的预判概率。② $P(E|A)$ 是在事件 A 发生的条件下事件 E 发生的条件概率，也称似然。它表示在承认事件 A 先验概率的前提下，推测事件 A 对另一个事件 E 的影响。这是由原因推导结果的过程。③ $P(E)$ 是边缘概率，即事件 E 发生的概率，其通常被视为归一化因子。④ $P(A|E)$ 是在事件 E 发生的条件下事件 A 发生的条件概率，也称后验概率。它表示在已经观测到一些数据或证据后，我们对某一事件或假设的概率分布的更新或修正，代表了我们对事件的不确定性随着新信息的积累而减小的过程。这是由结果推断原因的过程。

贝叶斯定理可以从条件概率公式推导出来，具体如下：

$$\left.\begin{aligned} P(A|E) &= \frac{P(A\cap E)}{P(E)} \\ P(E|A) &= \frac{P(A\cap E)}{P(A)} \end{aligned}\right\} \Rightarrow P(A|E) = \frac{P(E|A)P(A)}{P(E)} \tag{2.14}$$

贝叶斯定理是贝叶斯学派的一个核心定理，其为所关注事件发生的概率提供了一个增量式估计框架。和频率学派不同，贝叶斯学派认为不需要进行大量随机试验来统计某个事件发生的概率，可以基于对该事件的先验知识及其他事件已经出现的结果来更新该事件发生的概率。贝叶斯定理的应用范围非常广泛，在机器人定位、垃圾邮件过滤、医学诊断、自然语言处理、图像识别和决策分析中都可以找到其应用。它允许我们根据已有的信息来更新我们对事件的置信度，使我们能够更好地进行推断和决策。

2.2　随机变量

2.2.1　随机变量的定义

随机变量是随机试验结果的量化表示。在概率论中，随机变量的正式定义如下：

定义 2.10 随机变量

在一个概率空间 (Ω, F, P) 中，随机变量（Random Variable）X 是定义在样本空间 Ω 上的一个可测函数，这个函数将样本空间 Ω 映射到实数空间 $R_X(R_X \subseteq \mathbf{R})$：

$$X : \Omega \to R_X \tag{2.15}$$

♣

随机变量 X 是定义在随机试验的样本空间 Ω 上的一个函数，对于任意一个样本点（基本事件）$\omega \in \Omega$，都有一个数值 $X(\omega)$ 与之对应。$X(\omega)$ 定义了随机变量 X 的一个实现（Realization），即随机变量 X 的一个可能取值。随机变量 X 所有可能取值的集合构成了随机变量 X 的支撑集（Support Set），记为 R_X。可以看出，随机变量的定义依赖于基本事件，随机变量取值的随机性也依赖于基本事件发生的随机性。我们知道，概率就是对一个事件发生的可能性度量。严格地讲，概率测量函数 P 的输入是随机事件。获取一个随机变量 X 取某种值 $x(x \in R_X)$ 的可能性，需要反推出所有可能使随机变量产生该值的基本事件。首先，需要先获取使 $X(\omega) = x$ 的所有样本点，即 $\{\omega \in \Omega : X(\omega) = x\}$；其次，将每一个满足条件的样本点构成一个基本事件；最后，将所有满足条件基本事件的并集代入概率测量函数 P，即可获得 $X = x$ 的概率。事实上，为了便于表达，通常直接在支撑集 R_X 上定义随机变量 X，则

$$P_X(x) = P(X = x) = P(\{\omega \in \Omega : X(\omega) = x\}) \tag{2.16}$$

式中，P_X 就是直接定义在支撑集 R_X 上的一个概率测量函数。

我们仍以机器人随机抓取小球的随机试验为例，来阐述样本空间、随机变量、支撑集、随机变量取某值的概率之间的关系。在这个随机试验中，所有可能结果就是样本空间，即

$$\Omega = \{D, W, R, G, B\} \tag{2.17}$$

如果假设机器人随机抓取到任意一个小球的概率相等，那么

$$P(\{D\}) = P(\{W\}) = P(\{R\}) = P(\{G\}) = P(\{B\}) = \frac{1}{5} \tag{2.18}$$

式中，样本点 ω 被花括号包围，这代表 $\{\omega\}$ 是一个随机事件，并且是基本事件。概率测量的是事件发生的可能性，是定义在事件空间上的，而不是样本空间。我们进一步假设：如果机器人抓取到一个黑白球，那么奖励 1 分；如果机器人抓取到彩色球，那么奖励 2 分。我们定义随机变量 X 为机器人每次抓取获得的分数，其函数表示如下：

$$X(\omega) = \begin{cases} 1, & \omega = D \\ 1, & \omega = W \\ 2, & \omega = R \\ 2, & \omega = G \\ 2, & \omega = B \end{cases} \tag{2.19}$$

由式 (2.19) 可以得出，随机变量 X 的支撑集为

$$R_X = \{1, 2\} \tag{2.20}$$

由式 (2.16) 可以得出，随机变量 X 取值为 1 的概率为

$$P_X(1) = P(X=1) = P(\{D\} \cup \{W\}) = P(\{D\}) + P(\{W\}) = \frac{2}{5} \tag{2.21}$$

式中，使用了概率测量函数的 α–可加性公理。同理可得，随机变量 X 取值为 2 的概率是 $\frac{3}{5}$。进一步地，可以得出随机变量完整的概率测量函数：

$$P_X(x) = P(X=x) = \begin{cases} P(\{D\} \cup \{W\}) = \dfrac{2}{5}, & x=1 \\ P(\{R\} \cup \{G\} \cup \{B\}) = \dfrac{3}{5}, & x=2 \\ 0, & \text{其他} \end{cases} \tag{2.22}$$

事实上，式 (2.22) 已经非常接近随机变量的概率质量函数。在本书的后续讨论中，我们将给出随机变量的概率质量函数和概率密度函数的定义。

2.2.2　随机变量与样本空间、事件的关系

从随机试验、随机变量、随机事件的定义可以看出，当我们定义一个随机变量时，它总是要么显式地、要么隐式地对应一个随机试验。随机变量实质上是一个函数，通过这个隐含的函数将随机试验的样本空间（类型多样）变换为随机变量的取值空间（通常是实数域，可以是离散空间，也可以是连续空间），有时也称这个取值空间为随机变量的样本空间。为了不引起混淆，我们采用严格定义：样本空间就是随机试验所有可能结果的集合，而随机变量所有可能取值的集合称为随机变量的取值空间。有时候，为了方便，我们并不通过随机变量所隐含的函数将样本空间变换为随机变量的取值空间，而是直接定义随机变量的取值空间。这个取值空间相当于随机试验的一个新的样本空间，随机变量每取一个值，就构成一个随机事件，并且是基本事件。样本空间和随机变量的取值空间的不同在于：样本空间中的样本点是直接观察获得的，没有加工，这就造成不同随机试验观察获得的数据类型多样；随机变量的取值空间中的点是样本空间中样本点加工后的结果，通常这个加工过程是将样本空间变换为数值空间，便于建模和数值计算。

最后，值得一提的是，无论是随机变量还是普通变量，它们都是变量，并且取值具有一定的定义域范围。随机变量和普通变量的不同在于，在给定条件下，随机变量的取值具有不确定性，而普通变量的取值具有确定性。比如，有两个时钟，第 1 个时钟是一个绝对精确的时钟，而第 2 个时钟是一个具有随机误差的时钟，时钟读数的取值范围是完全一样的。如果我们假设已知两个时钟当前时刻的读数，那么分别用变量 t_1 和 t_2 来表示第 1 个时钟和第 2 个时钟下一时刻的读数，则 t_1 就是一个确定性变量（普通变量），而 t_2 是一个随机变量。

按随机变量取值的类型分类，随机变量可以分为离散随机变量和连续随机变量。下面我们介绍离散随机变量和连续随机变量的定义，并基于随机变量定义概率质量函数或概率密度函数。

2.2.3 离散随机变量的定义及概率质量函数

假设 X 为定义在离散样本空间上的一个随机变量，其所有可能的取值为有限个，或其所有可能的取值为无限个但可以一一列举出来，那么称 X 为离散随机变量。下面给出离散随机变量的正式定义。

定义 2.11 离散随机变量

如果一个随机变量 X 是离散随机变量，那么其满足下列条件：

(1) 随机变量 X 的支撑集 $R_X(R_X \subseteq \mathbf{R})$ 是一个可列举的集合。

(2) 存在一个函数 $p_X : R_X \to [0,1]$，使得对于任意一个 $x \in R_X$ 满足：

$$p_X(x) = \begin{cases} P(X = x), & x \in R_X \\ 0, & x \notin R_X \end{cases} \tag{2.23}$$

♣

式 (2.23) 定义的概率函数 $p_X(x)$ 被称为离散随机变量的概率质量函数（Probability Mass Function，PMF）。概率质量函数需要满足两个基本属性，即非负性和归一化性。非负性是指对于任意一个 $x \in R_X$，$p_X(x) \geqslant 0$。归一化性是指概率质量函数对支撑集中的所有元素进行运算后，输出之和为 1，即 $\sum\limits_{x \in R_X} p_X(x) = 1$。

2.2.4 连续随机变量的定义及概率密度函数

假设 X 为定义在连续样本空间上的一个随机变量，其所有可能的取值为无限个且无法一一列举出来，那么称 X 为连续随机变量。下面给出连续随机变量的正式定义。

定义 2.12 连续随机变量

如果一个随机变量 X 是连续随机变量，那么其满足下列条件：

(1) 随机变量 X 的支撑集 $R_X(R_X \subseteq \mathbf{R})$ 是不可列举的。

(2) 存在一个函数 $p_X : R_X \to [0,1]$，使得对于任意一个取值区间 $[a,b] \subseteq R_X$ 满足：

$$P(X \in [a,b]) = \int_a^b p_X(x)\mathrm{d}x \tag{2.24}$$

♣

式 (2.24) 定义的概率函数 $p_X(x)$ 被称为连续随机变量的概率密度函数（Probability Density Function，PDF）。概率密度函数也需要满足两个基本属性，即非负性和归一化性。非负性是指对于任意一个 $x \in R_X$，$p_X(x) \geqslant 0$。归一化性是指概率密度函数对支撑集中的所有元素进行积分运算后为 1，即 $\int_{-\infty}^{\infty} p_X(x)\mathrm{d}x = 1$。

需要注意的是，在一些书籍中，概率密度函数通常使用符号 $f_X(x)$ 来表示。然而，本书频繁使用 $f(x)$ 来表示其他普通函数。为了避免符号混淆，本书中概率质量函数和概率密度函数多采用同样的符号，即 $p_X(x)$。

2.3 随机向量

随机变量是一个标量变量，并且随机变量相关函数的参数也为标量。然而，在实际的机器人系统中，通常将多个随机变量组合成一个随机向量，并且相关函数的参数为矩阵，这个矩阵通常表示一个变化。随机变量等价于一个一维的随机向量。

2.3.1 随机向量的定义

随机向量是随机变量的一个扩展，其是多个随机变量的集合，其取值同样依赖于随机试验的样本空间 Ω。下面我们给出随机向量的正式定义。

定义 2.13　随机向量

在一个概率空间 (Ω, F, P) 中，随机向量（Random Vector）$\boldsymbol{X} = (X_1, X_2, \cdots, X_N)$ 是定义在样本空间 Ω 上的一个可测函数，这个函数将样本空间 Ω 映射到 N 维实数空间 $R_{\boldsymbol{X}}(R_{\boldsymbol{X}} \subseteq \mathbf{R}^{N\times 1})$，$N$ 是随机向量的长度：

$$\boldsymbol{X} : \Omega \to R_{\boldsymbol{X}} \tag{2.25}$$

♣

和随机变量相似，对于任意一个样本点 $\omega \in \Omega$，$\boldsymbol{X}(\omega)$ 定义了随机向量 $\boldsymbol{X}$ 的一个实现，即随机向量 $\boldsymbol{X}$ 的一个可能取值。随机向量 $\boldsymbol{X}$ 所有可能取值的集合构成了随机向量 $\boldsymbol{X}$ 的支撑集（Support Set）$R_{\boldsymbol{X}}$。对于同一个样本空间，不同的函数定义了不同的随机向量。对于随机向量 $\boldsymbol{X} = (X_1, X_2, \cdots, X_N)$，其元素 X_i 是一个随机变量，$\boldsymbol{X}$ 的支撑集为

$$R_{\boldsymbol{X}} = \{\boldsymbol{X}(\omega) = (X_1(\omega), X_2(\omega), \cdots, X_N(\omega))\}_{\omega\in\Omega} \tag{2.26}$$

如果随机向量中任意一个元素 X_i 的支撑集为 R_i，那么随机向量 $\boldsymbol{X}$ 的支撑集就是一个笛卡儿乘积集合，记为

$$\begin{aligned} R_{\boldsymbol{X}} &= \{\boldsymbol{X} = (X_1, X_2, \cdots, X_N) : X_1 \in R_1, X_2 \in R_2, \cdots, X_N \in R_N\} \\ &= R_1 \times R_2 \times \cdots \times R_N \end{aligned} \tag{2.27}$$

事实上，随机向量是多个随机变量按特定顺序构成的向量，随机向量的概率分布本质上是多个随机变量的联合概率分布。对于一个随机向量 $\boldsymbol{X} = (X_1, X_2)$，其中 $X_1 \in R_1$，$X_2 \in R_2$，如果 $\boldsymbol{X}$ 对于乘积集合 $R_1 \times R_2$，满足

$$P(\boldsymbol{X} \in R_1 \times R_2) = P(X_1 \in R_1)P(X_2 \in R_2) \tag{2.28}$$

那么我们称随机向量 $\boldsymbol{X} = (X_1, X_2)$ 中的随机变量元素（随机变量 X_1 和 X_2）是独立的。

这个结论可以扩展到多个元素随机向量的情况。对于一个随机向量 $\boldsymbol{X}=(X_1,X_2,\cdots,X_N)$，其中 $X_1\in R_1$，$X_2\in R_2$，$\cdots$，$X_N\in R_N$，如果该随机向量中的任意一对随机变量元素 (X_i,X_j) 是独立的，并且 $\boldsymbol{X}$ 对于乘积集合 $R_1\times R_2\times\cdots\times R_N$，满足

$$P(\boldsymbol{X}\in R_1\times R_2\times\cdots\times R_N)=P(X_1\in R_1)P(X_2\in R_2)\cdots P(X_N\in R_N) \tag{2.29}$$

那么我们称随机向量 $\boldsymbol{X}=(X_1,X_2,\cdots,X_N)$ 中的随机变量元素是相互独立的。需要注意的是，随机向量中的随机变量元素相互独立和随机变量元素对独立是不同的。如果随机变量元素相互独立，那么必然对独立，反之不成立。如果随机向量中的随机变量元素满足对独立，那么还必须满足式 (2.29) 才能相互独立。

2.3.2 离散随机向量

1. 离散随机向量的定义及联合概率质量函数

假设 $\boldsymbol{X}=(X_1,X_2,\cdots,X_N)$ 是一个 N 维随机向量，其所有可能的取值为有限个，或其所有可能的取值为无限个但可以一一列举出来，那么称 $\boldsymbol{X}$ 为离散随机向量。下面给出离散随机向量的正式定义。

定义 2.14　离散随机向量

如果一个随机向量 $\boldsymbol{X}=(X_1,X_2,\cdots,X_N)$ 是离散随机向量，那么其满足下列条件：

(1) 随机向量 $\boldsymbol{X}$ 的支撑集 $R_{\boldsymbol{X}}(R_{\boldsymbol{X}}\subseteq\mathbf{R}^{N\times 1})$ 是一个可列举的集合。

(2) 存在一个函数 $p_{\boldsymbol{X}}:R_{\boldsymbol{X}}\to[0,1]$，使得对于任意一个 $\boldsymbol{x}\in R_{\boldsymbol{X}}$ 满足：

$$p_{\boldsymbol{X}}(\boldsymbol{x})=\begin{cases}P(\boldsymbol{X}=\boldsymbol{x}), & \boldsymbol{x}\in R_{\boldsymbol{X}}\\ 0, & \boldsymbol{x}\notin R_{\boldsymbol{X}}\end{cases} \tag{2.30}$$

♣

式 (2.30) 定义的概率函数 $p_{\boldsymbol{X}}(\boldsymbol{x})$ 被称为离散随机向量的概率质量函数（Probability Mass Function of Random Vector，R-PMF）。由于离散随机向量本质上是由多个离散随机变量按特定顺序组合而来的，所以离散随机向量的概率质量函数也被称为联合概率质量函数（Joint Probability Mass Function，J-PMF）。通常，有 3 种形式用于表示联合概率质量函数：

$$p_{\boldsymbol{X}}(\boldsymbol{x})=p_{\boldsymbol{X}}(x_1,x_2,\cdots,x_N)=p_{X_1,X_2,\cdots,X_N}(x_1,x_2,\cdots,x_N) \tag{2.31}$$

和离散随机变量的概率质量函数相似，联合概率质量函数也需要满足两个基本属性，即非负性和归一化性。

2. 离散随机向量的边缘概率分布

边缘概率分布 (有时简称边缘分布) 是一个表达不同随机变量之间关系的概率分布。因此，只有讨论两个及以上随机变量之间的关系时，才有边缘概率分布的概念。通常，部分随机变量的边缘概率分布可由所有随机变量的联合概率分布获得。由于多个随机变量的联合概率分布等价于这些随机变量所构成的随机向量的联合概率分布，所以边缘概率分布可

以基于随机向量计算。我们先以包含两个离散随机变量的二维离散随机向量为例，介绍离散随机向量的边缘概率分布，然后扩展到一般形式。

假设 $\boldsymbol{E}=(X,Y)$ 是一个二维离散随机向量，$R_{\boldsymbol{E}}(R_{\boldsymbol{E}}\subseteq\mathbf{R}^{2\times1})$ 是 $\boldsymbol{E}$ 的支撑集，其定义如下：

$$\begin{aligned} R_{\boldsymbol{E}} &= R_X\times R_Y \\ R_X &= \{x_1,x_2,\cdots,x_N\} \\ R_Y &= \{y_1,y_2,\cdots,y_M\} \end{aligned} \tag{2.32}$$

另外，假设离散随机向量 $\boldsymbol{E}$ 的联合概率质量函数为

$$p_{\boldsymbol{E}}(\boldsymbol{e})=p_{\boldsymbol{E}}(x,y)=p_{X,Y}(x,y) \tag{2.33}$$

那么随机变量 X 和 Y 的边缘概率质量函数为

$$\begin{aligned} p_X(x) &= \sum_{y\in R_Y}p_{\boldsymbol{E}}(x,y) &= \sum_{i=1}^{M}p_{\boldsymbol{E}}(x,y_i) \\ p_Y(y) &= \sum_{x\in R_X}p_{\boldsymbol{E}}(x,y) &= \sum_{i=1}^{N}p_{\boldsymbol{E}}(x_i,y) \end{aligned} \tag{2.34}$$

下面我们给出离散随机向量边缘概率分布的一般形式。假设 X_i 是离散随机向量 $\boldsymbol{X}=(X_1,X_2,\cdots,X_N)$ 中的第 i 个随机变量，那么随机变量 X_i 的边缘概率质量函数（Marginal Probability Mass Function of Random Vector，R-MPMF）可由随机向量的联合概率分布获得：

$$p_{X_i}(x)=\sum_{(x_1,x_2,\cdots,x_N)\in R_{\boldsymbol{X}}:x_i=x}p_{\boldsymbol{X}}(x_1,x_2,\cdots,x_{i-1},x,x_{i+1},\cdots,x_N) \tag{2.35}$$

对离散随机向量边缘概率分布的直观解释是，只专注于随机向量中某一个或几个随机变量的分布，通过求和的形式将无关的随机变量边缘化。

3. 离散随机向量的条件概率分布

在讲解条件概率的 2.1.3 节中，我们讨论了在已知一个随机事件已经发生的条件下，如何更新另一个随机事件发生的可能性。下面我们讨论在已知一个随机变量的确定取值的条件下，如何更新另一个随机变量的概率分布。因为随机事件和随机变量都是定义在样本空间 Ω 的基础上的，所以随机事件的条件概率和随机变量的条件概率分布 (有时简称条件分布) 本质上是一致的。然而，二者也有所不同，主要区别有两点：① 随机变量将数据从样本空间变换到实数空间，便于运算；② 随机事件的条件概率是一个概率，表示为一个标量值，而随机变量的条件概率分布是一个概率分布，表示为一个概率函数。

条件概率分布讨论的是随机变量之间相互影响的关系。我们先讨论两个离散随机变量之间的条件概率分布。假设 X 和 Y 是定义在样本空间 Ω 上的两个离散随机变量，其构成一个二维离散随机向量 $\boldsymbol{E}=(X,Y)$，那么在已知随机变量 $Y=y$ 的条件下随机变量 X 的

条件概率质量函数（Conditional Probability Mass Function，C-PMF）为

$$\begin{aligned} p_{X|Y=y}(x) &= P(X=x|Y=y) \\ &= \frac{P(\{X=x\}\cap\{Y=y\})}{P(\{Y=y\})} \\ &= \frac{P(X=x,Y=y)}{P(Y=y)} \\ &= \frac{p_{X,Y}(x,y)}{p_Y(y)} \end{aligned} \tag{2.36}$$

同理可得，在已知随机变量 $X=x$ 的条件下随机变量 Y 的条件概率质量函数为

$$p_{Y|X=x}(y) = \frac{p_{X,Y}(x,y)}{p_X(x)} \tag{2.37}$$

假设 $R_{\boldsymbol{E}}(R_{\boldsymbol{E}} \subseteq \mathbf{R}^{2\times 1})$ 是 $\boldsymbol{E}=(X,Y)$ 的支撑集，其定义如下：

$$\begin{aligned} R_{\boldsymbol{E}} &= R_X \times R_Y \\ R_X &= \{x_1, x_2, \cdots, x_N\} \\ R_Y &= \{y_1, y_2, \cdots, y_M\} \end{aligned} \tag{2.38}$$

那么在已知随机变量 $Y=y_i$ 的条件下随机变量 X 的条件概率质量函数为

$$\begin{aligned} p_{X|Y=y_i}(x) &= P(X=x|Y=y_i) \\ &= \frac{p_{X,Y}(x,y_i)}{p_Y(y_i)} \end{aligned} \tag{2.39}$$

对比式 (2.36) 和式 (2.39) 可以看出，这两个条件概率质量函数是完全一致的，它们只包含一个变量 x，y 和 y_i 都是确定值。

下面我们将离散随机向量的条件概率分布扩展到一般形式。假设 $\boldsymbol{E}=(X_1,X_2,\cdots,X_N)$ 是一个包含 N 个离散随机变量的随机向量，$\boldsymbol{e}=(x_1,x_2,\cdots,x_N)$ 是对应的普通向量，并且假设移除 X_i 后的随机向量和对应的普通向量为

$$\begin{aligned} \boldsymbol{E}_{-i} &= (X_1, X_2, \cdots, X_{i-1}, X_{i+1}, X_N) \\ \boldsymbol{e}_{-i} &= (x_1, x_2, \cdots, x_{i-1}, x_{i+1}, x_N) \end{aligned} \tag{2.40}$$

那么在已知随机向量 $\boldsymbol{E}_{-i}$ 取值为 $\boldsymbol{e}^*_{-i}$ 的条件下随机变量 X_i 的条件概率质量函数为

$$\begin{aligned} p_{X_i|\boldsymbol{E}_{-i}=\boldsymbol{e}^*_{-i}}(x) &= P(X_i=x|\boldsymbol{E}_{-i}=\boldsymbol{e}^*_{-i}) \\ &= \frac{p_{\boldsymbol{E}}(x,\boldsymbol{e}^*_{-i})}{p_{\boldsymbol{E}_{-i}}(\boldsymbol{e}^*_{-i})} \end{aligned} \tag{2.41}$$

2.3.3　连续随机向量

1. 连续随机向量的定义及联合概率密度函数

假设 $\boldsymbol{X} = (X_1, X_2, \cdots, X_N)$ 是一个 N 维随机向量，其所有可能的取值为无限个且无法一一列举出来，那么称 $\boldsymbol{X}$ 为连续随机向量。下面给出连续随机向量的正式定义。假设随机向量 $\boldsymbol{X}$ 的支撑集为

$$\begin{aligned} R_{\boldsymbol{X}} &= \{\boldsymbol{X} = (X_1, X_2, \cdots, X_N) : X_1 \in R_1, X_2 \in R_2, \cdots, X_N \in R_N\} \\ &= R_1 \times R_2 \times \cdots \times R_N \end{aligned} \tag{2.42}$$

式中，R_i 为对应随机向量中第 i 个随机变量的支撑集。

定义 2.15　连续随机向量

如果一个随机向量 $\boldsymbol{X} = (X_1, X_2, \cdots, X_N)$ 是连续随机向量，那么其满足下列条件：

(1) 随机向量 $\boldsymbol{X}$ 的支撑集 $R_{\boldsymbol{X}}(R_{\boldsymbol{X}} \subseteq \mathbf{R}^{N\times 1})$ 是一个不可列举的集合。

(2) 存在一个函数 $p_{\boldsymbol{X}} : R_{\boldsymbol{X}} \to [0, 1]$，对于任何集合 $S \subseteq R_{\boldsymbol{X}}$:

$$\begin{aligned} S &= \{S_1 = [a_1, b_1] \subseteq R_1, S_2 = [a_2, b_2] \subseteq R_2, \cdots, S_N = [a_N, b_N] \subseteq R_N\} \\ &= S_1 \times S_2 \times \cdots \times S_N \end{aligned} \tag{2.43}$$

满足

$$P(\boldsymbol{X} \in S) = \int_{a_1}^{b_1}\int_{a_2}^{b_2}\cdots\int_{a_N}^{b_N} p_{\boldsymbol{X}}(x_1, x_2, \cdots, x_N)\mathrm{d}x_1\mathrm{d}x_2\cdots\mathrm{d}x_N \tag{2.44}$$

♣

式 (2.44) 定义的概率函数 $p_{\boldsymbol{X}}(x_1, x_2, \cdots, x_N)$ 被称为连续随机向量的概率密度函数（Probability Density Function of Random Vector，R-PDF）。和离散随机向量相似，由于连续随机向量本质上是由多个连续随机变量按特定顺序组合而来的，所以连续随机向量的概率密度函数也被称为联合概率密度函数（Joint Probability Density Function，J-PDF）。

2. 连续随机向量的边缘概率分布

和离散随机向量相似，我们先以包含两个连续随机变量的二维连续随机向量为例，介绍连续随机向量的边缘概率分布，然后扩展到一般形式。

假设 $\boldsymbol{E} = (X, Y)$ 是一个二维连续随机向量，$R_{\boldsymbol{E}}(R_{\boldsymbol{E}} \subseteq \mathbf{R}^{2\times 1})$ 是 $\boldsymbol{E}$ 的支撑集，其定义如下：

$$\begin{aligned} R_{\boldsymbol{E}} &= \{\boldsymbol{E} = (X, Y) : X \in R_X, Y \in R_Y\} \\ &= R_X \times R_Y \end{aligned} \tag{2.45}$$

另外，假设连续随机向量 $\boldsymbol{E}$ 的联合概率密度函数为

$$p_{\boldsymbol{E}}(\boldsymbol{e}) = p_{\boldsymbol{E}}(x, y) = p_{X,Y}(x, y) \tag{2.46}$$

那么随机变量 X 和 Y 的边缘概率密度函数为

$$\begin{aligned} p_X(x) &= \int_{-\infty}^{\infty} p_{\boldsymbol{E}}(x,y)\mathrm{d}y \\ p_Y(y) &= \int_{-\infty}^{\infty} p_{\boldsymbol{E}}(x,y)\mathrm{d}x \end{aligned} \tag{2.47}$$

下面我们给出连续随机向量边缘概率分布的一般形式。假设 X_i 是连续随机向量 $\boldsymbol{X} = (X_1, X_2, \cdots, X_N)$ 中的第 i 个随机变量，那么随机变量 X_i 的边缘概率密度函数（Marginal Probability Density Function of Random Vector，R-MPDF）可由随机向量的联合概率分布获得：

$$\begin{aligned} &p_{X_i}(x) \\ &= \int_{-\infty}^{\infty}\int_{-\infty}^{\infty}\cdots\int_{-\infty}^{\infty} p_{\boldsymbol{X}}(x_1, x_2, \cdots, x_{i-1}, x, x_{i+1}, \cdots, x_N)\mathrm{d}x_1\mathrm{d}x_2\cdots\mathrm{d}x_{i-1}\mathrm{d}x_{i+1}\cdots\mathrm{d}x_N \end{aligned} \tag{2.48}$$

对连续随机向量边缘概率分布的直观解释是，只专注于随机向量中某一个或几个随机变量的分布，通过积分的形式将无关的随机变量边缘化。

3. 连续随机向量的条件概率分布

和离散随机向量相似，我们先讨论两个连续随机变量之间的条件概率分布。假设 X 和 Y 是定义在样本空间 Ω 上的两个连续随机变量，其构成一个二维连续随机向量 $\boldsymbol{E} = (X, Y)$，那么在已知随机变量 $Y = y$ 的条件下，随机变量 X 的条件概率密度函数（Conditional Probability Density Function，C-PDF）的定义如下：

定义 2.16　连续随机变量 X 的条件概率密度函数

如果对于任何区间 $[a,b] \subseteq R_{\boldsymbol{X}}$，函数 $p_{X|Y=y} : R_{\boldsymbol{X}} \to [0,1]$ 满足下列条件，那么这个函数称为在已知随机变量 $Y = y$ 的条件下随机变量 X 的条件概率密度函数：

$$P(X \in [a,b]|Y = y) = \int_a^b p_{X|Y=y}(x)\mathrm{d}x \tag{2.49}$$

♣

和离散随机向量相似，连续随机变量 X 的条件概率密度函数可以由连续随机向量的联合概率密度函数和边缘概率密度函数表示，具体如下：

$$p_{X|Y=y}(x) = \frac{p_{X,Y}(x,y)}{p_Y(y)} \tag{2.50}$$

同理可得，在已知随机变量 $X = x$ 的条件下随机变量 Y 的条件概率密度函数为

$$p_{Y|X=x}(y) = \frac{p_{X,Y}(x,y)}{p_X(x)} \tag{2.51}$$

下面我们将连续随机向量的条件概率分布扩展到一般形式。假设 $\boldsymbol{E}=(X_1,X_2,\cdots,X_N)$ 是一个包含 N 个连续随机变量的随机向量，$\boldsymbol{e}=(x_1,x_2,\cdots,x_N)$ 是对应的普通向量，并且假设移除 X_i 后的随机向量和对应的普通向量为

$$\begin{aligned}\boldsymbol{E}_{-i}&=(X_1,X_2,\cdots,X_{i-1},X_{i+1},X_N)\\ \boldsymbol{e}_{-i}&=(x_1,x_2,\cdots,x_{i-1},x_{i+1},x_N)\end{aligned} \tag{2.52}$$

那么在已知随机向量 $\boldsymbol{E}_{-i}$ 取值为 $\boldsymbol{e}^*_{-i}$ 的条件下随机变量 X_i 的条件概率密度函数为

$$p_{X_i|\boldsymbol{E}_{-i}=\boldsymbol{e}^*_{-i}}(x)=\frac{p_{\boldsymbol{E}}(x,\boldsymbol{e}^*_{-i})}{p_{\boldsymbol{E}_{-i}}(\boldsymbol{e}^*_{-i})} \tag{2.53}$$

2.3.4　概率函数与定理

正如前文所述，我们为概率质量函数和概率密度函数采用了同样的符号体系。对比离散随机向量的条件概率质量函数 [式 (2.36)] 和连续随机向量的条件概率密度函数 [式 (2.50)] 可以看出，其函数形式完全一样。为了便于讨论，我们将随机变量 X 和 Y 互为条件的概率函数重新列出：

$$\begin{aligned}p_{X|Y=y}(x)&=\frac{p_{X,Y}(x,y)}{p_Y(y)}\\ p_{Y|X=x}(y)&=\frac{p_{X,Y}(x,y)}{p_X(x)}\end{aligned} \tag{2.54}$$

由式 (2.54) 可以得出，贝叶斯定理的概率函数形式为

$$\begin{aligned}p_{X|Y=y}(x)&=\frac{p_{Y|X=x}(y)p_X(x)}{p_Y(y)}\\ p_{Y|X=x}(y)&=\frac{p_{X|Y=y}(x)p_Y(y)}{p_X(x)}\end{aligned} \tag{2.55}$$

另外，在一些书籍中，将随机变量的边缘概率函数和条件概率函数分别定义为求和准则（Sum Rule）和乘积准则（Product Rule）。为了便于对比，我们将其一并列出。两个离散随机变量的求和准则和乘积准则为

$$\begin{aligned}p_X(x)&=\sum_{y\in R_Y}p_{X,Y}(x,y)\\ p_{X,Y}(x,y)&=p_{X|Y=y}(x)p_Y(y)\end{aligned} \tag{2.56}$$

两个连续随机变量的求和准则和乘积准则为

$$\begin{aligned}p_X(x)&=\int_{-\infty}^{\infty}p_{X,Y}(x,y)\mathrm{d}y\\ p_{X,Y}(x,y)&=p_{X|Y=y}(x)p_Y(y)\end{aligned} \tag{2.57}$$

需要注意的是，有时候为了书写方便，概率函数的随机变量下标通常省略，即以下公式是等价的：

$$\begin{aligned} &p_X(x) = p(x) \\ &p_Y(y) = p(y) \\ &p_{X|Y=y}(x) = p(x|y) \\ &p_{Y|X=x}(y) = p(y|x) \\ &p_{X,Y}(x,y) = p(x,y) \end{aligned} \tag{2.58}$$

2.3.5 随机向量的函数

假设 $\boldsymbol{X} = (X_1, X_2, \cdots, X_N)$ 是一个 N 维随机向量，其支撑集为 $R_{\boldsymbol{X}} \subseteq \mathbf{R}^{N\times 1}$。如果存在一个函数：

$$\begin{aligned} &\boldsymbol{g} = (g_1, g_2, \cdots, g_M) : \mathbf{R}^{N\times 1} \to \mathbf{R}^{M\times 1} \\ &g_i : \mathbf{R}^{N\times 1} \to \mathbf{R} \end{aligned} \tag{2.59}$$

那么我们就得到一个新的随机向量 $\boldsymbol{Y} = (Y_1, Y_2, \cdots, Y_M) = \boldsymbol{g}(\boldsymbol{X})$，并且新随机向量中的每一个随机变量元素 Y_i 由以下函数确定：

$$Y_i = g_i(\boldsymbol{X}) = g_i(X_1, X_2, \cdots, X_N), \quad i = 1, 2, \cdots, M \tag{2.60}$$

随机向量 $\boldsymbol{Y} = \boldsymbol{g}(\boldsymbol{X})$ 的完整形式为

$$\boldsymbol{Y} = \begin{bmatrix} Y_1 \\ Y_2 \\ \vdots \\ Y_M \end{bmatrix} = \boldsymbol{g}(\boldsymbol{X}) = \begin{bmatrix} g_1(X_1, X_2, \cdots, X_N) \\ g_2(X_1, X_2, \cdots, X_N) \\ \vdots \\ g_M(X_1, X_2, \cdots, X_N) \end{bmatrix} \tag{2.61}$$

可以看出，$\boldsymbol{Y} = (Y_1, Y_2, \cdots, Y_M)$ 是一个 M 维随机向量，我们假设其支撑集为 $R_{\boldsymbol{Y}} \subseteq \mathbf{R}^{M\times 1}$。正如前文所述，随机向量本质上是一个函数，该函数将随机事件的样本空间 Ω 映射到实数空间。对于随机向量 $\boldsymbol{X} = (X_1, X_2, \cdots, X_N)$，它是一个将样本空间 Ω 映射到 N 维实数空间的函数，即 $\boldsymbol{X} : \Omega \to \mathbf{R}^{N\times 1}$。对于随机向量 $\boldsymbol{Y}$，它是通过函数对随机向量 $\boldsymbol{X}$ 变换而来的，本质上是一个将样本空间 Ω 映射到 M 维实数空间的函数，即 $\boldsymbol{Y} : \Omega \to \mathbf{R}^{M\times 1}$。

如果我们已知随机向量 $\boldsymbol{X}$ 和随机向量 $\boldsymbol{Y}$ 的函数关系，并且已知随机向量 $\boldsymbol{X}$ 的概率函数，那么我们是否可以从随机向量 $\boldsymbol{X}$ 的概率函数获得随机向量 $\boldsymbol{Y}$ 的概率函数？下面分情况讨论概率分布关系。

1. 离散随机向量的概率分布关系

如果随机向量 $\boldsymbol{Y} = (Y_1, Y_2, \cdots, Y_M) = \boldsymbol{g}(\boldsymbol{X})$ 是一个离散随机向量，那么它的概率质量函数的计算可分为两种情况。

当随机向量 $\boldsymbol{X}$ 是离散随机向量时，$\boldsymbol{Y}$ 的概率质量函数计算如下：

$$\begin{aligned}
p_{\boldsymbol{Y}}(\boldsymbol{y}) &= p_{\boldsymbol{Y}}(y_1, y_2, \cdots, y_M) \\
&= P(Y_1 = y_1, Y_2 = y_2, \cdots, Y_M = y_M) \\
&= P(g_1(\boldsymbol{X}) = y_1, g_2(\boldsymbol{X}) = y_2, \cdots, g_M(\boldsymbol{X}) = y_M) \\
&= \sum_{\boldsymbol{x} \in G} p_{\boldsymbol{X}}(\boldsymbol{x})
\end{aligned} \tag{2.62}$$

$$G = \{\boldsymbol{x} \in R_{\boldsymbol{X}} : g_i(\boldsymbol{x}) = y_i, \quad i = 1, 2, \cdots, M\}$$

当随机向量 $\boldsymbol{X}$ 是连续随机向量时，$\boldsymbol{Y}$ 的概率质量函数计算如下：

$$\begin{aligned}
p_{\boldsymbol{Y}}(\boldsymbol{y}) &= p_{\boldsymbol{Y}}(y_1, y_2, \cdots, y_M) \\
&= P(Y_1 = y_1, Y_2 = y_2, \cdots, Y_M = y_M) \\
&= P(g_1(\boldsymbol{X}) = y_1, g_2(\boldsymbol{X}) = y_2, \cdots, g_M(\boldsymbol{X}) = y_M) \\
&= \int_{\boldsymbol{x} \in G} p_{\boldsymbol{X}}(\boldsymbol{x}) \mathrm{d}\boldsymbol{x}
\end{aligned} \tag{2.63}$$

$$G = \{\boldsymbol{x} \in R_{\boldsymbol{X}} : g_i(\boldsymbol{x}) = y_i, \quad i = 1, 2, \cdots, M\}$$

需要注意的是，如果随机向量 $\boldsymbol{X}$ 是离散随机向量，并且 $\boldsymbol{g}(\boldsymbol{X})$ 是一个单射函数 (一对一函数)$\boldsymbol{g} : \mathbf{R}^{N\times 1} \to \mathbf{R}^{N\times 1}$ 时，那么我们有更加便捷的方法来获得随机向量 $\boldsymbol{Y} = (Y_1, Y_2, \cdots, Y_N) = \boldsymbol{g}(\boldsymbol{X})$ 的概率质量函数。对于单射函数，随机变量 $\boldsymbol{X}$ 支撑集中的不同元素 $\boldsymbol{x} \in \mathbf{R}^{N\times 1}$ 通过函数只能映射到随机变量 $\boldsymbol{Y}$ 支撑集中的不同元素 $\boldsymbol{y} \in \mathbf{R}^{N\times 1}$，反之相同。因此，在这种情况下，式 (2.62) 中的集合 G 就只包含 $\boldsymbol{g}^{-1}(\boldsymbol{y})$。这里，$\boldsymbol{g}^{-1}(\boldsymbol{y})$ 是 $\boldsymbol{g}(\boldsymbol{x})$ 的逆函数。为了定义清晰，我们假设 $\boldsymbol{h}(\boldsymbol{Y}) = \boldsymbol{g}^{-1}(\boldsymbol{Y})$，其表示如下：

$$\boldsymbol{X} = \begin{bmatrix} X_1 \\ X_2 \\ \vdots \\ X_N \end{bmatrix} = \boldsymbol{h}(\boldsymbol{Y}) = \boldsymbol{g}^{-1}(\boldsymbol{Y}) = \begin{bmatrix} h_1(Y_1, Y_2, \cdots, Y_N) \\ h_2(Y_1, Y_2, \cdots, Y_N) \\ \vdots \\ h_N(Y_1, Y_2, \cdots, Y_N) \end{bmatrix} \tag{2.64}$$

因此，随机向量 $\boldsymbol{Y} = (Y_1, Y_2, \cdots, Y_N) = \boldsymbol{g}(\boldsymbol{X})$ 的概率质量函数为

$$\begin{aligned}
p_{\boldsymbol{Y}}(\boldsymbol{y}) &= p_{\boldsymbol{Y}}(y_1, y_2, \cdots, y_N) \\
&= P(Y_1 = y_1, Y_2 = y_2, \cdots, Y_N = y_N) \\
&= P(g_1(\boldsymbol{X}) = y_1, g_2(\boldsymbol{X}) = y_2, \cdots, g_N(\boldsymbol{X}) = y_N) \\
&= P(X_1 = g_1^{-1}(y_1), X_2 = g_2^{-1}(y_2), \cdots, X_N = g_N^{-1}(y_N)) \\
&= p_{\boldsymbol{X}}(\boldsymbol{h}(\boldsymbol{y}))
\end{aligned} \tag{2.65}$$

2. 连续随机向量的概率分布关系

如果随机向量 $\boldsymbol{Y}=(Y_1,Y_2,\cdots,Y_M)=\boldsymbol{g}(\boldsymbol{X})$ 是一个连续随机向量，那么它的概率密度函数的计算也可分为两种情况。

如果已知 $\boldsymbol{Y}$ 的累积概率分布函数 (简称概率分布函数或分布函数)$F_{\boldsymbol{Y}}(\boldsymbol{y})$，那么可以通过对 $F_{\boldsymbol{Y}}(\boldsymbol{y})$ 的各个分量求偏导获得 $\boldsymbol{Y}$ 的概率密度函数，具体如下：

$$p_{\boldsymbol{Y}}(\boldsymbol{y})=\frac{\partial^M}{\partial y_1\partial y_2\cdots\partial y_M}F_{\boldsymbol{Y}}(\boldsymbol{y}) \tag{2.66}$$

如果 $M=N$，那么可以利用 $\boldsymbol{Y}$ 和 $\boldsymbol{X}$ 的变换关系从 $\boldsymbol{X}$ 的概率密度函数推导出 $\boldsymbol{Y}$ 的概率密度函数。下面给出一个定理。

假设 $\boldsymbol{X}=(X_1,X_2,\cdots,X_N)$ 是一个 N 维连续随机向量，其支撑集为 $R_{\boldsymbol{X}}\subseteq\mathbf{R}^{N\times1}$，$\boldsymbol{Y}=(Y_1,Y_2,\cdots,Y_N)=\boldsymbol{g}(\boldsymbol{X})$，其中 $\boldsymbol{g}=(g_1,g_2,\cdots,g_N):\mathbf{R}^{N\times1}\to\mathbf{R}^{N\times1}$ 是可逆并且可微的函数。假设 $\boldsymbol{Y}=\boldsymbol{g}(\boldsymbol{X})$ 的逆函数为 $\boldsymbol{X}=\boldsymbol{g}^{-1}(\boldsymbol{Y})=\boldsymbol{h}(\boldsymbol{Y})$，如式 (2.64) 所示，那么可得

$$p_{\boldsymbol{Y}}(\boldsymbol{y})=p_{\boldsymbol{X}}(\boldsymbol{h}(\boldsymbol{y}))\det J(\boldsymbol{h}(\boldsymbol{y})) \tag{2.67}$$

式中，$\boldsymbol{x}=\boldsymbol{g}^{-1}(\boldsymbol{y})=\boldsymbol{h}(\boldsymbol{y})$ 是 $\boldsymbol{y}=\boldsymbol{g}(\boldsymbol{x})$ 的逆函数，$\boldsymbol{J}(\boldsymbol{h}(\boldsymbol{y}))$ 是函数 $\boldsymbol{x}=\boldsymbol{g}^{-1}(\boldsymbol{y})=\boldsymbol{h}(\boldsymbol{y})$ 的雅可比矩阵，记为

$$\boldsymbol{J}(\boldsymbol{h}(\boldsymbol{y}))=\begin{bmatrix}\dfrac{\partial h_1(\boldsymbol{y})}{\partial y_1} & \cdots & \dfrac{\partial h_1(\boldsymbol{y})}{\partial y_N}\\ \vdots & & \vdots\\ \dfrac{\partial h_N(\boldsymbol{y})}{\partial y_1} & \cdots & \dfrac{\partial h_N(\boldsymbol{y})}{\partial y_N}\end{bmatrix} \tag{2.68}$$

3. 连续随机向量的线性函数

假设 $\boldsymbol{X}=(X_1,X_2,\cdots,X_N)$ 是一个 N 维连续随机向量，其支撑集为 $R_{\boldsymbol{X}}\subseteq\mathbf{R}^{N\times1}$，其概率密度函数为 $p_{\boldsymbol{X}(\boldsymbol{x})}$。假设 $\boldsymbol{A}\in\mathbf{R}^{N\times N}$ 是一个 $N\times N$ 的可逆实数矩阵，$\boldsymbol{b}\in\mathbf{R}^{N\times1}$ 是一个 N 维实数随机向量。如果随机向量 $\boldsymbol{Y}=(Y_1,Y_2,\cdots,Y_N)$ 和 $\boldsymbol{X}$ 的函数关系为

$$\boldsymbol{Y}=\boldsymbol{A}\boldsymbol{X}+\boldsymbol{b} \tag{2.69}$$

那么随机向量 $\boldsymbol{Y}$ 的概率密度函数为

$$p_{\boldsymbol{Y}}(\boldsymbol{y})=\frac{1}{\det\boldsymbol{A}}p_{\boldsymbol{X}}(\boldsymbol{A}^{-1}(\boldsymbol{y}-\boldsymbol{b})) \tag{2.70}$$

下面我们给出简单的证明。因为 $\boldsymbol{A}$ 为可逆矩阵，所以随机向量函数式 (2.69) 存在逆函数：

$$\boldsymbol{X}=\boldsymbol{h}(\boldsymbol{Y})=\boldsymbol{A}^{-1}(\boldsymbol{Y}-\boldsymbol{b}) \tag{2.71}$$

由式 (2.68) 可以得出，$\boldsymbol{J}(\boldsymbol{h}(\boldsymbol{y})) = \boldsymbol{A}^{-1}$。由式 (2.67) 可以得出，随机向量 $\boldsymbol{Y}$ 的概率密度函数为

$$\begin{aligned} p_{\boldsymbol{Y}}(\boldsymbol{y}) &= p_{\boldsymbol{X}}(\boldsymbol{h}(\boldsymbol{y}))\det\ \boldsymbol{J}(\boldsymbol{h}(\boldsymbol{y})) \\ &= p_{\boldsymbol{X}}(\boldsymbol{h}(\boldsymbol{y}))\det\ \boldsymbol{A}^{-1} \\ &= \frac{1}{\det\boldsymbol{A}} p_{\boldsymbol{X}}(\boldsymbol{h}(\boldsymbol{y})) \\ &= \frac{1}{\det\boldsymbol{A}} p_{\boldsymbol{X}}(\boldsymbol{A}^{-1}(\boldsymbol{y}-\boldsymbol{b})) \end{aligned} \tag{2.72}$$

式中，我们利用了可逆矩阵的一个性质，即逆矩阵的行列式等于原矩阵行列式的倒数。

第 3 章
矩理论

在第 2 章中，我们介绍了概率论基础。本章将深入探讨与概率论中的基础单位（随机变量和随机向量）密切相关的一个重要概念：矩。进一步地，本章将讨论一种比较特殊的随机向量，即高斯随机向量，其具有一系列很好的性质，在机器人系统中应用广泛。本章的具体内容包括：

- 矩的定义
- 随机变量的矩与随机变量函数的矩的关系
- 随机变量的矩与随机变量概率分布的关系
- 随机变量和随机向量的数学期望
- 随机变量和随机向量的方差与协方差
- 随机变量和随机向量的均值和定理与方差和定理
- 矩生成函数
- 高斯分布的矩

3.1 矩

3.1.1 矩的定义

一个随机变量（一维随机向量）的矩（Moment）是其幂或相关函数的数学期望。本质上，随机变量的矩反映了其概率分布的特征。

常见的随机变量矩包括随机变量幂的矩 (Power Moment)、随机变量的中心矩 (Central Moment) 和随机变量的标准矩（Standardized Moment）。一个随机变量的一阶幂矩是该随机变量的数学期望，二阶中心矩是该随机变量的方差，三阶标准矩是该随机变量概率分布的偏度或歪度 (Skewness)，四阶标准矩是该随机变量概率分布的峰度或尖度 (Kurtosis)。

假设 X 为一个随机变量，那么 X 的 n 阶幂矩为

$$E(X^n) = \sum_i {x_i}^n P(x_i) \tag{3.1}$$

一阶幂矩是随机变量 X 的数学期望（也称均值），即 $\mu_X = E(X)$。这个值最佳地刻画了随机变量 X 可能的取值。另外，这个随机变量的均值也刻画了该随机变量所服从概率分布（随机变量概率分布）的中心。事实上，除随机变量的均值外，可以利用随机变量的中位数来更自然地刻画随机变量所服从概率分布的中心。假设随机变量 X 的中位数为 m，如果 X 为连续随机变量，并且 X 的概率分布函数为 $F(X)$，那么 m 满足条件

$P(X \leqslant m)=F(m)=1/2$。从中位数获取的条件可以看出，我们很难解析地获得随机变量的中位数，这就为计算中位数造成困难。因此，一般我们采用随机变量的均值作为其所服从概率分布的中心。

随机变量 X 的中心矩是指随机变量 X 与其均值 μ_X 的差（$X-\mu_X$）的幂的数学期望，其公式化形式如下：

$$E[(X-\mu_X)^n]=\sum_i (x_i-\mu_X)^n P(x_i) \tag{3.2}$$

二阶中心矩是随机变量 X 的方差 $\mathrm{var}(X)$，其刻画了随机变量 X 所服从概率分布的分散程度。另外，我们也经常利用标准差 $\sigma_X=\sqrt{\mathrm{var}(X)}$ 来表示分布的分散程度。

随机变量 X 的标准矩是经过标准化的中心矩。为了使得标准矩对缩放和分散程度保持一致，通常使用标准差 σ_X 来进行标准化。标准矩的公式化形式如下：

$$\gamma_n=E[(\frac{X-\mu_X}{\sigma_X})^n]=\frac{E[(X-\mu_X)^n]}{\sigma_X^n} \tag{3.3}$$

当 $n=1$ 时，标准矩恒等于 0；当 $n=2$ 时，标准矩恒等于 1；当 $n=3$ 时，标准矩定义了随机变量概率分布的偏度或歪度：

$$\text{Skewness}=\gamma_3=\frac{E[(X-\mu_X)^3]}{\sigma_X^3} \tag{3.4}$$

随机变量概率分布的偏度刻画随机变量概率分布的不对称性。偏度可以为正也可以为负，甚至有时候偏度不能定义。当偏度为正时，我们称随机变量概率分布的偏度为正偏态（或右偏态）。在这种情况下，概率密度函数右侧尾部比左侧长，分布的主体集中在右侧，即随机变量以绝大多数的概率取值在平均值右侧。当偏度为负时，我们称随机变量概率分布的偏度为负偏态（或左偏态）。在这种情况下，概率密度函数左侧尾部比右侧长，分布的主体集中在左侧，即随机变量以绝大多数的概率取值在平均值左侧。当偏度为零时，表示随机变量的可能取值相对均匀地分布在均值两侧，但不能保证分布是对称的。如果某个随机变量概率分布是对称的，那么其偏度一定为零，并且均值等于中位数。比如，高斯分布就是一个对称分布，其偏度为零，其中位数和均值相等。

当 $n=4$ 时，标准矩定义了随机变量概率分布的峰度或尖度：

$$\text{Kurtosis}=\gamma_4=\frac{E[(X-\mu_X)^4]}{\sigma_X^4} \tag{3.5}$$

随机变量概率分布的峰度和偏度一样，用来刻画分布的形状。峰度主要反映的是随机变量概率分布相对于高斯分布的峰部尖锐程度或平坦程度，揭示了分布的集中性和尾部轻重的特点。当峰度为零时，意味着随机变量概率分布的峰度与高斯分布相同，其峰部既不比高斯分布更尖锐也不更平坦，尾部的轻重与高斯分布相似。当峰度大于零时，意味着随机变量概率分布比高斯分布具有更为集中和尖锐的峰部，取值更倾向于聚集在中心区域，而尾部相对较轻，极端值出现的概率较低。当峰度小于零时，意味着随机变量概率分布比高斯分布平坦，峰部较宽且矮，分布较为分散，不仅中心区域的取值不如高斯分布集中，而且尾部更重，极端值出现的概率相对较高。

3.1.2 随机变量函数的矩

3.1.1 节就一个随机变量 X 讨论了单随机变量的各种矩。事实上，关于一个或多个随机变量的代数函数，依然是一个随机变量。下面对几种情况进行解释。

（1）单随机变量的线性变换。假设 X 是一个随机变量，一个以 X 为自变量的函数定义如下：

$$Y = aX + b \tag{3.6}$$

式中：a 和 b 为常数 (可为标量、向量或矩阵，取决于随机变量的形式)；Y 也是一个随机变量，对应一个新的概率分布。

（2）两个随机变量的和函数。假设 X 和 Y 是两个随机变量，那么这两个随机变量的和

$$S = X + Y \tag{3.7}$$

也是一个随机变量。

（3）两个随机变量的线性变换。假设 X 和 Y 是两个随机变量，那么这两个随机变量的线性变换

$$S = aX + bY + c \tag{3.8}$$

也是一个随机变量。式中，a、b 和 c 为标量常数。

从上述内容可以看出，随机变量函数可以被看作一个新的单随机变量，可以利用单随机变量矩的求解方法来求解随机变量函数的各种矩。事实上，因为预先并不知道新随机变量的概率函数，所以直接利用单随机变量矩的求解方法直接求解新随机变量的矩很困难。因此，通常利用矩的性质和定理来求解。从模型的角度来看，即从参数的角度看，上面函数代表的模型都是线性模型。事实上，对于符合线性模型的随机变量函数，其矩的计算有很多便利之处。本章后续内容将重点介绍随机变量函数关于一阶幂矩（均值）和二阶中心矩（方差）的两个定理，并利用这两个定理简化随机变量函数矩的计算。

3.1.3 随机变量的矩与随机变量概率分布的关系

在 3.1.1 节中，我们给出了随机变量各种矩的计算。从矩的直接计算公式来看，每一个矩的计算都直接或间接地使用了随机变量的概率分布。这说明，随机变量的矩和随机变量的概率分布是密切相关的。根据对随机变量各种矩的分析可以看出，随机变量的矩本质上刻画了该随机变量概率分布的特性或形状。比如，一阶幂矩刻画了随机变量概率分布的均值，二阶中心矩刻画了随机变量概率分布偏离均值的程度，三阶标准矩刻画了随机变量概率分布的偏度，四阶标准矩刻画了随机变量概率分布的峰度等。

尽管随机变量的矩与随机变量概率分布有密切关系，但我们需要注意以下两点：① 在一般情况下，已知随机变量的矩，并不能确定随机变量概率分布；② 在一般情况下，虽然随机变量函数建立了因变量随机变量（新的随机变量）和自变量随机变量的关系，并且可以利用这

个关系从自变量随机变量的矩和概率分布计算出因变量随机变量的矩，但并不能根据自变量随机变量概率分布的形式和参数来确定因变量随机变量概率分布的形式和参数。事实上，只有某些服从特殊分布的随机变量，其概率分布的参数可由随机变量的矩唯一确定，即获得随机变量的矩也就确定了随机变量概率分布的参数。高斯分布就是一个十分特殊的概率分布，服从高斯分布的随机变量，其均值和方差可唯一确定高斯分布的参数。另外，从随机变量的偏度和峰度也可以看出，高斯分布是一个很奇特的函数。在本章后续内容中，我们还会推导服从高斯分布的随机变量的均值和定理与方差和定理，从而发现高斯分布的一些优秀性质。

在概率论和机器人智能算法中，随机变量概率分布的部分统计量被频繁使用。为了便于理解后续算法，我们进行简要介绍。

3.2 数学期望

3.2.1 数学期望的定义

数学期望（Mathematical Expectation）$E(X)$ 是定义在随机变量 X 上的一个统计量，它可以被看作随机变量 X 取值空间中所有可能取值的加权平均。其中，随机变量每个可能取值 x_i 的权重是事件 $X = x_i$ 发生的概率。随机变量的数学期望也称期望、均值和一阶幂矩。对于离散随机变量，其数学期望的公式化定义如下：

定义 3.1 离散随机变量的数学期望

假设 X 是定义在概率空间 (Ω, F, P) 上的一个离散随机变量，其取值空间为有限个或无限个可列元素的集合 $\{x_i\}$，那么 X 的数学期望为

$$E(X) = \sum_i P(X = x_i)x_i = \sum_i p_X(x_i)x_i \tag{3.9}$$

♣

对于连续随机变量，其数学期望的公式化定义如下：

定义 3.2 连续随机变量的数学期望

假设 X 是定义在概率空间 (Ω, F, P) 上的一个连续随机变量，那么 X 的数学期望为

$$E(X) = \int p_X(x)x\mathrm{d}x \tag{3.10}$$

♣

对于一个包含多个随机变量的随机向量 $(X_1, X_2, \cdots, X_N)$，它的数学期望也是一个向量，并且每个元素的值是对应该位置随机变量的数学期望。其数学形式如下：

定义 3.3 随机向量的数学期望

$$E[(X_1, X_2, \cdots, X_N)] = (E(X_1), E(X_2), \cdots, E(X_N)) \tag{3.11}$$

♣

对于包含多个随机变量的随机矩阵，它的数学期望也是一个矩阵，并且每个元素的值

是对应该位置随机变量的数学期望。如果一个函数 $g(x)$ 的变量是随机变量 X，那么该函数也相当于一个随机变量，也存在数学期望，它可以被看作随机变量 X 取值空间中所有可能取值的函数值的加权平均。其中，随机变量每个可能取值 x_i 的函数值 $g(x_i)$ 的权重是事件 $X=x_i$ 发生的概率。以离散随机变量函数的数学期望为例，其公式化定义如下：

定义 3.4　离散随机变量函数的数学期望

假设 X 是定义在概率空间 (Ω,F,P) 上的一个离散随机变量，其取值空间为有限个或无限个可列元素的集合 $\{x_i\}$，函数 $g(x)$ 的变量是随机变量 X，那么 $g(X)$ 的数学期望为

$$E[g(X)]=\sum_i p_X(x_i)g(x_i) \tag{3.12}$$

♣

3.2.2　数学期望的性质

数学期望具有一些有用的性质，如下所列。

（1）线性可加性。如果随机变量 A 和 B 是定义在同一个概率空间上的，那么随机变量的线性组合 $aA+bB$ 的数学期望是 A 和 B 数学期望的线性组合，即 $E(aA+bB)=aE(A)+bE(B)$。

（2）相关随机变量的不可乘性。如果随机变量 A 和 B 是相关的，那么两个随机变量乘积 AB 的数学期望不等于 A 和 B 数学期望的乘积，即 $E(AB)\neq E(A)E(B)$。

（3）独立随机变量的可乘性。如果随机变量 A 和 B 是不相关的或独立的，那么两个随机变量乘积 AB 的数学期望等于 A 和 B 数学期望的乘积，即 $E(AB)=E(A)E(B)$。

3.3　方差与协方差

3.3.1　方差

1. 方差的定义

随机变量 X 的方差是指 X 与其数学期望 $E(X)$ 的差的平方的数学期望。实数型随机变量的方差也称随机变量的二阶中心矩。随机变量的方差描述了一个随机变量的样本集合距离均值的离散程度。下面我们先给出方差的一般性定义。

定义 3.5　方差

假设 X 是定义在概率空间 (Ω,F,P) 上的一个随机变量，那么 X 的方差（Variance）$\mathrm{var}(X)$ 为

$$\begin{aligned}\mathrm{var}(X)&=E\{[X-E(X)]^2\}\\&=E\{X^2-2E(X)X+[E(X)]^2\}\\&=E(X^2)-2E(X)^2+[E(X)]^2\\&=E(X^2)-[E(X)]^2\end{aligned} \tag{3.13}$$

♣

式 (3.13) 的推导过程利用了一个结论，即常数的数学期望为常数本身。我们进一步根据随机变量的连续性，区分方差的公式化定义。对于离散随机变量，其方差的公式化定义如下：

定义 3.6　离散随机变量的方差

假设 X 是定义在概率空间 (Ω, F, P) 上的一个离散随机变量，其取值空间为有限个或无限个可列元素的集合 $\{x_i\}$，其数学期望 $E(X)=\mu$，那么 X 的方差为

$$\begin{aligned}\mathrm{var}(X) &= \sum_i P(X=x_i)(x_i-\mu)^2 \\ &= \sum_i p_X(x_i)(x_i-\mu)^2 \\ &= \sum_i p_X(x_i){x_i}^2 - 2\mu\sum_i p_X(x_i)x_i + \mu^2\sum_i p_X(x_i) \\ &= \sum_i p_X(x_i){x_i}^2 - 2\mu^2 + \mu^2 \\ &= \sum_i p_X(x_i){x_i}^2 - \mu^2\end{aligned} \tag{3.14}$$

♣

对比式 (3.13) 和式 (3.14) 可以看出，二者是一致的。对于连续随机变量，其方差的公式化定义如下：

定义 3.7　连续随机变量的方差

假设 X 是定义在概率空间 (Ω, F, P) 上的一个连续随机变量，其数学期望 $E(X)=\mu$，那么 X 的方差为

$$\begin{aligned}\mathrm{var}(X) &= \int p_X(x)(x-\mu)^2\mathrm{d}x \\ &= \int p_X(x)(x^2-2\mu x+\mu^2)\mathrm{d}x \\ &= \int p_X(x)x^2\mathrm{d}x - 2\mu\int p_X(x)x\mathrm{d}x + \mu^2\int p_X(x)\mathrm{d}x \\ &= \int p_X(x)x^2\mathrm{d}x - 2\mu^2 + \mu^2 \\ &= \int p_X(x)x^2\mathrm{d}x - \mu^2\end{aligned} \tag{3.15}$$

♣

方差用于衡量一个随机变量所有样本的离散程度，即该随机变量自身数据样本的变化程度。在实际应用中，方差通常用于描述误差。比如，用机器人进行测距，测量仪器的精度不够，导致每次测量的结果不一样，是随机的。假设随机变量 X 为测量距离，利用 1000 次测距后获得的数据样本估计均值和方差，这个方差就表示了机器人测距的误差范围，也就是测量仪器测量精度的误差范围。这个误差范围也反映了测量距离这个单随机变量自身数据样本的变化程度。需要注意的是，我们说测量距离是随机的，是指测量精度的误差范围 $(-\sigma x, +\sigma x)$ 导致的随机性，并不意味着测量距离的结果在大范围内随机。

2. 方差的性质

下面介绍方差的一些基本性质。

（1）如果随机变量 X 是一个常数 a，那么 X 的方差为 0，即

$$\begin{aligned}\operatorname{var}(a) &= E(a^2) - [E(a)]^2 \\ &= a^2 - a^2 \\ &= 0\end{aligned} \tag{3.16}$$

（2）如果随机变量 Z 是一个随机变量 X 和一个常数 a 的乘积 aX，那么它的方差为

$$\begin{aligned}\operatorname{var}(Z) &= \operatorname{var}(aX) \\ &= E[(aX)^2] - [E(aX)]^2 \\ &= a^2E(X^2) - [aE(X)]^2 \\ &= a^2E(X^2) - a^2[E(X)]^2 \\ &= a^2\operatorname{var}(X)\end{aligned} \tag{3.17}$$

（3）如果随机变量 Z 是两个随机变量 X 和 Y 的加权和，那么它的方差为

$$\begin{aligned}\operatorname{var}(Z) &= \operatorname{var}(aX + bY) \\ &= E[(aX + bY)^2] - [E(aX + bY)]^2 \\ &= E(a^2X^2 + 2abXY + b^2Y^2) - [E(aX) + E(bY)]^2 \\ &= a^2E(X^2) + 2abE(XY) + b^2E(Y^2) - \{a^2[E(X)]^2 + 2abE(X)E(Y) + b^2[E(Y)]^2\} \\ &= a^2\{E(X^2) - [E(X)]^2\} + 2ab[E(XY) - E(X)E(Y)] + b^2\{E(Y^2) - [E(Y)]^2\} \\ &= a^2\operatorname{var}(X) + 2ab\operatorname{cov}(X, Y) + b^2\operatorname{var}(Y)\end{aligned} \tag{3.18}$$

式中，$\operatorname{cov}(X, Y)$ 为协方差。此处，我们直接给出协方差的计算方法，即 $\operatorname{cov}(X, Y) = E(XY) - E(X)E(Y)$，稍后将给出更详细的定义。

（4）进一步扩展，假设随机变量 Z 是 n 个随机变量的和，即 $Z = \sum_{i=1}^{n} X_i$，那么它的方差为

$$\begin{aligned}\operatorname{var}(Z) &= \sum_{i=1}^{n}\sum_{j=1}^{n}\operatorname{cov}(X_i, X_j) \\ &= \sum_{i=1}^{n}\operatorname{var}(X_i) + \sum_{i=1}^{n}\sum_{j\neq i}\operatorname{cov}(X_i, X_j)\end{aligned} \tag{3.19}$$

正如前文所述，方差衡量了一个随机变量样本的离散程度，并且这个离散程度通常对应误差。如果某个随机变量是多个随机变量的线性组合，那么它的误差应该是多个随机变量误差综合的结果，其不仅包含所有随机变量自身误差（自身方差）的和，还包含随机变量直接相互关联引起的误差（协方差）。事实上，从协方差矩阵的定义可以看出，如果利用同样 n 个随机变量 $\{X_i\}_{i=1}^n$ 构造一个随机向量 $\boldsymbol{X} = [X_1, X_2, \cdots, X_n]^{\mathrm{T}}$，并且随机向量 $\boldsymbol{X}$ 与其自身所构造的协方差矩阵为 $\text{cov}(\boldsymbol{X}, \boldsymbol{X})$，那么随机变量 $Z = \sum_{i=1}^{n} X_i$ 的方差就是协方差矩阵 $\text{cov}(\boldsymbol{X}, \boldsymbol{X})$ 中元素的和。

3.3.2 协方差

我们先给出协方差的一般性定义。

定义 3.8 协方差

假设 X 和 Y 是定义在概率空间 (Ω, F, P) 上的两个随机变量，那么 X 和 Y 的协方差（Covariance）$\text{cov}(X, Y)$ 为

$$\begin{aligned}
\text{cov}(X,Y) &= E\{[X - E(X)][Y - E(Y)]\} \\
&= E[XY - XE(Y) - E(X)Y + E(X)E(Y)] \\
&= E(XY) - E(X)E(Y) - E(X)E(Y) + E(X)E(Y) \\
&= E(XY) - E(X)E(Y)
\end{aligned} \tag{3.20}$$

♣

式 (3.20) 的推导过程利用了一个结论，即常数和随机变量乘积的数学期望为常数本身乘以随机变量的数学期望。协方差衡量了两个随机变量的联合变化程度。从误差的角度来看，协方差衡量了两个随机变量的总体误差。另外，协方差还衡量了两个随机变量的变化趋势的相关性。如果两个随机变量变化一致，也就是从联合概率分布 $p_{X,Y}(x, y)$ 中抽取样本，若 X 分量的值小于（或大于）$E(X)$ 时，则 Y 分量的值也小于（或大于）$E(Y)$，那么两个随机变量就是正相关的，协方差为正值。如果两个随机变量变化相反，也就是从联合概率分布 $p_{X,Y}(x, y)$ 中抽取样本，若 X 分量的值小于（或大于）$E(X)$ 时，则 Y 分量的值大于（或小于）$E(Y)$，那么两个随机变量就是负相关的，协方差为负值。如果 X 和 Y 统计独立，那么 $E(XY) = E(X)E(Y)$，可得 $\text{cov}(X, Y) = E(XY) - E(X)E(Y) = 0$。方差是协方差的一个特例，当随机变量 X 和自身计算协方差，那么 $\text{cov}(X, X) = \text{var}(X)$。

我们进一步根据随机变量的连续性，区分协方差的公式化定义。对于离散随机变量，其协方差的公式化定义如下：

定义 3.9 离散随机变量的协方差

假设 X 和 Y 是定义在概率空间 (Ω, F, P) 上的两个离散随机变量，其取值空间分别为有限个或无限个可列元素的集合 $\{x_i\}$ 和 $\{y_i\}$，它们的数学期望分别为 $E(X) = \mu_x$ 和 $E(Y) = \mu_y$，并且随机变量对 (X, Y) 的取值空间为 $\{(x_i, y_i)\}$，那么 X 和 Y 的

协方差为

$$\begin{aligned}\operatorname{cov}(X,Y) &= \sum_i P(X=x_i, Y=y_i)(x_i-\mu_x)(y_i-\mu_y) \\ &= \sum_i p_{X,Y}(x_i,y_i)(x_i-\mu_x)(y_i-\mu_y)\end{aligned} \tag{3.21}$$

♣

对于连续随机变量，其协方差的公式化定义如下：

定义 3.10 连续随机变量的协方差

假设 X 和 Y 是定义在概率空间 (Ω, F, P) 上的两个连续随机变量，它们的数学期望分别为 $E(X)=\mu_x$ 和 $E(Y)=\mu_y$，那么 X 和 Y 的协方差为

$$\operatorname{cov}(X,Y) = \int p_{X,Y}(x,y)(x-\mu_x)(y-\mu_y)\mathrm{d}x\mathrm{d}y \tag{3.22}$$

♣

3.4 均值和定理

在本节中，我们将深入讨论各种情况下随机变量与随机向量的均值和定理（Mean Sum Theorem）。

3.4.1 随机变量的均值和定理

我们将从两个随机变量的均值和定理推广至其一般形式，随后再推广至多个随机变量的情况。

1. 两个随机变量的均值和定理

两个随机变量和的均值等于这两个随机变量均值的和。假设 X 和 Y 是两个随机变量，那么这两个随机变量的和

$$S = X + Y \tag{3.23}$$

也是一个随机变量。具体地，两个随机变量的均值和定理推导如下：

$$\begin{aligned}E(S) &= E(X+Y) \\ &= \sum_i \sum_j (x_i+y_j)P(x_i,y_j) \\ &= \sum_i \sum_j x_i P(x_i,y_j) + \sum_i \sum_j y_j P(x_i,y_j) \\ &= \sum_i x_i \sum_j P(x_i,y_j) + \sum_j y_j \sum_i P(x_i,y_j) \\ &= \sum_i x_i P(x_i) + \sum_j y_j P(y_j) \\ &= E(X)+E(Y)\end{aligned} \tag{3.24}$$

进一步地，可以将上述情况推广至一般形式：

$$S = aX + bY + c \tag{3.25}$$

式中：a、b 和 c 为标量常数；S 也是一个随机变量。具体地，两个随机变量均值和定理的一般形式推导如下：

$$\begin{aligned}
E(S) &= E(aX + bY + c) \\
&= \sum_i \sum_j (ax_i + by_j + c)P(x_i, y_j) \\
&= \sum_i \sum_j ax_i P(x_i, y_j) + \sum_i \sum_j y_j P(x_i, y_j) + \sum_i \sum_j cP(x_i, y_j) \\
&= \sum_i ax_i \sum_j P(x_i, y_j) + \sum_j by_j \sum_i P(x_i, y_j) + c \\
&= a\sum_i x_i P(x_i) + b\sum_j y_j P(y_j) + c \\
&= aE(X) + bE(Y) + c
\end{aligned} \tag{3.26}$$

2. 多个随机变量的均值和定理

多个随机变量和的均值等于这些随机变量均值的和。假设 $S_1, S_2, \cdots, S_N$ 是随机变量，那么这些随机变量的和构成一个新的随机变量：

$$S = S_1 + S_2 + \cdots + S_N \tag{3.27}$$

本质上，这个新随机变量是这些随机变量的和函数。重复利用式 (3.24) 即可证明多个随机变量和的均值等于这些随机变量均值的和，即

$$\begin{aligned}
E(S) &= E(S_1 + S_2 + \cdots + S_N) \\
&= E(S_1) + E(S_2) + \cdots + E(S_N)
\end{aligned} \tag{3.28}$$

同理，可以将上述情况推广至一般形式：

$$S = a_1 S_1 + a_2 S_2 + \cdots + a_N S_N + c \tag{3.29}$$

由式 (3.26)，可以得出，多个随机变量均值和定理的一般形式为

$$\begin{aligned}
E(S) &= E(a_1 S_1 + a_2 S_2 + \cdots + a_N S_N + c) \\
&= a_1 E(S_1) + a_2 E(S_2) + \cdots + a_N E(S_N) + c
\end{aligned} \tag{3.30}$$

式中，$a_1, a_2, \cdots, a_N$ 和 c 为标量常数。

3.4.2 随机向量的均值和定理

讨论完随机变量的均值和定理，我们将一维的随机向量推广至多维。我们仍从两个随机向量的均值和定理推广至其一般形式，随后再推广至多个随机向量的情况。

1. 两个随机向量的均值和定理

假设 $\boldsymbol{X}$ 和 $\boldsymbol{Y}$ 是两个 n 维随机列向量，那么 $\boldsymbol{X}$ 和 $\boldsymbol{Y}$ 之和的均值等于 $\boldsymbol{X}$ 和 $\boldsymbol{Y}$ 均值的和，即

$$E(\boldsymbol{X}+\boldsymbol{Y})=E(\boldsymbol{X})+E(\boldsymbol{Y}) \tag{3.31}$$

下面我们给出简单的证明。对于 n 维随机列向量 $\boldsymbol{X}$ 和 $\boldsymbol{Y}$，它们分别由 n 个相互独立的随机变量元素组成，记为

$$\begin{aligned}\boldsymbol{X}&=[X_1,X_2,\cdots,X_n]^{\mathrm{T}}\\ \boldsymbol{Y}&=[Y_1,Y_2,\cdots,Y_n]^{\mathrm{T}}\end{aligned} \tag{3.32}$$

因此，$\boldsymbol{X}$ 和 $\boldsymbol{Y}$ 的均值分别由 n 个随机变量元素的均值组成，记为

$$\begin{aligned}E(\boldsymbol{X})&=[E(X_1),E(X_2),\cdots,E(X_n)]^{\mathrm{T}}\\ E(\boldsymbol{Y})&=[E(Y_1),E(Y_2),\cdots,E(Y_n)]^{\mathrm{T}}\end{aligned} \tag{3.33}$$

由此可以得出

$$\begin{aligned}E(\boldsymbol{X}+\boldsymbol{Y})&=E([X_1,X_2,\cdots,X_n]^{\mathrm{T}}+[Y_1,Y_2,\cdots,Y_n]^{\mathrm{T}})\\ &=E([X_1+Y_1,X_2+Y_2,\cdots,X_n+Y_n]^{\mathrm{T}})\\ &=[E(X_1+Y_1),E(X_2+Y_2),\cdots,E(X_n+Y_n)]^{\mathrm{T}}\\ &=[E(X_1)+E(Y_1),E(X_2)+E(Y_2),\cdots,E(X_n)+E(Y_n)]^{\mathrm{T}}\\ &=[E(X_1),E(X_2),\cdots,E(X_n)]^{\mathrm{T}}+[E(Y_1),E(Y_2),\cdots,E(Y_n)]^{\mathrm{T}}\\ &=E(\boldsymbol{X})+E(\boldsymbol{Y})\end{aligned} \tag{3.34}$$

接下来，我们将上述情况推广至一般形式。假设 $\boldsymbol{A}=[A_{ij}]$ 是一个 $m\times n$ 的常数矩阵，$\boldsymbol{X}$ 是一个 n 维随机列向量，那么

$$\begin{aligned}E(\boldsymbol{AX})&=E([\sum_{j=1}^{n}A_{1j}X_j,\cdots,\sum_{j=1}^{n}A_{mj}X_j]^{\mathrm{T}})\\ &=[E(\sum_{j=1}^{n}A_{1j}X_j),\cdots,E(\sum_{j=1}^{n}A_{mj}X_j)]^{\mathrm{T}}\\ &=[\sum_{j=1}^{n}A_{1j}E(X_j),\cdots,\sum_{j=1}^{n}A_{mj}E(X_j)]^{\mathrm{T}}\\ &=\boldsymbol{A}E(\boldsymbol{X})\end{aligned} \tag{3.35}$$

假设 $\boldsymbol{A}=[A_{ij}]$ 和 $\boldsymbol{B}=[B_{ij}]$ 是两个 $m\times n$ 的常数矩阵，$\boldsymbol{X}$ 和 $\boldsymbol{Y}$ 是两个 n 维随机列向量，$\boldsymbol{c}$ 是一个 m 维常数列向量，那么两个随机向量和的一般形式为

$$\boldsymbol{S}=\boldsymbol{AX}+\boldsymbol{BY}+\boldsymbol{c} \tag{3.36}$$

由式 (3.34) 和式 (3.35) 可以得出，两个随机向量均值和定理的一般形式为

$$\begin{aligned}E(\boldsymbol{S})&=E(\boldsymbol{AX}+\boldsymbol{BY}+\boldsymbol{c})\\&=E(\boldsymbol{AX})+E(\boldsymbol{BY})+E(\boldsymbol{c})\\&=\boldsymbol{A}E(\boldsymbol{X})+\boldsymbol{B}E(\boldsymbol{Y})+\boldsymbol{c}\end{aligned} \tag{3.37}$$

2. 多个随机向量的均值和定理

假设 $\boldsymbol{S}_1,\boldsymbol{S}_2,\cdots,\boldsymbol{S}_N\in\mathbf{R}^{n\times1}$ 是一组 n 维随机列向量，那么这些随机向量的和构成一个新的随机向量：

$$\boldsymbol{S}=\boldsymbol{A}_1\boldsymbol{S}_1+\boldsymbol{A}_2\boldsymbol{S}_2+\cdots+\boldsymbol{A}_N\boldsymbol{S}_N+\boldsymbol{c} \tag{3.38}$$

式中：$\boldsymbol{A}_i\in\mathbf{R}^{m\times n}$ 是一个矩阵；$\boldsymbol{c}\in\mathbf{R}^{m\times1}$ 是一个 m 维常数列向量。需要注意的是，式 (3.38) 产生的新随机向量 $\boldsymbol{S}$ 的维度和 $\boldsymbol{S}_i$ 的维度不一样，这是变换的结果。

由式 (3.37) 可以得出，多个随机向量均值和定理的一般形式为

$$\begin{aligned}E(\boldsymbol{S})&=E(\boldsymbol{A}_1\boldsymbol{S}_1+\boldsymbol{A}_2\boldsymbol{S}_2+\cdots+\boldsymbol{A}_N\boldsymbol{S}_N+\boldsymbol{c})\\&=\boldsymbol{A}_1E(\boldsymbol{S}_1)+\boldsymbol{A}_2E(\boldsymbol{S}_2)+\cdots+\boldsymbol{A}_NE(\boldsymbol{S}_N)+\boldsymbol{c}\end{aligned} \tag{3.39}$$

3.5　方差和定理

介绍完均值和定理，本节再来介绍方差和定理（Variance Sum Theorem）。需要注意的是，在方差中，我们有了随机变量之间的交互（表现为协方差），因此需要考虑随机变量是否相互独立。

3.5.1　随机变量的方差和定理

我们将从两个相互独立随机变量的方差和定理推广至其一般形式，随后再推广至多个相互独立随机变量的情况。

1. 两个相互独立随机变量的方差和定理

假设 X 和 Y 是两个随机变量，那么这两个随机变量的和 $S=X+Y$ 也是一个随机变量，根据随机变量方差和协方差的定义及均值和定理，可以得出 S 的方差为

$$\begin{aligned}\operatorname{var}(X+Y)=\operatorname{var}(S)&=E\{[S-E(S)]^2\}\\&=E\{S^2-2E(S)S+[E(S)]^2\}\end{aligned}$$

$$
\begin{aligned}
&= E((X^2 + 2XY + Y^2) - [2E(X)X + 2E(X)Y + 2E(Y)X \\
&\quad + 2E(Y)Y] + \{[E(X)]^2 + 2E(X)E(Y) + [E(Y)]^2\}) \\
&= E(\{X^2 - 2E(X)X + [E(X)]^2\} + \{Y^2 - 2E(Y)Y + [E(Y)]^2\} \\
&\quad + [2XY - 2E(X)Y - 2E(Y)X + 2E(X)E(Y)]) \\
&= E\{X^2 - 2E(X)X + [E(X)]^2\} + E\{Y^2 - 2E(Y)Y + [E(Y)]^2\} \\
&\quad + 2E\{[X - E(X)][Y - E(Y)]\} \\
&= \text{var}(X) + \text{var}(Y) + 2\text{cov}(X, Y)
\end{aligned}
\tag{3.40}
$$

从式 (3.40) 可以看出，如果随机变量不是相互独立的，那么即使新随机变量是两个随机变量的和，也会因为需要计算协方差，而导致新随机变量的方差计算困难。在实际应用中，我们经常会对随机变量进行独立性约束，从而大幅简化计算。假设 X 和 Y 是两个相互独立的随机变量，那么这两个随机变量的和 $S = X + Y$ 也是一个随机变量。因为 X 和 Y 相互独立，所以这两个随机变量的协方差为 0。因此，可以得出 S 的方差为

$$
\begin{aligned}
\text{var}(X + Y) = \text{var}(S) &= E\{[S - E(S)]^2\} \\
&= \text{var}(X) + \text{var}(Y) + 2\text{cov}(X, Y) \\
&= \text{var}(X) + \text{var}(Y)
\end{aligned}
\tag{3.41}
$$

接下来，我们将两个相互独立随机变量的方差和定理推广至一般形式。假设 X 和 Y 是两个相互独立的随机变量，那么这两个随机变量和的一般形式为

$$
S = aX + bY + c \tag{3.42}
$$

式中，a、b 和 c 为标量常数。

由式 (3.41) 可以得出 S 的方差为

$$
\begin{aligned}
\text{var}(S) = \text{var}(aX + bY + c) &= E\{[S - E(S)]^2\} \\
&= E(\{(aX + bY + c) - [E(aX) + E(bY) + c]\}^2) \\
&= E(\{a[X - E(X)] + b[Y - E(Y)]\}^2) \\
&= a^2E\{[X - E(X)]^2\} + b^2E\{[Y - E(Y)]^2\} + 2abE\{[X - E(X)][Y - E(Y)]\} \\
&= a^2\text{var}(X) + b^2\text{var}(Y)
\end{aligned}
\tag{3.43}
$$

式中，利用了常数的均值是其本身这一性质。从式 (3.43) 可以看出，常数 c 并不影响 S 的方差计算，主要是因为方差计算的是随机变量概率分布偏离中心的程度，而常数 c 不具有随机性，仅仅是一个偏移。

2. 多个相互独立随机变量的方差和定理

下面我们直接讨论多个相互独立随机变量方差和定理的一般形式。假设 $S_1, S_2, \cdots, S_N$ 是 N 个相互独立的随机变量，那么这些随机变量和的一般形式为

$$S = a_1S_1 + a_2S_2 + \cdots + a_NS_N + c \tag{3.44}$$

式中，$a_1, a_2, \cdots, a_N$ 和 c 为标量常数。

由式 (3.43) 可以得出 S 的方差为

$$\begin{aligned}\text{var}(S) &= \text{var}(a_1S_1 + a_2S_2 + \cdots + a_NS_N + c) \\ &= {a_1}^2\text{var}(S_1) + {a_2}^2\text{var}(S_2) + \cdots + {a_N}^2\text{var}(S_N)\end{aligned} \tag{3.45}$$

3.5.2　随机向量的方差和定理

与均值和定理一致地，我们将讨论随机向量的方差和定理。我们首先补充两个随机向量的协方差矩阵的有关知识，再探究两个相互独立随机向量的方差和定理及其一般形式，随后再推广至多个相互独立随机向量的情况。

1. 两个随机向量的协方差矩阵

假设 $\boldsymbol{X}$ 和 $\boldsymbol{Y}$ 是两个 n 维随机列向量，那么 $\boldsymbol{X}$ 和 $\boldsymbol{Y}$ 的协方差矩阵为

$$\begin{aligned}\text{cov}(\boldsymbol{X}, \boldsymbol{Y}) &= E\{[\boldsymbol{X} - E(\boldsymbol{X})][\boldsymbol{Y} - E(\boldsymbol{Y})]^{\text{T}}\} \\ &= E[\boldsymbol{X}\boldsymbol{Y}^{\text{T}} - \boldsymbol{X}E(\boldsymbol{Y})^{\text{T}} - E(\boldsymbol{X})\boldsymbol{Y}^{\text{T}} + E(\boldsymbol{X})E(\boldsymbol{Y})^{\text{T}}] \\ &= E(\boldsymbol{X}\boldsymbol{Y}^{\text{T}}) - E(\boldsymbol{X})E(\boldsymbol{Y})^{\text{T}}\end{aligned} \tag{3.46}$$

假设 $\boldsymbol{A} = [A_{ij}]$ 和 $\boldsymbol{B} = [B_{ij}]$ 是两个 $m \times n$ 的常数矩阵，$\boldsymbol{X}$ 和 $\boldsymbol{Y}$ 是两个 n 维随机列向量，那么随机向量 $\boldsymbol{AX}$ 和 $\boldsymbol{BY}$ 的协方差矩阵为

$$\begin{aligned}\text{cov}(\boldsymbol{AX}, \boldsymbol{BY}) &= E\{[\boldsymbol{AX} - E(\boldsymbol{AX})][\boldsymbol{BY} - E(\boldsymbol{BY})]^{\text{T}}\} \\ &= E\{\boldsymbol{A}[\boldsymbol{X} - E(\boldsymbol{X})][\boldsymbol{Y} - E(\boldsymbol{Y})]^{\text{T}}\boldsymbol{B}^{\text{T}}\} \\ &= \boldsymbol{A}E\{[\boldsymbol{X} - E(\boldsymbol{X})][\boldsymbol{Y} - E(\boldsymbol{Y})]^{\text{T}}\}\boldsymbol{B}^{\text{T}} \\ &= \boldsymbol{A}\text{cov}(\boldsymbol{X}, \boldsymbol{Y})\boldsymbol{B}^{\text{T}}\end{aligned} \tag{3.47}$$

由式 (3.46) 和式 (3.47) 可以得出，随机向量 $\boldsymbol{AX}$ 的方差矩阵（也就是 $\boldsymbol{AX}$ 与其自身的协方差矩阵）为

$$\begin{aligned}\text{var}(\boldsymbol{AX}) &= \text{cov}(\boldsymbol{AX}, \boldsymbol{AX}) \\ &= \boldsymbol{A}\text{cov}(\boldsymbol{X}, \boldsymbol{X})\boldsymbol{A}^{\text{T}} \\ &= \boldsymbol{A}\text{var}(\boldsymbol{X})\boldsymbol{A}^{\text{T}}\end{aligned} \tag{3.48}$$

假设 $\boldsymbol{A}=[A_{ij}]$ 是一个 $m\times n$ 的常数矩阵，$\boldsymbol{X}$ 是一个 n 维随机列向量，$\boldsymbol{b}$ 是一个 m 维常数列向量，那么 $\boldsymbol{Y}=\boldsymbol{AX}+\boldsymbol{b}$ 的方差矩阵 (可简称方差，也就是 $\boldsymbol{Y}$ 与其自身的协方差矩阵) 为

$$
\begin{aligned}
\mathrm{var}(\boldsymbol{Y}) &= \mathrm{var}(\boldsymbol{AX}+\boldsymbol{b}) = \mathrm{cov}(\boldsymbol{Y},\boldsymbol{Y}) \\
&= E\{[\boldsymbol{Y}-E(\boldsymbol{Y})][\boldsymbol{Y}-E(\boldsymbol{Y})]^{\mathrm{T}}\} \\
&= E[\boldsymbol{YY}^{\mathrm{T}}-\boldsymbol{Y}E(\boldsymbol{Y})^{\mathrm{T}}-E(\boldsymbol{Y})\boldsymbol{Y}^{\mathrm{T}}+E(\boldsymbol{Y})E(\boldsymbol{Y})^{\mathrm{T}}] \\
&= E\{(\boldsymbol{AX}+\boldsymbol{b})(\boldsymbol{AX}+\boldsymbol{b})^{\mathrm{T}} \\
&\quad -(\boldsymbol{AX}+\boldsymbol{b})[\boldsymbol{A}E(\boldsymbol{X})+\boldsymbol{b}]^{\mathrm{T}} \\
&\quad -[\boldsymbol{A}E(\boldsymbol{X})+\boldsymbol{b}](\boldsymbol{AX}+\boldsymbol{b})^{\mathrm{T}} \\
&\quad +[\boldsymbol{A}E(\boldsymbol{X})+\boldsymbol{b}][\boldsymbol{A}E(\boldsymbol{X})+\boldsymbol{b}]^{\mathrm{T}}\} \\
&= E\{(\boldsymbol{AXX}^{\mathrm{T}}\boldsymbol{A}^{\mathrm{T}}+\boldsymbol{AXb}^{\mathrm{T}}+\boldsymbol{bX}^{\mathrm{T}}\boldsymbol{A}^{\mathrm{T}}+\boldsymbol{bb}^{\mathrm{T}}) \\
&\quad -[\boldsymbol{AX}E(\boldsymbol{X})^{\mathrm{T}}\boldsymbol{A}^{\mathrm{T}}+\boldsymbol{AXb}^{\mathrm{T}}+\boldsymbol{b}E(\boldsymbol{X})^{\mathrm{T}}\boldsymbol{A}^{\mathrm{T}}+\boldsymbol{bb}^{\mathrm{T}}] \\
&\quad -[\boldsymbol{A}E(\boldsymbol{X})\boldsymbol{X}^{\mathrm{T}}\boldsymbol{A}^{\mathrm{T}}+\boldsymbol{A}E(\boldsymbol{X})\boldsymbol{b}^{\mathrm{T}}+\boldsymbol{bX}^{\mathrm{T}}\boldsymbol{A}^{\mathrm{T}}+\boldsymbol{bb}^{\mathrm{T}}] \\
&\quad +[\boldsymbol{A}E(\boldsymbol{X})E(\boldsymbol{X})^{\mathrm{T}}\boldsymbol{A}^{\mathrm{T}}+\boldsymbol{A}E(\boldsymbol{X})\boldsymbol{b}^{\mathrm{T}}+\boldsymbol{b}E(\boldsymbol{X})^{\mathrm{T}}\boldsymbol{A}^{\mathrm{T}}+\boldsymbol{bb}^{\mathrm{T}}]\} \\
&= E[\boldsymbol{AXX}^{\mathrm{T}}\boldsymbol{A}^{\mathrm{T}}-\boldsymbol{AX}E(\boldsymbol{X})^{\mathrm{T}}\boldsymbol{A}^{\mathrm{T}}-\boldsymbol{A}E(\boldsymbol{X})\boldsymbol{X}^{\mathrm{T}}\boldsymbol{A}^{\mathrm{T}}+\boldsymbol{A}E(\boldsymbol{X})E(\boldsymbol{X})^{\mathrm{T}}\boldsymbol{A}^{\mathrm{T}}] \\
&= \boldsymbol{A}E[\boldsymbol{XX}^{\mathrm{T}}-\boldsymbol{X}E(\boldsymbol{X})^{\mathrm{T}}-E(\boldsymbol{X})\boldsymbol{X}^{\mathrm{T}}+E(\boldsymbol{X})E(\boldsymbol{X})^{\mathrm{T}}]\boldsymbol{A}^{\mathrm{T}} \\
&= \boldsymbol{A}E\{[\boldsymbol{X}-E(\boldsymbol{X})][\boldsymbol{X}-E(\boldsymbol{X})]^{\mathrm{T}}\}\boldsymbol{A}^{\mathrm{T}} \\
&= \boldsymbol{A}\mathrm{cov}(\boldsymbol{X},\boldsymbol{X})\boldsymbol{A}^{\mathrm{T}} \\
&= \boldsymbol{A}\mathrm{var}(\boldsymbol{X})\boldsymbol{A}^{\mathrm{T}}
\end{aligned} \tag{3.49}
$$

从上面的推导可以看出，随机向量线性模型的方差矩阵与常数列向量无关。

2. 两个相互独立随机向量的方差和定理

假设 $\boldsymbol{X}$ 和 $\boldsymbol{Y}$ 是两个 n 维随机列向量，那么这两个随机列向量的和 $\boldsymbol{S}=\boldsymbol{X}+\boldsymbol{Y}$ 也是一个随机列向量，根据随机向量方差和协方差的定义及均值和定理，可以得出 $\boldsymbol{S}$ 的方差矩阵为

$$
\begin{aligned}
\mathrm{var}(\boldsymbol{X}+\boldsymbol{Y}) &= \mathrm{var}(\boldsymbol{S}) = E\{[\boldsymbol{S}-E(\boldsymbol{S})]^2\} \\
&= E\{\boldsymbol{S}^2-2E(\boldsymbol{S})\boldsymbol{S}+[E(\boldsymbol{S})]^2\} \\
&= E((\boldsymbol{X}^2+2\boldsymbol{XY}+\boldsymbol{Y}^2)-[2E(\boldsymbol{X})\boldsymbol{X}+2E(\boldsymbol{X})\boldsymbol{Y}+2E(\boldsymbol{Y})\boldsymbol{X} \\
&\quad +2E(\boldsymbol{Y})\boldsymbol{Y}]+\{[E(\boldsymbol{X})]^2+2E(\boldsymbol{X})E(\boldsymbol{Y})+[E(\boldsymbol{Y})]^2\})
\end{aligned}
$$

$$
\begin{aligned}
&= E(\{\boldsymbol{X}^2 - 2E(\boldsymbol{X})\boldsymbol{X} + [E(\boldsymbol{X})]^2\} + \{\boldsymbol{Y}^2 - 2E(\boldsymbol{Y})\boldsymbol{Y} + [E(\boldsymbol{Y})]^2\} \\
&\quad + [2\boldsymbol{XY} - 2E(\boldsymbol{X})\boldsymbol{Y} - 2E(\boldsymbol{Y})\boldsymbol{X} + 2E(\boldsymbol{X})E(\boldsymbol{Y})]) \\
&= E\{\boldsymbol{X}^2 - 2E(\boldsymbol{X})\boldsymbol{X} + [E(\boldsymbol{X})]^2\} + E\{\boldsymbol{Y}^2 - 2E(\boldsymbol{Y})\boldsymbol{Y} + [E(\boldsymbol{Y})]^2\} \\
&\quad + 2E\{[\boldsymbol{X} - E(\boldsymbol{X})][\boldsymbol{Y} - E(\boldsymbol{Y})]\} \\
&= \mathrm{var}(\boldsymbol{X}) + \mathrm{var}(\boldsymbol{Y}) + 2\mathrm{cov}(\boldsymbol{X}, \boldsymbol{Y})
\end{aligned} \tag{3.50}
$$

接下来，我们将两个随机向量的方差和定理推广至一般形式。假设 $\boldsymbol{A} = [A_{ij}]$ 和 $\boldsymbol{B} = [B_{ij}]$ 是两个 $m \times n$ 的常数矩阵，$\boldsymbol{X}$ 和 $\boldsymbol{Y}$ 是两个 n 维随机列向量，$\boldsymbol{c}$ 是一个 n 维常数列向量，那么随机向量 $\boldsymbol{S} = \boldsymbol{AX} + \boldsymbol{BY} + \boldsymbol{c}$ 的方差矩阵为

$$
\begin{aligned}
\mathrm{var}(\boldsymbol{AX} + \boldsymbol{BY} + \boldsymbol{c}) &= \mathrm{var}(\boldsymbol{S}) = E\{[\boldsymbol{S} - E(\boldsymbol{S})]^2\} \\
&= \mathrm{var}(\boldsymbol{AX}) + \mathrm{var}(\boldsymbol{B}Y) + 2\mathrm{cov}(\boldsymbol{AX}, \boldsymbol{B}Y) \\
&= \boldsymbol{A}\mathrm{var}(\boldsymbol{X})\boldsymbol{A}^{\mathrm{T}} + \boldsymbol{B}\mathrm{var}(\boldsymbol{Y})\boldsymbol{B}^{\mathrm{T}} + 2\boldsymbol{A}\mathrm{cov}(\boldsymbol{X}, \boldsymbol{Y})\boldsymbol{B}^{\mathrm{T}}
\end{aligned} \tag{3.51}
$$

式中，直接使用了式 (3.49) 和式 (3.50) 的结论。

最后，为了简化计算，我们仍需要将上述一般形式简化为两个相互独立随机向量的情况。假设 $\boldsymbol{A} = [A_{ij}]$ 和 $\boldsymbol{B} = [B_{ij}]$ 是两个 $m \times n$ 的常数矩阵，$\boldsymbol{X}$ 和 $\boldsymbol{Y}$ 是两个相互独立的 n 维随机列向量，$\boldsymbol{c}$ 是一个 n 维常数列向量，那么随机向量 $\boldsymbol{S} = \boldsymbol{AX} + \boldsymbol{BY} + \boldsymbol{c}$ 的方差矩阵为

$$
\begin{aligned}
\mathrm{var}(\boldsymbol{AX} + \boldsymbol{BY} + \boldsymbol{c}) &= \boldsymbol{A}\mathrm{var}(\boldsymbol{X})\boldsymbol{A}^{\mathrm{T}} + \boldsymbol{B}\mathrm{var}(\boldsymbol{Y})\boldsymbol{B}^{\mathrm{T}} + 2\boldsymbol{A}\mathrm{cov}(\boldsymbol{X}, \boldsymbol{Y})\boldsymbol{B}^{\mathrm{T}} \\
&= \boldsymbol{A}\mathrm{var}(\boldsymbol{X})\boldsymbol{A}^{\mathrm{T}} + \boldsymbol{B}\mathrm{var}(\boldsymbol{Y})\boldsymbol{B}^{\mathrm{T}}
\end{aligned} \tag{3.52}
$$

式中，利用了两个相互独立随机向量的协方差矩阵为零矩阵这一结论。

3. 多个相互独立随机向量的方差和定理

假设 $\boldsymbol{S}_1, \boldsymbol{S}_2, \cdots, \boldsymbol{S}_N \in \mathbf{R}^{n\times 1}$ 是一组相互独立的 n 维随机列向量，那么这些随机向量的和构成一个新的随机向量：

$$
\boldsymbol{S} = \boldsymbol{A}_1\boldsymbol{S}_1 + \boldsymbol{A}_2\boldsymbol{S}_2 + \cdots + \boldsymbol{A}_N\boldsymbol{S}_N + \boldsymbol{c} \tag{3.53}
$$

式中：$\boldsymbol{A}_i \in \mathbf{R}^{m\times n}$ 是一个矩阵；$\boldsymbol{c} \in \mathbf{R}^{m\times 1}$ 是一个 m 维常数列向量。需要注意的是，式 (3.53) 产生的新随机向量 $\boldsymbol{S}$ 的维度和 $\boldsymbol{S}_i$ 的维度不一样，这是变换的结果。

由式 (3.52) 可以得出，多个相互独立随机向量方差和定理的一般形式为

$$
\begin{aligned}
\mathrm{var}(\boldsymbol{S}) &= \mathrm{var}(\boldsymbol{A}_1\boldsymbol{S}_1 + \boldsymbol{A}_2\boldsymbol{S}_2 + \cdots + \boldsymbol{A}_N\boldsymbol{S}_N + \boldsymbol{c}) \\
&= \boldsymbol{A}_1\mathrm{var}(\boldsymbol{S}_1)\boldsymbol{A}_1^{\mathrm{T}} + \boldsymbol{A}_2\mathrm{var}(\boldsymbol{S}_2)\boldsymbol{A}_2^{\mathrm{T}} + \cdots + \boldsymbol{A}_N\mathrm{var}(\boldsymbol{S}_N)\boldsymbol{A}_N^{\mathrm{T}}
\end{aligned} \tag{3.54}
$$

3.6 矩生成函数

在 3.4 节和 3.5 节中，我们始终讨论的是线性组合情况下的各类性质，在本节中，我们将讨论非线性情况。一种典型的非线性函数就是矩生成函数。

3.6.1 随机变量的矩生成函数

1. 随机变量的矩生成函数的定义

假设 X 是一个随机变量，那么这个随机变量的矩生成函数（Moment-generating Function）是此随机变量函数 e^{tX} 的数学期望，记为

$$m_X(t)=E(\mathrm{e}^{tX}) \tag{3.55}$$

式中，t 是一个辅助变量，是一个标量变量。

需要注意的是，$m_X(t)$ 之所以被称为随机变量 X 的矩生成函数，是因为 $m_X(t)$ 的 n 阶导数在 $t=0$ 处的值就是 X 的 n 阶幂矩，记为

$$m_X^{(n)}(0)=E(X^n) \tag{3.56}$$

下面我们给出简单的证明。根据 n 阶幂矩的定义，连续随机变量 X 的 n 阶幂矩的公式化定义如下：

$$E(X^n)=\int_{-\infty}^{+\infty}x^n p_X(x)\mathrm{d}x \tag{3.57}$$

式中，$p_X(x)$ 为连续随机变量 X 的概率密度函数。

因为 $x^n=\lim\limits_{t\to 0}\dfrac{\mathrm{d}}{\mathrm{d}x}^{(n)}\mathrm{e}^{tx}$，所以连续随机变量 X 的 n 阶幂矩的公式可以重新写为

$$\begin{aligned}E(X^n)&=\int_{-\infty}^{+\infty}x^n p_X(x)\mathrm{d}x\\&=\int_{-\infty}^{+\infty}(\lim_{t\to 0}\frac{\mathrm{d}}{\mathrm{d}x}^{(n)}\mathrm{e}^{tx})p_X(x)\mathrm{d}x\\&=\lim_{t\to 0}\frac{\mathrm{d}}{\mathrm{d}x}^{(n)}\int_{-\infty}^{+\infty}\mathrm{e}^{tx}p_X(x)\mathrm{d}x\\&=\lim_{t\to 0}\frac{\mathrm{d}}{\mathrm{d}x}^{(n)}m_X(t)\\&=m_X^{(n)}(0)\end{aligned} \tag{3.58}$$

通常，利用矩生成函数的导数操作来计算随机变量的矩，比原始的积分操作更方便、更容易。

为了进一步理解随机变量的矩生成函数与随机变量的矩的关系，我们从泰勒级数展开的角度证明随机变量一阶和二阶幂矩就分别等于矩生成的函数的一阶和二阶导数在 $t=0$ 处的值。我们首先介绍需要用到的泰勒级数展开与复合指数函数的导数。

（1）泰勒级数展开。假设 $f(x)$ 为一个无穷可微的函数，那么它在 $x=x_0$ 处的泰勒级数展开形式如下：

$$f(x)=f(x_0)+\sum_{n=1}^{\infty}\frac{f^{(n)}(x_0)}{n!}(x-x_0)^n \tag{3.59}$$

（2）复合指数函数的导数。假设 $f(x)$ 为一个可微的函数，那么复合指数函数 $\mathrm{e}^{f(x)}$ 关于 x 的导数为

$$\frac{\mathrm{d}}{\mathrm{d}x}\mathrm{e}^{f(x)}=f^{'}(x)\mathrm{e}^{f(x)} \tag{3.60}$$

由式 (3.59) 和式 (3.60) 可以得出，e^{tx} 关于 t 在 $t=0$ 处的泰勒级数展开形式为

$$\mathrm{e}^{tx}=1+\sum_{n=1}^{\infty}\frac{x^n}{n!}t^n \tag{3.61}$$

由式 (3.61) 可以得出，矩生成函数关于 t 的一阶导数在 $t=0$ 处的值为

$$\begin{aligned}m_X^{(1)}(0)&=\frac{\mathrm{d}}{\mathrm{d}t}E(1+\sum_{n=1}^{\infty}\frac{X^n}{n!}t^n)\bigg|_{t=0}\\&=E[\frac{\mathrm{d}}{\mathrm{d}t}(1+\sum_{n=1}^{\infty}\frac{X^n}{n!}t^n)\bigg|_{t=0}]\\&=E(X)\end{aligned} \tag{3.62}$$

可以看出，随机变量 X 的矩生成函数的二阶导数在 $t=0$ 处的值就是 X 的一阶幂矩。同样，由式 (3.61) 可以得出，矩生成函数关于 t 的二阶导数在 $t=0$ 处的值为

$$\begin{aligned}m_X^{(2)}(0)&=\frac{\mathrm{d}^2}{\mathrm{d}t^2}E(1+\sum_{n=1}^{\infty}\frac{X^n}{n!}t^n)\bigg|_{t=0}\\&=E[\frac{\mathrm{d}^2}{\mathrm{d}t^2}(1+\sum_{n=1}^{\infty}\frac{X^n}{n!}t^n)\bigg|_{t=0}]\\&=E(X^2)\end{aligned} \tag{3.63}$$

可以看出，随机变量 X 的矩生成函数的二阶导数在 $t=0$ 处的值就是 X 的二阶幂矩。类似地，我们也可以得出如下结论：随机变量 X 的矩生成函数的 n 阶导数在 $t=0$ 处的值就是 X 的 n 阶幂矩。

2. 随机变量的矩生成函数与概率分布的关系

随机变量的矩生成函数可以被认为是随机变量的概率密度函数（或概率质量函数）或概率分布函数的一种替换。对于由多个随机变量的加权和所形成的新随机变量，由于很难获得其显式的概率密度函数（或概率质量函数），所以采用概率密度函数（或概率质量函

数）来分析其概率分布是十分困难的。相对比，矩生成函数很适合分析这种新随机变量的概率分布，并且可以得到很简洁的结果，即新随机变量的矩。

事实上，并不是所有的随机变量都有矩生成函数。如果存在一个矩生成函数，那么这个矩生成函数就完全定义了一个随机变量，即完全定义了该随机变量概率密度函数 (或概率质量函数) 的形式和参数。这对应了矩生成函数一个重要的性质：如果随机变量 X 和 Y 的矩生成函数相同，那么这个两个随机变量的概率分布也相同，即概率密度函数（或概率质量函数）的形式和参数相同。

需要注意的是，对于一个随机变量，其一定存在矩，但不一定存在矩生成函数。如果两个随机变量的矩相等，那么这两个随机变量的概率分布不一定相同。

3.6.2 随机向量的矩生成函数

假设 $\boldsymbol{X}$ 是一个随机列向量，那么这个随机向量的矩生成函数是此随机向量函数 $\mathrm{e}^{\boldsymbol{t}^{\mathrm{T}}\boldsymbol{X}}$ 的数学期望，记为

$$m_{\boldsymbol{X}}(\boldsymbol{t}) = E(\mathrm{e}^{\boldsymbol{t}^{\mathrm{T}}\boldsymbol{X}}) \tag{3.64}$$

式中，$\boldsymbol{t}$ 是一个辅助向量，是一个常数列向量。

3.7 高斯分布的矩

在前文中，我们探讨了随机变量与随机向量。然而，我们始终没有提及这些随机对象所服从的具体分布。在本节中，我们将介绍一种在机器人系统中广泛使用的分布，即高斯分布，并探究其数学性质。

3.7.1 高斯分布

高斯分布（Gaussian Distribution）也称正态分布（Normal Distribution），是一种连续型概率分布。高斯分布被广泛应用于工程领域，特别是用于误差分析。在机器人智能算法中，高斯分布常用来建模各种不确定性。根据随机变量的个数，高斯分布可分为一元高斯分布和多元高斯分布。

假设一个单变量实值随机变量 X 服从一个参数为 μ 和 σ^2 的高斯分布，记为 $X \sim \mathcal{N}(\mu, \sigma^2)$, 那么该分布的概率密度函数为

$$p_X(x;\mu,\sigma^2) = \frac{1}{(2\pi\sigma^2)^{1/2}}\mathrm{e}^{-\frac{(x-\mu)^2}{2\sigma^2}} \tag{3.65}$$

如果说随机变量 X 服从高斯分布，那么是指 X 的取值服从高斯分布。换句话说，这个高斯分布反映了 X 取某个 x 值的可能性。其中，μ 是随机变量 X 的数学期望，σ^2 是随机变量 X 的方差。这里，μ 和 σ 是标量。比如，在机器人测距应用中，测距传感器的不精确性，导致每次测量距离的不确定性，也就是说测量距离是一个随机变量 X。那么，我们可以假设这个随机变量服从高斯分布 $\mathcal{N}(\mu, \sigma^2)$。这里，$\mu$ 是随机变量 X 所有可能取值的数学期望，而 σ^2 是测量距离的偏差，体现了传感器的精度。高斯分布的一个特点是，如果随机变量 X 服从高斯分布，那么 X 的数学期望和方差恰好就是高斯分布的参数。事实

上，对一个随机变量 X 来说，即使它的取值不服从高斯分布，它的采样均值通常也是近似服从高斯分布的。比如，对于一个 $[0,1]$ 的均匀分布，如果我们随机采样 N 次样本点，并且每次采样是独立进行的，那么相当于有 N 个独立同分布的随机变量 $\{X_i\}_{i=1}^N$ 采样了一个数据。在这种情况下，假设随机变量 $X=\sum\limits_{i=1}^{N}X_i$，那么 X 近似服从高斯分布。

假设一个多变量实值随机向量 $\boldsymbol{X}=[X_1,X_2,\cdots,X_N]^{\mathrm{T}}$ 服从一个参数为 $\boldsymbol{\mu}$ 和 $\boldsymbol{\Sigma}$ 的高斯分布，记为 $\boldsymbol{X}\sim\mathcal{N}(\boldsymbol{\mu},\boldsymbol{\Sigma})$, 那么该分布的概率密度函数为

$$p_X(\boldsymbol{x};\boldsymbol{\mu},\boldsymbol{\Sigma})=\frac{1}{(2\pi)^{N/2}(\det\boldsymbol{\Sigma})^{1/2}}\mathrm{e}^{-\frac{1}{2}(\boldsymbol{x}-\boldsymbol{\mu})^{\mathrm{T}}\boldsymbol{\Sigma}^{-1}(\boldsymbol{x}-\boldsymbol{\mu})}\tag{3.66}$$

式中：参数 $\boldsymbol{\mu}$ 是随机向量 $\boldsymbol{X}$ 的数学期望，$\boldsymbol{\mu}$ 是一个向量；参数 $\boldsymbol{\Sigma}$ 是一个矩阵，是随机向量 $\boldsymbol{X}$ 与其自身的协方差矩阵 $\mathrm{cov}(\boldsymbol{X},\boldsymbol{X})$，$\det\boldsymbol{\Sigma}$ 表示矩阵 $\boldsymbol{\Sigma}$ 的行列式，也可写为 $|\boldsymbol{\Sigma}|$。

假设 $\boldsymbol{Y}=\boldsymbol{\Sigma}^{-1/2}(\boldsymbol{X}-\boldsymbol{\mu})$，那么随机向量 $\boldsymbol{Y}$ 服从一个均值向量（可简称均值）为零向量 $\mathbf{0}\in\mathbf{R}^{N\times1}$ 和协方差矩阵（也就是方差矩阵，可简称方差）为单位矩阵 $\boldsymbol{I}\in\mathbf{R}^{N\times N}$ 的标准高斯分布，记为 $\boldsymbol{Y}\sim\mathcal{N}(\mathbf{0},\boldsymbol{I})$，该分布的概率密度函数为

$$p_{\boldsymbol{Y}}(\boldsymbol{y};\mathbf{0},\boldsymbol{I})=\frac{1}{(2\pi)^{N/2}}\mathrm{e}^{-\frac{\boldsymbol{y}^{\mathrm{T}}\boldsymbol{y}}{2}}\tag{3.67}$$

随机向量 $\boldsymbol{X}\sim\mathcal{N}(\boldsymbol{\mu},\boldsymbol{\Sigma})$ 和随机向量 $\boldsymbol{Y}\sim\mathcal{N}(\mathbf{0},\boldsymbol{I})$ 之间存在如下函数关系：

$$\boldsymbol{X}=\boldsymbol{\Sigma}^{1/2}\boldsymbol{Y}+\boldsymbol{\mu}\tag{3.68}$$

我们假设随机向量 $\boldsymbol{Y}\sim\mathcal{N}(\mathbf{0},\boldsymbol{I})$ 的分布已知，函数 $\boldsymbol{X}=\boldsymbol{\Sigma}^{1/2}\boldsymbol{Y}+\boldsymbol{\mu}$ 为一个线性函数。我们的目标是利用随机向量线性函数的概率密度函数求解式 (2.67) 和 $\boldsymbol{Y}$ 的概率密度函数计算 $\boldsymbol{X}$ 的概率密度函数。函数 $\boldsymbol{X}=\boldsymbol{\Sigma}^{1/2}\boldsymbol{Y}+\boldsymbol{\mu}$ 的逆函数为 $\boldsymbol{Y}=\boldsymbol{h}(\boldsymbol{X})=\boldsymbol{\Sigma}^{-1/2}(\boldsymbol{X}-\boldsymbol{\mu})$，逆函数的雅可比矩阵为 $\boldsymbol{J}(\boldsymbol{h}(\boldsymbol{x}))=\boldsymbol{\Sigma}^{-1/2}$，由式 (2.67) 可得

$$\begin{aligned}p_{\boldsymbol{X}}(\boldsymbol{x})&=p_{\boldsymbol{Y}}(\boldsymbol{h}(\boldsymbol{x}))\det\boldsymbol{J}(\boldsymbol{h}(\boldsymbol{x}))\\&=p_{\boldsymbol{Y}}(\boldsymbol{\Sigma}^{-1/2}(\boldsymbol{x}-\boldsymbol{u}))\det\boldsymbol{\Sigma}^{-1/2}\\&=\frac{1}{(2\pi)^{N/2}}\mathrm{e}^{-\frac{[\boldsymbol{\Sigma}^{-1/2}(\boldsymbol{x}-\boldsymbol{u})]^{\mathrm{T}}[\boldsymbol{\Sigma}^{-1/2}(\boldsymbol{x}-\boldsymbol{u})]}{2}}(\det\boldsymbol{\Sigma})^{-1/2}\\&=\frac{1}{(2\pi)^{N/2}(\det\boldsymbol{\Sigma})^{1/2}}\mathrm{e}^{-\frac{(\boldsymbol{x}-\boldsymbol{\mu})^{\mathrm{T}}\boldsymbol{\Sigma}^{-1}(\boldsymbol{x}-\boldsymbol{\mu})}{2}}\end{aligned}\tag{3.69}$$

式中，利用了 $\det\boldsymbol{\Sigma}^{-1/2}=(\det\boldsymbol{\Sigma})^{-1/2}$ 和 $(\boldsymbol{\Sigma}^{-1/2})^{\mathrm{T}}\boldsymbol{\Sigma}^{-1/2}=\boldsymbol{\Sigma}^{-1}$ 这两个结论。

需要注意的是，在贝叶斯推断中，通常随机变量的概率密度函数（或概率质量函数）的形式已知，但参数未知，我们通常要估计出参数的值，并且参数的取值也服从某个分布，所以参数也被认为是随机变量。为了便于数据区分，我们称表示参数的随机变量为参数随机变量，称表示数据的随机变量为数据随机变量。参数随机变量和数据随机变量可以互为条件。在这种条件下，概率密度函数可以记为 $p(x|\mu,\sigma^2)$ 或 $p(\boldsymbol{x}\mid\boldsymbol{\mu},\boldsymbol{\Sigma})$。

注　高斯分布：是以德国著名数学家约翰·卡尔·弗里德里希·高斯命名的。然而事实上，最早发现高斯分布的是法国数学家亚伯拉罕·棣莫弗（没有高斯那么有名，一生贫困）。高斯分布的以高斯命名，恰恰为史蒂格勒命名法则（Stigler's Law of Eponymy）提供了一个实例支撑。史蒂格勒命名法则指出，以人名命名的科学发现，通常不是由最初发现者的名字命名的。有意思的是，该法则的提出者，统计学家史蒂芬·史蒂格勒，自己也认为，此法则本身的最初发现者不是自己，而是罗伯特·金·莫顿。也就是说，科学发现的最终命名往往落到更有名望科学家的头上。

3.7.2　高斯分布的矩生成函数

1. 高斯随机变量的矩生成函数

假设单变量实值随机变量 X 服从一个参数为 μ 和 σ^2 的高斯分布，那么由式 (3.55) 可以得出，高斯随机变量 X 的矩生成函数为

$$\begin{aligned} m_X(t) &= E(\mathrm{e}^{tX}) \\ &= \frac{1}{(2\pi\sigma^2)^{1/2}}\int \mathrm{e}^{tx}\mathrm{e}^{-\frac{(x-\mu)^2}{2\sigma^2}}\mathrm{d}x \end{aligned} \tag{3.70}$$

我们的目的是获得一个包含变量 t 和常数的矩生成函数。因此，我们推导的目标是消除 x 项。为此，我们采用一个中间变量 $m=x-\mu$，在推导过程中采用配方法构造一个新的高斯分布的概率密度函数，并利用概率密度函数的积分为 1 这一性质来消除 x 项和积分项。将 $m=x-\mu$ 代入式 (3.70) 可得

$$\begin{aligned} m_X(t) &= E(\mathrm{e}^{tX}) \\ &= \frac{1}{(2\pi\sigma^2)^{1/2}}\int \mathrm{e}^{t(m+\mu)}\mathrm{e}^{-\frac{m^2}{2\sigma^2}}\mathrm{d}m \\ &= \frac{\mathrm{e}^{t\mu}}{(2\pi\sigma^2)^{1/2}}\int \mathrm{e}^{tm}\mathrm{e}^{-\frac{m^2}{2\sigma^2}}\mathrm{d}m \\ &= \frac{\mathrm{e}^{t\mu}}{(2\pi\sigma^2)^{1/2}}\int \mathrm{e}^{-\frac{m^2-2\sigma^2tm}{2\sigma^2}}\mathrm{d}m \\ &= \frac{\mathrm{e}^{t\mu}}{(2\pi\sigma^2)^{1/2}}\int \mathrm{e}^{-\frac{m^2-2\sigma^2tm+\sigma^4t^2-\sigma^4t^2}{2\sigma^2}}\mathrm{d}m \\ &= \frac{\mathrm{e}^{t\mu+\sigma^2t^2/2}}{(2\pi\sigma^2)^{1/2}}\int \mathrm{e}^{-\frac{(m-\sigma^2t)^2}{2\sigma^2}}\mathrm{d}m \\ &= \mathrm{e}^{t\mu+\sigma^2t^2/2} \end{aligned} \tag{3.71}$$

2. 服从标准高斯分布的随机向量的矩生成函数

假设一个多变量实值随机向量 $\boldsymbol{Y}=[Y_1,Y_2,\cdots,Y_N]^{\mathrm{T}}$ 服从一个均值向量为零向量 $\boldsymbol{0}\in\mathbf{R}^{N\times1}$ 和协方差矩阵为单位矩阵 $\boldsymbol{I}\in\mathbf{R}^{N\times N}$ 的标准高斯分布，记为 $\boldsymbol{Y}\sim\mathcal{N}(\boldsymbol{0},\boldsymbol{I})$，那么由

式 (3.64) 可以得出，高斯随机向量 $\boldsymbol{Y}$ 的矩生成函数为

$$
\begin{aligned}
m_{\boldsymbol{Y}}(\boldsymbol{t}) &= E(\mathrm{e}^{\boldsymbol{t}^{\mathrm{T}}\boldsymbol{Y}}) \\
&= E(\mathrm{e}^{\sum\limits_{n=1}^{N} t_n Y_n}) = E(\prod_{n=1}^{N} \mathrm{e}^{t_n Y_n}) \\
&= \prod_{n=1}^{N} E(\mathrm{e}^{t_n Y_n}) = \prod_{n=1}^{N} \mathrm{e}^{t_n \mu_n + \sigma_n^2 t_n^2/2} \\
&= \prod_{n=1}^{N} \mathrm{e}^{t_n^2/2} = \mathrm{e}^{\boldsymbol{t}^{\mathrm{T}}\boldsymbol{t}/2}
\end{aligned}
\tag{3.72}
$$

式中，μ_n 和 σ_n^2 分别为随机向量中随机变量元素 Y_n 的均值和方差，在此，$\mu_n = 0$ 和 $\sigma_n^2 = 1$。注意这里面有一个潜在假设，即随机向量中的随机变量元素相互独立。

3. 高斯随机向量的矩生成函数

假设一个多变量实值随机向量 $\boldsymbol{Y} = [Y_1, Y_2, \cdots, Y_N]^{\mathrm{T}}$ 服从一个均值向量为零向量 $\boldsymbol{0} \in \mathbf{R}^{N\times 1}$ 和协方差矩阵为单位矩阵 $\boldsymbol{I} \in \mathbf{R}^{N\times N}$ 的标准高斯分布，记为 $\boldsymbol{Y} \sim \mathcal{N}(\boldsymbol{0}, \boldsymbol{I})$。假设一个多变量实值随机向量 $\boldsymbol{X} = [X_1, X_2, \cdots, X_N]^{\mathrm{T}}$ 服从一个均值向量为 $\boldsymbol{\mu} \in \mathbf{R}^{N\times 1}$ 和协方差矩阵为 $\boldsymbol{\Sigma} \in \mathbf{R}^{N\times N}$ 的高斯分布，记为 $\boldsymbol{X} \sim \mathcal{N}(\boldsymbol{\mu}, \boldsymbol{\Sigma})$。由前面的讨论可知，随机向量 $\boldsymbol{X}$ 和 $\boldsymbol{Y}$ 之间的关系为

$$
\boldsymbol{X} = \boldsymbol{\Sigma}^{1/2}\boldsymbol{Y} + \boldsymbol{\mu} \tag{3.73}
$$

那么由式 (3.64) 可以得出，高斯随机向量 $\boldsymbol{X}$ 的矩生成函数为

$$
\begin{aligned}
m_{\boldsymbol{X}}(\boldsymbol{t}) &= E(\mathrm{e}^{\boldsymbol{t}^{\mathrm{T}}\boldsymbol{X}}) \\
&= E[\mathrm{e}^{\boldsymbol{t}^{\mathrm{T}}(\boldsymbol{\Sigma}^{1/2}\boldsymbol{Y}+\boldsymbol{\mu})}] = \mathrm{e}^{\boldsymbol{t}^{\mathrm{T}}\boldsymbol{\mu}} E(\mathrm{e}^{\boldsymbol{t}^{\mathrm{T}}\boldsymbol{\Sigma}^{1/2}\boldsymbol{Y}}) \\
&= \mathrm{e}^{\boldsymbol{t}^{\mathrm{T}}\boldsymbol{\mu}} E[\mathrm{e}^{(\boldsymbol{\Sigma}^{1/2}\boldsymbol{t})^{\mathrm{T}}\boldsymbol{Y}}] = \mathrm{e}^{\boldsymbol{t}^{\mathrm{T}}\boldsymbol{\mu}} m_{\boldsymbol{Y}}(\boldsymbol{\Sigma}^{1/2}\boldsymbol{t}) \\
&= \mathrm{e}^{\boldsymbol{t}^{\mathrm{T}}\boldsymbol{\mu}} \mathrm{e}^{(\boldsymbol{\Sigma}^{1/2}\boldsymbol{t})^{\mathrm{T}}(\boldsymbol{\Sigma}^{1/2}\boldsymbol{t})/2} = \mathrm{e}^{\boldsymbol{t}^{\mathrm{T}}\boldsymbol{\mu}} \mathrm{e}^{\boldsymbol{t}^{\mathrm{T}}\boldsymbol{\Sigma}\boldsymbol{t}/2} \\
&= \mathrm{e}^{\boldsymbol{t}^{\mathrm{T}}\boldsymbol{\mu} + \boldsymbol{t}^{\mathrm{T}}\boldsymbol{\Sigma}\boldsymbol{t}/2}
\end{aligned}
\tag{3.74}
$$

式中，$\boldsymbol{\Sigma}$ 为对称矩阵，因此 $\boldsymbol{\Sigma}^{\mathrm{T}} = \boldsymbol{\Sigma}$。另外，由矩阵平方根的定义可知 $\boldsymbol{\Sigma} = (\boldsymbol{\Sigma}^{1/2})^{\mathrm{T}}\boldsymbol{\Sigma}^{1/2}$。从高斯随机向量的矩生成函数可以看出，它的核心是随机向量的均值向量和协方差矩阵，和高斯随机变量的概率密度函数的核心是一样的。这也证明了随机变量的矩生成函数和其概率密度函数是等价的。事实上，式 (3.74) 这个矩生成函数是高斯随机向量矩生成函数的一般形式。如果一个高斯随机向量的均值向量为零向量 $\boldsymbol{0} \in \mathbf{R}^{N\times 2}$，其协方差矩阵为单位矩阵 $\boldsymbol{I} \in \mathbf{R}^{N\times N}$，那么这个高斯随机向量的矩生成函数就变成了式 (3.72)。

3.7.3 高斯分布的线性变换理论

高斯分布具有十分优秀的线性变换性质，广泛应用于机器人系统中。本小节将对此进行讨论。

1. 高斯随机变量的线性变换理论

高斯分布是一个很特别的分布，服从高斯分布的随机变量具有一些很好的属性，其中一个属性就是线性变换理论：如果一个随机变量服从高斯分布，那么该随机变量的任何线性变换 (构成一个新随机变量) 也服从高斯分布。

假设随机变量 X 服从如下高斯分布：

$$X \sim \mathcal{N}(\mu, \sigma^2) \tag{3.75}$$

随机变量 X 的任何线性变换表示为

$$Y = aX + b \tag{3.76}$$

式中，a 和 b 为标量常数。那么随机变量 Y 也服从一个高斯分布，并且服从如下高斯分布：

$$Y \sim \mathcal{N}(a\mu + b, a^2\sigma^2) \tag{3.77}$$

下面我们给出简单的证明。由式 (3.55) 可以得出，随机变量 X 的矩生成函数为

$$m_X(t) = E(\mathrm{e}^{tX}) \tag{3.78}$$

那么随机变量 Y 的矩生成函数为

$$\begin{aligned} m_Y(t) &= E(\mathrm{e}^{tY}) \\ &= E[\mathrm{e}^{t(aX+b)}] \\ &= \mathrm{e}^{bt}E(\mathrm{e}^{atX}) \\ &= \mathrm{e}^{bt}m_X(at) \end{aligned} \tag{3.79}$$

将式 (3.71) 代入式 (3.79) 可得

$$\begin{aligned} m_Y(t) &= E(\mathrm{e}^{tY}) \\ &= \mathrm{e}^{bt}\mathrm{e}^{at\mu+(\sigma^2a^2t^2)/2} \\ &= \mathrm{e}^{t(a\mu+b)+a^2\sigma^2t^2/2} \end{aligned} \tag{3.80}$$

由前面的讨论可知，随机变量的矩生成函数和随机变量的概率密度函数是等价的。从式 (3.80) 可以看出，Y 的矩生成函数是一个服从均值为 $a\mu + b$、方差为 $a^2\sigma^2$ 的高斯分布的随机变量的矩生成函数。因此，Y 是一个高斯随机变量，即一个高斯随机变量的任何线性变换依然是一个高斯随机变量。

2. 高斯随机向量的线性变换理论

假设一个多变量实值随机向量 $\boldsymbol{X} = [X_1, X_2, \cdots, X_N]^{\mathrm{T}}$ 服从一个均值向量为 $\boldsymbol{\mu} \in \mathbf{R}^{N\times 1}$ 和协方差矩阵为 $\boldsymbol{\Sigma} \in \mathbf{R}^{N\times N}$ 的高斯分布，记为 $\boldsymbol{X} \sim \mathcal{N}(\boldsymbol{\mu}, \boldsymbol{\Sigma})$。假设 $\boldsymbol{A} \in \mathbf{R}^{M\times N}$ 是一个满秩实数矩阵，$\boldsymbol{b}$ 是一个 $M\times 1$ 的实数向量，那么一个 $M\times 1$ 的随机向量

$$\boldsymbol{Y} = \boldsymbol{A}\boldsymbol{X} + \boldsymbol{b} \tag{3.81}$$

也是一个高斯随机向量，并且其均值向量为 $\boldsymbol{A}\boldsymbol{\mu} + \boldsymbol{b} \in \mathbf{R}^{M\times 1}$，其协方差矩阵为 $\boldsymbol{A}\boldsymbol{\Sigma}\boldsymbol{A}^{\mathrm{T}} \in \mathbf{R}^{M\times M}$。

下面我们给出简单的证明。由式 (3.64) 可以得出，随机向量 $\boldsymbol{Y}$ 的矩生成函数为

$$\begin{aligned} m_{\boldsymbol{Y}}(\boldsymbol{t}) &= E(\mathrm{e}^{\boldsymbol{t}^{\mathrm{T}}\boldsymbol{Y}}) = E[\mathrm{e}^{\boldsymbol{t}^{\mathrm{T}}(\boldsymbol{A}\boldsymbol{X}+\boldsymbol{b})}] \\ &= \mathrm{e}^{\boldsymbol{t}^{\mathrm{T}}\boldsymbol{b}} E(\mathrm{e}^{\boldsymbol{t}^{\mathrm{T}}\boldsymbol{A}\boldsymbol{X}}) = \mathrm{e}^{\boldsymbol{t}^{\mathrm{T}}\boldsymbol{b}} E[\mathrm{e}^{(\boldsymbol{A}^{\mathrm{T}}\boldsymbol{t})^{\mathrm{T}}\boldsymbol{X}}] \\ &= \mathrm{e}^{\boldsymbol{t}^{\mathrm{T}}\boldsymbol{b}} m_{\boldsymbol{X}}(\boldsymbol{A}^{\mathrm{T}}\boldsymbol{t}) \end{aligned} \tag{3.82}$$

将式 (3.74) 代入式 (3.82) 可得

$$\begin{aligned} m_{\boldsymbol{Y}}(\boldsymbol{t}) &= \mathrm{e}^{\boldsymbol{t}^{\mathrm{T}}\boldsymbol{b}} m_{\boldsymbol{X}}(\boldsymbol{A}^{\mathrm{T}}\boldsymbol{t}) \\ &= \mathrm{e}^{\boldsymbol{t}^{\mathrm{T}}\boldsymbol{b}} \mathrm{e}^{(\boldsymbol{A}^{\mathrm{T}}\boldsymbol{t})^{\mathrm{T}}\boldsymbol{\mu} + (\boldsymbol{A}^{\mathrm{T}}\boldsymbol{t})^{\mathrm{T}}\boldsymbol{\Sigma}(\boldsymbol{A}^{\mathrm{T}}\boldsymbol{t})/2} \\ &= \mathrm{e}^{\boldsymbol{t}^{\mathrm{T}}\boldsymbol{b} + \boldsymbol{t}^{\mathrm{T}}\boldsymbol{A}\boldsymbol{\mu}} \mathrm{e}^{\boldsymbol{t}^{\mathrm{T}}\boldsymbol{A}\boldsymbol{\Sigma}\boldsymbol{A}^{\mathrm{T}}\boldsymbol{t}/2} \\ &= \mathrm{e}^{\boldsymbol{t}^{\mathrm{T}}(\boldsymbol{b}+\boldsymbol{A}\boldsymbol{\mu}) + \boldsymbol{t}^{\mathrm{T}}\boldsymbol{A}\boldsymbol{\Sigma}\boldsymbol{A}^{\mathrm{T}}\boldsymbol{t}/2} \end{aligned} \tag{3.83}$$

从式 (3.83) 可以看出，这是一个均值向量为 $\boldsymbol{A}\boldsymbol{\mu} + \boldsymbol{b} \in \mathbf{R}^{M\times 1}$、协方差矩阵为 $\boldsymbol{A}\boldsymbol{\Sigma}\boldsymbol{A}^{\mathrm{T}} \in \mathbf{R}^{M\times M}$ 的高斯随机向量的矩生成函数。由此可证明，一个高斯随机向量的任何线性变换依然是一个高斯随机向量，并且新高斯随机向量的均值向量和协方差矩阵满足式 (3.37) 和式 (3.49)。

3.7.4　高斯分布的加和

在 3.7.3 节中，我们讨论了单个高斯随机变量和高斯随机向量所服从的线性变换理论。本小节我们进一步讨论多个高斯随机变量和多个高斯随机向量之间的关系。

1. 高斯随机变量的和

我们仍从最简单的两个相互独立的高斯随机变量开始阐述。两个相互独立的高斯随机变量的和依然是一个高斯随机变量。下面我们给出简单的证明。

假设 X_1 和 X_2 为两个服从高斯分布的、相互独立的随机变量，X_1 服从一个参数为 μ_1 和 σ_1^2 的高斯分布，X_2 服从一个参数为 μ_2 和 σ_2^2 的高斯分布。这两个随机变量的和定义如下：

$$Y = X_1 + X_2 \tag{3.84}$$

由式 (3.24) 和式 (3.41) 可以得出，随机变量 Y 的均值和方差分别为

$$\begin{aligned} E(Y) &= E(X_1) + E(X_2) = \mu_1 + \mu_2 \\ \mathrm{var}(Y) &= \mathrm{var}(X_1) + \mathrm{var}(X_2) = \sigma_1^2 + \sigma_2^2 \end{aligned} \tag{3.85}$$

由式 (3.55) 和式 (3.71) 可以得出，随机变量 Y 的矩生成函数为

$$\begin{aligned} m_Y(t) &= E(\mathrm{e}^{tY}) \\ &= E[\mathrm{e}^{t(X_1+X_2)}] \\ &= E(\mathrm{e}^{tX_1})E(\mathrm{e}^{tX_2}) \\ &= m_{X_1}(t)m_{X_2}(t) \\ &= \mathrm{e}^{t\mu_1+\sigma_1^2t^2/2}\mathrm{e}^{t\mu_2+\sigma_2^2t^2/2} \\ &= \mathrm{e}^{t(\mu_1+\mu_2)+(\sigma_1^2+\sigma_2^2)t^2/2} \end{aligned} \tag{3.86}$$

式中，从 $E[\mathrm{e}^{t(X_1+X_2)}]$ 到 $E(\mathrm{e}^{tX_1})E(\mathrm{e}^{tX_2})$ 的转换，是应用了随机变量 X_1 和 X_2 是相互独立的这一假设。可以看出，Y 的矩生成函数是一个服从均值为 $\mu_1+\mu_2$、方差为 $\sigma_1^2+\sigma_2^2$ 的高斯分布的随机变量的矩生成函数。因此，Y 是一个高斯随机变量，即两个相互独立的高斯随机变量的和依然是一个高斯随机变量。

类似地，多个相互独立的高斯随机变量的和依然是一个高斯随机变量。假设 $S_1, S_2, \cdots, S_N$ 是 N 个相互独立的高斯随机变量，这些高斯随机变量的均值分别为 $\mu_1, \mu_2, \cdots, \mu_N$，它们的方差分别为 $\sigma_1^2, \sigma_2^2, \cdots, \sigma_N^2$，这些随机变量的和构成一个新的随机变量：

$$S = S_1 + S_2 + \cdots + S_N \tag{3.87}$$

那么 S 依然是一个服从高斯分布的随机变量，并且其均值和方差分别为

$$\begin{aligned} E(S) &= \sum_{n=1}^{N} E(S_n) = \sum_{n=1}^{N} \mu_n \\ \mathrm{var}(S) &= \sum_{n=1}^{N} \mathrm{var}(S_n) = \sum_{n=1}^{N} \sigma_n^2 \end{aligned} \tag{3.88}$$

这个结论由式 (3.86) 就可证明。

进一步地，将上述情况推广至多个相互独立的高斯随机变量的和的一般形式。多个相互独立的高斯随机变量的线性组合依然是一个高斯随机变量。假设 $S_1, S_2, \cdots, S_N$ 是 N 个相互独立的高斯随机变量，这些高斯随机变量的均值分别为 $\mu_1, \mu_2, \cdots, \mu_N$，它们的方差分别为 $\sigma_1^2, \sigma_2^2, \cdots, \sigma_N^2$，这些随机变量的线性组合构成一个新的随机变量：

$$S = a_1S_1 + a_2S_2 + \cdots + a_NS_N + c \tag{3.89}$$

式中，$a_1, a_2, \cdots, a_N$ 和 c 为标量常数。那么 S 依然是一个服从高斯分布的随机变量，并且其均值和方差分别为

$$
\begin{aligned}
E(S) &= c + \sum_{n=1}^{N} a_n E(S_n) = c + \sum_{n=1}^{N} a_n \mu_n \\
\mathrm{var}(S) &= \sum_{n=1}^{N} a_n^2 \mathrm{var}(S_n) = \sum_{n=1}^{N} a_n^2 \sigma_n^2
\end{aligned}
\tag{3.90}
$$

这个结论由式 (3.77) 和式 (3.86) 就可证明。

2. 高斯随机向量的和

首先，两个相互独立的高斯随机向量的和依然是一个高斯随机向量。下面我们给出简单的证明。

假设随机向量 $\boldsymbol{X} = [X_1, X_2, \cdots, X_N]^{\mathrm{T}}$ 服从一个均值向量（可简称均值）为 $\boldsymbol{\mu_X} \in \mathbf{R}^{N\times 1}$ 和协方差矩阵（也就是方差矩阵，可简称方差）为 $\boldsymbol{\Sigma_X} \in \mathbf{R}^{N\times N}$ 的高斯分布，记为 $\boldsymbol{X} \sim \mathcal{N}(\boldsymbol{\mu_X}, \boldsymbol{\Sigma_X})$。假设随机向量 $\boldsymbol{Y} = [Y_1, Y_2, \cdots, Y_N]^{\mathrm{T}}$ 服从一个均值向量为 $\boldsymbol{\mu_Y} \in \mathbf{R}^{N\times 1}$ 和协方差矩阵为 $\boldsymbol{\Sigma_Y} \in \mathbf{R}^{N\times N}$ 的高斯分布，记为 $\boldsymbol{Y} \sim \mathcal{N}(\boldsymbol{\mu_Y}, \boldsymbol{\Sigma_Y})$。假设高斯随机向量 $\boldsymbol{X}$ 和 $\boldsymbol{Y}$ 是相互独立的随机向量，这两个随机向量的和定义如下：

$$
\boldsymbol{S} = \boldsymbol{X} + \boldsymbol{Y} \tag{3.91}
$$

由式 (3.34) 和式 (3.52) 可以得出，随机向量 $\boldsymbol{S}$ 的均值和方差分别为

$$
\begin{aligned}
E(\boldsymbol{S}) &= E(\boldsymbol{X}) + E(\boldsymbol{Y}) = \boldsymbol{\mu_X} + \boldsymbol{\mu_Y} \\
\mathrm{var}(\boldsymbol{S}) &= \mathrm{var}(\boldsymbol{X}) + \mathrm{var}(\boldsymbol{Y}) = \boldsymbol{\Sigma_X} + \boldsymbol{\Sigma_Y}
\end{aligned}
\tag{3.92}
$$

由式 (3.64) 和式 (3.74) 可以得出，随机向量 $\boldsymbol{S}$ 的矩生成函数为

$$
\begin{aligned}
m_{\boldsymbol{S}}(\boldsymbol{t}) &= E(\mathrm{e}^{\boldsymbol{t}^{\mathrm{T}}\boldsymbol{S}}) \\
&= E[\mathrm{e}^{\boldsymbol{t}^{\mathrm{T}}(\boldsymbol{X}+\boldsymbol{Y})}] \\
&= E(\mathrm{e}^{\boldsymbol{t}^{\mathrm{T}}\boldsymbol{X}})E(\mathrm{e}^{\boldsymbol{t}^{\mathrm{T}}\boldsymbol{Y}}) \\
&= m_{\boldsymbol{X}}(\boldsymbol{t}) m_{\boldsymbol{Y}}(\boldsymbol{t}) \\
&= \mathrm{e}^{\boldsymbol{t}^{\mathrm{T}}\boldsymbol{\mu_X} + \boldsymbol{t}^{\mathrm{T}}\boldsymbol{\Sigma_X}\boldsymbol{t}/2} \mathrm{e}^{\boldsymbol{t}^{\mathrm{T}}\boldsymbol{\mu_Y} + \boldsymbol{t}^{\mathrm{T}}\boldsymbol{\Sigma_Y}\boldsymbol{t}/2} \\
&= \mathrm{e}^{\boldsymbol{t}^{\mathrm{T}}\boldsymbol{\mu_X} + \boldsymbol{t}^{\mathrm{T}}\boldsymbol{\mu_Y} + \boldsymbol{t}^{\mathrm{T}}\boldsymbol{\Sigma_X}\boldsymbol{t}/2 + \boldsymbol{t}^{\mathrm{T}}\boldsymbol{\Sigma_Y}\boldsymbol{t}/2} \\
&= \mathrm{e}^{\boldsymbol{t}^{\mathrm{T}}(\boldsymbol{\mu_X}+\boldsymbol{\mu_Y}) + \boldsymbol{t}^{\mathrm{T}}(\boldsymbol{\Sigma_X}+\boldsymbol{\Sigma_Y})\boldsymbol{t}/2}
\end{aligned}
\tag{3.93}
$$

式中，从 $E[\mathrm{e}^{\boldsymbol{t}^{\mathrm{T}}(\boldsymbol{X}+\boldsymbol{Y})}]$ 到 $E(\mathrm{e}^{\boldsymbol{t}^{\mathrm{T}}\boldsymbol{X}})E(\mathrm{e}^{\boldsymbol{t}^{\mathrm{T}}\boldsymbol{Y}})$ 的转换，是应用了随机向量 $\boldsymbol{X}$ 和 $\boldsymbol{Y}$ 是相互独立的这一假设。可以看出，$\boldsymbol{S}$ 的矩生成函数是一个服从均值为 $\boldsymbol{\mu_X} + \boldsymbol{\mu_Y}$、方差为 $\boldsymbol{\Sigma_X} + \boldsymbol{\Sigma_Y}$

的高斯分布的随机向量的矩生成函数。因此，$\boldsymbol{S}$ 是一个高斯随机向量，即两个相互独立的高斯随机向量的和依然是一个高斯随机向量。

类似地，多个相互独立的高斯随机向量的和依然是一个高斯随机向量。假设 $\boldsymbol{S}_1, \boldsymbol{S}_2, \cdots, \boldsymbol{S}_N$ 是 N 个相互独立的高斯随机向量，这些高斯随机向量的均值分别为 $\boldsymbol{\mu}_{\boldsymbol{S}_1}, \boldsymbol{\mu}_{\boldsymbol{S}_2}, \cdots, \boldsymbol{\mu}_{\boldsymbol{S}_N}$，它们的方差分别为 $\boldsymbol{\Sigma}_{\boldsymbol{S}_1}, \boldsymbol{\Sigma}_{\boldsymbol{S}_2}, \cdots, \boldsymbol{\Sigma}_{\boldsymbol{S}_N}$，这些随机向量的和构成一个新的随机向量：

$$\boldsymbol{S} = \boldsymbol{S}_1 + \boldsymbol{S}_2 + \cdots + \boldsymbol{S}_N \tag{3.94}$$

那么 $\boldsymbol{S}$ 依然是一个服从高斯分布的随机向量，并且其均值和方差分别为

$$\begin{aligned} E(\boldsymbol{S}) &= \sum_{n=1}^{N} E(\boldsymbol{S}_n) = \sum_{n=1}^{N} \boldsymbol{\mu}_{\boldsymbol{S}_n} \\ \operatorname{var}(\boldsymbol{S}) &= \sum_{n=1}^{N} \operatorname{var}(\boldsymbol{S}_n) = \sum_{n=1}^{N} \boldsymbol{\Sigma}_{\boldsymbol{S}_n} \end{aligned} \tag{3.95}$$

这个结论由式 (3.93) 就可证明。

进一步地，将上述情况推广至多个相互独立的高斯随机向量的和的一般形式。多个相互独立的高斯随机向量的线性组合依然是一个高斯随机向量。假设 $\boldsymbol{S}_1 \in \mathbf{R}^{N_1\times 1}, \boldsymbol{S}_2 \in \mathbf{R}^{N_2\times 1}, \cdots, \boldsymbol{S}_N \in \mathbf{R}^{N_N\times 1}$ 是 N 个相互独立的高斯随机向量，这些高斯随机向量的均值分别为 $\boldsymbol{\mu}_{\boldsymbol{S}_1} \in \mathbf{R}^{N_1\times 1}, \boldsymbol{\mu}_{\boldsymbol{S}_2} \in \mathbf{R}^{N_2\times 1}, \cdots, \boldsymbol{\mu}_{\boldsymbol{S}_N} \in \mathbf{R}^{N_N\times 1}$，它们的方差分别为 $\boldsymbol{\Sigma}_{\boldsymbol{S}_1} \in \mathbf{R}^{N_1\times N_1}, \boldsymbol{\Sigma}_{\boldsymbol{S}_2} \in \mathbf{R}^{N_2\times N_2}, \cdots, \boldsymbol{\Sigma}_{\boldsymbol{S}_N} \in \mathbf{R}^{N_N\times N_N}$，这些随机向量的线性组合构成一个新的随机向量 $\boldsymbol{S} \in \mathbf{R}^{M\times 1}$：

$$\boldsymbol{S} = \boldsymbol{A}_1\boldsymbol{S}_1 + \boldsymbol{A}_2\boldsymbol{S}_2 + \cdots + \boldsymbol{A}_N\boldsymbol{S}_N + \boldsymbol{c} \tag{3.96}$$

式中：$\boldsymbol{A}_n$ 是 $M \times N_n$ 的满秩实数矩阵；$\boldsymbol{c}$ 是 $M \times 1$ 的实数向量。那么 $\boldsymbol{S}$ 依然是一个服从高斯分布的随机向量，并且其均值和方差分别为

$$\begin{aligned} E(\boldsymbol{S}) &= \boldsymbol{c} + \sum_{n=1}^{N} E(\boldsymbol{A}_n\boldsymbol{S}_n) = \boldsymbol{c} + \sum_{n=1}^{N} \boldsymbol{A}_n\boldsymbol{\mu}_{\boldsymbol{S}_n} \\ \operatorname{var}(\boldsymbol{S}) &= \sum_{n=1}^{N} \operatorname{var}(\boldsymbol{A}_n\boldsymbol{S}_n) = \sum_{n=1}^{N} \boldsymbol{A}_n\boldsymbol{\Sigma}_{\boldsymbol{S}_n}\boldsymbol{A}_n^{\mathrm{T}} \end{aligned} \tag{3.97}$$

这个结论由式 (3.83) 和式 (3.93) 就可证明。

第4章 机器学习基础

为了解决机器人环境感知与理解、导航与路径规划、动态环境中的决策与控制等挑战性问题，需要先进的机器学习技术。理解和掌握机器学习领域的一些基本概念和算法，对理解和设计机器人相关感知、规划和控制算法大有裨益。由于机器学习领域是一个快速发展的领域，相关理论和方法层出不穷并快速迭代，本章不试图面面俱到地介绍当前机器学习算法，而是重点阐述该领域的一些基本但重要的概念，并就一些经典算法进行具体剖析。本章的具体内容包括：

- 什么是函数？
- 什么是变换？
- 什么是模型？
- 模型与变换的关系
- 常用模型参数估计方法
- 模型正则化

4.1 函　　数

函数（Function）是一种数学对象，它建立了一个输入和输出之间的映射关系。在机器学习领域，学习的目标是建立输入数据和输出数据的映射关系，其可以用一个函数来表示。比如，在图像识别任务中，输入是一幅图像，输出是一个类别标签，机器学习试图建立输入图像和输出标签之间正确的映射关系，并用一个显式或隐式的函数来表示。根据机器学习任务的复杂程度，可以事先假设不同的函数形式。简单的任务可以用一个线性函数来表示，复杂的任务则用一个非线性函数来表示。

4.1.1 线性函数

线性函数（Linear Function）是指自变量的每个单位变化导致因变量按照恒定比例变化的函数。在数学领域，线性函数存在两种不同的定义。一种定义是采用一次多项式的形式，即

$$f(x) = kx + b \tag{4.1}$$

因为这个函数的图形是二维平面上的一条直线，所以这是一种直观的定义。在式 (4.1) 中，参数 k 被称为直线的斜率，b 被称为直线的截距。事实上，这种定义有很大的局限性，它不容易扩展到多变量形式。因此，通常采用另一种定义。假设 x 是定义在实数空间或向量空间上的一个变量，如果关于此变量的函数 $f(x)$ 是线性函数，那么此函数应满足以下性

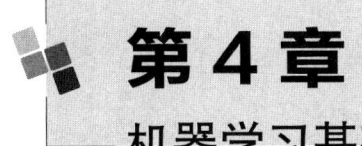

质：

$$\begin{aligned}&\text{可加性 (Additivity):} \quad && f(x+y)=f(x)+f(y)\\&\text{齐次性 (Homogeneity of Degree):} \quad && f(ax)=af(x)\end{aligned} \tag{4.2}$$

式中，变量 x 的取值空间可以是实数空间，也可以是向量空间。事实上，如果 a 为有理数，那么可加性条件涵盖了齐次性条件，即如果满足可加性条件，那么一定满足齐次性条件。我们知道，有理数是指可以表示为两个整数相除的数。假设 m 和 n 为两个整数，并且 n 不为零，那么 $a=m/n$ 为有理数。当 a 为有理数时，ax 可以表示为

$$ax=\frac{m}{n}x=m\frac{1}{n}x \tag{4.3}$$

将式 (4.3) 代入式 (4.2) 可得

$$\begin{aligned}f(ax)&=f(\frac{m}{n}x)\\&=f(\frac{1}{n}x+\cdots+\frac{1}{n}x)\\&=f(\frac{1}{n}x)+\cdots+f(\frac{1}{n}x)\\&=\frac{m}{n}f(x)=af(x)\end{aligned} \tag{4.4}$$

从式 (4.4) 可以看出，当 a 为有理数时，可加性条件涵盖了齐次性条件。

需要注意的是，对于定义在式 (4.1) 下的线性函数 $f(x)=kx+b$，当 $b\neq 0$ 时，它不满足式 (4.2) 的可加性条件和齐次性条件，所以不是定义在式 (4.2) 下的线性函数。对于变量为向量的函数，先假设向量变量 $\boldsymbol{x}$ 为一个 n 维向量，记为 $\boldsymbol{x}=[x_1,x_2,\cdots,x_n]^{\mathrm{T}}$，函数的参数 $\boldsymbol{k}$ 也为一个 n 维向量，记为 $\boldsymbol{k}=[k_1,k_2,\cdots,k_n]^{\mathrm{T}}$，那么定义一个函数 $f(\boldsymbol{x})=\boldsymbol{k}^{\mathrm{T}}\boldsymbol{x}$。下面验证这个函数是否满足式 (4.2) 的可加性条件和齐次性条件。首先，我们推导此函数是否满足可加性条件。

$$\begin{aligned}f(\boldsymbol{x}+\boldsymbol{y})=\boldsymbol{k}^{\mathrm{T}}(\boldsymbol{x}+\boldsymbol{y})&=\begin{bmatrix}k_1,k_2,\cdots,k_n\end{bmatrix}\left(\begin{bmatrix}x_1\\x_2\\\vdots\\x_n\end{bmatrix}+\begin{bmatrix}y_1\\y_2\\\vdots\\y_n\end{bmatrix}\right)\\&=\begin{bmatrix}k_1,k_2,\cdots,k_n\end{bmatrix}\begin{bmatrix}x_1+y_1\\x_2+y_2\\\vdots\\x_n+y_n\end{bmatrix}\\&=k_1(x_1+y_1)+k_2(x_2+y_2)+\cdots+k_n(x_n+y_n)\end{aligned}$$

$$
\begin{aligned}
&= (k_1x_1 + k_2x_2 + \cdots + k_nx_n) + (k_1y_1 + k_2y_2 + \cdots + k_ny_n) \\
&= [k_1, k_2, \cdots, k_n]\begin{bmatrix} x_1 \\ x_2 \\ \vdots \\ x_n \end{bmatrix} + [k_1, k_2, \because, k_n]\begin{bmatrix} y_1 \\ y_2 \\ \vdots \\ y_n \end{bmatrix} \\
&= \boldsymbol{k}^{\mathrm{T}}\boldsymbol{x} + \boldsymbol{k}^{\mathrm{T}}\boldsymbol{y}
\end{aligned} \tag{4.5}
$$

从上面的推导可以看出，函数 $f(\boldsymbol{x}) = \boldsymbol{k}^{\mathrm{T}}\boldsymbol{x}$ 满足式 (4.2) 的可加性条件。下面我们推导此函数是否满足齐次性条件。在下面的推导中，a 为一个实数。

$$
\begin{aligned}
f(a\boldsymbol{x}) = \boldsymbol{k}^{\mathrm{T}}(a\boldsymbol{x}) = &= \begin{bmatrix} k_1, k_2, \cdots, k_n \end{bmatrix}\begin{bmatrix} ax_1 \\ ax_2 \\ \vdots \\ ax_n \end{bmatrix} \\
&= a\boldsymbol{k}^{\mathrm{T}}(\boldsymbol{x}) \\
&= af(\boldsymbol{x})
\end{aligned} \tag{4.6}
$$

从上面的推导可以看出，函数 $f(\boldsymbol{x}) = \boldsymbol{k}^{\mathrm{T}}\boldsymbol{x}$ 满足式 (4.2) 的齐次性条件。因此，此函数是定义在式 (4.2) 下的线性函数。

在后面的讨论中，若不特殊声明，则线性函数是指定义在式 (4.2) 下的线性函数。

4.1.2　非线性函数

非线性函数（Non-linear Function）是指自变量和因变量之间的关系不满足线性关系的函数。一旦我们定义了线性函数，非线性函数就自然获得：不满足线性函数定义的可加性条件和齐次性条件的函数称为非线性函数。比如，对于标量变量的函数 $f(x) = kx + b$，当标量常数 $b \neq 0$ 时，函数为非线性函数；对于向量变量的函数 $f(\boldsymbol{x}) = \boldsymbol{k}^{\mathrm{T}}\boldsymbol{x} + \boldsymbol{b}$，当常数向量 $\boldsymbol{b} \neq \boldsymbol{0}$ 时，函数为非线性函数。在机器学习和统计建模中，非线性函数经常用于拟合复杂的数据模式。比如，比较流行的深度神经网络可以用复杂的非线性函数关系来表示。深度神经网络由多个神经元（或节点）组成，这些神经元通过层次结构相互连接，每个神经元执行一些简单的数学运算，通常包括权重加权输入并应用激活函数。通过多个层次的处理，神经网络可以学习复杂的输入与输出之间的映射关系，这个映射关系通常是非线性的。由于深度神经网络不仅可以通过学习大量数据来近似复杂的函数关系，还可以根据不同数据及任务调整深度神经网络的结构和参数，从而在各种应用中展现出很高的灵活性和表现力，使其成为机器学习和人工智能领域的强大工具。

4.2 变　　换

变换（Transformation）是一种操作或规则，它描述了从一个对象到另一个对象的映射或规则。变换可以采取多种形式：可以是几何变换，如在几何空间中位置、形状、大小等方面的变化，其通常涉及对对象进行平移、旋转、缩放、镜像等操作，以改变其外观或位置；也可以是代数变换，如线性变换或多项式变换；还可以是抽象的数学结构之间的变换。在机器人姿态估计任务中，当前时刻和前一时刻机器人姿态之间就存在一个变换，这个变换通常由旋转和平移组合而成。

与之对比，函数可以被看作是一种特殊的变换，它将一个集合中的元素与另一个集合中的元素进行对应。函数将一个输入值（也称自变量）映射到一个输出值（也称因变量）。函数具有定义性和唯一性的特点，确保每个输入值都对应着唯一的输出值。

事实上，在具体应用中，我们经常使用函数来描述各种变换。比如，线性变换可以表示为一个线性函数，它将向量空间中的向量映射到另一个向量空间中。几何变换可以通过函数来描述，将点或图形映射到新的位置或形状。

和函数类似，也可以根据变换的性质将其分为线性变换和非线性变换。

4.2.1 线性变换

线性变换（Linear Transformation）是指通过线性映射的方式进行的变换，即保持加法和数乘运算的性质。线性变换可以改变向量的方向、长度和比例关系。在数学上，线性变换可以用矩阵乘法表示，输入向量乘以一个固定的变换矩阵，得到输出向量。线性变换的核心是变换的线性性质。下面我们给出线性变换的正式定义。假设 $\mathbf{R}^m$ 和 $\mathbf{R}^n$ 是属于同一个域 $\mathbf{R}$（如实数域）的向量空间。如果存在一个函数 $f:\mathbf{R}^m \rightarrow \mathbf{R}^n$，使得任意两个属于向量空间 $\mathbf{R}^m$ 的向量 $\boldsymbol{x}$ 和 $\boldsymbol{y}$ 与属于 $\mathbf{R}$ 的任何标量 a，满足下列条件：

$$\begin{aligned}&\text{可加性:}\quad f(\boldsymbol{x}+\boldsymbol{y})=f(\boldsymbol{x})+f(\boldsymbol{y})\\&\text{齐次性:}\quad f(a\boldsymbol{x})=af(\boldsymbol{x})\end{aligned}\tag{4.7}$$

那么称函数 $f:\mathbf{R}^m \rightarrow \mathbf{R}^n$ 为线性变换。线性变换对向量的作用是沿着直线、平行线或直线上的点进行拉伸、压缩、旋转等操作，保持直线性。

4.2.2 非线性变换

非线性变换（Non-linear Transformation）是指不满足线性性质的变换，它不能通过简单的线性映射来表示。非线性变换可以通过各种复杂的数学函数或算法来实现。这些函数或算法可以是指数函数、对数函数、三角函数（如正弦函数、余弦函数）、多项式函数、幂函数、逻辑函数（如逻辑回归函数）等。这些函数在输入上的非线性操作改变了数据点之间的关系，使得输出与输入之间的关系不是简单的比例关系。这里我们给出非线性变换的正式定义：不满足式 (4.7) 中可加性和齐次性条件的变换称为非线性变换。

4.2.3 线性/非线性变换的判断

对于任何一个变换，我们都能通过式 (4.7) 中的可加性和齐次性条件来判断该变换是否是线性变换。事实上，在很多情况下，一个变换是否是线性变换是很明显的，比如下面变换的例子。

$$
\begin{aligned}
\boldsymbol{y} &= \begin{bmatrix} y_1 \\ y_2 \\ y_3 \end{bmatrix} = f_1(\boldsymbol{x}) = \begin{bmatrix} x_1 \\ x_1 \cdot x_2 \\ x_3 \end{bmatrix} \\
\boldsymbol{y} &= \begin{bmatrix} y_1 \\ y_2 \\ y_3 \end{bmatrix} = f_2(\boldsymbol{x}) = \begin{bmatrix} x_1 \\ x_2 \\ {x_3}^2 \end{bmatrix} \\
\boldsymbol{y} &= \begin{bmatrix} y_1 \\ y_2 \\ y_3 \end{bmatrix} = f_3(\boldsymbol{x}) = \begin{bmatrix} x_1 + c \\ x_2 \\ x_3 \end{bmatrix} \\
\boldsymbol{y} &= \begin{bmatrix} y_1 \\ y_2 \end{bmatrix} = f_4(\boldsymbol{x}) = \begin{bmatrix} x_1 \\ x_2 + x_3 \end{bmatrix}
\end{aligned}
\tag{4.8}
$$

在上面的变换中，$f_1(\boldsymbol{x})$ 变换中的第 2 行是非线性的；$f_2(\boldsymbol{x})$ 变换中的第 3 行是非线性的；$f_3(\boldsymbol{x})$ 变换中的第 1 行是非线性的。值得注意的是，尽管 $f_4(\boldsymbol{x})$ 是将输入向量从一个三维空间变换为一个二维空间，但这个变换是线性变换，其满足式 (4.7) 中的可加性和齐次性条件。

4.2.4 变换的表达

从式 (4.8) 中定义的变换可以看出，变换可以表示为函数的形式。比如，变换 $f_1(\boldsymbol{x})$ 可以表示为 $y_1 = x_1$，$y_2 = x_1 \cdot x_2$ 和 $y_3 = x_3$ 这 3 个函数的组合，即一个联立方程组：

$$
\begin{aligned}
y_1 &= x_1 \\
y_2 &= x_1 \cdot x_2 \\
y_3 &= x_3
\end{aligned}
\tag{4.9}
$$

通常，方程组中方程的个数为变换输出因变量的个数。为了表达简洁，上述联立方程组通常写成如式 (4.8) 所示的列向量形式。

对于任何线性变换，其还可以利用矩阵进行表示。比如，对于式 (4.8) 中的线性变换 $f_4(\boldsymbol{x})$，其矩阵形式为

$$
f_4(\boldsymbol{x}) = \begin{bmatrix} x_1 \\ x_2 + x_3 \end{bmatrix}
$$

$$
\begin{aligned}
&= \begin{bmatrix} x_1 + 0 \cdot x_2 + 0 \cdot x_3 \\ 0 \cdot x_1 + x_2 + x_3 \end{bmatrix} \\
&= \begin{bmatrix} 1 & 0 & 0 \\ 0 & 1 & 1 \end{bmatrix} \begin{bmatrix} x_1 \\ x_2 \\ x_3 \end{bmatrix}
\end{aligned} \tag{4.10}
$$

4.2.5 变换的函数形式及矩阵形式

对于任何线性变换，都可以利用矩阵的形式来表示。问题是，我们如何将线性变换从类似 $f(\boldsymbol{x}) = 3\boldsymbol{x}$ 的函数形式转换为 $f(\boldsymbol{x}) = \boldsymbol{A}\boldsymbol{x}$ 的矩阵形式。

对于一个属于 m 维实数空间 $\mathbf{R}^m$ 的向量 $\boldsymbol{x}$，当利用 $\boldsymbol{x} = [x_1, x_2, \cdots, x_m]^{\mathrm{T}}$ 表示这个向量时，我们已经潜在地假设这个表示基于实数空间 $\mathbf{R}^m$ 的某个基 $\boldsymbol{E} = \{\boldsymbol{e}_1, \boldsymbol{e}_2, \cdots, \boldsymbol{e}_m\}$，并且 $\boldsymbol{x} = [x_1, x_2, \cdots, x_m]^{\mathrm{T}}$ 表示 $\boldsymbol{x}$ 是基向量的线性组合，即 $\boldsymbol{x} = \sum\limits_{i=1}^{m} x_i \boldsymbol{e}_i$。如果基 $\boldsymbol{E}$ 是 $\mathbf{R}^m$ 的标准基，即 $\boldsymbol{e}_i = [0, \cdots, 0, i^{th} = 1, 0, \cdots, 0]^{\mathrm{T}}$，也就是说第 i 个基向量除了第 i 个元素为 1，其他全为 0，那么 $\boldsymbol{x} = \sum\limits_{i=1}^{m} x_i \boldsymbol{e}_i = [x_1, x_2, \cdots, x_m]^{\mathrm{T}}$。

假设 $f : \mathbf{R}^m \to \mathbf{R}^n$ 为线性变换，实数空间 $\mathbf{R}^m$ 选择的基为 $\boldsymbol{E} = \{\boldsymbol{e}_1, \boldsymbol{e}_2, \cdots, \boldsymbol{e}_m\}$，线性变换的自变量 $\boldsymbol{x}$ 在基 $\boldsymbol{E}$ 下的表示为 $\boldsymbol{x} = [x_1, x_2, \cdots, x_m]^{\mathrm{T}}$，可得到 $\boldsymbol{x} = \sum\limits_{i=1}^{m} x_i \boldsymbol{e}_i$。根据线性变换的可加性和齐次性，可得

$$
\begin{aligned}
f(\boldsymbol{x}) &= f\left(\sum_{i=1}^{m} x_i \boldsymbol{e}_i\right) \\
&= \sum_{i=1}^{m} x_i f(\boldsymbol{e}_i) \\
&= \begin{bmatrix} f(\boldsymbol{e}_1), f(\boldsymbol{e}_2), \cdots, f(\boldsymbol{e}_m) \end{bmatrix} \begin{bmatrix} x_1 \\ x_2 \\ \vdots \\ x_m \end{bmatrix}
\end{aligned} \tag{4.11}
$$

如果我们假设线性变换 $f : \mathbf{R}^m \to \mathbf{R}^n$ 的矩阵形式为 $f(\boldsymbol{x}) = \boldsymbol{A}\boldsymbol{x}$, 那么从式 (4.11) 可以看出，该线性变换的变换矩阵 $\boldsymbol{A}$ 为

$$
\boldsymbol{A} = \begin{bmatrix} f(\boldsymbol{e}_1), f(\boldsymbol{e}_2), \cdots, f(\boldsymbol{e}_m) \end{bmatrix} \tag{4.12}
$$

也就是说，如果我们想将线性变换从函数形式转换为矩阵形式，那么只需要利用线性变换函数对原空间 $\mathbf{R}^m$ 选择的基的每一个基向量 $\boldsymbol{e}_i$ 进行变换，并将变换后的结果作为列向量

插入矩阵 $\boldsymbol{A}$ 中。通常情况下，我们选择的基是标准基。需要注意的是，上述变换是从实数空间 $\mathbf{R}^m$ 到 $\mathbf{R}^n$ 的变换。当 $m \neq n$ 时，两个空间维度不同，变换矩阵是一个 $n \times m$ 的矩阵，不是方阵。也就是说，$f(\boldsymbol{e}_j)$ 是一个 $n \times 1$ 的列向量。

利用矩阵来表示线性变换，可以将函数形式各异的变换统一到矩阵形式，以便于计算。比如，对一幅图像顺序执行旋转、缩放变换，利用矩阵形式的旋转变换和缩放变换，只需要将两个旋转变换矩阵和缩放变换矩阵相乘，然后施加到图像上即可。另外，除了线性变换，我们还可以把一些非线性变换（如仿射变换和透视变换）写成矩阵形式。然而，非线性变换不一定都能用矩阵表示。另外，只有函数的参数是向量变量时，这种转换才有意义，对于标量变量的线性函数，没必要转换。

4.3 模　　型

当我们试图让机器解决现实问题时，通常的做法是将现实问题抽象为数学模型，机器通过对数学模型求解，从而解决现实问题。比如，对于线性回归问题，我们的目标是从已知的观测输入和输出数据对集 $\{(\boldsymbol{x}_i, y_i)\}_{i=1}^N$ 拟合出一个函数 $y = f(\boldsymbol{x};\boldsymbol{\theta})$，从而可以利用这个函数来对新的输入值 $\boldsymbol{x}$ 预测其输出值 y。在这个线性回归问题中，函数的形式通常已知或进行了某种假设，线性回归问题求解的过程就是将未知的参数向量 $\boldsymbol{\theta}$ 看作变量，通过搜索 $\boldsymbol{\theta}$ 的取值空间，来找到一个最优参数向量 $\boldsymbol{\theta}^*$，使得此函数能最优地拟合已知的数据对集。在这个问题中，这个形式已知但参数 $\boldsymbol{\theta}$ 未知的函数就是我们所说的模型，它表示了输入 $\boldsymbol{x}$ 和输出 y 之间的整体关系。可以看出，线性回归问题试图通过已知的部分数据对（部分承载了 $\boldsymbol{x}$ 和 y 的关系）推断出整体的关系，并通过求解过程来找到有可能最优表达整体关系的模型参数 $\boldsymbol{\theta}^*$。

简而言之，模型（Model）是对现实世界的数学抽象，通常表示为一个数学函数。机器学习模型（Machine Learning Model）是指通过机器学习算法从数据中学习到的一种输入数据和对应的输出之间的映射函数。机器学习模型的目标是能够对未见过的数据进行准确的预测或分类。事实上，模型在各个领域都有定义，并且含义不同。这里我们将几个和模型相关并容易混淆的概念进行区分。

4.3.1　模型和变换

当我们试图利用机器通过模型来解决现实问题时，通常要分 3 步走，即建立模型、求解模型和评估模型。

第 1 步，建立模型（简称建模）。在这一步，我们需要理解和分析拟解决的现实问题，并将它抽象为数学模型。比如，我们想让机器人在工业生产流水线上判断产品是否有缺陷，我们让机器人拍一张产品照片（输入，通常通过特征提取转换为一个特征向量，记为 $\boldsymbol{x} \in \mathbf{R}^{n\times 1}$），就能告诉我们答案（输出，通常是一个二进制标量，记为 $y \in \mathbf{R}$，0 表示没有缺陷，1 表示有缺陷）。那么，建模就是设计一个输入为向量、输出为标量的函数或变换，即 $y = f(\boldsymbol{x};\boldsymbol{\theta})$，其中 $\boldsymbol{\theta}$ 是函数的参数或参数集合。如果能直接给出这个函数的确定参数，那么就可以直接将产品照片输入给函数，函数就会告诉我们是否有缺陷，这个过程本质上就是一个变换过程。然而，我们很难直接给出确定参数的函数。通常，我们只能给出模型的函数形式。比如，我们可以假设函数的形式为

$$y = f(\boldsymbol{x};\boldsymbol{\theta}) = \boldsymbol{k}^{\mathrm{T}}\boldsymbol{x} \tag{4.13}$$

式中，$f(\boldsymbol{x};\boldsymbol{\theta})$ 就是我们所谓的模型，$\boldsymbol{\theta} = \boldsymbol{k} \in \mathbf{R}^{n\times 1}$ 就是模型参数。到这里，我们就完成了数学建模，得到一个只知道函数形式，不知道函数参数的函数。在这个模型中，函数的参数以变量的形式存在，如参数向量 $\boldsymbol{k}$ 中的每一个元素都是一个变量。

第 2 步，求解模型。求解模型的过程就是获得参数确定值的过程。在求解过程中，我们通常能获得一些观测样本（本书中也称观测数据、训练样本或训练数据），即输入和输出数据对集 $\{(\boldsymbol{x}_i, y_i)\}_{i=1}^{N}$。我们试图通过这些观测样本来估计模型的最优参数。一个很自然的想法是，既然已经知道了模型（变换）的一些输入和输出，那么将 $\boldsymbol{x}_i$ 给了模型，模型应该输出 y_i，即下列方程组成立：

$$\begin{gathered} y_1 = f(\boldsymbol{x}_1) = k_1x_{11} + k_2x_{12} + \cdots + k_nx_{1n} \\ \cdots \\ y_N = f(\boldsymbol{x}_N) = k_1x_{N1} + k_2x_{N2} + \cdots + k_nx_{Nn} \end{gathered} \tag{4.14}$$

式中：x_{ij} 和 y_i 都是已知常数；参数 k_j 是未知变量。模型求解的目标是从方程组中求出未知参数变量 k_j 的解。

第 3 步，评估模型。由于我们的模型（函数形式）是根据经验或基于某种假设建立的，它不一定真实反映现实世界。因此，当我们建立模型并求解出模型参数后，需要评估模型的可靠性。这个评估通常是这样进行的：对于给定已知的测试数据对 $(\boldsymbol{x}_0, y_0)$，将输入数据 $\boldsymbol{x}_0$ 输送给模型，看看模型的输出 y_0' 是否和答案 y_0 一致。

从建立模型、求解模型和评估模型的这 3 个步骤可以看出模型和变换、线性 (或非线性）方程组的关系。当建立好模型时，这个模型就是一个形式已知但参数未确定的函数或变换（可能是线性的也可能是非线性的）。一旦我们对模型进行求解，使得模型获得确定的参数，那么这个模型就是一个确定的变换，给定一个输入，模型就给出一个输出。简单地说，模型就是变换。在模型求解过程中，给定确定的多个输入和输出数据对 (一般数据对个数大于参数个数)，那么模型可以写成方程组的形式。也就是说，模型和联立方程组在模型求解过程中产生交集。需要注意的是，在线性代数中，一个线性方程组的定义形式如下：

$$\begin{gathered} a_{11}x_1 + a_{12}x_2 + \cdots + a_{1n}x_n = b_1 \\ \cdots \\ a_{m1}x_1 + a_{m2}x_2 + \cdots + a_{mn}x_n = b_m \end{gathered} \tag{4.15}$$

对比式 (4.15) 和式 (4.14) 可以看出，式 (4.15) 中的待求未知变量 x_j 和式 (4.14) 中的待求未知参数变量 k_j 相对应，式 (4.15) 中的已知常数 b_i 和 a_{ij} 分别与式 (4.14) 中的已知观测数据 y_i 和 x_{ij} 相对应。

对一个线性模型 $y = f(\boldsymbol{x};\boldsymbol{\theta}) = \boldsymbol{k}^{\mathrm{T}}\boldsymbol{x}$ 来说，它关于未知参数 $\boldsymbol{k}$ 是线性函数，如果将其变为 $\boldsymbol{k}^{\mathrm{T}}\boldsymbol{x} - y = 0$ 这样的形式，就构成了一个方程：

$$k_1x_1 + k_2x_1 + \cdots + k_nx_n = y \tag{4.16}$$

式中：x_j 和 y 是已知的；k_j 是未知变量。这个关于 $\boldsymbol{k}$ 的方程和其对应的关于 $\boldsymbol{k}$ 的线性函数是等价的，我们称这个方程为线性方程。也就是说，由关于同一个变量的线性函数构成的同变量方程为线性方程。由同变量的不同参数值构成的线性方程组成的方程组称为线性方程组，如式 (4.14) 所示的方程组。在这个方程组中，模型参数是变量，每一个输入和输出数据对构成这个线性方程组中一个线性方程的参数值。需要注意的是，在这个例子中，模型的输入 $\boldsymbol{x}$ 为向量变量，模型的输出 y 为标量变量，一旦获得一个已知的输入和输出数据对，就能构成一个线性方程。事实上，一个线性变换的输出也有可能是向量，即一个线性变换 $\boldsymbol{y} = \boldsymbol{k}^{\mathrm{T}}\boldsymbol{x}$ 可能是如下形式：

$$\boldsymbol{y} = \begin{bmatrix} y_1 \\ y_2 \end{bmatrix} = f(\boldsymbol{x};\boldsymbol{\theta}) = \boldsymbol{k}^{\mathrm{T}}\boldsymbol{x} = \begin{bmatrix} k_{11} & k_{12} & k_{13} \\ k_{21} & k_{22} & k_{23} \end{bmatrix} \begin{bmatrix} x_1 \\ x_2 \\ x_3 \end{bmatrix} \tag{4.17}$$

在这种情况下，这是一个向量线性函数，其方程形式为 $\boldsymbol{k}^{\mathrm{T}}\boldsymbol{x} - \boldsymbol{y} = \boldsymbol{0}$。这个方程也称线性方程，只不过，它对应两个标量线性方程，其形式如下：

$$\begin{aligned} k_{11}x_1 + k_{12}x_1 + k_{13}x_3 = y_1 \\ k_{21}x_1 + k_{22}x_1 + k_{23}x_3 = y_2 \end{aligned} \tag{4.18}$$

式 (4.18) 是一个关于模型参数 k_{ij} 的线性方程组。一旦我们获得 m 个输入和输出数据对，就可以构建一个包含 $m \times 2$ 个线性方程的线性方程组。

4.3.2 线性模型与非线性模型

前面我们给出了模型的定义，并且对线性函数、非线性函数、线性变换、非线性变换等概念进行了阐述和区分。那么，对于一个模型，如何判断它是线性模型还是非线性模型呢？我们知道，模型可以认为是某种变换，当模型参数确定时，一个变换就确定了。比如，如果 $n = 2$ 并且 $\boldsymbol{k} = [10, 1]^{\mathrm{T}}$，那么式 (4.17) 中的模型变为

$$\boldsymbol{y} = \begin{bmatrix} y_1 \\ y_2 \end{bmatrix} = f(\boldsymbol{x};\boldsymbol{\theta}) = \boldsymbol{k}^{\mathrm{T}}\boldsymbol{x} = \begin{bmatrix} 10, 1 \end{bmatrix} \begin{bmatrix} x_1 \\ x_2 \end{bmatrix} \tag{4.19}$$

从式 (4.19) 可以看出，函数 $f(\boldsymbol{x};\boldsymbol{\theta})$ 的自变量是 $\boldsymbol{x}$，因变量是 $\boldsymbol{y}$。我们也容易推断出，这个函数对自变量 $\boldsymbol{x}$ 来说是一个线性函数，其所表示的变换是一个线性变换。换句话说，我们判断一个函数或一个变换是不是线性的，主要看这个函数或变换关于自变量是不是满足线性条件，即可加性和齐次性。而对模型来说，我们更关注的是参数，同样是这个函数，$\boldsymbol{y} = f(\boldsymbol{x};\boldsymbol{\theta}) = \boldsymbol{k}^{\mathrm{T}}\boldsymbol{x}$，模型研究的是参数，即假定 $\boldsymbol{x}$ 和 $\boldsymbol{y}$ 已知，参数 $\boldsymbol{\theta}$ 是变量。如果

$\boldsymbol{y} = f(\boldsymbol{x};\boldsymbol{\theta}) = \boldsymbol{k}^{\mathrm{T}}\boldsymbol{x}$ 关于参数 $\boldsymbol{\theta}$ 的函数是线性的，那么我们称这个模型是线性模型（Linear Model），否则为非线性模型（Non-linear Model）。

下面举几个例子加以说明。

$$
\begin{aligned}
\boldsymbol{y} &= \begin{bmatrix} y_1 \\ y_2 \\ y_3 \end{bmatrix} = f_1(\boldsymbol{x};\boldsymbol{k}) = \begin{bmatrix} k_1x_1 \\ k_2x_1 \cdot x_2 \\ k_3x_3 \end{bmatrix} \\
\boldsymbol{y} &= \begin{bmatrix} y_1 \\ y_2 \\ y_3 \end{bmatrix} = f_2(\boldsymbol{x};\boldsymbol{k}) = \begin{bmatrix} k_1x_1 \\ k_2x_2 \\ k_3{x_3}^2 \end{bmatrix} \\
\boldsymbol{y} &= \begin{bmatrix} y_1 \\ y_2 \\ y_3 \end{bmatrix} = f_3(\boldsymbol{x};\boldsymbol{k}) = \begin{bmatrix} k_1(x_1+c) \\ k_2x_2 \\ k_3x_3 \end{bmatrix} \\
\boldsymbol{y} &= \begin{bmatrix} y_1 \\ y_2 \end{bmatrix} = f_4(\boldsymbol{x};\boldsymbol{k}) = \begin{bmatrix} \dfrac{k_1}{k_2}x_1 \\ k_3(x_2+x_3) \end{bmatrix}
\end{aligned}
\tag{4.20}
$$

可以看出，$f_1(\boldsymbol{x};\boldsymbol{k})$、$f_2(\boldsymbol{x};\boldsymbol{k})$、$f_3(\boldsymbol{x};\boldsymbol{k})$ 都是非线性变换。然而，因为这 3 个模型对参数 $\boldsymbol{k}$ 来说是线性的，所以它们都是线性模型。再看 $f_4(\boldsymbol{x};\boldsymbol{k})$，因为它对 $\boldsymbol{x}$ 来说满足线性条件，所以这是一个线性变换。然而，因为它对参数 $\boldsymbol{k}$ 来说是非线性的，所以它是非线性模型。

简而言之，变换和模型是对一个函数从不同视角引申出来的概念。如果称这个函数是一个线性变换，那么这是指函数关于自变量 $\boldsymbol{x}$ 是线性的，其中参数固定。如果称这个函数是一个线性模型，那么这是指函数关于参数 $\boldsymbol{k}$ 是线性的，其中自变量固定。同理可得非线性变换和非线性模型的区别。

一旦模型建立，就相当于知道了一个形式已知但参数未知的关于输入 $\boldsymbol{x}$ 的变换。下一步就是通过已知的输入和输出数据对来估计模型的最优参数。如果是一个线性变换，那么这个变换对应一个或多个线性方程，将已知的输入和输出数据对代入线性方程，那么针对每一个数据对都会得到一个或多个方程，形成类似式 (4.14) 所示的线性方程组。求解线性模型参数，本质上就是获得这个线性方程组的解。由线性代数的知识可知，线性方程组满足唯一解的条件很苛刻，通常一个线性方程组有无穷多个解。那么，问题是哪个解是最优解。在机器学习中，我们通常希望找到一个能使模型泛化能力最好的解，即能使模型更好地预测未知新数据的结果。后面我们将介绍几种常用的模型求解方法。

4.3.3 预测模型与概率分布模型

在机器学习和计算机视觉领域，我们所说的模型通常指的是预测模型（Prediction Model）或变换模型$y = f(\boldsymbol{x};\boldsymbol{\theta})$，即当模型参数确定后（通过训练确定参数），给定一个输入 $\boldsymbol{x}$，模型输出一个 y。比如，对于图像分类模型，当输入一个图像给模型时，模型输出一个分类结果。

相对比，概率分布模型描述的是一个随机变量的取值分布，即给定一个输入，其输出是随机变量取该值的可能性。

4.4 模型参数估计

一旦确定了模型的函数形式，机器学习的一个核心问题是如何利用已知的信息来估计模型参数。在统计学中，模型参数估计（Model Parameter Estimation）问题本质上是利用从模型样本空间中随机抽取的观测样本（观测数据）来估计模型未知参数的过程。本节将简单介绍 3 种常用的参数估计方法，即最小二乘法、最大似然估计和最大后验概率法。

4.4.1 两个学派

在统计领域，有两个学派，即贝叶斯学派（Bayesian）和频率学派（Frequentist）（也称经典学派）。对于统计推断任务，也就相应产生了两种不同的推断方式，即贝叶斯推断和经典推断。贝叶斯学派和经典学派最大的不同在于如何看待待估计的模型参数 $\boldsymbol{\theta}$。

贝叶斯学派将待估计的模型参数 $\boldsymbol{\theta}$ 视为一个包含一个或多个随机变量的随机向量，这个随机向量服从某种形式已知、参数未知的概率分布 $P(\boldsymbol{\theta};\phi)$。需要注意的是，此概率分布是关于参数 $\boldsymbol{\theta}$ 的函数，$P(\boldsymbol{\theta};\phi)$ 中的 $\boldsymbol{\theta}$ 和 ϕ 用分号隔开，表示将向量 $\boldsymbol{\theta}$ 和参数 ϕ 分开。因为向量 $\boldsymbol{\theta}$ 本身是系统模型参数，而参数 ϕ 是参数向量 $\boldsymbol{\theta}$ 的参数，所以 ϕ 是超参数。贝叶斯推断的最终目标是在已知观测数据 $\mathcal{Z}$ 的条件下，获得系统模型参数 $\boldsymbol{\theta}$ 的后验分布 $P(\boldsymbol{\theta}|\mathcal{Z})$ 的概率质量函数（PMF）或概率密度函数（PDF）的超参数值，即获得参数确定的、关于随机向量 $\boldsymbol{\theta}$ 的分布。一旦获得这个确定分布，就可获得使后验概率最大的 $\boldsymbol{\theta}$ 值向量，并将其作为 $\boldsymbol{\theta}$ 的最优估计，也就是所谓的最大后验估计。具体来说，首先，需要确定系统模型参数 $\boldsymbol{\theta}$ 的概率分布模型（也就是先验分布）$P(\boldsymbol{\theta})$，即给定随机向量 $\boldsymbol{\theta}$ 的 PMF 或 PDF 的函数形式，并对函数的超参数进行初始化。超参数的初始化值反映了当前对待估计参数向量 $\boldsymbol{\theta}$ 的认知。其次，确定系统模型观测数据的概率分布 $P(\mathcal{Z}|\boldsymbol{\theta})$。$\boldsymbol{\theta}$ 是系统模型参数，反映了当前系统的状态；$\mathcal{Z}$ 是观测数据，其可以是一次观测，也可以是一个观测序列。最后，利用贝叶斯公式，通过参数 $\boldsymbol{\theta}$ 的先验分布 $P(\boldsymbol{\theta})$ 和系统模型观测数据的概率分布 $P(\mathcal{Z}|\boldsymbol{\theta})$ 来获得参数 $\boldsymbol{\theta}$ 的后验分布 $P(\boldsymbol{\theta}|\mathcal{Z})$。

经典学派将待估计的模型参数 $\boldsymbol{\theta}$ 视为常数，通过最大似然估计来直接估计出 $\boldsymbol{\theta}$ 值向量。具体来说，首先，需要定义似然函数 $L(\boldsymbol{\theta}|\mathcal{Z}) = P(\mathcal{Z}|\boldsymbol{\theta})$。$L(\boldsymbol{\theta}|\mathcal{Z})$ 表示在给定观测数据 $\mathcal{Z}$ 的情况下参数 $\boldsymbol{\theta}$ 为真实状态值的可能性，此函数是关于参数 $\boldsymbol{\theta}$ 的函数，即 $\boldsymbol{\theta}$ 为变量，其值可以改变。比如，当 $\boldsymbol{\theta}$ 分别取值 $\boldsymbol{\theta}_1$ 和 $\boldsymbol{\theta}_2$ 时，似然函数将分别计算观测数据被产生的可能性，如果 $L(\boldsymbol{\theta} = \boldsymbol{\theta}_1|\mathcal{Z}))$ 大于 $L(\boldsymbol{\theta} = \boldsymbol{\theta}_2|\mathcal{Z}))$，那么 $\boldsymbol{\theta} = \boldsymbol{\theta}_1$ 更可能为参数的真实状态值。需要注意的是，在 $L(\boldsymbol{\theta}|\mathcal{Z}) = P(\mathcal{Z}|\boldsymbol{\theta})$ 中，似然函数 $L(\boldsymbol{\theta}|\mathcal{Z})$ 和观测数据分布模型 $P(\mathcal{Z}|\boldsymbol{\theta})$ 在形式上是一样的，但不是同一个函数。观测数据分布模型 $P(\mathcal{Z}|\boldsymbol{\theta})$ 是关于 $\mathcal{Z}$ 的函数，其中 $\boldsymbol{\theta}$ 固定，$\mathcal{Z}$ 为变量，该函数表示在参数为 $\boldsymbol{\theta}$ 的情况下产生 $Z = \mathcal{Z}$ 的概率。似然函数 $L(\boldsymbol{\theta}|\mathcal{Z})$ 是关于参数 $\boldsymbol{\theta}$ 的函数，其中 $\mathcal{Z}$ 固定，$\boldsymbol{\theta}$ 为变量，该函数表示在观测数据已知时，不同参数设置下的观测数据分布模型产生 $\mathcal{Z}$ 的可能性。如果严格记号，用竖

线表示条件概率或条件概率分布，用分号表示把参数隔开，那么似然函数严格的公式应为 $L(\boldsymbol{\theta};\mathcal{Z})=P(\mathcal{Z};\boldsymbol{\theta})$。

4.4.2 最小二乘法

最小二乘法（Least Sqaure Method）是模型优化方法，它通过最小化模型的预测输出结果与真实结果的误差平方和来估计模型参数。下面我们通过一个线性回归模型来介绍。假设我们已知线性回归模型的形式如下：

$$y=f(\boldsymbol{x};\boldsymbol{\theta})=\boldsymbol{k}^{\mathrm{T}}\boldsymbol{x}+b \tag{4.21}$$

式中：$\boldsymbol{x}\in\mathbf{R}^{n\times1}$ 是模型输入变量；$y\in\mathbf{R}$ 是模型输出变量；$\boldsymbol{k}\in\mathbf{R}^{n\times1}$ 和 $b\in\mathbf{R}$ 是模型参数。需要注意的是，上面函数是关于参数 $\boldsymbol{k}$ 和 b 的函数，满足可加性和齐次性，是线性模型。因此，虽然这个关于变量 $\boldsymbol{x}$ 的变换是非线性的（因为常数 b 存在），但这个模型是线性模型。

如果我们已经获得了一个包含 N 个训练样本的集合 $\mathcal{X}=\{(\boldsymbol{x}_i,y_i)\}_{i=1}^{N}$，那么我们如何估计模型参数？最小二乘法给出了一个解决办法，即最小化下列目标函数：

$$L(\mathcal{X};\boldsymbol{\theta})=\sum_{i=1}^{N}[f(\boldsymbol{x}_i;\boldsymbol{\theta})-y_i]^2 \tag{4.22}$$

式中，等号右侧表示模型所有预测输出值与真实值的误差平方和。这个目标函数被称为损失函数。最小化这个目标函数，就相当于要找到一个参数的解使得误差最小。需要注意的是，在这个损失函数中，$\mathcal{X}$ 是已知的，参数 $\boldsymbol{\theta}=\begin{bmatrix}\boldsymbol{k}\\b\end{bmatrix}$ 是未知的。

构建损失函数只是求解模型的第 1 步，下一步就需要求解这个损失函数。如果损失函数 $L(\mathcal{X};\boldsymbol{\theta})$ 是关于参数 $\boldsymbol{\theta}$ 的凸函数，则损失函数关于 $\boldsymbol{\theta}$ 可导，那么我们可以分别对参数 $\boldsymbol{k}$ 和 b 求偏导，并设置偏导数为零，可得到参数的最优解（最优参数值），如下所示：

$$\begin{aligned}\frac{\partial L(\mathcal{X};\boldsymbol{\theta})}{\partial\boldsymbol{k}}&=\mathbf{0}\\\frac{\partial L(\mathcal{X};\boldsymbol{\theta})}{\partial b}&=0\end{aligned} \tag{4.23}$$

需要注意的是，在损失函数 [式 (4.22)] 中，我们有一个潜在的假设，即假设模型不能准确地给出预测结果。换句话说，预测结果存在误差，并且误差的大小不确定（如果误差是确定的，也就没有误差了，因为输出结果整体减一个偏置就好了），具有随机性。在后面的最大似然估计讲解中，我们会知道，最小二乘法潜在的假设误差服从正态分布。

事实上，在很多非常复杂的线性模型或非线性模型中，损失函数并不是关于参数的凸函数，不能使用上述求解方法进行参数估计。这时候，可以采用类似梯度下降法之类的递归优化方法来求解。

4.4.3　最大似然估计

在最小二乘法中，我们建立的模型是基于某种假设的，即给定模型输入，其输出是不准确的，具有不确定性。这也意味着，我们可以利用概率理论去求解这个模型的未知参数。下面我们将介绍最大似然估计（Maximum Likelihood Estimation），这是经典学派提出的经典参数估计方法。

在介绍最大似然估计之前，我们要弄明白最大似然估计到底要估计的是什么。从数学上讲，假设我们已知一个随机变量 X 服从某个概率分布，并且其概率质量函数（离散型）或概率密度函数（连续型）形式已知，但参数未知，最大似然估计就是要估计这个概率分布的未知参数。

最大似然估计的核心思想很简单，其针对随机变量 X 采用一个样本或一个样本集合（满足独立同分布假设），并将样本分别代入概率质量函数或概率密度函数并相乘，形成联合概率分布，然后寻找一个最优参数值，使联合概率分布最大。

可以看出，如何根据实际情况定义随机变量很重要。通常，当我们定义随机变量时，应注意以下两点：① 随机变量应直接或间接和观测数据相对应；② 随机变量的概率质量函数或概率密度函数是待估计参数的函数，并且尽可能只有待估计参数这一个未知量。一旦定义了随机变量，就根据观测数据来构建似然函数，进而求解。下面我们分别介绍离散随机向量和连续随机向量的概率分布参数的最大似然估计。

假设随机变量 $\boldsymbol{X}$ 是离散随机向量，其概率质量函数 $p_{\boldsymbol{X}}(\boldsymbol{x};\boldsymbol{\theta})$ 的形式已知，但参数 $\boldsymbol{\theta}$ 未知。另外，假设从离散随机向量 $\boldsymbol{X}$ 独立地采样了 N 个样本，构成样本集合 $\mathcal{X}=\{\boldsymbol{x}_i\}_{i=1}^N$。因为样本被独立地从同一个随机向量采样获得，所以这些样本是独立同分布的，即属于同一个分布 $p_{\boldsymbol{X}}(\boldsymbol{x};\boldsymbol{\theta})$ 但彼此独立。那么，很自然的一个想法是，既然 N 个样本来自同一个分布 $p_{\boldsymbol{X}}(\boldsymbol{x};\boldsymbol{\theta})$，那么最优参数值应该使 $\{\boldsymbol{x}_i\}_{i=1}^N$ 联合出现的概率最大，即使得下式最大：

$$p_{\boldsymbol{X}_1,\cdots,\boldsymbol{X}_N}(\boldsymbol{x}_1,\cdots,\boldsymbol{x}_N;\boldsymbol{\theta})=\prod_{i=1}^{N}p_{\boldsymbol{X}}(\boldsymbol{x}_i;\boldsymbol{\theta}) \tag{4.24}$$

需要注意的是，式 (4.24) 利用了独立同分布条件，即每一个样本 $\boldsymbol{x}_i$ 对应一个单独的随机向量 $\boldsymbol{X}_i$，并且这些随机向量的取值服从同一个分布 $p_{\boldsymbol{X}}(\boldsymbol{x};\boldsymbol{\theta})$。因为我们关注的不是概率分布本身，而是概率分布的参数 $\boldsymbol{\theta}$。为了和以 $\boldsymbol{x}_i$ 为自变量的联合概率分布相区分，通常定义一个似然函数：

$$L(\mathcal{X};\boldsymbol{\theta})=\prod_{i=1}^{N}p_{\boldsymbol{X}}(\boldsymbol{x}_i;\boldsymbol{\theta}) \tag{4.25}$$

虽然似然函数 [式 (4.25)] 和联合概率密度函数 [式 (4.24)] 形式一样，但含义不同。在联合概率密度函数 [式 (4.24)] 中，假设 $\boldsymbol{x}_i$ 是变量，$\boldsymbol{\theta}$ 是已知常数。然而，在似然函数 [式 (4.25)]中，假设 $\boldsymbol{\theta}$ 是变量，而 $\boldsymbol{x}_i$ 是已知常数。

如果 $\boldsymbol{X}$ 是连续随机向量，那么只需要将式 (4.24) 中的概率质量函数 $p_{\boldsymbol{X}}(\boldsymbol{x};\boldsymbol{\theta})$ 替换为

概率密度函数 $f_{\boldsymbol{X}}(\boldsymbol{x};\boldsymbol{\theta})$，记为

$$L(\mathcal{X};\boldsymbol{\theta})=\prod_{i=1}^{N} f_{\boldsymbol{X}}(\boldsymbol{x}_i;\boldsymbol{\theta}) \tag{4.26}$$

一旦定义了似然函数，那么只需要在 $\boldsymbol{\theta}$ 的取值空间搜索使似然函数最大的值即可。如何搜索到使似然函数最大的取值，就是目标函数优化求解问题了。如果似然函数 [式 (4.25) 或式 (4.26)] 是关于参数 $\boldsymbol{\theta}$ 的凸函数，即似然函数关于参数可导，我们就可以通过对参数 $\boldsymbol{\theta}$ 求偏导，并设置偏导数为 $\mathbf{0}$，进而通过求解参数方程组，可得到概率质量函数或概率密度函数参数的最优解。

为了便于优化，通常将式 (4.25) 和式 (4.26) 两边取对数，得到如下公式：

$$\ln L(\mathcal{X};\boldsymbol{\theta})=\sum_{i=1}^{N}\ln p_{\boldsymbol{X}}(\boldsymbol{x}_i;\boldsymbol{\theta}) \tag{4.27}$$

$$\ln L(\mathcal{X};\boldsymbol{\theta})=\sum_{i=1}^{N}\ln f_{\boldsymbol{X}}(\boldsymbol{x}_i;\boldsymbol{\theta}) \tag{4.28}$$

因为原函数和其对数函数的单调性保持一致，所以原函数取对数后不影响最优参数值的选取。通过取对数，原函数的连乘变成了加和，使得求偏导变得容易。通过对每一个待估计的未知参数分量 θ_i 求偏导，可建立如下方程组：

$$\begin{gathered}\frac{\partial L(\mathcal{X};\boldsymbol{\theta})}{\partial\theta_1}=0\\ \cdots\\ \frac{\partial L(\mathcal{X};\boldsymbol{\theta})}{\partial\theta_M}=0\end{gathered} \tag{4.29}$$

求解这个方程组，即可获得参数最优解。

下面我们尝试利用最大似然估计来估计线性回归模型 [式 (4.21)] 的参数。首先，我们需要定义一个随机变量，其应该直接或间接对应观测数据。对于线性回归模型，其目标是建立其训练样本 $(\boldsymbol{x}_i,y_i)$ 之间的映射关系，建立映射关系的过程就是参数估计的过程，也称模型训练（Model Training）。在训练之前，训练样本集合 $\mathcal{X}=\{(\boldsymbol{x}_i,y_i)\}_{i=1}^{N}$ 已知，其可以被看作观测数据。因此，待定义的随机变量应该和训练样本对应，并且其概率密度函数是待估计模型参数 $\boldsymbol{\theta}$ 的函数。

我们知道，线性回归模型是预测模型，其预测结果存在误差，并且预测误差为真值减去模型预测值，即预测误差 $e=y-f(\boldsymbol{x}_i;\boldsymbol{\theta})$。这个预测误差具有不确定性，即随机性。为此，我们定义随机变量 E 为线性回归模型 $y=f(\boldsymbol{x};\boldsymbol{\theta})$ 的预测误差。利用训练样本集合 $\mathcal{X}$，我们可以构成随机变量 E 的采样集合 $\mathcal{E}=\{e_i=y_i-f(\boldsymbol{x}_i;\boldsymbol{\theta})\}_{i=1}^{N}$。一旦定义了随机变量 E，我们需要确定这个随机变量的概率密度函数，并且这个概率密度函数是待估计模型参数 $\boldsymbol{\theta}$ 的函数。这里我们假设随机变量 E 服从均值为 μ、方差为 σ^2 的正态分布。

正态分布是一个很特别的分布，其由两个参数唯一确定，一个是随机变量的数学期望 μ，另一个是随机变量的方差 σ^2。方差 σ^2 反映了随机变量取值偏离其数学期望的程度，在这里反映了预测误差的不确定程度。σ^2 越大，说明预测的不确定性越大，即预测值偏离正确值（真值）的程度越大，反之则相反。正态分布常用来建模误差。因为通常假设我们的预测模型还不错，所以可以假设模型预测值在真值附近摆动，那么就相当于真值减去模型预测值后，围绕 0 在摆动。因此，可以进一步假设 $\mu=0$。另外，因为 e_i 是独立执行一次 $f(\boldsymbol{x}_i;\boldsymbol{\theta})$ 变换后得出的值，所以 $\{e_i\}_{i=1}^{N}$ 是独立同分布的，即服从同一个正态分布但相互独立。由于 E 为单变量随机变量，则根据正态分布的定义，这个正态分布的概率密度函数为

$$f_E(e_i;0,\sigma^2)=\frac{1}{(2\pi\sigma^2)^{1/2}}\mathrm{e}^{-\frac{e_i^2}{2\sigma^2}} \tag{4.30}$$

将 $e_i=y_i-f(\boldsymbol{x}_i;\boldsymbol{\theta})$ 和式 (4.30) 相结合，可得

$$\begin{aligned}f_E(e_i;0,\sigma^2)&=f_E(\boldsymbol{x}_i,y_i;\boldsymbol{\theta},0,\sigma^2)\\&=\frac{1}{(2\pi\sigma^2)^{1/2}}\mathrm{e}^{-\frac{[y_i-f(\boldsymbol{x}_i;\boldsymbol{\theta})]^2}{2\sigma^2}}\end{aligned} \tag{4.31}$$

式 (4.31) 表示，随机变量 E 的概率密度函数本质上是以 $(\boldsymbol{x}_i,y_i)$ 为变量，以 $\boldsymbol{\theta}$、0 和 σ^2 为参数的函数，未知参数是 $\boldsymbol{\theta}$ 和 σ^2。

到此为止，我们定义了一个随机变量，确定了其概率密度函数的形式，并且获取了观测样本集合 $\mathcal{E}$。下一步，我们就可以构建似然函数：

$$L(\mathcal{E};\sigma^2,\boldsymbol{\theta})=\prod_{i=1}^{N}\frac{1}{(2\pi\sigma^2)^{1/2}}\mathrm{e}^{-\frac{[y_i-f(\boldsymbol{x}_i;\boldsymbol{\theta})]^2}{2\sigma^2}} \tag{4.32}$$

将式 (4.32) 两边取对数，可得

$$\begin{aligned}\ln L(\mathcal{E};\sigma^2,\boldsymbol{\theta})&=\sum_{i=1}^{N}\ln\frac{1}{(2\pi\sigma^2)^{1/2}}\mathrm{e}^{-\frac{[y_i-f(\boldsymbol{x}_i;\boldsymbol{\theta})]^2}{2\sigma^2}}\\&=-\frac{1}{2}\{\sum_{i=1}^{N}[y_i-f(\boldsymbol{x}_i;\boldsymbol{\theta})]^2\}\sigma^{-2}-\frac{N}{2}\ln(2\pi)-\frac{N}{2}\ln(\sigma^2)\end{aligned} \tag{4.33}$$

为了使似然函数 [式 (4.33)] 最大，我们对待估计的未知参数 $\boldsymbol{\theta}$ 和 σ^2 求偏导，建立方程组：

$$\begin{aligned}\frac{\partial\ln L(\mathcal{E};\sigma^2,\boldsymbol{\theta})}{\partial\boldsymbol{\theta}}&=\mathbf{0}\\\frac{\partial\ln L(\mathcal{E};\sigma^2,\boldsymbol{\theta})}{\partial\sigma^2}&=0\end{aligned} \tag{4.34}$$

具体计算如下。首先，设 $\beta=\sigma^2$，那么似然函数 [式 (4.33)] 变为

$$\ln L(\mathcal{E};\beta,\boldsymbol{\theta})=-\frac{1}{2}\{\sum_{i=1}^{N}[y_i-f(\boldsymbol{x}_i;\boldsymbol{\theta})]^2\}\beta^{-1}-\frac{N}{2}\ln(2\pi)-\frac{N}{2}\ln(\beta) \tag{4.35}$$

其次，对式 (4.35) 中的 β 求偏导，可得

$$\frac{\partial \ln L(\mathcal{E};\beta,\boldsymbol{\theta})}{\partial\ \beta}=\frac{1}{2}\{\sum_{i=1}^{N}[y_i-f(\boldsymbol{x}_i;\boldsymbol{\theta})]^2\}\beta^{-2}-\frac{N}{2}\beta^{-1} \tag{4.36}$$

最后，将式 (4.36) 设置为 0，可得到最大似然估计下 σ^2 的最优估计值 σ^2_{opt}：

$$\begin{aligned}\beta_{\text{opt}}&=\sigma^2_{\text{opt}}\\&=\frac{1}{N}\sum_{i=1}^{N}[y_i-f(\boldsymbol{x}_i,\boldsymbol{\theta})]^2\\&=\frac{1}{N}\sum_{i=1}^{N}(y_i-\boldsymbol{k}^{\mathrm{T}}x_i-b)^2\end{aligned} \tag{4.37}$$

式 (4.37) 在最大似然估计下给出了预测误差的概率密度函数参数的最优估计。可以看出，σ^2_{opt} 是关于预测模型参数 $\boldsymbol{\theta}$ 的函数（其他量 y_i 和 $\boldsymbol{x}_i$ 都为已知的常数）。如果我们想让预测误差尽可能小，就应该让 σ^2_{opt} 尽可能小。因此，我们的优化目标是搜索预测模型参数 $\boldsymbol{\theta}$ 的取值空间，使得 σ^2_{opt} 最小。如果式 (4.37) 是关于 $\boldsymbol{k}$ 和 b 的凸函数，那么分别对 $\boldsymbol{k}$ 和 b 求偏导，并设置偏导数为零，可得到最优参数值，如下所示：

$$\begin{aligned}\frac{\partial\ \sigma^2_{\text{opt}}}{\partial \boldsymbol{k}}&=\boldsymbol{0}\\\frac{\partial\ \sigma^2_{\text{opt}}}{\partial b}&=0\end{aligned} \tag{4.38}$$

对比式 (4.37)、式 (4.38) 和式 (4.22)、式 (4.23) 可以看出，如果假设预测模型的误差服从正态分布（均值可以不为零），那么最大似然估计等价于最小二乘法。因此，最小二乘法是最大似然估计的特例。

从上面的推导可以看出，最大似然估计的核心思想是：对于一个形式已知、参数未知的概率分布模型，既然我们已经观测到一系列来自此概率分布模型的样本，那么最优参数值应该是使这些样本出现的联合概率最大的值，也就是存在即合理。

4.4.4 最大后验概率法

最大后验概率法（Maximum a Posteriori Method）是贝叶斯学派经典的算法，其基于贝叶斯定理。在这里，我们重新介绍一下贝叶斯定理。贝叶斯定理描述的是在某些先验知

识已知的条件下，某随机事件发生的概率。贝叶斯定理是关于随机变量 $\boldsymbol{\Theta}$ 和 Z 的条件概率的一则定理。贝叶斯定理的数学表示形式如下：

$$P(\boldsymbol{\Theta}|Z)=\frac{P(Z|\boldsymbol{\Theta})P(\boldsymbol{\Theta})}{P(Z)} \tag{4.39}$$

式中，$\boldsymbol{\Theta}$ 和 Z 必须是两个不同的随机变量，它们本身各对应一个概率分布。$\boldsymbol{\Theta}$ 可被视为预测模型参数或状态的随机变量，当其取特定值时，等价于为预测模型找到一个确定参数；Z 可被视为观测数据的随机变量，其取值可以认为是从预测模型观测到的一个随机样本或一组随机样本。无论是一个随机样本还是一组随机样本，一旦观测到并赋予 Z，那么就得到一个随机事件，即“$Z=\{z_i\}_{i=1}^N$”这个事件。需要注意的是，我们能观测到什么样的样本是由预测模型参数决定的。当我们得到观测样本时，预测模型参数是确定的但我们不知道具体值，需要我们从观测样本反推。$P(\boldsymbol{\Theta})$ 表示参数的概率分布，是先验分布，是我们对待估计参数的已有认知，其参数为超参数（参数的参数）。$P(Z|\boldsymbol{\Theta})$ 表示在确定参数的情况下观测数据的概率分布，是条件概率分布。$P(\boldsymbol{\Theta}|Z)$ 表示在给定观测数据的情况下参数的概率分布，是后验分布，反映的是在给定观测数据后，我们对参数的新认知。需要注意的是，如果 $P(\boldsymbol{\Theta})$ 和 $P(\boldsymbol{\Theta}|Z)$ 是共轭分布，即概率分布的形式一样但参数值不同，那么 $P(\boldsymbol{\Theta}|Z)$ 就是对先验分布 $P(\boldsymbol{\Theta})$ 的修正。$P(Z)$ 是样本 Z 被观测到的概率，这是一个边缘概率分布。利用求和法则，我们可以用 $P(\boldsymbol{\Theta})$ 和 $P(Z|\boldsymbol{\Theta})$ 来表示 $P(Z)$，即 $P(Z)=\sum\limits_{\boldsymbol{\Theta}}P(Z|\boldsymbol{\Theta})P(\boldsymbol{\Theta})$。需要注意的是，$P(Z)$ 是一个和 $\boldsymbol{\Theta}$ 无关的概率值，它只是一个归一化常数，我们更关心的是 $P(\boldsymbol{\Theta}|Z)$ 与 $P(Z|\boldsymbol{\Theta})P(\boldsymbol{\Theta})$ 的正比关系。

在机器人应用场景中，贝叶斯定理主要用于估计预测模型参数。在这种情况下，随机变量 $\boldsymbol{\Theta}$（通常是向量形式）中每一个元素的物理含义代表我们待估计的预测模型的某个参数，随机变量 Z 通常是一个集合，表示我们已知的关于预测模型输入输出的数据集合。$P(Z|\boldsymbol{\Theta})$ 将模型参数变量作为条件，表示在已知预测模型参数的条件下，预测模型产生数据集合 Z 的概率。$P(\boldsymbol{\Theta}|Z)$ 将数据集合 Z 作为条件，表示在已知预测模型部分数据集合的条件下，预测模型参数 $\boldsymbol{\Theta}$ 取某值的概率。$P(\boldsymbol{\Theta})$ 表示先验知识，它对应预测模型参数取值的概率分布，对应一个概率质量函数或概率密度函数的初始值。在使用贝叶斯定理进行预测时，$P(\boldsymbol{\Theta})$ 应该是已知的。

最大后验概率法有两个关键步骤。

第 1 步，获取随机变量 $\boldsymbol{\Theta}$（通常是向量形式）的先验分布，这是最大后验概率法推断的起点。首先，要预先确定预测模型参数随机变量的分布形式，即确定 $\boldsymbol{\Theta}$ 的概率质量函数或概率密度函数的形式。因为这个概率质量函数 $p(\boldsymbol{\theta})=p(\boldsymbol{\Theta}=\boldsymbol{\theta})$ 或概率密度函数 $f(\boldsymbol{\theta})=f(\boldsymbol{\Theta}=\boldsymbol{\theta})$ 是关于参数的函数（变量代表参数），所以这个函数本身的参数 Φ 是超参数。其次，确定超参数的初始值。通常，可以利用对系统的先验知识来确定，也可以随机初始化确定。比如，如果预测模型参数随机变量 $\boldsymbol{\Theta}$ 服从一个均值向量为 $\boldsymbol{\mu}$ 和协方差矩阵为 $\boldsymbol{\Sigma}$ 的正态分布，即 $\boldsymbol{\Theta}\sim\mathcal{N}(\boldsymbol{\mu},\boldsymbol{\Sigma})$，那么

$$f(\boldsymbol{\theta})=\mathcal{N}(\boldsymbol{\theta}|\boldsymbol{\mu},\boldsymbol{\Sigma}) \tag{4.40}$$

式中，$\boldsymbol{\mu}$ 和 $\boldsymbol{\Sigma}$ 就是超参数，其值已经被初始化。

第 2 步，确定预测模型观测数据的分布模型 $p(\mathcal{Z}|\boldsymbol{\theta})$ 或 $f(\mathcal{Z}|\boldsymbol{\theta})$。注意，这个分布模型不是预测模型本身，而是预测模型产生的观测数据的统计分布模型。比如，对于预测模型是线性回归模型的情况，$y=f(\boldsymbol{x};\boldsymbol{\theta})=\boldsymbol{k}^{\mathrm{T}}\boldsymbol{x}+b$，其本质上是一个变换，给参数为 $\boldsymbol{\theta}$ 的预测模型一个输入 $\boldsymbol{x}$，预测模型返回一个结果 y。而观测数据的分布模型表示在预测模型参数取值为 $\boldsymbol{\theta}$ 的条件下，观测数据为 $\mathcal{Z}$ 的概率分布。需要注意的是，这里的观测数据虽然来自预测模型，但并不一定是线性回归模型的输入 $\boldsymbol{x}$，其可以是一个返回结果 y，也可以是一个结果序列 $\mathcal{Z}$。

下面我们同样利用如式 (4.21) 所示的线性回归模型来介绍贝叶斯学派解决问题的思路。根据最大后验概率法的两个关键步骤，第 1 步需要确定预测模型参数随机变量的先验分布。由式 (4.21) 可知，待估计参数的形式如下：

$$\boldsymbol{\Theta}=\begin{bmatrix}\boldsymbol{k}\\ b\end{bmatrix} \tag{4.41}$$

式中，$\boldsymbol{\Theta}$ 是一个参数随机向量。我们假设预测模型参数随机变量 $\boldsymbol{\Theta}$ 服从一个均值向量为 $\boldsymbol{\mu}\in\mathbf{R}^{n\times 1}$ 和协方差矩阵为 $\boldsymbol{\Sigma}\in\mathbf{R}^{n\times n}$ 的正态分布，即 $\boldsymbol{\Theta}\sim\mathcal{N}(\boldsymbol{\mu},\boldsymbol{\Sigma})$，那么

$$\begin{aligned}P(\boldsymbol{\Theta})&=f(\boldsymbol{\theta})=\mathcal{N}(\boldsymbol{\theta}|\boldsymbol{\mu},\boldsymbol{\Sigma})\\&=f(\boldsymbol{\theta};\boldsymbol{\mu},\boldsymbol{\Sigma})\\&=\frac{1}{(2\pi)^{n/2}(\det\boldsymbol{\Sigma})^{1/2}}\mathrm{e}^{-\frac{1}{2}(\boldsymbol{\theta}-\boldsymbol{\mu})^{\mathrm{T}}\boldsymbol{\Sigma}^{-1}(\boldsymbol{\theta}-\boldsymbol{\mu})}\end{aligned} \tag{4.42}$$

式中，$\boldsymbol{\mu}$ 和 $\boldsymbol{\Sigma}$ 就是超参数。如果我们进一步假设，$\boldsymbol{\mu}$ 为 $\mathbf{0}$，$\boldsymbol{\Sigma}=\alpha\boldsymbol{I}$，那么预测模型参数随机变量的先验分布为

$$\begin{aligned}P(\boldsymbol{\Theta})&=f(\boldsymbol{\theta})\\&=f(\boldsymbol{\theta};\mathbf{0},\alpha\boldsymbol{I})\\&=\frac{1}{(2\pi)^{n/2}(\det\boldsymbol{\Sigma})^{1/2}}\mathrm{e}^{-\frac{1}{2}\boldsymbol{\theta}^{\mathrm{T}}\boldsymbol{\Sigma}^{-1}\boldsymbol{\theta}}\\&=\frac{1}{(2\pi\alpha)^{n/2}}\mathrm{e}^{-\frac{\boldsymbol{\theta}^{\mathrm{T}}\boldsymbol{\theta}}{2\alpha}}\end{aligned} \tag{4.43}$$

式中，α 是标量，$\boldsymbol{I}$ 是单位矩阵，$(\det\boldsymbol{\Sigma})^{-1/2}=(\det\alpha\boldsymbol{I})^{-1/2}=\alpha^{-n\times\frac{1}{2}}=\alpha^{-n/2}$。

到此，我们完成了第 1 步，即确定了预测模型参数随机变量的先验分布。需要注意的是，对于这个先验分布 $P(\boldsymbol{\Theta})$，其参数为超参数 $\mathbf{0}$ 和 $\alpha\boldsymbol{I}$，其变量为预测模型参数 $\boldsymbol{\theta}$。在式 (4.43) 中，α 为已知常数，$\boldsymbol{\theta}$ 为自变量。

在确定了预测模型参数随机变量的先验分布后，第 2 步是确定预测模型观测数据的概率分布，这是一个基于随机变量 $\boldsymbol{\Theta}$ 的条件概率分布。在这一步，需要确定观测数据是什么。

对线性回归模型来说，我们能观测到的数据是模型的输出 y。这个输出不是精确的，具有不确定性，与真值存在误差，也就是存在预测误差 $e=y-f(\boldsymbol{x};\boldsymbol{\theta})$。在训练阶段，因为模型输出的真值是已知的，所以这个预测误差是可以观测到的。这里我们将预测误差作为线性回归模型的观测数据。我们定义一个随机变量 E 表示预测误差，其取值为所有可能的预测误差。对于随机变量 E，我们假设其服从均值为 0、方差为 σ^2 的正态分布，其概率密度函数为

$$\begin{aligned}p(e|\boldsymbol{\theta})&=\frac{1}{(2\pi\sigma^2)^{1/2}}\mathrm{e}^{-\frac{e^2}{2\sigma^2}}\\&=\frac{1}{(2\pi\sigma^2)^{1/2}}\mathrm{e}^{-\frac{[y-f(\boldsymbol{x};\boldsymbol{\theta})]^2}{2\sigma^2}}\end{aligned}\tag{4.44}$$

式中，0 和 σ^2 为预测模型观测数据概率分布的参数。通常，σ 为已知量，其可以通过初始化获得，也可以通过上一轮迭代获得。事实上，预测模型观测数据的概率分布 $p(e|\boldsymbol{\theta})$ 是一个基于 $\boldsymbol{\theta}$ 的概率质量函数或概率密度函数，除 $\boldsymbol{\theta}$ 外，其他量都已知。

进一步，我们可以从训练样本集合 $\mathcal{X}=\{(\boldsymbol{x}_i,y_i)\}_{i=1}^N$ 变换得到随机变量 E 的一个观测样本集合 $\mathcal{E}=\{e_i=y_i-f(\boldsymbol{x}_i,\boldsymbol{\theta})\}_{i=1}^N$。因为 $\mathcal{E}$ 中的样本被假设是独立同分布的，可以得到观测数据的条件概率分布为

$$\begin{aligned}P(\mathcal{E}|\boldsymbol{\Theta})&=\prod_{i=1}^N f_E(e_i;0,\sigma^2)\\&=\prod_{i=1}^N\frac{1}{(2\pi\sigma^2)^{1/2}}\mathrm{e}^{-\frac{{e_i}^2}{2\sigma^2}}\\&=\prod_{i=1}^N\frac{1}{(2\pi\sigma^2)^{1/2}}\mathrm{e}^{-\frac{[y_i-f(\boldsymbol{x}_i;\boldsymbol{\theta})]^2}{2\sigma^2}}\end{aligned}\tag{4.45}$$

到此为止，我们已经确定了先验分布 $P(\boldsymbol{\Theta})$ 和观测数据的条件概率分布 $P(\mathcal{E}|\boldsymbol{\Theta})$。我们的目标是从已知的观测数据中估计出预测模型的最优参数。如果利用最大似然估计来估计，那么只需要将式 (4.45) 两边取对数，并且对参数 $\boldsymbol{\theta}$ 中的元素求偏导，并设置偏导数为 0，然后通过求解方程组来获得预测模型的最优参数值。然而，对于最大后验概率法，其目标是最大化后验概率 $P(\boldsymbol{\Theta}|\mathcal{E})$。根据贝叶斯定理，后验概率和先验分布 $P(\boldsymbol{\Theta})$、条件概率分布 $P(\mathcal{E}|\boldsymbol{\Theta})$ 及边缘概率分布 $P(\mathcal{E})$ 有关。因为 $P(\mathcal{E})$ 是与 $\boldsymbol{\Theta}$ 无关的量，主要用于归一化，所以 $P(\boldsymbol{\Theta}|\mathcal{E})$ 正比于先验分布 $P(\boldsymbol{\Theta})$、条件概率分布 $P(\mathcal{E}|\boldsymbol{\Theta})$，即

$$P(\boldsymbol{\Theta}|\mathcal{E})\propto P(\boldsymbol{\Theta})P(\mathcal{E}|\boldsymbol{\Theta})\tag{4.46}$$

将式 (4.43) 和式 (4.45) 代入式 (4.46) 可得

$$\begin{aligned}P(\boldsymbol{\Theta}|\mathcal{E})\propto&\ P(\boldsymbol{\Theta})P(\mathcal{E}|\boldsymbol{\Theta})\\=&\frac{1}{(2\pi\alpha)^{n/2}}\mathrm{e}^{-\frac{\boldsymbol{\theta}^{\mathrm{T}}\boldsymbol{\theta}}{2\alpha}}\prod_{i=1}^N\frac{1}{(2\pi\sigma^2)^{1/2}}\mathrm{e}^{-\frac{[y_i-f(\boldsymbol{x}_i;\boldsymbol{\theta})]^2}{2\sigma^2}}\end{aligned}\tag{4.47}$$

式 (4.47) 蕴含一个迭代更新的过程，即预测模型参数随机变量的概率分布在不断地更新迭代。一旦有新的观测数据，前一时刻的后验分布 $P(\boldsymbol{\Theta}|\mathcal{E})$ 将变成当前时刻的先验分布 $P(\boldsymbol{\Theta})$，进而利用式 (4.47) 更新预测模型参数的分布。事实上，这里还有一个难点没有解决，即如何计算先验分布 $P(\boldsymbol{\Theta})$ 和观测数据条件概率分布 $P(\mathcal{E}|\boldsymbol{\Theta})$ 的乘积。这利用到共轭先验的知识，并且依赖于概率函数，我们将在后续章节中详述。

4.4.5 共轭分布

假设 $P(\boldsymbol{\Theta})$ 为随机变量 $\boldsymbol{\Theta}$ 的先验分布，其是某种参数已知的分布，$P(\mathcal{E}|\boldsymbol{\Theta})$ 为观测数据 $\mathcal{E}$ 的概率分布。$P(\boldsymbol{\Theta}|\mathcal{E})$ 为随机变量 $\boldsymbol{\Theta}$ 的后验分布，其是 $P(\boldsymbol{\Theta})$ 和 $P(\mathcal{E}|\boldsymbol{\Theta})$ 通过贝叶斯定理组合之后形成的分布。如果 $P(\boldsymbol{\Theta}|\mathcal{E})$ 和 $P(\boldsymbol{\Theta})$ 为同一种类型的分布，即函数表达形式一样但参数值不同，那么我们称 $P(\boldsymbol{\Theta}|\mathcal{E})$ 和 $P(\boldsymbol{\Theta})$ 是共轭分布（Conjugate Distribution）。这种分布的共轭特性，可简化后验分布的求解难度。事实上，正态分布就与其自身是共轭的，这也是为什么贝叶斯滤波器使用正态分布的原因。

4.5 模型正则化

从上面介绍的最小二乘法、最大似然估计及最大后验概率法可以看出，它们都包含 3 个关键步骤：① 预先假设预测模型的函数形式，如线性回归模型 $y = f(\boldsymbol{x};\boldsymbol{\theta}) = \boldsymbol{k}^{\mathrm{T}}\boldsymbol{x}+b$，这个函数的参数 $\boldsymbol{\theta}$ 未知；② 根据某种规则建立目标函数，如式 (4.22)、式 (4.33) 和式 (4.47)；③ 利用目标函数和训练样本来估计预测模型的最优参数。然而，如果目标函数设置不当，学习的模型很容易过拟合，即能很好地预测训练数据，但对于模型未见过的新数据，不能很好地预测。比如，对于多项式函数：

$$
\begin{aligned}
y = f(\boldsymbol{x};\boldsymbol{\theta}) &= \theta_1 x + \theta_2 x^2 + \cdots + \theta_M x^M \\
&= \begin{bmatrix} \theta_1, \theta_2, \cdots, \theta_M \end{bmatrix} \begin{bmatrix} x \\ x^2 \\ \vdots \\ x^M \end{bmatrix}
\end{aligned} \tag{4.48}
$$

其表示一条曲线。如果已知来自这条曲线的若干样本 $\mathcal{X} = \{(x_i, y_i)\}_{i=1}^{N}$，我们试图利用多项式模型来拟合出这条曲线，那么 M 选多大合适？显然，对于多项式模型，多项式的阶数 M 越大，模型越复杂，其拟合数据的能力越强。需要注意的是，这里说的拟合数据的能力强，并不是指拟合曲线的能力强，两者是有区别的。拟合数据的能力强是指拟合的曲线能精准地穿过所有已知数据点，但这条曲线和真实曲线并不匹配。拟合曲线的能力强是指拟合的曲线和真实曲线匹配，其必然穿过已知数据点。这也说明，多项式的阶数 M 越大，并不意味着拟合曲线的能力一定越强。我们以最小二乘法为例，利用最小二乘法来求解这个曲线拟合问题。现在已经有了曲线的观测样本，也已经假设了预测模型，下一步就是利用最小二乘法的规则建立目标函数。最小二乘法的规则是最小平方误差，即

$$
L(\mathcal{X};\boldsymbol{\theta}) = \sum_{i=1}^{N} [f(x_i;\boldsymbol{\theta}) - y_i]^2 \tag{4.49}
$$

从多项式函数的定义 [式 (4.48)] 可以看出，模型参数 $\boldsymbol{\theta}$ 本质上是输入量 x 不同阶的权重。最小二乘法就是寻找 x 各阶的最优权重，从而使得平方误差最小。最小平方误差规则没问题，问题是如果我们不对 $\boldsymbol{\theta}$ 做任何限制，模型会按照最小平方误差规则拼命地提升 x 高阶量的权重，从而构造出非常复杂的函数曲线，完美地穿过所有样本点，实现平方误差最小。在这种情况下，拟合的曲线（也就是参数确定的多项式模型）和数据所在的真实曲线相差甚远，这个模型完全不能正确预测新数据（也就是说给一个真实曲线上的 x 坐标值，不能正确预测 y 坐标值）。这就是过拟合。

为了解决这个问题，就需要给模型参数设定规则，使其不能放飞自我，这个规则就叫正则化项。简而言之，模型正则化（Model Regularization）是一种防止机器学习模型过拟合的技术，其通过对模型参数添加一定的约束来限制模型的复杂性，从而使其更好地泛化新数据。为此，我们可以将式 (4.49) 修改为

$$L(\mathcal{X};\boldsymbol{\theta})=\sum_{i=1}^{N}[f(x_i;\boldsymbol{\theta})-y_i]^2+\boldsymbol{\theta}^{\mathrm{T}}\boldsymbol{\theta} \tag{4.50}$$

如式 (4.50) 所示的目标函数，除最小平方误差规则外，还添加了一个 $\boldsymbol{\theta}^{\mathrm{T}}\boldsymbol{\theta}$ 项，这个项就是正则化项。$\boldsymbol{\theta}^{\mathrm{T}}\boldsymbol{\theta}$ 表示权重平方和，通过最小化这个权重平方和，我们试图使权重向量中出现尽可能多的 0 或很小的值，从而使模型变得尽可能简单，以避免过拟合。

对于线性回归模型 $y=f(\boldsymbol{x};\boldsymbol{\theta})=\boldsymbol{k}^{\mathrm{T}}\boldsymbol{x}+b$，也有类似问题。在这个模型中，输入量 $\boldsymbol{x}$ 是一个向量，模型参数向量 $\boldsymbol{k}$ 中的每一个元素相当于输入向量 $\boldsymbol{x}$ 中对应位置元素的权重。如果 $\boldsymbol{x}$ 是特征向量，那么 $\boldsymbol{k}$ 就相当于对不同特征维度设置权重。如果我们不对 $\boldsymbol{k}$ 进行任何限制，那么在最小二乘法的规则下，模型就会通过设定差异非常大的权重来拟合数据，从而出现过拟合。3 种拟合程度示意图如图 4.1 所示。

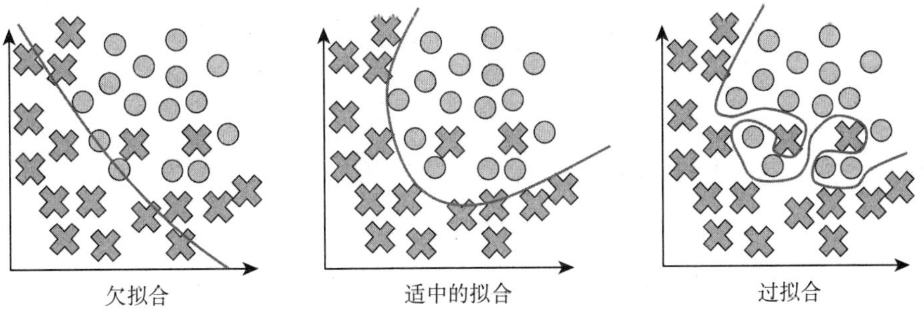

图 4.1 3 种拟合程度示意图

注 过拟合（Overfitting）：当我们利用训练数据集训练了一个预测模型后，如果训练的模型能很好地拟合训练数据，但对模型不曾见过的测试数据不能实现很好的预测，那么我们称训练的模型过拟合。模型过拟合和模型泛化能力弱是等价的概念。模型过拟合的主要原因是训练数据的不完备性。如果训练数据集包含所有可能的模式，那么就不存在模型不曾见过的测试数据。在这种情况下，只要模型能很好拟合地训练数据，必然能准确地预测测试数据。然而，我们很难获得一个完备的训练数据集，因此过拟合是不可避免的。在

深度神经网络盛行的今天，其之所以具备很强的预测性能，主要归功于大数据集的出现及深度神经网络超强的数据拟合能力。大数据集的出现，意味着训练数据集接近完毕。深度神经网络超强的数据拟合能力，意味着深度神经网络能对大数据集的训练数据进行精确拟合。在大数据集和超强数据拟合能力相结合的情况下，测试数据中的大部分数据都在大数据集中出现过并已经被神经网络精确拟合，那么神经网络就能对大部分测试数据进行精确预测，从而实现超强的预测性能。

第 5 章 机器人传感器

智能机器人的一个核心系统是感知系统，其由大量类型多样、功能互补的传感器构成。本章主要介绍传感器的定义及分类，并重点介绍几种重要的传感器。本章的具体内容包括：

- 传感器的定义
- 传感器的分类
- 旋转编码器的工作原理及应用
- 超声波传感器的工作原理及应用
- 可见光相机的工作原理及应用
- 激光雷达传感器的工作原理及应用

5.1 传感器的定义

传感器（Sensor）是一种检测装置，能够感受到被测量目标的信息，并能将感受到的信息按一定规律转换为电信号或其他所需形式的信息输出，以满足信息的传输、处理、存储、显示、记录和控制等要求。从传感原理的角度讲，尽管传感器的功能和工作原理千差万别，并且其形态也可能是电子装置、化学装置或机械装置等不同形式，但绝大多数传感器都是基于转导机制实现传感功能的，即将能量从一种形式（输入）转换为另一种形式（输出），其目标都是将感知到的环境信息通过自身转导机制转换为可量化的测量。比如，可见光摄像头本质上就是一个实现了光电转换的视觉传感器，其接收被测量目标反射的光信号，并利用感光器件将光信号转换为电信号，进而通过信号处理技术将电信号转换为图像数据。对于超声波传感器，其在发射端利用电信号来激发超声波信号，在接收端将接收到的超声波信号转换为电信号。

对于一个传感器，除了解其基本功能外，我们还需要了解其背后的工作原理。了解传感器背后的工作原理，不仅有利于传感器选型，还有助于建立更好的感知模型。比如，当我们为机器人建立定位模型时，如果知道传感器的内部运作机制，就可以更好地预估传感器可能的测量误差，进而建立更精确的定位模型。

5.2 传感器的分类

根据不同的分类视角，传感器可以有不同的分类。下面我们将从传感器的功能、测量对象和测量信号来源 3 个维度来对传感器进行分类。

根据功能的不同，传感器可以分为视觉传感器、力觉传感器、接近传感器、测距传感器、位置传感器、姿态传感器、温度传感器、湿度传感器和触觉传感器等。

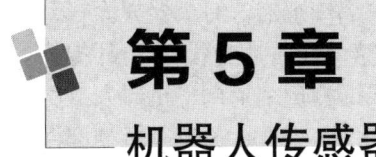

根据测量对象的不同，传感器可以分为内部传感器和外部传感器。对机器人而言，内部传感器（Internal Sensor）是指用于测量和感知机器人内部状态的传感器。内部传感器可用于测量电池电量、车轮位置、关节角度等，从而能够根据测量结果调整机器人自身的姿态，实现精确操作。内部传感器通常和机器人的马达、轴承、手臂、关节等机械部件耦合在一起，实现感知。常用的内部传感器包括位置传感器、速度传感器、加速度传感器、角速度传感器和压力传感器等。对机器人而言，外部传感器（External Sensor）是指用于测量机器人所处外部环境及环境中目标的传感器。外部传感器主要用于测量和感知机器人外部环境的刺激信息，使机器人能与环境发生交互，保证机器人的行进或其他作业安全。常用的外部传感器包括触觉传感器、视觉传感器、听觉传感器、测距传感器和接近传感器等。

根据测量信号来源的不同，传感器可以分为主动传感器和被动传感器。主动传感器（Active Sensor）是指能主动发射能量信号，并通过接收信号的回波来实现测量的传感器。比如，激光雷达传感器会主动发射激光，当激光遇到障碍物以后就被反射回来，并被接收器接收，利用激光的传播速度和发射到接收的时间差，就可以实现测距。机器人常用的主动传感器包括超声波传感器、激光雷达传感器和毫米波雷达传感器等。被动传感器（Passive Sensor）是指不主动发射信号，而是仅靠接收待测目标发射或反射的信号或能量来实现测量的传感器。机器人常用的被动传感器包括视觉传感器、声觉传感器等。主动传感器主动发射能量，接收并测量能量回波，其不受时间和季节变化的影响，稳定性强，但隐蔽性差，并会对环境产生影响。被动传感器只接收来自环境的能量，受时空影响比较大，但隐蔽性好。

本章将重点介绍移动机器人常用的几种传感器，即旋转编码器、超声波传感器、可见光图像传感器和激光雷达传感器。

5.3 旋转编码器

旋转编码器（Rotary Encoder）是一种能够编码和检测旋转角度的传感器，属于机器人内部传感器，其可以感知机器人内部的角度变化。

5.3.1 旋转编码器的工作原理及分类

正如前文所述，绝大多数传感器都是基于转导机制实现传感功能的。对于旋转编码器，由于其核心功能是检测旋转角度、线性位移和速度，所以其工作原理的核心是将物理旋转变化转换为某种便于处理和使用的信息输出。图 5.1展示了旋转编码器的工作原理。首先，当物理旋转变化产生时，旋转编码器的感知器件能够感知到物理旋转变化，并将这种物理旋转变化转换为电信号；然后，旋转编码器对感知器件输出的电信号进行处理；最后，旋转编码器将旋转角度信息以模拟或数字电信号的形式输出。

从旋转编码器的工作原理可以看出，其核心是将外界输入的物理旋转变化转换为电信号的变化。事实上，根据感知物理旋转原理的不同，旋转编码器可以细分为 5 类，即机械式旋转编码器、光学式旋转编码器、磁场式旋转编码器、电磁感应式旋转编码器和电容感应式旋转编码器。

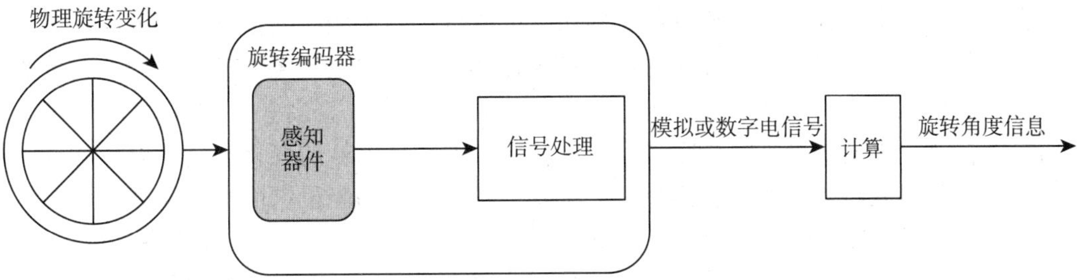

图 5.1　旋转编码器的工作原理

机械式旋转编码器（Mechanical Rotary Encoder）：该类型编码器利用电阻与旋转角度成比例变化这一规律来实现旋转位置的检测。因为机械式旋转编码器的核心部件是一个可变电阻器，所以该类型编码器也被称为电位器。如图 5.2所示，当滑块在可变电阻器上移动时，可变电阻器的电阻与滑块的移动距离成正比变化，从而产生相应的电压变化输出，这样就实现了机械旋转变化与电信号转换。通过分析和处理电信号的电压变化，机械式旋转编码器就可以输出旋转角度或速度信息。可以看出，机械式旋转编码器的精度依赖于可变电阻器的电阻精度。然而，环境温度的变化、滑块和电阻器接触摩擦造成的损耗等因素会导致可变电阻器电阻的变化，从而使机械式旋转编码器的测量精度降低。因此，机械式旋转编码器的整体精度不高。

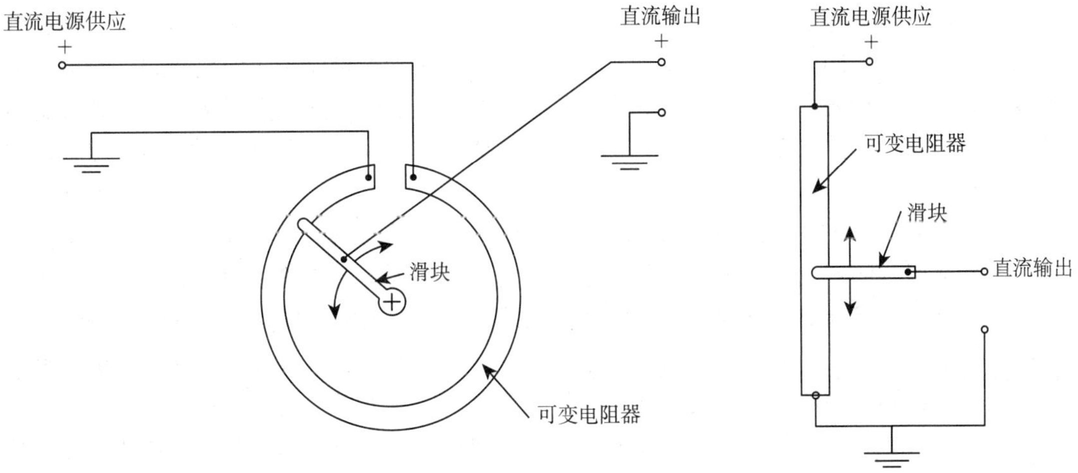

图 5.2　机械式旋转编码器的工作原理

光学式旋转编码器（Optical Rotary Encoder）：该类型编码器是一种利用光探测器检测光来实现旋转角度变化检测的传感器。光学式旋转编码器包含 3 个关键部件，即光源、光探测器和码盘。码盘是一个安装在电机轴上的旋转圆盘，圆盘上包含许多按特定规则排列的径向狭缝。在圆盘的一侧放置发光二极管（Light Emitting Diode，LED）光源，在另一侧放置光探测器，光源与光探测器经过校准，确保光源发射的光线在无遮挡时能被光探测器捕获。光源从码盘一侧发射光脉冲，光脉冲只能透过径向狭缝到达另一侧。当码盘旋转时，狭缝会经过光源下方，光脉冲透过狭缝被光探测器捕获。通过对光探测器捕获的光脉冲进行计数，即可检测出电机轴的旋转量，如果进一步利用时间信息，还可计算出电机轴的旋转角速度。可以看出，光学式旋转编码器本质上是通过光电转换实现物理旋转变化到角度变化信息输出转换的。具体来说，光学式旋转编码器首先将码盘的旋转变化转换为光信号的变化，再利用光探测器将光信号的变化转换为电信号的变化，进而通过对电信号进行处理，输出旋转角度或速度信息。光学式旋转编码器的测量精度相对较高，是一种应用比较广泛的编码器，但一般需要较高的密封防护等级才能适应户外复杂环境。

磁场式旋转编码器（Magnetic Field Rotary Encoder）：该类型编码器使用磁传感器（霍尔传感器）来检测连接到电机轴的永磁体产生的磁场分布的变化，并将磁场分布的变化转换为电信号输出，进而得到旋转位置信息。磁场式旋转编码器包含两个关键部件，即永磁体和磁传感器。永磁体一般安装在电机轴承等旋转体的顶端，随旋转体一起旋转，磁传感器安装在永磁体磁场范围内。当电机旋转时，永磁体的磁场分布也会发生变化，磁传感器能检测到这种变化，并将其转换为电压的变化，进而通过对电信号进行处理，输出旋转角度或速度信息。需要注意的是，磁传感器是实现磁信号到电信号转换的关键器件，其通过霍尔效应将磁场强度等比例地转换为电压强度。磁场式旋转编码器的抗振动性和抗冲击性强，比较耐用，但其易受灰尘、污垢和油渍的影响而降低性能。

电感式旋转编码器（Inductive Rotary Encoder）：该类型编码器通过检测感应线圈和固定线圈之间的电磁场变化，并将电磁场变化转换为电信号输出，进而得到旋转位置信息。电感式旋转编码器包含两个关键部件，即感应线圈（旋子）和固定线圈（定子）。固定线圈包含供电电路和信号处理器，加电后会与感应线圈形成一个交流电磁场。当感应线圈旋转时，定子与旋子之间的电磁场会发生变化，定子会检测到这种电磁场的变化，并将电磁场的变化转换为电信号的变化，进而利用信号处理器输出旋转角度信息。最新的电感式旋转编码器通过 PCB 技术实现了密集的线圈缠绕，从而使得编码器可以做到很薄、很轻，并且其功耗低、精度高。

电容式旋转编码器（Capacitive Rotary Encoder）：该类型编码器利用一个参考的高频信号来检测电容的变化。如图5.3所示，电容式旋转编码器包含 3 个关键部件，即旋子、固定发射器和固定接收器。电容感应使用条状或线状纹路，并将一极连接到固定元件上，将另一极连接到活动元件上，以构成可变电容器，并配置成一对接收器和发射器。旋子上蚀刻了正弦波纹路，随着电机轴的转动，这种纹路可以以一种可预测的方式调制发射器发射的高频信号。接收器接收到调制的高频信号，并通过接收器载板的电路，将其转换为旋转角度输出。电容式旋转编码器的结构可以分为三层结构和二层结构。如图 5.4所示，三层结构包含单独的发射器和接收器，旋子位于中间；二层结构将发射器和接收器合并为一个部件。由于电容式旋转编码器的结构部件没有物理摩擦，其不易磨损，且不易受工业环境中污染物影响，可靠性高。

根据旋转编码器表示和输出旋转角度方式的不同，旋转编码器可以分为相对角度编码器和绝对角度编码器。顾名思义，相对角度编码器的输出是旋转运动前和旋转运动后旋转的相对角度，这个角度通常是通过计数获得的。与之对比，绝对角度编码器编码了码盘的绝对位置，无论转轴旋转到什么位置，都可以获得一个固定的与位置相对应的数字码。下面我们就以光学式旋转编码器为例，介绍相对角度编码器和绝对角度编码器。

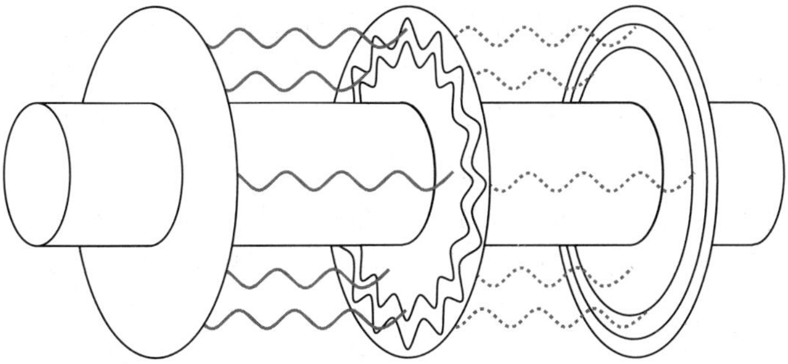

图 5.3　电容式旋转编码器的运作机制

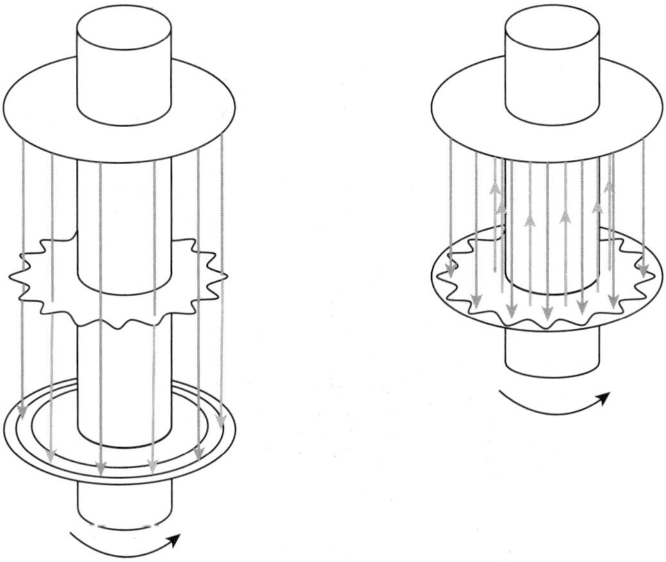

(a) 三层结构　　(b) 二层结构

图 5.4　电容式旋转编码器的结构示意图

5.3.2　光学式旋转编码器

光学式旋转编码器包含光源、光探测器、码盘等部件。光源通常采用廉价的红外 LED。有时，为了抑制光扩散，也会采用波长较短的彩色 LED。在一些对性能和分辨率要求比较高的应用场景，有时也会定制使用价格昂贵的激光二极管作为光源。凸透镜用来将 LED 发射的方向性小的散射光转换为平行光。光探测器通常是光电二极管或光电晶体管，实现光电转换。码盘是一个带径向狭缝的圆盘，可用来允许或阻止 LED 光线通过。码盘的材质也会影响旋转编码器的价格和性能。一般来说，码盘的材质包括金属、玻璃和树脂。金属码盘对振动、温度和湿度有很强的鲁棒性，常用于工业生产领域。玻璃码盘具有高精度、高分辨率的优点，适用于对性能要求较高的场景。树脂码盘价格便宜，适用于价格敏感的消费领域。

对于光学式旋转编码器，光源和光探测器保持固定并严格校正对齐，码盘可以旋转。当码盘旋转时，只有径向狭缝运动到 LED 下方，LED 光线才能通过码盘被光探测器捕获，形成一个脉冲信号。光学式旋转编码器通过计算脉冲数来显示码盘的角度变化。因为径向狭缝被均匀等间隔地分布在码盘边缘，码盘旋转一圈，光探测器检测到的脉冲数就是狭缝个数。因此，检测到一个脉冲，相当于旋转了 360° 除以狭缝个数所得的角度。如图 5.5所示，在码盘边缘均匀分布 4 个狭缝，相当于码盘 360° 被等分为 4 份。当码盘旋转时，每一个狭缝经过 LED 下方，光探测器都会捕获光线，并计数一次。每计数一次，相当于码盘旋转了 90°。可以看出，如图 5.5所示的光学式旋转编码器的角分辨率是 90°。如果想提高角分辨率，可以在码盘边缘等间隔分布更多狭缝。比如，在码盘边缘等间隔分布 8 个狭缝，可以将角分辨率提高到 45°。

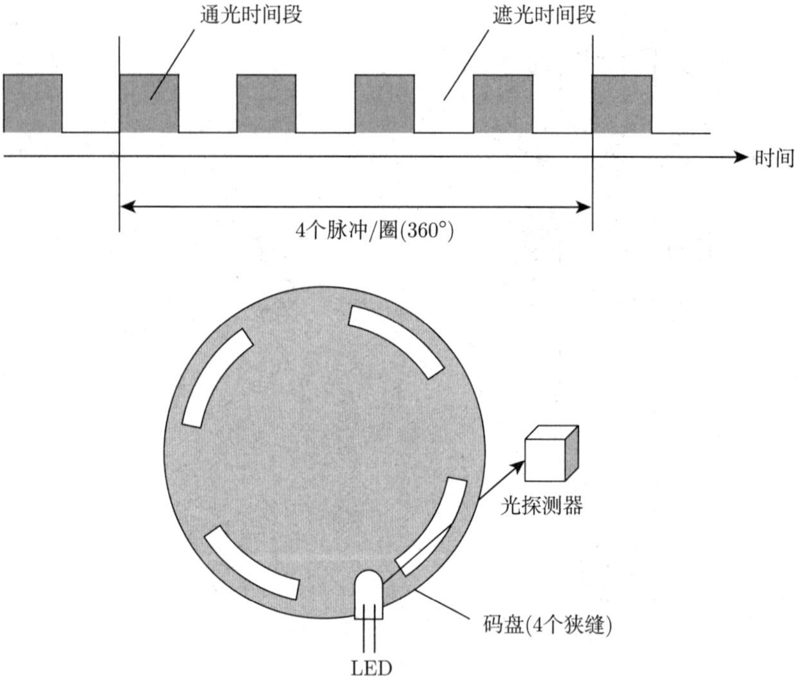

图 5.5　相对角度光学式旋转编码器的结构示意图

事实上，这种类型的编码器存在以下弱点。① 不能区分旋转方向。无论码盘顺时针旋转还是逆时针旋转，这种类型的编码器只能感知是否有狭缝经过 LED 下方，而不能感知旋转方向。② 不能获取码盘的绝对位置。因为这种类型的编码器只是对捕获的光线进行计数，所以只能感知旋转运动前和旋转运动后旋转的相对角度，而不能获取码盘任何一个狭缝相对于起始原点的绝对位置。这种类型的光学式旋转编码器被称为相对角度光学式旋转编码器（Relative Angle Optical Rotary Encoder）。

相对角度编码器的优点是只有一圈狭缝，便于制作，成本低，也便于通过增加狭缝个数来提高角分辨率。然而，由于相对角度编码器通过计数实现角度计算，其可实现旋转角度的累计，但一旦马达停止或重启，累计角度信息将会丢失，这导致重启时的码盘位置不能被获取。

相对角度编码器只设计一圈狭缝，并且每个狭缝完全相同，编码器不能区分每个狭缝在码盘上的物理位置。以如图 5.5所示的 4 个狭缝相对角度编码器为例，假设我们给每一个狭缝分别编号为 1、2、3、4，当某个狭缝经过 LED 下方时，光探测器捕获光线。这时，相对角度编码器仅知道有一个狭缝经过 LED 下方，但并不能确定到底是哪个编号的狭缝经过 LED 下方。与相对角度编码器相比，绝对角度编码器设计了一种新的狭缝布局方式。如图 5.6所示，绝对角度编码器精心设计了 4 圈同心圆狭缝。对于每一个同心圆，有狭缝的位置（经过 LED 下方，光线能通过码盘被光探测器捕获）编码为 0，没有狭缝的位置（经过 LED 下方，光线不能通过码盘）编码为 1。如果我们以码盘圆心为起点向外任意画一条射线，那么我们都可以用一个 4 位的二进制数为这条射线进行编码。这 4 位二进制编码中每一位是 0 还是 1，取决于射线经过狭缝所在同心圆时是狭缝还是底盘。如图 5.6所示，最外环均匀分布 8 个狭缝。假设从圆心垂直向上的方向为 0° 方向，那么从 0° 开始逆时针编码最外环，形成 0101010101010101。同理，从外向内，其他 3 个环分别编码为 0011001100110011、0000111100001111、0000000011111111。这就取得 4 组 16 位二进制编码。取任意一个位置，将对应码字串联起来，就构成一个角方向（位置）编码。比如，分别将第一个位置码字取出来，构成 0000，其用来表示起始 0° 位置，0001 表示下一个角度位置。这样，就构造了一个角分辨率为 $360°/16 = 22.5°$ 的绝对角度编码器。

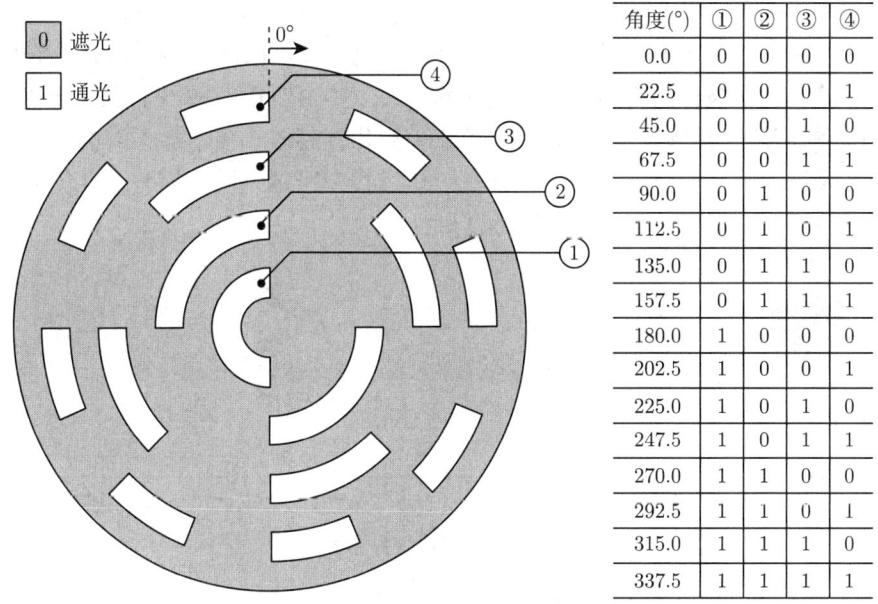

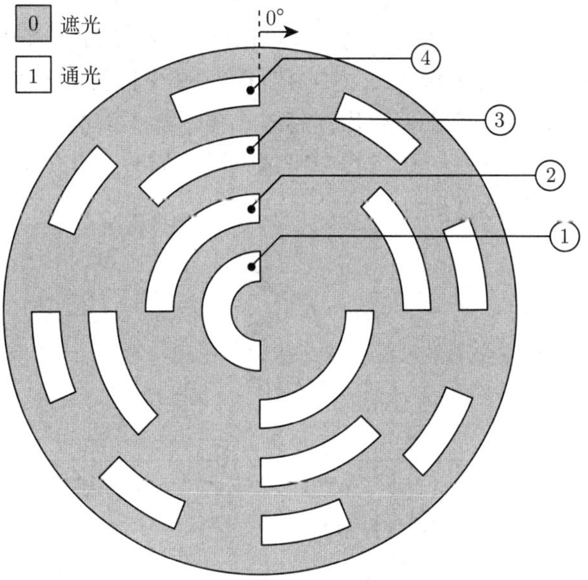

角度(°)	①	②	③	④
0.0	0	0	0	0
22.5	0	0	0	1
45.0	0	0	1	0
67.5	0	0	1	1
90.0	0	1	0	0
112.5	0	1	0	1
135.0	0	1	1	0
157.5	0	1	1	1
180.0	1	0	0	0
202.5	1	0	0	1
225.0	1	0	1	0
247.5	1	0	1	1
270.0	1	1	0	0
292.5	1	1	0	1
315.0	1	1	1	0
337.5	1	1	1	1

图 5.6 绝对角度光学式旋转编码器的结构示意图

需要注意以下两点。① 虽然最外环只有 8 个狭缝，但绝对角度编码器不是采用脉冲计数来计算角度的，而是靠位置编码来确定角度的，非狭缝位置也被编码。因此，其角分辨率是 22.5° 而不是 45°。② 因为绝对角度光学式旋转编码器采用多圈狭缝，所以它也采用多个发射器件–光探测器对。

因为绝对角度编码器利用码盘上的多圈同心圆狭缝编码了每一个角度的绝对位置，所以当出现断电重启的情况时，绝对角度编码器能够很快知道经过 LED 下方的码盘角度的绝对位置。这可以保证机器人重启后不会出现跳跃性动作。绝对角度编码器的缺点是多圈狭缝布局方式导致提高分辨率困难，并且成本高。

5.3.3 旋转编码器的应用

作为一种角位移传感器，旋转编码器被广泛地应用于各种机器人中。在移动机器人领域，可通过在车轮轴上安装旋转编码器来测量车轮的转速，也可通过在驱动轴承上安装旋转编码器来精确操控转向角。在工业机器人领域，机械臂需要执行大量精确的旋转和平移操作，这需要利用旋转编码器进行精确的旋转角度测量和平移距离测量（通过已知直径的圆轮的旋转角度计算）。另外，对于机器人的执行器，因为大量执行动作是由齿轮转动驱动的，所以需要利用旋转编码器来精确地测量齿轮的旋转角度以便于精确作业。

5.4 超声波传感器

5.4.1 超声波传感器的定义

超声波传感器是利用超声波（Ultrasonic Wave，USW）来进行探测的一种传感器，是一种基于超声波的飞行时间（Time of Flight，TOF）原理的测距传感器（Range Sensor）。

超声波是一个相对概念，是基于人类听觉可感知的声波频段而定义的，它也是声波或声音。如图 5.7所示，人类听觉可感知的声波的频率范围为 20Hz~20kHz，这个频段的波被称为可听声波，也常被称为音频。超声波是指超过人类可听声波频段上限的声波，即频率高于 20kHz 的声波，其频率范围通常为 20kHz 到几吉赫兹。频率低于人类可听声波的频段为次声波频段。超声波有一个性质，即在传播过程中跨越不同介质时，其传播属性和传播速度会发生变化，这也是超声波测距的基础。

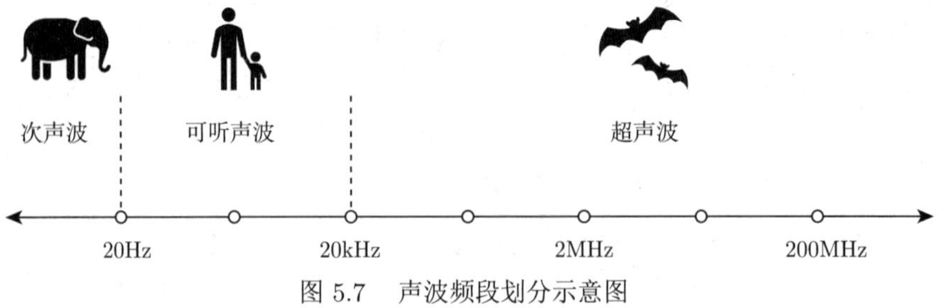

图 5.7　声波频段划分示意图

不同厂商生产的超声波传感器，使用的超声波频率可能不同；并且同一个厂商为不同应用场景定制的超声波传感器，使用的超声波频率也可能不同。有的超声波传感器发射的超声波频率为 $23\sim40$kHz，有的使用 60kHz 的频率。无论使用何种频率的超声波，其在相同介质和相同环境中的传播速度是一样的。

5.4.2 波与声波

超声波也是声波，是超声波传感器进行测距的信号载体。深入讨论声波的性质，有助于深刻理解超声波传感器的工作机理和频率特性。

1. 什么是波

波（Wave）是一个或多个量的动态扰动在空间传播的物理现象。从不同的视角审视波，其可以有不同的分类方法。如果我们根据波在传播过程中是否需要介质来分类，波可以分为机械波（或力学波）和非机械波（或非力学波）。

机械波（Mechanical Wave）是物质的振动（机械振动）在空间进行传播的一种现象。因为传播的是物质的振动，所以机械波必须依靠介质（物质）才能传播。声波（Acoustic Wave）是一种机械波。其他的机械波还包括水波、地震波、振弦波、冲击波等。

与之对比，非机械波（Non-mechanical Wave）是可以不依靠介质，直接在真空中进行传播的波。非机械波包括电磁波、重力波等。

2. 声波和电磁波

在日常工程和研究中，我们经常将机械波和非机械波相混淆。为了便于讨论清楚超声波的内涵与外延，我们以声波这一机械波和电磁波这一非机械波为例，对比分析一下机械波和非机械波的区别与联系。

声波是一种来源于压力振荡的机械波，其可以通过空气（不是真空）、液体和固体进行传播。与之对比，电磁波（Electromagnetic Wave）就是一种由连续不断同相振荡（方向相同）且相互垂直的电场和磁场共同作用产生的波动，其可不依靠任何介质进行传播，是一种非机械波。根据麦克斯韦方程组，随时间变化的电场会产生磁场，同样随时间变化的磁场也会产生电场。这样，变化（振荡）的电场会产生变化（振荡）的磁场，变化的磁场又产生变化的电场。

无论是机械波还是非机械波，如果其在介质中进行传播，介质的质点并不随波前进。另外，无论是机械波和非机械波，其速度 v、频率 f、波长 λ 及周期 T 都遵守如下关系：

$$v = f\lambda = \frac{\lambda}{T} \tag{5.1}$$

除了相同之处，声波和电磁波也有本质的不同，即产生的机理不同，这也导致它们具有非常不同的特点。下面我们分别从传播速度、频段和集聚性的视角来审视声波和电磁波的异同。

（1）从传播速度的视角审视声波和电磁波的异同。无论是声波还是电磁波，它们的传播速度都满足式 (5.1) 所限定的关系。然而，它们的传播速度却差别巨大。无论观察者本身的速度有多快或多慢，相对于观察者，电磁波在真空中的传播速度都是光速 c。如果电磁波在折射率为 n 的介质中进行传播，其传播速度为

$$v = \frac{c}{n} = f\lambda = \frac{\lambda}{T} \tag{5.2}$$

与之对比，声波的传播速度要慢得多。声波的传播速度 v 通常与传播介质的不可压缩率和密度有关。不可压缩率 ξ，也称弹性容量，其与施加到介质的压力 α 和介质的形变 β 有关，其定义如下：

$$\xi = \frac{\alpha}{\beta} \tag{5.3}$$

我们举个通俗的例子来说明不可压缩率。如果我们施加压力于弹簧之上，引起弹簧压缩变短，那么缩短的长度除以原始的长度，就可以认为是形变 β。可以看出，传播介质越硬，不可压缩率越大，即单位形变承受的压力越大。对于具有不同不可压缩率的介质，不可压缩率大的介质，会使该介质不同形变之处的相互作用力更大，导致加速度更大，从而使得声波的传播速度更快。对于具有相同不可压缩率的介质，密度大的介质，会使该介质不同形变之处的加速度更小，从而使得声波的传播速度更慢。在实际工程应用中，如果环境温度在 20℃ 左右，那么通常会采用如下公式计算声波的传播速度：

$$v = 331 + 0.6T \quad (\mathrm{m/s}) \tag{5.4}$$

式中，T 是环境温度，单位为 ℃。

（2）从频段的视角审视声波和电磁波的异同。无论是声波还是电磁波，都有频率、频段、波长、周期的概念。对于电磁波，理论上其频段覆盖从 0Hz 到无穷赫兹。而对于声波，其频段覆盖范围要小得多，从 0Hz 到几吉赫兹。尽管声波的频段和电磁波的频段有重合，但频段重合的这两种波具有非常显著的区别。假设某个声波和某个电磁波的频率都是 f_0，但由于声波的传播速度远小于电磁波的传播速度，由式 (5.1) 可知，该声波的波长要远小于同频电磁波的波长。

（3）从波的聚集性的视角审视声波和电磁波的异同。无论是声波还是电磁波，波的频率越高，其传播的指向性越强，越不容易弥散。

5.4.3 超声波传感器的工作原理

超声波传感器是一种基于超声波的飞行时间（TOF）原理的测距传感器。简单说，发射器（Transmitter）朝特定方向发射一个超声波脉冲，如果在这个脉冲传播的路径上存在一个目标（障碍物，阻挡了超声波脉冲的前进路线），那么部分或全部脉冲将会作为回波反射回发射器，并被接收器（Receiver）检测到。通过测量超声波脉冲从发射到接收的时间差（也就是超声波 TOF），就有可能计算获得发射器到目标之间的距离。如果我们已知超声波的波速 v 和超声波传感器收发超声波的时间差 t，那么超声波传感器到目标的距离 d 可以由如下公式计算：

$$d = \frac{v \times t}{2} \tag{5.5}$$

需要注意的是，式 (5.5) 中除以 2，这主要是因为这个时间差 t 是超声波的往返时间。图 5.8展示了超声波 TOF 原理示意图。这是所有基于 TOF 的测距传感器的理论原理模型。事实上，理论上 TOF 测距隐含 3 个潜在假设：① 发射的波聚集成线，即发射的波是一条理想的直线；② 物体表面垂直于传感器发射的波是直线；③ 收发器在同一个位置。只有满足这 3 个假设，传感器发射的波才能被原路反射回去，并被接收器接收。

前面我们讨论过波的频率和波传播的指向性问题。无论是机械波还是非机械波，波的频率越高，其传播的指向性越强，波的能量越集中于一条直线。超声波的频率处于相对较低的频段，所以其传播的指向性相对较差。因此，超声波传感器必须考虑波的弥散性和光束角（Beam Angle）。对于超声波传感器，其发射器发射的超声波的波束不是线束，更像是手电筒发出的光束，是一个锥形光束，如图 5.9所示。

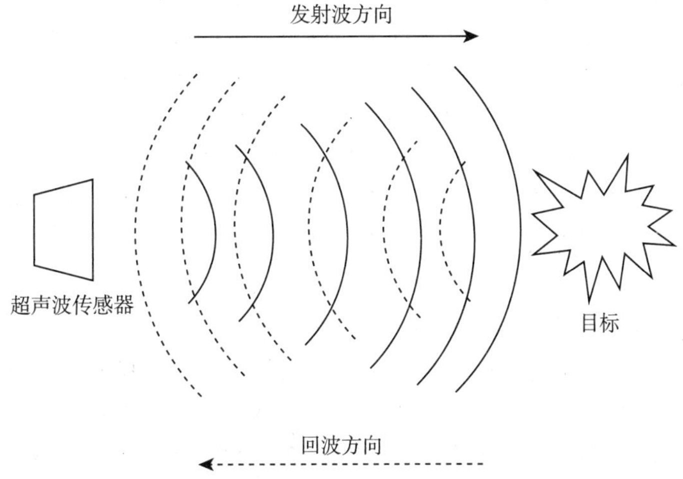

图 5.8　超声波 TOF 原理示意图

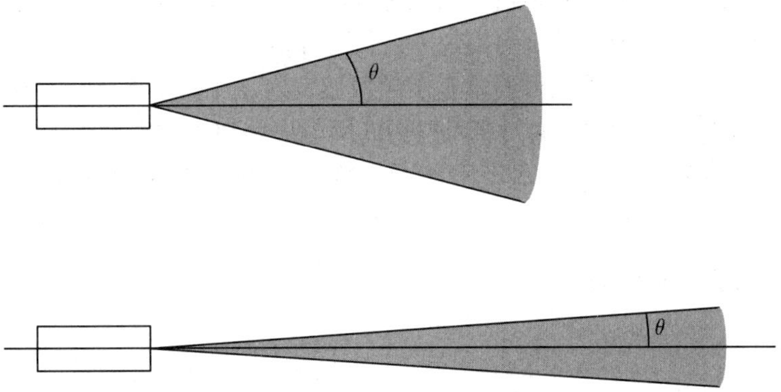

图 5.9　超声波光束角示意图

光束角的存在对超声波传感器产生诸多影响。

（1）影响可探测空间范围。随着超声波传播距离的增大，超声波传感器的可探测空间范围也在增大，即超声波传感器的可探测空间范围随传播距离的变化而变化。因此，可探测空间范围这个指标对超声波传感器来说是没有意义的，超声波传感器采用光束角或光束宽度来定义传感器的属性。光束角测量了波弥散的程度，其定义为波偏离发射主轴的角度。超声波传感器的光束角除了和波本身的属性有关，还和传感器设计水平、换能器的工作原理、器件的选型、传感器的制造工艺等有很大关系。另外，根据不同的应用场景，超声波传感器厂商还可以定制具有不同光束角的传感器。需要注意的是，在对比不同厂商生产的超声波传感器时，一定要事先确定其所标识的光束角是全向角还是半向角。图 5.9中标识的

光束角 θ 就是半向角。

（2）影响可探测空间分辨率。超声波传感器的可探测空间分辨率随探测距离的增大而降低。对于超声波传感器，如果障碍物处于传感器的最大可探测距离范围内，那么无论障碍物反射面位于距离传感器 d 处的、垂直于发射主轴的可探测区域的任何位置，传感器测量得到的距离都是 d。换句话说，超声波传感器在距离 d 处只能测量该区域障碍物到传感器的距离，但并不能定位障碍物在该区域什么位置，即最小可区分面积就是该处的可探测面积。在超声波传感器光束角不变的情况下，随着探测距离的增大，传感器的可探测面积在增大，这也导致最小可区分面积增大，即可探测空间分辨率降低。

（3）影响可探测距离。一般来说，如果发射器发射超声波的光束角比较小，那么这意味着超声波的能量更加集中，超声波在消散到不可使用之前，能行进更远的距离，即可探测距离更大。与之相反，如果超声波的光束角比较大，那么超声波的能量将在一个更大的圆锥范围内进行扩散，超声波行进不了多远，就会衰减到不可用的水平，导致可探测距离减小。

在定制超声波传感器时，光束角大小的选择主要依赖于具体的应用厂家。光束角大，那么在相同距离下，超声波传感器的可探测空间范围更大，但可探测空间分辨率更低，更容易产生虚警。光束角小，那么在相同距离下，超声波传感器的可探测空间范围更小，但可探测空间分辨率更高，不容易产生虚警。因此，在探测距离比较小、精度要求不高、范围覆盖比较大的应用场合，可采用大光束角的超声波传感器。比如，汽车辅助倒车雷达系统使用的就是大光束角的超声波传感器。而在探测距离比较大、精度要求比较高、范围覆盖比较小的应用场合，可采用小光束角的超声波传感器。

通常，我们假设障碍物的反射面垂直于超声波发射主轴。事实上，在实际应用中，我们很难遇到这样理想的障碍物。通常，障碍物的反射面和超声波发射主轴之间有一个夹角。如果这个夹角大于光束角的一半，那么这个反射面反射回去的波将不容易被接收器接收到，导致测量失败。

5.4.4 超声波传感器的优缺点

1. 超声波传感器的优点

超声波传感器的优点如下：

（1）精度高，具有良好的稳定性和可靠性，使用方便。超声波传感器历经几十年的发展和应用，其各种技术已经非常成熟，在其可探测距离范围内，精度误差不高于 1%，并且应用模式也比较成熟。

（2）可检测的目标材质类型广泛。当超声波脉冲被目标遮挡，它几乎可以在任何固体或液体材质的目标表面产生回波，并且不受目标颜色、形状和透明度的影响。这就使得超声波可以无接触地检测金属、塑料、木头、岩石、油、水等材质的目标。

（3）可探测距离的动态范围大。对于大部分超声波传感器，其最小可探测距离可为几厘米，最大可探测距离可为几米。对于一些特别定制的超声波传感器，其最大可探测距离可达 20m。超声波传感器的这一优点，使其应用领域大幅扩展。

（4）刷新率较高。超声波传感器每秒可测量多次，能满足大部分测量需要。

（5）抗干扰性强。超声波传感器可以较好地抵抗电磁噪声及大多数声学噪声。

（6）价格便宜，功耗低。由于制造超声波传感器不需要贵重材料，所以其价格便宜。另外，超声波传感器的功耗较低，方便使用。

2. 超声波传感器的缺点

超声波传感器的缺点如下:

（1）空间位置的不确定性。对于超声波传感器，其发射的超声波可以建模为一个圆锥，圆锥的顶点是超声波的发射点和接收点，圆锥的中心线为超声波发射主轴。如果我们以发射主轴为 x 轴来建立一个三维直角坐标系，如图 5.10所示，那么当超声波传感器得到一个距离响应 d 时，仅仅能说明在沿 x 轴距离 d 处存在一个障碍物，但障碍物在 y-z 平面的什么位置，并不能确定。

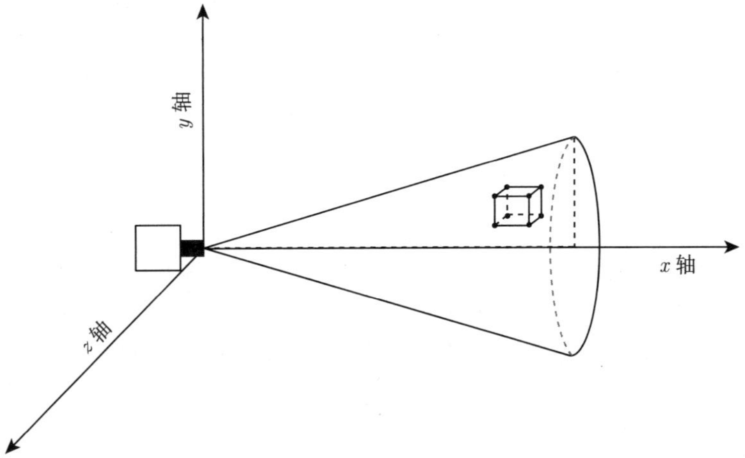

图 5.10　以发射主轴为 x 轴来建立一个三维直角坐标系

（2）超声波的镜面反射问题。当传感器发射的超声波遇到障碍物时，会进行反射。如果障碍物的反射面与发射主轴的夹角（入射角）较大（大于光束角的一半），那么超声波将被反射到别处。一种情况是经过多次反射被接收器接收到，这导致更长的传播时间，即测量的距离大于障碍物的实际距离；另一种情况是超声波根本不会被接收器接收到，导致检测不到障碍物。

（3）可渗透的目标检测效果差的问题。对于一些可渗透的目标，如海绵、泡沫、柔软的衣服等，当超声波遇到这些目标的遮挡时，大部分的超声波脉冲的能量被目标吸收，使得回波因为能量水平太低而不可用，导致检测失败。

（4）超声波的波速会受温度、湿度和环境条件的影响而发生变化。我们利用式 (5.5) 来计算距离，通常其中的速度 v 被设为一个固定值。当真实速度发生变化时，就会使得计算的距离偏离真实距离，降低测量精度。

（5）不能感知目标的属性信息。超声波传感器不能感知目标的颜色、形状等信息。

（6）不容易应用于小尺寸的嵌入式应用。尽管超声波传感器的尺寸相对较小，能应用于汽车、无人机、机器人、工业检测线等场景，但对于一些小尺寸的嵌入式应用，超声波传感器的尺寸还是过大。

（7）不能在真空中使用。由于超声波是机械波，其传播必须依靠某种介质，因此超声波传感器不能在真空中工作。

5.4.5 超声波传感器的选型

超声波传感器系统包含脉冲产生器、换能器（Transducer）、模拟终端、模数转换器、数字信号处理器、控制单元等模块。脉冲产生器用来提供脉冲电信号。换能器用来将电信号转换为超声波或将超声波转换为电信号。模拟终端主要为驱动换能器提供基础服务，包括利用脉冲电信号驱动换能器产生超声波、接收信号的滤波和放大等。由于超声波传感器接收超声波并转换为电信号后，电信号为模拟信号。因此，需要一个模数转换器将模拟信号转换为数字信号。数字信号处理器主要用来对信号进行整形。控制单元主要负责整个收发流程的控制。根据不同的应用场景，可以定制化地设计超声波传感器，使其满足特定应用的指标要求。尽管超声波传感器系统包含多个模块，但其最根本的模块是换能器。超声波传感器的整体性能好坏严重依赖于换能器的选择。超声波传感器的定制，也主要是定制换能器。下面我们讨论超声波传感器可定制的几个关键方面。

1. 封装类型

根据超声波传感器是否已经封装，可将其分为封闭式（Closed-top）传感器和开放式（Open-top）传感器。封闭式传感器将换能器及电路进行整体封闭式处理，使其免受雨雪、灰尘、雾霾等污染物的破坏，以便于在恶劣环境中工作。开放式传感器正好相反，其换能器和电路裸露在外。除了节省成本，开放式传感器通过一个较小的驱动电压，就可以达到最大的声压水平（Sound Pressure Level, SPL）。

2. 结构类型

根据超声波传感器的发射器和接收器是否独立，可将超声波传感器的结构分为单体结构和双体结构。

（1）在理论分析时，超声波传感器的发射器（Transmitter）和接收器（Receiver）被抽象为同一个点。然而，超声波传感器包含发射器和接收器两个功能部件。如果收发功能由换能器一并承担，那么称这种超声波传感器的结构为单体结构。比如，一些超声波传感器采用压电传感器（Piezoelectric Tranducer）来作为换能器，实现发射器和接收器的合并。因为压电传感器既能将电信号转换为机械振动，也能将机械振动转换为电信号，从而可以兼任超声波发射器和接收器两个角色。

单体结构的超声波传感器的优点是结构简单、成本低、尺寸小。然而，单体结构的超声波传感器也有一个缺点，即存在感知盲区（Blind Zone/Dead Zone）。感知盲区主要是由超声波的振铃效应造成的。振铃效应（Ringing Effect）是指输出信号在输入信号快速转换的边缘附近出现具有一定衰减速度的振荡。对于超声波传感器，其通常利用一个脉冲电信号激发换能器来输出超声波。由于脉冲信号是一个剧烈变化的信号（先从零到高振幅，再从高振幅直接变为零），因此输出的超声波在脉冲信号时间窗外会产生一个连续振荡，这个连续振荡所占的时间窗口，被称为振铃时间窗口（Ringing Window）。如图 5.11(a) 所示，发射时间窗口是指脉冲所占的时间长度。如果传感器和目标的距离很近，那么回波信号返回到传感器所需的时间就会很短，就可能在振铃时间窗口到达换能器，如图 5.11(b) 所示。在这种情况下，回波信号就会和振荡信号重合，使得换能器不能区分回波信号，造成测量失败。如果传感器和目标的距离足够远，那么回波信号返回到传感器所需的时间大于振铃时间窗口，就会出现图 5.11(c) 的情况。在这种情况下，回波信号可以被正常区分，能实现精确测距。

可以看出，单体结构超声波传感器存在一个最小感知范围（Minimum Sensing Range），这个范围的大小和振铃时间窗口成正比。换句话说，只要从发射超声波到接收到回波所用的时间小于振铃时间窗口，回波信号都不能被区分，造成测量失败。因此，将振铃时间窗口的长度（时间长度），代入式 (5.5)，就可以估计出最小感知范围。最小感知范围内就是单体结构超声波传感器的感知盲区。通过特殊处理，我们可以缩小最小感知范围。

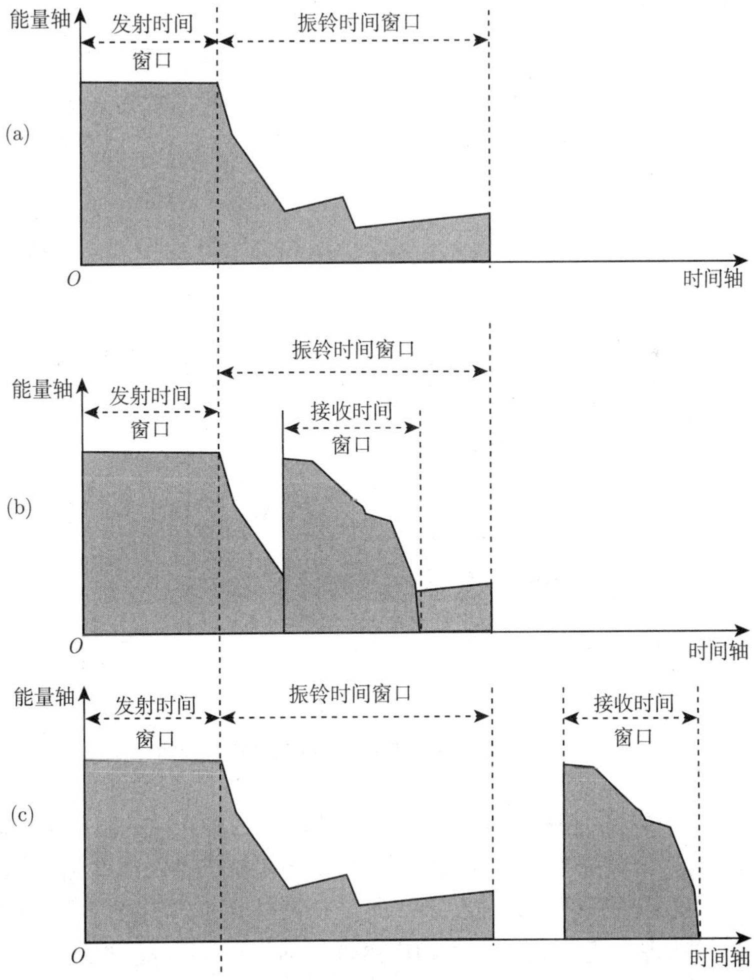

图 5.11　单体结构超声波传感器振铃效应示意图

（2）如果应用场景不希望有感知盲区，或者应用场景属于短距离测量，那么单体结构超声波传感器就不能胜任了。为了解决这个问题，可以采用双体结构。如果发射器和接收器分别由两个单独的换能器实现，那么称这种超声波传感器的结构为双体结构。由于收发均由单独的换能器承担，不存在振铃衰减问题，所以也就没有感知盲区。

然而，双体结构也有它自身的缺陷，其尺寸相对较大，成本较高，并且需要额外的标定。图 5.12展示了双体结构超声波传感器测距示意图。可以看出，由于双体结构超声波传感器的发射器和接收器存在一定偏移，其测量的距离要比实际距离大。因此，在设计双体结构超声波传感器时，收发两个换能器应尽可能近地被并排放置在一起。只有将收发模组排列得尽可能近，从发射器到障碍物的超声波和从障碍物反射给接收器的超声波之间的夹角才能尽可能小，从而减小测量误差。为了进一步减小测量误差，双体结构超声波传感器通常需要事先标定收发换能器，这增加了额外成本。

3. 超声波频率

超声波有一个性质，即超声波在传播过程中跨越不同介质时，其传播特性和传播速度会发生变化，这也是超声波测距的基础。为了便于讨论，我们首先定义一个概念，即声阻抗（Acoustic Impedance）。假设某种传播介质的密度为 ρ kg/m^3，超声波在该介质中的传播速度为 v m/s，那么超声波在该介质中的声阻抗 z 为

$$z = \rho \times v \tag{5.6}$$

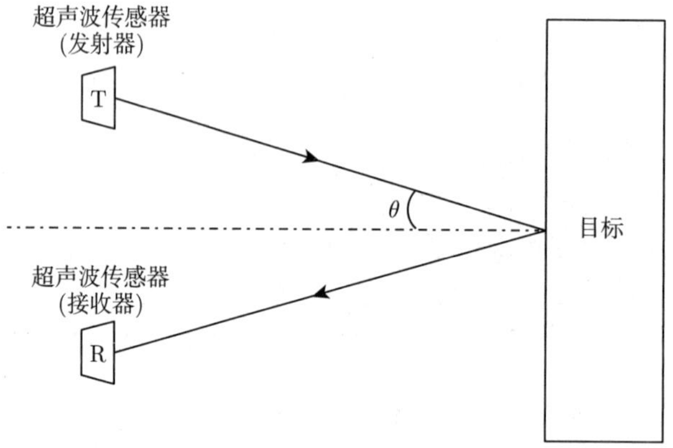

图 5.12　双体结构超声波传感器测距示意图

当在某种介质中传播的超声波遇到另一种介质时，两种介质的声阻抗不同（也称声阻抗不匹配），造成超声波传播特性的变化。两种介质声阻抗的不匹配度越高，越容易在分界面处发生反射（无论是从哪种介质射入分界面）。从两种介质声阻抗的不匹配度，我们可计算出反射率。假设两种不同介质 i 和 j 的声阻抗分别为 z_i 和 z_j，并且超声波从介质 i 垂直入射到介质 j，那么超声波能量被介质 j 反射的比例（反射率）为

$$R_{ij} = \frac{(z_j - z_i)^2}{(z_j + z_i)^2} \tag{5.7}$$

可以看出，两种介质声阻抗的不匹配度越高，超声波能量被反射回来的比例越高，能量损失越小。另外，从式 (5.7) 可以看出，$R_{ij} = R_{ji}$，即无论是从介质 i 到 j，还是从介质 j 到 i，反射率相同。

我们知道，空气的密度要远小于液体和固体，并且超声波在液体和固体中的传播速度要远大于在空气中的传播速度。这使得超声波在空气中的声阻抗远小于在液体和固体中的声阻抗，也使得空气介质和液体、固体介质之间的反射率很大。因此，当在空气中传播（空气作为传播介质）的超声波遇到液体或固体（障碍物）时，无论液体或固体是什么颜色、是否透明、是什么形状，超声波都会以较小的能量损失被反射回来。

一般情况下，确定频率后，超声波传感器以此频率为中心频率产生正弦波或方波来驱动换能器。频率是超声波传感器定制的一个重要选项。超声波随频率的变化，会产生不同的特性。首先，超声波随频率的升高，在空气介质中传播时能量衰减越快。换句话说，发射功率相等的超声波，频率越高，其能量在空气中衰减到不可用水平时，行进的距离越短。因此，在以空气作为传播介质的应用中，超声波传感器使用的频率被限制在 500kHz 以下，通常为 23~500kHz。这意味着，高频的超声波只适合进行短距离探测。对于长距离探测应用，一般选用 23~80kHz 的低频超声波。对于以液体或固体作为传播介质的应用场合，如水下探测，超声波随频率升高导致的信号衰减并不像在空气介质中那么快，所以可以采用 MHz 级的频率。

其次，对于单体结构超声波传感器，随着超声波频率的升高，其抑制振铃效应的能力越强。这意味着，单体结构超声波传感器使用的超声波频率越高，其最小感知范围越小，越适合超短距离探测应用。比如，对于油箱的液体位面检测应用，其对最大可探测距离要求不高（一般油箱深度不超过 1m），但对最小可探测距离有较高要求（否则不知道油箱是否加满油），因此可采用高频超声波，如可采用频率为 1MHz 的超声波。

最后，随着超声波（任何其他波也一样）频率的升高，波的指向性越强，波的能量也容易集中在一个更小的范围内。这意味着，超声波传感器使用的超声波频率越高，其在某个固定距离上的空间分辨率越高。

简而言之，超声波的频率越高，其指向性越强，可探测空间分辨率越高，传播衰减越快，可探测距离越小。

5.4.6　超声波传感器的应用

超声波传感器已经出现了几十年，并被广泛应用。尽管很多新型的、精度更高的传感器被设计出来，但由于超声波传感器的低造价、低功耗、高可靠性、高灵活性、易应用、易部署等特点，其依然被广泛应用。根据所采用测量原理的不同，超声波传感器应用可以分为三大类。

1. 距离测量（Ranging Measurement）

距离测量的目标是测量超声波传感器到待检测目标的距离，其主要是基于 TOF 原理来实现的。超声波传感器通过记录发射超声波脉冲的时间和超声波脉冲被目标反射后被接收器接收到的时间之差，来计算超声波传感器到目标的距离。需要注意的是，在超声波被发射出去后，超声波传感器有一个等待时间窗，如果在等待时间窗之内没有接收到反射超声波能量，就会丢弃本次测量，进行下一次发射。

采用超声波传感器进行距离测量的应用包括超声波辅助停车、机器人的遮挡物避碰、油箱的液体位面检测等。

2. 接近检测（Proximity Detection）

接近检测的目标是判断是否有目标在接近传感器。从直觉上说，我们可以通过基于 TOF 原理的超声波连续测距来获得传感器和目标之间距离随时间的变化情况，进而判断目标是否在接近传感器。事实上，在实际应用中，基于超声波传感器的接近检测，通常通过检测超声波特征的显著变化来判断目标是否在接近传感器，这比距离度量更可靠。换句话说，基于超声波传感器的接近检测依靠的不是 TOF 原理，而是超声波特征的显著变化原理。

采用超声波传感器进行接近检测的应用包括机器人执行的边缘检测、辅助停车过程中的障碍物检测、车辆检测、行人检测等。

3. 表面类型检测（Surface Type Detection）

表面类型检测的目标是判断待检测目标的表面类型。基于超声波传感器的表面类型检测主要利用超声波原始回波的强度来进行表面类型判断。这里的表面类型主要是指柔软度。根据超声波的特性，当超声波遇到较硬的物体表面（如硬木地板、墙面、钢板等）时，其更容易被反射回来，并且能量损失较小，这样接收器就接收到一个更强的回波信号。与之相反，当超声波遇到比较柔软的物体表面（如沙发、地毯、泡沫等）时，其更容易被吸收，反射回来的信号强度就会更小。通过分析超声波回波的信号强度，我们可以判断待检测目标的表面类型。需要注意的是，物体表面类型是否柔软是一个相对的概念，需要在比较中确定。在判断不同目标表面的柔软度时，一个前提假设是这些目标和传感器的距离是相等的。如果这个假设不成立，那么检测就没有意义。比如，将沙发放在距离传感器较近的位置，而将钢板放在距离传感器较远的位置，传感器从钢板接收到的回波信号有可能比从沙发接收到的回波信号弱。

采用超声波传感器进行表面类型检测的应用包括除草机器人的草坪检测、家庭机器人的地板检测等。

5.5 可见光相机

可见光相机（Camera）是一种成像设备，其响应和收集位于 400~700nm 波段的可见光电磁波，并将其转换为可测量的电信号，进而通过信号处理技术将电信号转换为图像或视频流。可见光图像传感器可响应的电磁波频段和人眼可感知的光谱频段一致，配合光学镜头等器件，可实现人类视觉图像的模拟和复现。

5.5.1 可见光相机模组

机器人所用的可见光相机不是一个单纯的感光器件，而是一个嵌入式摄像头模组，通常包含镜头组件、可见光图像传感器和数字接口。可见光相机基本模组如图 5.13所示。镜头组件（Lens Component）是由一系列凸透镜构成的，主要用于光线的汇聚，将光线引导至可见光感光器件（可见光图像传感器），使可见光感光器件能够获得待感知目标清晰的影像结构。可见光图像传感器（Image Sensor）是可见光相机的核心部件，其本质上是可见光探测器，将可见光电磁波转换为可测量的电信号。数字接口是可见光相机与外部连接的接口，实现控制信号的输入和感知电信号的输出。

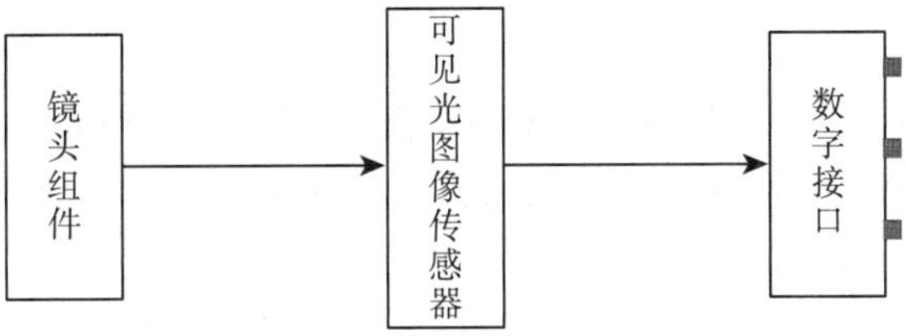

图 5.13 可见光相机基本模组

事实上，随着技术水平的提升，可见光相机模组集成的器件越来越多，其功能也越来越强大。如图 5.14所示，很多可见光相机模组还集成了图像信号处理器（Image Signal Processor，ISP）、单片系统（System on a Chip，SoC，也称片上系统、系统级芯片）、随机存储器（Random Access Memory，RAM）、只读存储器（Read-Only Memory，ROM）、音频编解码器（Audio Codec）等，可以在相机端实现简单计算。

这个嵌入式摄像头模组主要用于在移动设备中采集照片、视频等数据。相比于激光雷达传感器等，可见光相机价格低廉，对环境和目标感知的细节呈现能力强，其在机器人领域应用非常广泛。比如，在无人驾驶汽车上就有大量可见光相机，实现 360° 立体环境监测。

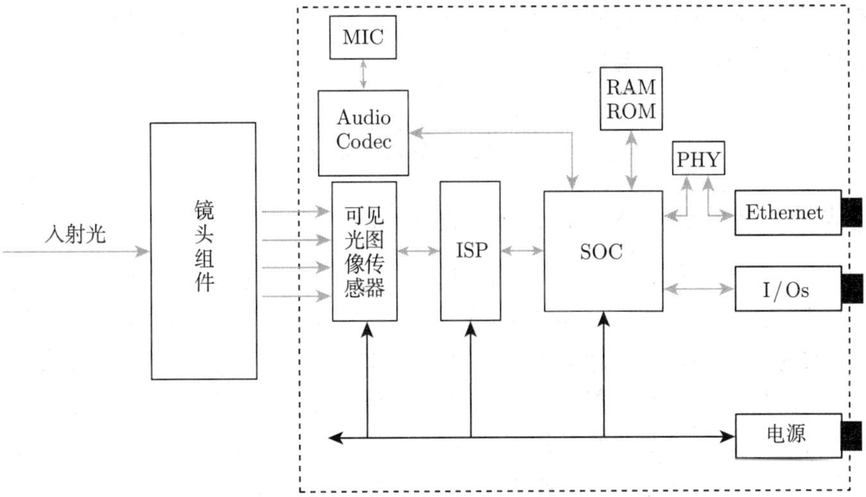

图 5.14 可见光相机典型模组

5.5.2 可见光图像传感器

可见光图像传感器是一种光电转换器件，其将入射光（光子）转换为可以查看、分析或存储的电信号。可见光图像传感器芯片包含光敏器件、微透镜和微电子元件。

可见光图像传感器接收通过透镜或其他光学系统聚焦的入射光（光子）。根据传感器类型是 CCD（Charge Coupled Device，电荷耦合器件）还是 CMOS（Complementary Metal Oxide Semiconductor，互补金属氧化物半导体器件），来决定输出电压还是数字信号。CMOS 传感器将光子转换为电子，然后将电子（电荷）转换为电压，然后使用片上模数转换器（ADC）进行数字化。CCD 传感器同时启动和停止所有像素的曝光，属于全局快门。CCD 将该曝光电荷传递到水平移位寄存器，然后将其发送到浮动扩散放大器。

可见光图像传感器（不是红外线、紫外线或 X 射线）有两种主要类型：彩色和单色。单色传感器没有滤色器，每个像素对所有可见光波长敏感。彩色传感器具有额外的层，即滤色器层，其位于微透镜以下，吸收不希望的颜色波长，使每个像素对特定颜色波长敏感。目前，常用的滤色器阵列是拜耳滤波器图案，它采用 50%绿色、25%红色和 25%蓝色阵列。虽然大多数彩色摄像头使用拜耳滤波器图案，但还有其他滤波器图案，它们采用不同的颜色布置和 RGB 组合方式。

可见光图像传感器的尺寸是衡量传感器性能的一个重要指标。一般来说，可见光图像传感器的尺寸是由其感光面对角线长度来衡量的。比如，1/3 英寸的可见光图像传感器是指其对角线的长度是 1/3 英寸。可见光图像传感器的尺寸决定了传感器的分辨率（像素点个数）和像素尺寸。尺寸大的传感器具有更高的分辨率或更大的像素。当可见光图像传感器的尺寸固定时，其分辨率和像素尺寸成反比。分辨率越高，像素尺寸越小，反之则相反。可见光图像传感器成像的效果还和像素尺寸有密切关系。像素尺寸以微米（μm）测量，包括光电二极管和周围电子器件的整个区域。通常，较大的像素尺寸能更好地提高光敏性，因为光电二极管的面积更大，可以接收更多光线。如果可见光图像传感器的尺寸不变，那么提高分辨率则必须减小像素尺寸，这会降低传感器的灵敏度。通过像素结构的改进、降噪技术和图像处理技术可以缓解这一问题。

5.6 激光雷达传感器

5.6.1 激光雷达传感器的定义及激光雷达的分类

激光雷达（Light Detection and Ranging，LiDAR）传感器是一种采用激光束来探测目标的距离、方位、速度、形状等信息的装置。激光雷达通过发射激光束照射待测目标，并通过记录从发射器发射激光束到接收器接收到激光束遇到目标遮挡而反射回来的回波之间的时间差，来测量传感器发射器与目标之间的距离。由于激光雷达测量精度很高，可以通过分析目标表面的回波强度、频率和相位等信息，精确地获取目标的三维结构信息。

激光雷达的主要优点是它可以提供大范围的精确定位，而且速度快，可以以其他方式无法实现的速度和一定程度的细节收集信息。激光雷达有多种类型。按激光雷达的测距原理和激光波形来分类，激光雷达可以分为飞行时间（TOF）激光雷达、调幅连续波（AMCW）激光雷达和调频连续波（FMCW）激光雷达。按激光雷达的扫描方式来分类，激光雷达可以分为机械旋转式激光雷达、半机械式激光雷达和纯固态激光雷达。

5.6.2　激光雷达的测距方法

目前，激光雷达测距主要基于 4 种原理，从而有 4 种测距方法，即基于三角测距法、基于 TOF 测距法、基于 AMCW 测距法和基于 FMCW 测距法。

1. 基于三角测距法

三角测距法是一种根据三角几何原理来实现距离测量的方法。首先，激光雷达发射一个激光束到达被探测目标表面，激光束被目标表面反射，反射信号被一个光探测器（可以是面阵探测器，也可以是线阵探测器）捕获并记录成像位置；其次，利用激光发射器、被探测目标、透镜中心、成像位置所形成的三角关系，以及焦距、像距、发射器与透镜中心的距离等已知数据，可根据三角几何原理计算出发射器到被探测目标的距离。

基于三角测距法的激光雷达具有突出的优点。首先，原理简单，成本低，基于三角测距法的激光雷达不需要精密的时钟电路和极窄脉宽激光发射器，只需要普通发射器和普通的 CCD 光探测器即可实现目标距离探测；其次，在短距离探测应用场景中，其测距精度高。

然而，这类激光雷达也有突出的缺点。首先，在进行长距离探测时，利用三角几何原理进行计算会导致测量误差急剧变大；其次，在环境光线比较强或直射情况下，被探测目标反射的激光束容易被干扰，导致 CCD 光探测器不能捕获反射激光束，使探测失效。

2. 基于 TOF 测距法

图 5.15展示了 TOF 激光雷达测距（基于 TOF 测距法）原理示意图。TOF 激光雷达发射窄激光脉冲，并测量该脉冲从发射到遇到目标反射回传感器所需的时间，利用这个时间间隔和激光在介质中的传播速度来实现距离测量。以下为计算公式：

$$d = \frac{v \times t}{2} \tag{5.8}$$

式中：t 为发射器发射激光到接收器接收到回波的时间间隔；v 为激光在介质中的传播速度，$v = c/n$，c 为光速，n 为介质的折射率，在空气介质中，n 约为 1。

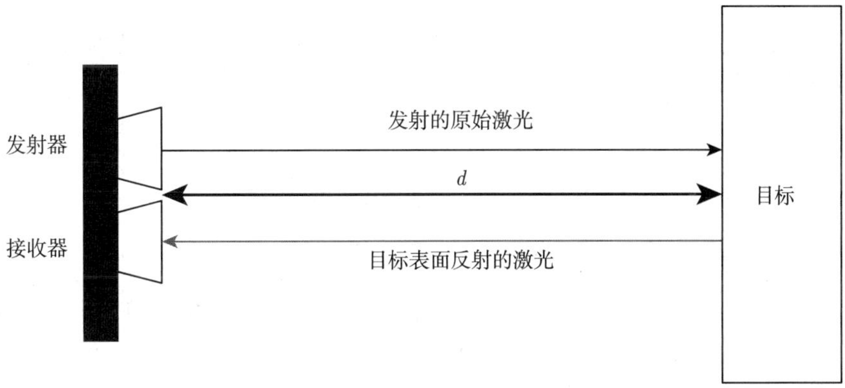

图 5.15　TOF 激光雷达测距（基于 TOF 测距法）原理示意图

可以看出，TOF 激光雷达和超声波传感器的测距原理是一样的，都基于 TOF 原理。事实上，二者的区别很大。首先，频率不同。超声波传感器发射的是超声波，其本质上是一种机械波，而大多数激光雷达发射的是红外线，是一种电磁波。激光雷达所使用的红外电磁波的频率要远高于超声波的频率，这意味着激光雷达光束的方向性很好，单束激光传播较长距离形成的扩散面积较小，激光雷达的空间分辨率高。这意味着，其可以在较长距离区分小目标。其次，传播速度不同。激光雷达采用的是电磁波，其在空气中的传播速度接近光速，接近 30 万 km/s。与之对比，超声波采用的是声波，其传播速度为 340m/s 左右。由于激光脉冲的飞行速度很快，激光脉冲从发射到遇到目标再返回到光探测器的飞行时间很短，所以需要一个非常精密的时钟电路来快速响应和捕获激光回波。另外，基于 TOF 测距法的激光雷达发射的是离散激光脉冲，即发射器发射的是一束时间极短的激光，这就要求设计脉宽极窄的激光发射电路。事实上，设计和开发 TOF 激光雷达高精密时钟电路和激光发射电路的门槛很高，导致开发成本很高，进而使得 TOF 激光雷达的价格高昂。基于 TOF 测距法的激光雷达是目前市场上主流的产品，其通常能达到百米级的探测距离。

正如上所述，基于 TOF 测距法的激光雷达需要发射脉宽极窄的离散激光脉冲，并且需要直接地、精确地测量激光脉冲的飞行时间，这给激光雷达设计带来了很大挑战。那么，是否可以发射连续的红外电磁波？是否可以以一种相对简单的方法间接地测量激光的飞行时间？为此，出现了两种其他测距方法，即基于 AMCW 测距法和基于 FMCW 测距法。

3. 基于 AMCW 测距法

基于调幅连续波（Amplitude Modulated Continuous Waveform，AMCW）测距法也称相位法，其核心思想是通过发射激光波形与回波波形的相位偏移来间接地获得激光从发射器发射到遇到目标再返回到接收器的时间，从而获得激光雷达到目标的距离。和 TOF 激光雷达不同，AMCW 激光雷达发射的是连续周期信号，如正弦波信号。为了清晰地说明基于 AMCW 测距法原理，我们以连续激光正弦波信号为例，介绍一下连续激光正弦波的频率 f 与相位 ϕ 的关系。我们知道，周期性电磁波的频率 f 与其周期 T 的关系为

$$f = \frac{1}{T} \tag{5.9}$$

对于连续激光正弦波信号，它的一个完整周期的相位变化为 2π，如图 5.16所示。

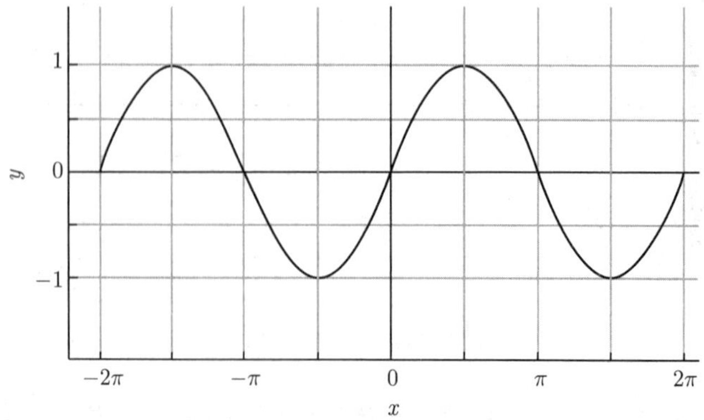

图 5.16　正弦波信号示意图

在图 5.16 中，x 轴表示相位变化，y 轴表示振幅变化。可以看出，正弦波信号相位变化的快慢与周期 T 成反比，即一个周期所用时间越短，相位变化越快。相位 ϕ 与周期 T、频率 f、时间 t 的关系为

$$\phi = 2\pi ft = 2\pi\frac{t}{T} \tag{5.10}$$

如图 5.17所示，采用激光正弦波作为 AMCW 激光雷达的光源，发射器发射正弦波后，正弦波遇到目标被目标表面反射，反射波被接收器接收。发射和接收有一个时间差，导致接收的正弦波和发射的正弦波有一个相位差 $\Delta\phi$。

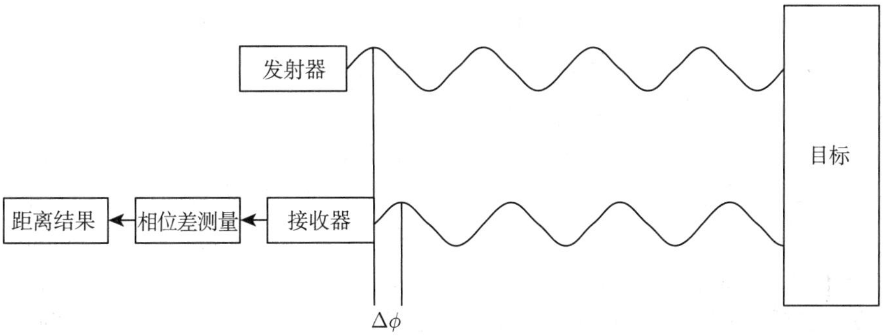

图 5.17 AMCW 激光雷达测距（基于 AMCW 测距法）原理示意图

由式 (5.10) 可得

$$\Delta\phi = 2\pi f\Delta t \tag{5.11}$$

利用鉴相器，我们可以测量出这个相位差，进而可以从测量的相位差推算出激光正弦波的飞行时间：

$$\Delta t = \frac{\Delta\phi}{2\pi f} \tag{5.12}$$

进一步，可以获得激光雷达到目标的距离:

$$d = \frac{c}{2}\Delta t = \frac{c\Delta\phi}{4\pi f} \tag{5.13}$$

需要注意的是，由于鉴相器能测量的相位差范围为 $[0, 2\pi]$，即一个周期 T 所涵盖的相位。因此，如果激光正弦波的飞行时间超过一个 T，那么就不知道真实相位差是测量的 $\Delta\phi$ 还是 $n\times 2\pi + \Delta\phi$，就会导致所谓的测距模糊。通常，AMCW 激光雷达的精确测距范围不超过一个波长，即激光在一个周期 T 内飞行的距离，并且受发射功率的约束。由于激光正弦波的波长 λ 和周期 T 成正比，和频率 f 成反比，所以 AMCW 激光雷达的精确测距范围与其所采用连续激光正弦波的频率成反比，即调制频率越高，可探测距离越小。然而，AMCW 激光雷达的测量精度与所采用的调制频率成正比，即调制频率越高，测量精度越高。这就在获取较大可探测距离与更高测量精度之间产生了矛盾。为了解决这一矛盾，设计者会精心选择调制频率，通常选择几十 MHz 频段。另外，也会利用多频段技术，实现可探测距离和测量精度的平衡。

由于 AMCW 激光雷达采用周期性连续激光作为光源，并且利用鉴相器测量相位差来间接地获得激光的飞行时间，所以其不需要脉宽极窄的激光发射电路和高精密时钟电路，使得开发成本显著降低。而且，由于 AMCW 激光雷达发射的是连续波，其在进行长距离探测时，需要发射较大功率的激光，容易对人眼造成伤害，所以通常进行 100m 以下的探测。另外，为了获得相位差，通常需要使接收器采集完一个完整的周期信号，这导致探测反应时间变长，降低了探测效率并减少了单位采样点个数。

4. 基于 FMCW 测距法

TOF 激光雷达通过高精密时钟电路来直接测量发射信号和回波信号的时间差，AMCW 激光雷达通过鉴相器测量发射信号和回波信号的相位差来间接获得时间差。除此之外，我们还可以利用频率检测器测量发射信号和回波信号的频率差来间接获得时间差，这就是基于调频连续波（Frequency Modulated Continuous Wave，FMCW）测距法的原理。和 AMCW 激光雷达类似，FMCW 激光雷达朝向目标连续发射激光信号，同时保存一路发射信号作为参考信号。当发射的激光信号从目标反射回传感器时，其信号波形本质上应该和参考信号波形一致，只是在时间轴上产生一个偏移，这个时间偏移就是雷达发收的时间间隔。如果已知这个时间间隔，那么就可以直接计算出激光雷达到目标的距离。如果我们能直接记录激光信号从发射到反射回来的时间间隔，那么就是 TOF 原理了。FMCW 激光雷达使用不同的方式来获得这个时间间隔。它并不直接测量这个时间偏移，而是通过测量反射信号和参考信号在时间轴上的频率偏移来获得时间偏移，进而获得激光雷达到目标的距离。FMCW 激光雷达工作流程示意图如图 5.18所示。

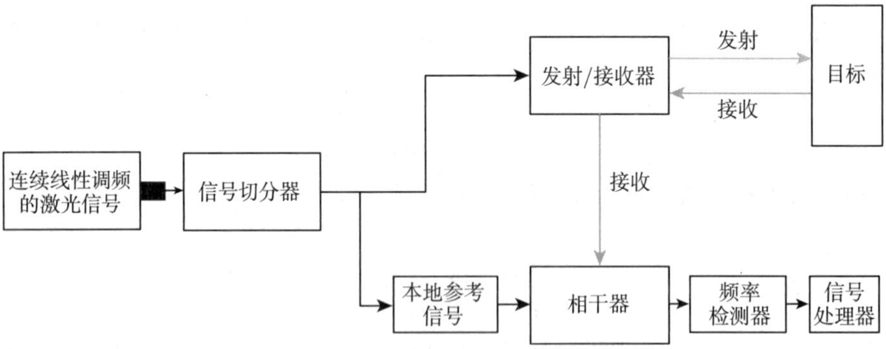

图 5.18　FMCW 激光雷达工作流程示意图

和 AMCW 激光雷达不同，FMCW 激光雷达发射的是连续线性调频的激光信号，即激光信号的频率随时间线性变化。原始的连续线性调频的激光信号被信号切分器一分为二，一路被发射器发射出去来探测目标，另一路被保存在本地作为参考信号。当发射的激光信号被目标反射回来后，输入到相干器和本地参考信号进行相干解调，解调出的信号输入到频率检测器进行频率检测，最后利用信号处理器进行处理。

当目标和激光雷达静止不动，或者目标和激光雷达都运动但相对运动为零时，朝向目标连续发射线性调频的激光信号，从目标反射回的激光信号的频率不发生变化，与参考信号一致，只是在时间轴上产生一个偏移，这就是雷达发收的时间间隔。如图 5.19所示，我们以线性调频的三角波激光信号为例，展示发射信号与回波信号的关系。黑色波形为发射信号（或本地参考信号），也称发射波（或本地参考波）；灰色波形为反射信号（回波信号），也称反射波。事实上，发射信号还可以采用其他线性调频的激光信号，如锯齿波激光信号。为了便于讨论，我们分别在发射波上升沿的 t_{11} 时刻和下降沿的 t_{21} 时刻选一个参考点。因为发射波是按一定规律发射的，所以发射波在 t_{11} 和 t_{21} 时刻的频率是已知的。经过一定的时间间隔，如果发射波被目标反射回来，那么反射波和发射波的波形将保持一致，仅仅整体向右延迟一个时间间隔，这个时间间隔就是我们要求解的未知量。假设发射波在 t_{11} 和 t_{21} 时刻波形分别在 t_{12} 和 t_{22} 时刻返回，那么我们可以利用频率检测器测量出 t_{12} 和 t_{22} 时刻反射波的频率和发射波的频率。从图 5.19 得到如下关系：

$$\begin{aligned}&\Delta f_1 = \Delta f_2\\&\Delta t_1 = t_{12} - t_{11}\\&\Delta t_2 = t_{22} - t_{21}\\&\Delta t_1 = \Delta t_2\end{aligned} \tag{5.14}$$

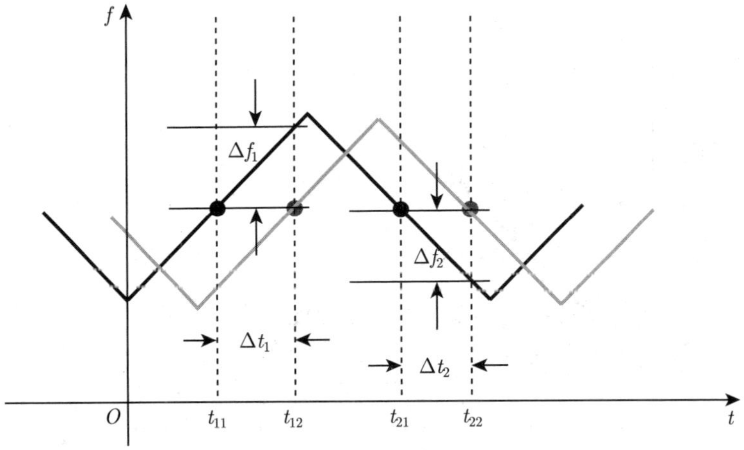

图 5.19　相对静止状态下 FMCW 激光雷达测距（基于 FMCW 测距法）原理示意图

利用图 5.19 中的三角关系，可得

$$k = \frac{\Delta f_1}{\Delta t_1} = \frac{\Delta f_2}{\Delta t_1} \tag{5.15}$$

式中：k 为三角波上升沿的斜率，表示单位时间上升沿的频率变化；Δf_1 表示在 t_{12} 时刻发射波频率与反射波频率之差，t_{12} 表示 t_{11} 时刻的激光返回到接收器的时刻；Δf_2 表示在 t_{22} 时刻发射波频率与反射波频率之差，t_{22} 表示 t_{21} 时刻的激光返回到接收器的时刻。需要注意的是，t_1 时刻发射的激光在 t_2 时刻返回，当目标静止不动时，t_1 时刻发射的激光频率和 t_2 时刻返回的激光频率是一样的。

由式 (5.15) 和式 (5.13) 可以得出距离公式：

$$\begin{aligned} d &= \frac{c\Delta t_1}{2} = \frac{c\Delta t_2}{2} \\ &= \frac{c\Delta f_1}{2k} = \frac{c\Delta f_2}{2k} \\ &= \frac{c(\Delta f_1 + \Delta f_2)}{4k} \end{aligned} \tag{5.16}$$

式中：k 为已知量；Δf_1 和 Δf_2 可以通过频率检测器测量获得。

当目标和激光雷达的相对运动不为零时，且目标相对于激光雷达以速度 v 远离激光雷达，那么根据多普勒效应，发射波的波形保持不变，但不仅在时间上有一个偏移，还在频率上有一个偏移，且是向下偏移，如图 5.20所示。从图 5.20 得到如下关系：

$$\begin{aligned} &\Delta f_1 > \Delta f_2 \\ &\Delta t_1 = t_{12} - t_{11} \\ &\Delta t_2 = t_{22} - t_{21} \\ &\Delta t_1 = \Delta t_2 \end{aligned} \tag{5.17}$$

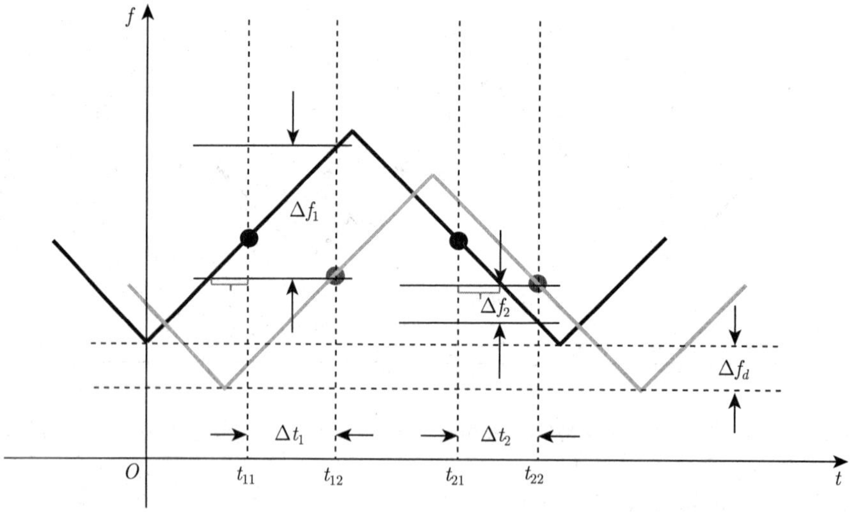

图 5.20　相对运动状态下 FMCW 激光雷达测距（基于 FMCW 测距法）原理示意图

利用图 5.20 中的三角关系，可得

$$k = \frac{\Delta f_1}{\Delta t_1 + \epsilon} = \frac{\Delta f_2}{\Delta t_2 - \epsilon} \tag{5.18}$$

式中，ϵ 表示时间轴上的一个偏移常数。因为 k 已知，将式 (5.18) 中右侧两项分子和分母对应项相加，可得

$$\Delta t_1 = \Delta t_2 = \frac{\Delta f_1 + \Delta f_2}{2k} \tag{5.19}$$

将式 (5.19) 代入式 (5.13) 可得

$$d = \frac{c(\Delta f_1 + \Delta f_2)}{4k} \tag{5.20}$$

另外，利用多普勒效应，FMCW 激光雷达还可以获得目标的相对运动速度，即

$$v = \frac{|\Delta f_1 - \Delta f_2|\lambda}{2} \tag{5.21}$$

FMCW 激光雷达发射一个连续的激光束，频率随时间稳定地发生变化。源激光束的频率在不断变化，激光束传播距离的差异会导致频率的差异，将回波信号与本地参考信号混频并经低通滤波后，得到的差频信号是激光束往返时间的函数。FMCW 激光雷达不会受到其他激光雷达或太阳光的干扰且无测距盲区，还可以利用多普勒频移测量目标的速度和距离。FMCW 激光雷达的概念并不新颖，但是面对的技术挑战较多，如发射激光的线宽限制、线性调频脉冲的频率范围、线性脉冲频率变化的线性度，以及单个线性调频脉冲的可复制性等。

5.6.3 激光雷达系统的组成

如图 5.21所示，激光雷达系统主要包含两大子系统，即激光测距子系统和扫描子系统。激光测距子系统主要用于估计激光光源与目标反射面之间的距离。扫描子系统主要通过改变激光测距子系统激光的方位角度和垂直角度来扩大感知视场。激光测距子系统主要包含控制器和信号处理器、激光发射器（Tx）、光探测器（Rx）、Tx 光学系统、Rx 光学系统。首先，控制器控制激光发射器发射激光脉冲，并通过 Tx 光学系统将激光发射至目标；其次，光探测器通过 Rx 光学系统接收目标反射回来的激光，将光信号转换为电信号；最后，信号处理器将接收到的电信号进行放大和模数转换，并进一步处理，从而获得目标到激光雷达的距离。如果激光测距子系统每次只发射单线激光束，那么激光测距子系统仅能获得目标单点到激光雷达的距离。如果激光测距子系统每次同时发射多线激光束，那么激光测距子系统可以获得目标表面的形态、物理属性等。无论是单线激光测距子系统还是多线激光测距子系统，其感知的范围是固定且有限的。为了扩大激光雷达的感知视场，通常需要配合使用扫描子系统。接下来，我们将重点介绍激光雷达系统的激光光源、光探测器及扫描子系统（以下简称扫描系统）。

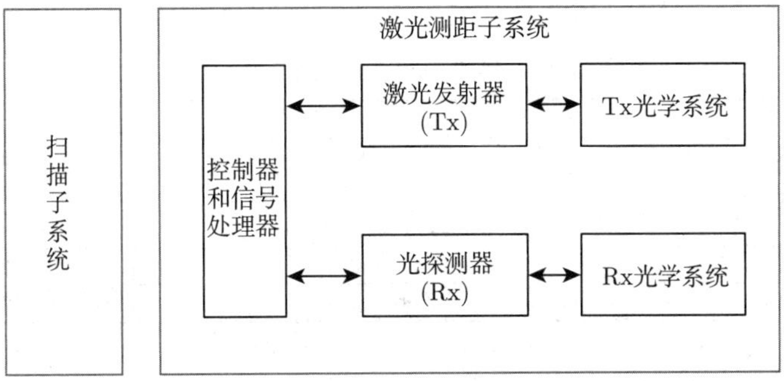

图 5.21 激光雷达系统的组成结构图

5.6.4 激光光源

对激光雷达系统来说，一个重要的功能组件是激光光源。通常，激光雷达采用红外电磁波作为激光光源。我们知道，电磁波是指同相振荡且互相垂直的电场与磁场在空间中以波的形式传播能量和动量，其传播方向垂直于电场与磁场的振荡方向。描述电磁波的一个很重要的物理参数是频率。频率是指波在单位时间内完成周期性变化的次数，其国际单位制（SI）单位是赫兹（Hz）。若波每秒完成 1 次周期性变化，则其频率为 1Hz。按照波长的长短，从长波开始，电磁波可以分为无线电波、微波、红外线、可见光、紫外线、X 射线和伽马射线等。红外波段的电磁波是波长为 700nm～1mm 的电磁波。红外波段的电磁波可以进一步划分为若干子波段。事实上，不同的组织划分的方式有所不同，并且为每个子波段进行了单独命名，这样就导致人们经常混淆红外波段的概念。为此，我们将红外波段的常见划分方案进行总结，以便于理解。这里，我们仅讨论 4 种常见划分方案，即常规划分方案、国际照明委员会（CIE）划分方案、ISO 20473 划分方案和基于传感器响应范围的划分方案。

常规划分方案将红外电磁波划分为 5 个子波段，即近红外（Near Infrared, NIR）、短波红外（Short-Wavelength Infrared, SWIR）、中波红外（Mid-Wavelength Infrared, MWIR）、长波红外（Long-Wavelength Infrared，LWIR）、远红外（Far Infrared, FIR），如表 5.1 所示。国际照明委员会（CIE）划分方案将红外电磁波划分为 3 个子波段，即 IR-A、IR-B 和 IR-C，如表 5.2所示。ISO 20473 划分方案也将红外电磁波划分为 3 个子波段，即近红外（Near Infrared, NIR）、中红外（Middle Infrared, MIR）和远红外（Far Infrared, FIR），如表 5.3所示。上述 3 种划分方案的划分依据是红外电磁波的波长，其划分是连续的。除此之外，还可以基于传感器的响应范围进行划分，如表 5.4所示。尽管这种划分方案和常规划分方案十分相似，并且子波段的名称也大体对应，但其划分依据有本质区分。常规划分方案的划分依据是红外电磁波的波长，而基于传感器响应范围的划分方案的划分依据是红外感应器件对红外电磁波的响应范围。比如，近红外（NIR）波段的划分依据是从人眼可响应频率极限到基于硅材料的光电二极管可响应截止频率。由于传感器对红外波段的响应范围有限，并且红外电磁波存在大气窗口，所以基于传感器响应范围的划分方案对红外电磁波的划分是不连续的。这里，红外电磁波大气窗口（Infrared Electromagnetic Wave Atmospheric Window）是指不易被水、二氧化碳、氧气等吸收的波段窗口。当我们为激光雷达选择红外激光脉冲波段时，应选择落入红外电磁波大气窗口之内的波段。

表 5.1　红外电磁波的常规划分方案

名　称	波　长	频　率
近红外（NIR）	750～1400nm	214～400THz
短波红外（SWIR）	1400～3000nm	100～214THz
中波红外（MWIR）	3000～8000nm	37～100THz
长波红外（LWIR）	8000～15000nm	20～37THz
远红外（FIR）	15000～1000000nm	0.3～20THz

表 5.2 红外电磁波的国际照明委员会（CIE）划分方案

名 称	波 长	频 率
IR-A	700～1400nm	214～428THz
IR-B	1400～3000nm	100～214THz
IR-C	3000～1000000nm	0.3～100THz

表 5.3 红外电磁波的 ISO 20473 划分方案

名 称	波 长	频 率
近红外（NIR）	780～3000nm	100～385THz
中红外（MIR）	3000～50000nm	6～100THz
远红外（FIR）	50000～1000000nm	0.3～6THz

激光雷达主要采用的红外激光光源为 850～950nm 的近红外（NIR）和 1550nm 的短波红外（SWIR），其中 NIR 905nm 和 SWIR 1550nm 的光源最常用。事实上，NIR 905nm 和 SWIR 1550nm 的光源各有优劣。NIR 905nm 激光雷达的特点如下：① 水吸收不明显，能够在恶劣天气条件下工作；② 对该波段响应较好的硅基光电二极管价格便宜；③ 在满足美国食品药品监督管理局（FDA）的人眼安全性标准和 IEC 60825 标准的前提下，最大允许功率低。与之对比，SWIR 1550nm 激光雷达的特点如下：① 水吸收明显，水吸收导致的信号衰减是 NIR 905nm 激光雷达的 4～5 倍，不适合在雨、雾、雪等恶劣天气条件下工作；② 对该波段响应较好的基于铟砷化镓（InGaAs）的光电二极管价格贵，不成熟，效率低；③ 在满足美国 FDA 的人眼安全性标准和 IEC 60825 标准的前提下，最大允许功率高，可探测更长距离。目前，基于 850～950nm 近红外线的激光雷达依然是主流激光雷达。

表 5.4 红外电磁波的基于传感器响应范围的划分方案

名 称	波 长	频 率
近红外（NIR）	700～1000nm	300～428THz
短波红外（SWIR）	1000～3000nm	100～300THz
中波红外（MWIR）	3000～5000nm	60～100THz
长波红外（LWIR）	8000～12000nm	25～37THz
甚长波远红外（VLWIR）	15000～30000nm	10～20THz

5.6.5 光探测器

传感器的核心功能是将感知到的环境信息通过自身转导机制转换为可量化的测量。对于激光雷达传感器，其实现转导的核心器件就是光探测器。光探测器是一种能够感应光或其他电磁能的设备，其包含具有光敏性的器件。当光探测器受到光子撞击，光敏器件就能产生响应，将电磁波转换为电信号。光敏器件的选择依赖于激光雷达所用激光波长。常见的光探测器包括 PIN 光电二极管（PIN Photodiode）、硅光电倍增管（Silicon Photomultiplier, SiPM）、雪崩光电二极管（Avalanche Photodiode, APD）、单光子雪崩二极管（Single-Photon Avalanche Diode, SPAD）和多像素光子计数器（Multi-Pixel Photon Counter, MPPC）。

5.6.6 扫描系统

扫描系统（Scanning System）也称光束转向系统，其目标是通过调节改变激光雷达光束方向，来使得激光雷达迅速探索一个大面积的视野，即扩大视场。如图 5.22所示，根据激光雷达是否需要扫描分类，可将激光雷达分为扫描型激光雷达和非扫描型激光雷达。对于扫描型激光雷达，根据光束转向原理的不同，可分为机械型扫描（Mechanical Scanning）激光雷达和非机械型扫描（Non-mechanical Scanning）激光雷达。对于机械型扫描激光雷达，根据机械运动幅度的不同，可分为机械旋转型激光雷达和微机电系统（Microelectromechanical System，MEMS）微扫描型激光雷达。非机械型扫描激光雷达主要是指光学相控阵（Optical Phased Array，OPA）激光雷达。非扫描型激光雷达是指 Flash 激光雷达。下面介绍典型激光雷达的扫描系统。

1. 机械旋转型激光雷达的扫描系统

机械旋转型激光雷达是指激光发射和接收模块存在宏观意义上的转动，通过不断旋转激光发射器来实现动态扫描的激光雷达。通常，通过嵌入式点透镜系统形成垂直视场，通过旋转激光雷达的底座实现 360° 的水平视场。不同价格、不同厂商所采用的机械扫描系统各不相同，下面简单列举机械旋转型激光雷达常用的几种扫描系统。

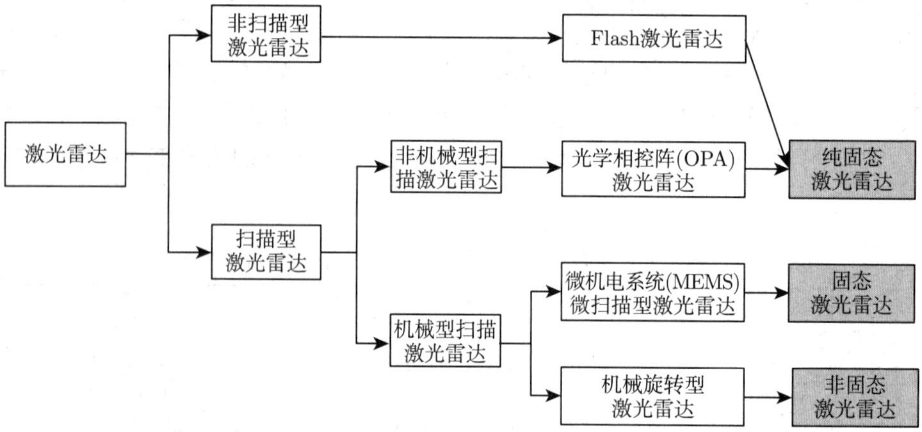

图 5.22　根据激光雷达扫描机制分类

（1）**单点扫描（Single Point Scanning）系统**：只有一个激光束，激光雷达通过上下旋转点透镜，在垂直方向扩展视场，通过 360° 旋转底座，来取得 360° 的水平视场。

（2）**多点扫描（Multiple Points Scanning）系统**：有多个激光束，激光雷达通过上下旋转点透镜，在垂直方向扩展视场，通过 360° 旋转底座，来取得 360° 的水平视场。因为有多个激光束，所以减少了垂直方向的机械运动。

（3）**线扫描（Line Scanning）系统**：在垂直方向将多个激光束固定成一竖排，形成稳定的垂直视场，通过 360° 旋转底座，来取得 360° 的水平视场。垂直方向无机械运动。

（4）**点阵扫描（Array Scanning）（混合式）系统**：在水平和垂直方向将多个激光束固定成一个方阵，在水平和垂直方向形成稳定视场，再通过 360° 旋转底座，来取得 360° 的水平视场。垂直方向无机械运动，水平方向单次扫描效率高，可增大每秒产生的点云数。

2. 微机电系统微扫描型激光雷达的扫描系统

微机电系统微扫描型激光雷达的扫描系统没有传统宏观的机械运动，而是通过“微动”改变光学镜片的方向，在微观尺度上实现激光雷达发射器的激光扫描。微机电系统微扫描型激光雷达属于固态激光雷达，但不是纯固态激光雷达。

微机电系统微扫描型激光雷达将微型反射镜、驱动器和传感器集成在一起，形成光学微机电器件。当对微型反射镜施加电压刺激时，其倾斜角发生变化，从而改变激光束的方向。微机电系统微扫描型激光雷达的优点如下：① 在微观尺度上实现了激光雷达发射器的激光扫描，避免了大尺寸马达、多收发激光模组等机械装置，减小了旋转幅度和机身体积，有效提高了系统的可靠性；② 减少了激光发射器和接收器的数量，降低了成本；③ 由于没有宏观的机械运动，数据采集速度快，分辨率高。然而，微机电系统微扫描型激光雷达也存在如下一些缺点：① 微型反射镜反射方向的口径有限，这限制了该激光雷达的视场范围；② 为了探测更长距离，需要大尺寸反射镜片，这样不但价格昂贵，而且容易造成可靠性下降。

3. 光学相控阵激光雷达的扫描系统

光学相控阵激光雷达的扫描系统通过对阵列移相器中每个移相器相位的调节，利用干涉原理, 实现激光按照特定方向发射。

光学相控阵激光雷达的发射器是若干激光发射和接收单元组成的阵列。通过对不同单元施加不同的电压来改变不同单元所发射激光的光强、相位等特性，从而实现对每个单元的独立控制。一旦设定特定扫描方向，可通过严格调节每一个相控阵单元所发射激光的特性，使得在设定方向上产生互相加强的干涉，从而产生大强度波，而在其他方向上产生相互抵消的干涉，从而使辐射接近零。通过算法控制，可以实现任意方向的扫描或按特定规则顺序扫描。

4. Flash 激光雷达

Flash 的意思为快闪。Flash 激光雷达不会像前面介绍的激光雷达那样进行扫描，而是在短时间内直接发射覆盖整个探测区域的大片激光，再通过高度灵敏的接收器，完成对周围环境的测量。

5.6.7　激光雷达指标

激光雷达是许多应用的核心感知装备，了解激光雷达的性能评测指标，对于选择合适的激光雷达类型和型号具有重要意义。本小节将介绍几种重要的激光雷达指标。

1. 最大有效测量距离

激光雷达的最大有效测量距离（Maximum Detection Range）是指激光雷达能有效检测到目标的最大距离。需要注意的是，这里的“有效”这个概念是一个模糊概念，表示激光测量的最小可用程度，这有时和测量数据的用途有关。由于光束角的存在，随着目标远离激光雷达，其单位面积返回的点的数量变少，激光雷达测量的可用性（如对分类的可用性）变低。另外，最大有效测量距离还取决于激光光源的发射功率，发射功率越大，最大有效测量距离越大。当然，激光雷达的激光发射功率要严格遵守人眼安全性标准。除了发射功率，激光雷达的最大有效测量距离还受目标的材质、天气的变化、激光束和目标表面法线之间入射角的大小等因素的影响。

2. 视场角

激光雷达的视场角（Field of View，FOV）是指激光雷达能够探测到的空间角度范围，包括水平视场角和垂直视场角。水平视场角是指激光雷达在水平方向所能覆盖的最大角度，一般为 $0^\circ \sim 360^\circ$。垂直视场角是指激光雷达在垂直方向所能覆盖的最大角度，一般在 40° 以内。

激光雷达的视场角大小严重依赖于激光雷达本身的技术体系。比如，机械旋转型激光雷达，通过 360° 旋转激光发射器，使得其水平视场角可以达到 360° 全视角。对于微机电系统微扫描型激光雷达，其水平视场角和垂直视场角的大小与旋镜的转动方向有很大关系。而对于纯固态激光雷达，包括 Flash 激光雷达和光学相控阵激光雷达，其水平视场角和垂直视场角受到其阵列的影响。

事实上，如果激光发射器在一个发射周期内发射的激光束数量是不变的，那么减小视场角将会产生更稠密的激光点云（点与点之间的距离比较小），反之则相反。根据不同的应用场景，厂商可以定制激光雷达的视场角。在符合人眼安全性标准的功率限制下，如果想要测量长距离的目标，则需要减小视场角，从而使得有限能力集中于特定视场角的目标。

3. 帧率

激光雷达的帧率（Frame Ratio）是指激光雷达在单位时间内对视场内场景扫描的次数。比如，对于机械旋转型激光雷达，因为雷达旋转一圈完成一次扫描，所以帧率就是每秒旋转的圈数。激光雷达的帧率通常取决于设备的型号和制造商，以及应用需求。一般来说，激光雷达的帧率可以在几十赫兹到数百赫兹之间。

高帧率的激光雷达通常用于需要实时感知和快速动态环境重建的应用，如自动驾驶车辆。低帧率的激光雷达可用于需要较低数据处理要求的应用，如地质勘探或建筑测量。

需要注意的是，随着技术的进步，激光雷达的帧率和性能正在不断改进。因此，在选择激光雷达时，应该考虑具体应用需求和预算，以确定最适合的型号和性能参数。不同的激光雷达可能有不同的帧率、分辨率和测距能力，因此需要选择适合具体应用的设备。

4. 测量稳定性

激光雷达的测量稳定性（Range Stability）是一个度量激光雷达测量结果是否稳定的指标。比如，利用激光雷达重复测量同一个目标到激光雷达的距离，如果此激光雷达的测量是高稳定性的，那么每一次的测量结果应该非常接近均值。随着技术的进步，激光雷达的测量稳定性在不断提高，但也可能会受到一些外在因素的影响，这些外在因素导致测量不稳定。下列是一些影响激光雷达测量稳定性的因素。

（1）环境条件：恶劣的气象条件，如雨、雪、雾、灰尘等，可能会干扰激光雷达的测量，导致测量不稳定。

（2）物体表面：不同类型的物体表面（如镜面、玻璃、水面等）对激光雷达的反射特性不同，可能会导致测量不稳定。此外，透明物体通常无法有效地反射激光，因此难以测量。

（3）遮挡物：如果激光束受到物体的遮挡，那么可能会导致部分区域的测量数据不准确，特别是在多目标场景中。

（4）运动物体：对于快速移动的物体，如高速行驶的车辆，由于数据采集速度有限，可能会出现不稳定的测量。

（5）噪声和系统误差：激光雷达系统本身可能存在噪声和系统误差，这些因素也可能影响测量稳定性。定期的校准和校验可以帮助减小这些误差。

（6）激光雷达的型号和品牌：不同型号和品牌的激光雷达具有不同的精度和稳定性。

5. 测量精度

激光雷达的测量精度（Range Accuracy）是一个度量激光雷达测量值和真实值接近程度的指标。比如，在测距任务中，高测量精度的激光雷达的测量距离和真实距离比较接近。测量精度是一个统计学概念，通常利用测量误差（测量值和真实值之差）来描述。在工程应用中，经常假设测量误差服从一个均值为零的高斯分布。对于这个高斯分布，其横轴表示误差值，其纵轴表示概率密度。如果我们假设测量误差范围为 $\pm10\text{mm}$，那么这个范围本身就带有不确定性，即以一定的概率成立。因此，激光雷达的测量精度需要利用测量误差范围和置信水平确定。在激光雷达的手册中，经常使用 X Sigmal 表示置信水平，1 Sigmal 表示概率为 68%，2 Sigmal 表示概率为 95%。比如，$\pm10\text{mm}$(1 Sigmal) 表示，激光雷达的测量误差 e 落入 $-10\text{mm} \leqslant e \leqslant +10\text{mm}$ 的概率是 68%。

6. 线数

激光雷达的线数（Channels）是指激光雷达系统包含的独立激光发射器和接收器的个数。每个激光发射器会发射一个激光束，用于测量目标并创建点云数据。激光雷达的线数可以因型号和制造商而异，有单线激光雷达、多线激光雷达等不同类型。

（1）单线激光雷达：单线激光雷达只有一个激光发射通道，因此每次只能发射一个激光束。尽管单线激光雷达在一次测量中只能获取有限数量的数据点，但它仍然可以提供有用的三维信息，适用于一些应用场景。

（2）多线激光雷达：多线激光雷达具有多个激光发射通道，通常是垂直排列的。这使得多线激光雷达能够同时获取多个不同角度的数据点，从而提高了点云的分辨率和稠密度。多线激光雷达通常用于需要更详细的三维地图和物体识别的应用，如自动驾驶车辆。

对于一个激光雷达，其目标是在单位时间内尽可能多地获取环境信息（点信息），从而形成丰富的点云。为了达到这个目标，一方面，可以提高激光发射器和接收器的收发速度，使其在单位时间内完成尽可能多的测量次数。另一方面，也可以增加激光发射器和接收器的组数。每一组就是一线。线数越多，在单位时间内完成的测量点越多，点云图越密集，但也可能增加设备的复杂性和成本。因此，在选择激光雷达时，需要根据具体应用需求权衡线数和性能之间的关系。

7. 角分辨率

激光雷达的角分辨率（Angle Resolution）是一个度量激光雷达空间分辨率的指标，包括水平角分辨率和垂直角分辨率。水平角分辨率是指在水平方向上两个最近扫描激光束的夹角，即最小间隔角。较高的水平角分辨率（也就是较小的最小间隔角）意味着更高的细节分辨能力。水平角分辨率不是固定不变的。对于机械旋转型激光雷达，激光发射器发射激光脉冲的频率一般不变，所以当旋转速度变快时，其角速度变大，两个激光束间隔时间不变，导致两个激光束最小间隔角变大，即水平角分辨率变低。水平角分辨率变低意味着，在同等距离下，激光雷达在水平方向上可区分目标的尺寸变大，即细节分辨能力下降。相类似地，垂直角分辨率是指在垂直方向上两个最近扫描激光束的夹角。对于某些机械旋转型激光雷达，其相邻两个激光束的夹角一般固定不变，但在不同方向上的夹角可能不同，即在不同方向上的角分辨率可能不同。比如，一般正前方中间位置的角分辨率比较高，而两侧较低。

第 6 章 数据处理基础

刺激–反馈机制是机器人与环境互动的核心机制。机器人通过传感器感知环境信息，就是获得环境刺激的过程。比如，在机器人行进路径的前方有一个障碍物，机器人搭载的可见光相机拍摄到这一障碍物，这就相当于环境中的障碍物对机器人施加了一个刺激，机器人通过可见光相机获得了这一刺激。在正常情况下，机器人需要对这一刺激进行反馈，如执行避障处理。事实上，机器人在进行反馈操作之前，必须能理解这一刺激。因此，需要对传感器采集的原始数据进行处理，将原始数据转换为适合机器理解的形式，这就是感知数据处理。事实上，传感器原始数据分析处理技术可广泛应用于机器人目标检测与识别、地图构建、地图匹配、定位等各种任务。本章从可见光相机采集的图像数据入手，介绍经典图像数据处理算法，即边缘检测和直线检测。

边缘检测和直线检测是图像分割、机器人定位、机器人导航等高层应用的预处理步骤，其在去除图像大量冗余信息的同时保留了图像基本结构信息，从而为下游任务提供了强视觉线索。

6.1 边缘检测

图像边缘（Edge）是指图像中的一些特殊曲线，在这些曲线的两侧图像的亮度或亮度的导数发生剧烈变化。尽管图像边缘的产生因素是多种多样的，并且还受拍摄视角的影响，但图像边缘产生的所有因素都具有同一个显著特点，即具有变化性或不连续性。比如，图像边缘的产生可能来自视角的变化、表面材质的变化、颜色的变化、纹理的变化、深度的变化、照明的变化等。如图 6.1所示，我们之所以看到圆筒盖子的边缘，是因为圆筒盖子表面材质属性在边缘处发生了断裂（变化）；在筒体中部两种颜色的分界处出现边缘，是因为边缘两侧颜色发生了变化；当我们正视圆筒时，圆筒两侧出现边缘，是因为圆筒背面一半被前面一半遮挡，产生深度的变化；当我们改变观测视角时，圆筒两侧依然会出现边缘，这是因为观测的绝对位置发生了变化；当用一束光照射圆筒时，圆筒背面产生阴影边缘，这是照明的不连续造成的。我们利用可见光相机将具有边缘属性的三维世界转换为二维数字图像，必然会产生亮度变化明显的点。边缘检测（Edge Detection）的目标就是将图像中体现边缘特征的、亮度变化明显的点标记出来，形成一个边缘曲线集合。

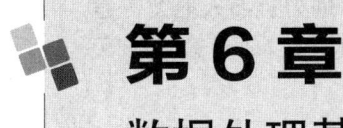

提前掌握图像边缘有助于后续图像理解与分析。首先，检测的图像边缘可以作为图像分割任务的先验信息，助力图像分割。边缘可以认为是图像待分割区域的边界，其粗略地将图像分成多个表面或内容一致区域，其可以引导图像分割，使图像分割更精确。其次，检测的图像边缘有助于图像显著性特征的提取。边缘往往蕴含场景的显著性特征，如目标的

形状、轮廓、显著点等。基于边缘提取图像的显著性特征，可助力机器人地图构建、匹配等任务。最后，检测的图像边缘相对于原始图像像素数据更加紧凑，便于高效计算。

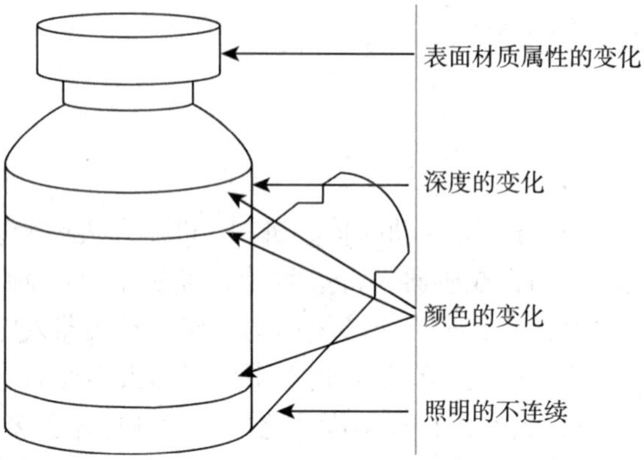

图 6.1　图像边缘产生示意图

6.1.1　图像梯度

在数学领域，一个函数的梯度（Gradient）用来指该函数随自变量发生变化的快慢。对于单变量函数，函数在任意一点的梯度就是函数在该点的一阶导数，即函数在该点的斜率。通常，梯度用于描述多变量函数随变量变化快慢的情况，它是一个多维向量。梯度向量的维度等于变量的个数，梯度向量中的任意一个元素表示函数对相应变量的一阶偏导数。对于一个多变量函数在某点的梯度向量，其包含两个方面的信息，即向量的大小和方向。其中，梯度向量的方向（梯度方向）表示变化最快的方向，梯度向量的大小（梯度大小）表示沿梯度方向的变化率。因为梯度是定义在连续函数上的，而图像是二维离散函数，所以需要利用差分来近似梯度。对于一元连续函数 $f(x)$ 的一阶导数，其定义如下：

$$f'(x) = \lim_{\Delta x \to 0} \frac{f(x+\Delta x) - f(x)}{\Delta x} \tag{6.1}$$

对于一元离散函数 $g(n)$ 的一阶导数，可以用一阶差分近似，其通常有 3 种形式，即前向差分、后向差分和中心差分。

$$\begin{aligned} g'(n) &\approx \frac{g(n+\Delta n) - g(n)}{\Delta n} && \text{前向差分} \\ g'(n) &\approx \frac{g(n) - g(n-\Delta n)}{\Delta n} && \text{后向差分} \\ g'(n) &\approx \frac{g\left(n+\frac{1}{2}\Delta n\right) - g\left(n-\frac{1}{2}\Delta n\right)}{\Delta n} && \text{中心差分} \end{aligned} \tag{6.2}$$

式中，Δn 为差分步长。通常，在图像边缘检测中，我们采用中心差分。

对于二维离散数字图像，其可以被看作是一个二元函数 $z = I(m,n)$。其中：m 和 n 是自变量，分别表示图像中像素点在水平方向和垂直方向上的坐标，取值范围为非负整数；

z 是因变量，表示像素点的亮度。对于图像 $I(m,n)$ 中任意一个像素点 (m,n)，其梯度为 $I(m,n)$ 分别在 m 方向（水平方向）和 n 方向（垂直方向）上的偏导数组成的向量，其可以利用在两个方向上的中心差分来近似，如下所示：

$$\begin{aligned}
&\bigtriangledown I(m,n) = (\frac{\partial I}{\partial m}, \frac{\partial I}{\partial n}) \\
&\frac{\partial I}{\partial m} \approx \frac{I(m+\frac{1}{2}\Delta m, n) - I(m-\frac{1}{2}\Delta m, n)}{\Delta m} \\
&\frac{\partial I}{\partial n} \approx \frac{I(m, n+\frac{1}{2}\Delta n) - I(m, n-\frac{1}{2}\Delta n)}{\Delta n}
\end{aligned} \tag{6.3}$$

式中，Δm 和 Δn 分别为在 m 和 n 方向上的差分步长。通常，为了方便操作，图像梯度的计算过程采用卷积核的形式进行。假设 $\Delta m = 2$ 和 $\Delta n = 2$，那么图像在 m 和 n 方向上的一阶导数可通过以下卷积核（也就是一阶差分核）得到：

$$\begin{aligned}
&\boldsymbol{I}_m = \begin{bmatrix} -1, & 0, & 1 \end{bmatrix} \quad \text{水平方向一阶差分核} \\
&\boldsymbol{I}_n = \begin{bmatrix} -1 \\ 0 \\ 1 \end{bmatrix} \quad \text{垂直方向一阶差分核}
\end{aligned} \tag{6.4}$$

采用这两个卷积核可以分别在水平和垂直两个方向上单独对原始图像 $I(m,n)$ 执行卷积操作，从而分别获得图像在水平和垂直两个方向上的边缘响应。另外，也可以将在水平和垂直方向上获得的边缘响应进行合并，从而获得图像在任意一个像素点 (m,n) 的边缘响应。这里就是图像梯度的大小和方向，即

$$\begin{aligned}
&|\bigtriangledown I(m,n)| = \sqrt{(\frac{\partial I}{\partial m})^2 + (\frac{\partial I}{\partial n})^2} \\
&\theta = \arctan(\frac{\partial I}{\partial n} / \frac{\partial I}{\partial m})
\end{aligned} \tag{6.5}$$

6.1.2 边缘检测算子

基于图像梯度的边缘检测器就是通过识别较大的梯度值来检测边缘的。边缘检测的一个主要问题是图像存在噪声，直接应用如式 (6.4) 所示的卷积核来进行边缘检测，容易被噪声干扰，达不到预期的边缘检测效果。因此，一些学者通过对两个方向上的一阶导数进行加权，来获得更好的边缘检测器。不同的加权方法，就产生了不同的边缘检测器。

1. Sobel 算子

Sobel 算子是对如式 (6.4) 所示的卷积核的改进，采用的是一个一维高斯平滑核。Sobel 算子为

$$\begin{aligned}\boldsymbol{I}_m &= \begin{bmatrix}1\\2\\1\end{bmatrix}\begin{bmatrix}-1, & 0, & 1\end{bmatrix} = \begin{bmatrix}-1 & 0 & +1\\-2 & 0 & +2\\-1 & 0 & +1\end{bmatrix}\\ \boldsymbol{I}_n &= \begin{bmatrix}-1\\0\\1\end{bmatrix}\begin{bmatrix}1, & 2, & 1\end{bmatrix} = \begin{bmatrix}-1 & -2 & -1\\0 & 0 & 0\\+1 & +2 & +1\end{bmatrix}\end{aligned} \tag{6.6}$$

正如前文所述，两个方向的 Sobel 算子可以单独使用，以获得图像在 m 和 n 方向上的梯度分量。另外，也可以将两个方向的 Sobel 算子合并使用，以获得图像在任意一个像素点的梯度大小和方向。和如式 (6.4) 所示的卷积核不同，Sobel 算子包含一个图像平滑步骤，从而其对图像的噪声具有更强的鲁棒性。

2. Prewitt 算子

Prewitt 算子和 Sobel 算子类似，是一个基于一阶导数的边缘检测算子，其利用待估计像素点 8 邻近的灰度差来检测边缘，也引入了图像的平滑计算，对噪声有平滑作用。和 Sobel 算子不同，Prewitt 算子在对如式 (6.4) 所示的卷积核进行改进时，采用的是一个标准一维平滑核。Prewitt 算子为

$$\begin{aligned}\boldsymbol{I}_m &= \begin{bmatrix}1\\1\\1\end{bmatrix}\begin{bmatrix}-1, & 0, & 1\end{bmatrix} = \begin{bmatrix}-1 & 0 & +1\\-1 & 0 & +1\\-1 & 0 & +1\end{bmatrix}\\ \boldsymbol{I}_n &= \begin{bmatrix}-1\\0\\1\end{bmatrix}\begin{bmatrix}1, & 1, & 1\end{bmatrix}\begin{bmatrix}-1 & -1 & -1\\0 & 0 & 0\\+1 & +1 & +1\end{bmatrix}\end{aligned} \tag{6.7}$$

3. Canny 算子

采用 Sobel 算子和 Prewitt 算子计算图像梯度的过程包含 4 个核心步骤：① 将图像转换为灰度图；② 采用 I_m 对原始图像进行卷积；③ 采用 I_n 对原始图像进行卷积；④ 计算图像在任意一点的梯度大小和方向。

Canny 算子可以认为是 Sobel 算子和 Prewitt 算子的增强，其核心是添加一个预处理步骤和一个后处理步骤。首先，利用高斯滤波器对原始图像进行平滑，去除噪声；其次，采用 Sobel 算子或 Prewitt 算子计算平滑后图像在任意一点的梯度大小和方向；最后，进行非极大值压制及阈值化处理。

Canny 算子预处理的目的是平滑原始图像，从而减小噪声对边缘检测的影响，提高检测的鲁棒性和稳定性。非极大值压制及阈值化处理的目的是保留最尖锐的梯度而丢弃其他，以保证边缘清晰。

4. Laplacian 算子

Sobel 算子、Prewitt 算子及 Canny 算子都是基于图像一阶导数的边缘检测算子，其通过寻找图像梯度的局部最大值或最小值来定位图像边缘，本质上是寻找图像亮度变化最剧烈的位置。然而，基于一阶导数的边缘检测算子对噪声比较敏感，并且容易产生较厚的边缘。与之对比，图像的二阶导数能较好地抵御噪声的影响，并且能够判断图像由明到暗、由暗到明的方向。和图像的一阶导数不同，图像的二阶导数表达的是图像的变化发生变化的程度。比如，图像的边缘先由明到暗过渡，再由暗到明过渡，那么图像的二阶导数先为正，后为负，二阶导数在这个过程中穿过零点。因此，对于基于图像二阶导数的边缘检测算子，其通过检测二阶导数的过零点来定位图像边缘。Laplacian 算子就是一个基于二阶导数的边缘检测算子。

在数学中，对于一元连续函数 $f(x)$ 的二阶导数，其定义如下：

$$f''(x) = \lim_{\Delta x \to 0} \frac{f'(x+\Delta x) - f'(x)}{\Delta x} \tag{6.8}$$

对于一元离散函数 $g(n)$ 的二阶导数，可以用差分近似：

$$\begin{aligned} g''(n) &\approx \frac{g'(n+\Delta n) - g'(n)}{\Delta n} \\ &= \frac{g(n+\Delta n) - 2g(n) + g(n-\Delta n)}{\Delta n^2} \end{aligned} \tag{6.9}$$

式中，Δn 为差分步长。这里我们采用的一阶差分是后向差分。

对于二维离散数字图像 $z = I(m,n)$，其在两个方向上的二阶偏导数用差分近似：

$$\begin{aligned} \frac{\partial^2 I}{\partial m^2} &\approx \frac{I(m+\Delta m, n) - 2I(m,n) + I(m-\Delta m, n)}{\Delta m^2} \\ \frac{\partial^2 I}{\partial n^2} &\approx \frac{I(m, n+\Delta n) - 2I(m,n) + I(m, n-\Delta n)}{\Delta n^2} \end{aligned} \tag{6.10}$$

式中，Δm 和 Δn 分别为在 m 和 n 方向上的差分步长。和图像梯度的计算相似，为了方便操作，图像二阶导数的计算过程采用卷积核的形式进行。假设 $\Delta m = 1$ 和 $\Delta n = 1$，那么图像在 m 和 n 方向上的二阶导数可通过以下卷积核（也就是二阶差分核）得到：

$$\begin{aligned} &\boldsymbol{I}_m'' \approx I(m+1,n) - 2I(m,n) + I(m-1,n) \to \begin{bmatrix} 0 & 0 & 0 \\ 1 & -2 & 1 \\ 0 & 0 & 0 \end{bmatrix} \quad \text{水平方向二阶差分核} \\ &\boldsymbol{I}_n'' \approx I(m,n+1) - 2I(m,n) + I(m,n-1) \to \begin{bmatrix} 0 & 1 & 0 \\ 0 & -2 & 0 \\ 0 & 1 & 0 \end{bmatrix} \quad \text{垂直方向二阶差分核} \end{aligned} \tag{6.11}$$

采用这两个卷积核可以分别在水平和垂直两个方向上单独对原始图像 $I(m,n)$ 执行卷积操作，从而分别获得图像在水平和垂直两个方向上的边缘响应。另外，也可以将在水平和垂直方向上获得的边缘响应进行合并，从而获得图像在任意一个像素点 (m,n) 的边缘响应。Laplacian 算子为

$$\begin{bmatrix}0 & 0 & 0\\1 & -2 & 1\\0 & 0 & 0\end{bmatrix}+\begin{bmatrix}0 & 1 & 0\\0 & -2 & 0\\0 & 1 & 0\end{bmatrix}=\begin{bmatrix}0 & 1 & 0\\1 & -4 & 1\\0 & 1 & 0\end{bmatrix} \tag{6.12}$$

Laplacian 算子是一种标准二阶导数算子。事实上，我们也可以通过给对角线上的元素赋予非零权重来改进 Laplacian 算子。需要注意的是，卷积核中所有元素的和需要等于 0。

6.2 直线检测

直线检测（Line Detection）是一种算法，其以激光点云、图像边缘图等结构简单的点集合数据为输入，以集合中点所在的所有直线为输出。在机器人应用中，我们通常采用激光雷达传感器、可见光相机等来感知环境，并产生点云数据和图像数据。激光点云、图像边缘图蕴含场景的局部特征和场景的几何信息，将局部点信息进行进一步抽象，形成直线，有利于高层语义理解和稳定的地标提取。直线检测主要试图解决以下 3 个问题中的一个或几个：① 点集合包含几条直线？② 点集合中任意一点属于哪条直线？③ 已知一个点属于一条直线，如何估计这条直线的参数？下面我们将介绍经典的直线检测算法。

6.2.1 基于霍夫变换的直线检测算法

对于图像边缘图和激光点云数据，由于边缘检测器和激光雷达的不完美性，有些边缘点或点云点缺失，或者偏离了实际的边界，从而无法直观地检测出高层的直线。另外，即使数据完美，人一眼就可以看出哪些点属于哪条直线，但机器并不知道，还需要获得直线的参数来确定直线的位置。利用霍夫变换（Hough Transform），可以实现直线检测，并同时解决直线检测的 3 个问题。

霍夫变换是一种特征提取算法，通过将原空间中的点变换到参数空间并通过投票来确定原空间中点的形状。霍夫变换将原空间中的边缘点或点云点映射到预定义形状的参数空间。比如，预定义形状是直线，那么原空间中任意一点 P 映射到直线的参数空间，就是一条直线或曲线，参数空间中直线或曲线上任意一点对应原空间中一条直线的参数。这条直线或曲线表示所有穿过原空间中点 P 的直线。

1. 基于斜截式直线表示的霍夫变换直线检测算法

在平面解析几何中，直线有多种不同的表示方式。对于不同的直线表示方式，其参数也不相同。因此，基于不同直线表示方式的霍夫变换方法也略有不同。这里我们假设采用斜截式来表示直线。直线的斜截式表示是指由斜率 k 和在 y 轴上的截距 b 来确定直线方

程，即

$$y = kx + b \tag{6.13}$$

一旦直线方程确定，我们就可以利用直线方程的参数在图像空间中确定一条直线，在参数空间（霍夫变换空间）中确定一个点，如图 6.2 所示。

在图 6.2中，在图像空间中，式 (6.13) 中的 y 和 x 为表示图像空间中像素位置的变量，k 和 b 为图像空间中斜截式直线的参数，当两个参数取某两个确定值时，即 $k = k_0$，$b = b_0$，那么一条直线就在图像空间中确定了。与之对比，在霍夫变换空间中，k 和 b 为自变量，该空间中的一个点对应图像空间中的一条直线。比如，霍夫变换空间中的一个点 (k_0, b_0) 对应图像空间中的一条直线 $y = k_0x + b_0$。换句话说，图像空间中的一条直线对应霍夫变换空间中的一个点。需要注意的是，这里所说的图像空间中的一条直线对应霍夫变换空间中的一个点，是指图像空间中特定直线的参数对应霍夫变换空间中的一个特定点。

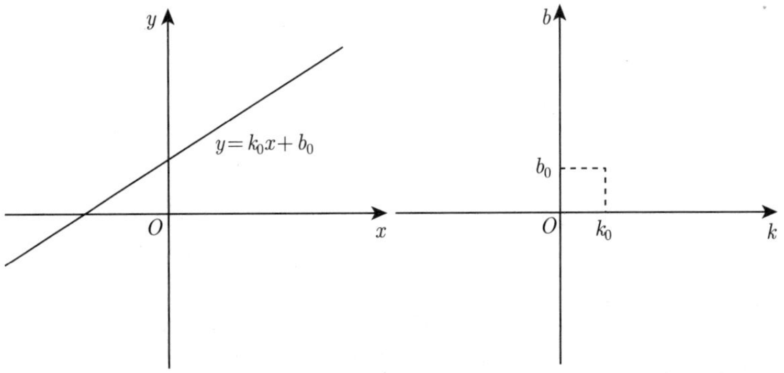

图 6.2　图像空间中直线与霍夫变换空间中点的对应关系

如果我们将斜截式直线方程换一种表示形式，如下所示：

$$b = -xk + y \tag{6.14}$$

则在这种表示形式下，其变为霍夫变换空间中的一条直线。其中，b 和 k 为霍夫变换空间中的变量，$-x$ 和 y 为霍夫变换空间中斜截式直线的参数（斜率和截距）。在这种情况下，图像空间中的一个点 (x_1, y_1) 对应霍夫变换空间中的一条直线 $b = -x_1k + y_1$。从几何意义上讲，霍夫变换空间中这条直线上的任意一点 (k, b) 对应图像空间中以 (k, b) 为参数并且穿过点 (x_1, y_1) 的直线。换句话说，图像空间中所有穿过点 (x_1, y_1) 的直线，其对应的斜率和截距对，都位于霍夫变换空间中的特定直线 $b = -x_1k + y_1$ 上。如果图像空间中的点 (x_1, y_1) 取自直线 $y = k_0x + b_0$，那么点 (x_1, y_1) 在霍夫变换空间中对应的直线 $b = -x_1k + y_1$ 必然穿过点 (k_0, b_0)。如果在图像空间中的直线 $y = k_0x + b_0$ 上再取一点 (x_2, y_2)，那么点 (x_2, y_2) 在霍夫变换空间中对应的直线 $b = -x_2k + y_2$ 也必然穿过点 (k_0, b_0)。图 6.3展示了这个对应关系。这个对应关系蕴含基于霍夫变换的直线检测算法的核心原理：图像空间中同一条直线上的点，其在霍夫变换空间中对应的直线相交于同一个点，并且这个交点对应图像空间中该条直线的参数。

基于霍夫变换的直线检测算法就是试图将图像空间中的直线检测问题转换为霍夫变换空间中密集相交点的检测问题，如图 6.4 所示。

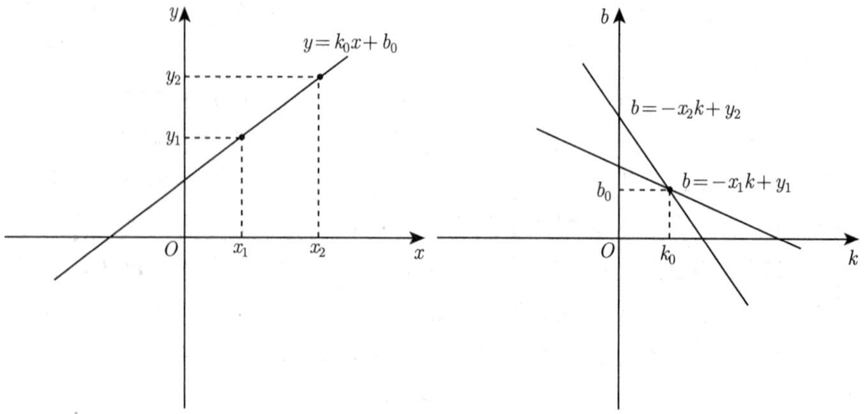

图 6.3　图像空间中点与霍夫变换空间中直线的对应关系

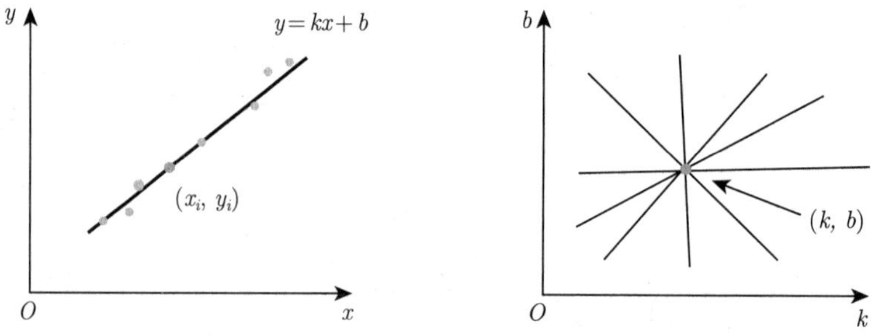

图 6.4　图像空间中直线与霍夫变换空间中密集相交点的对应关系

然而，在实际应用中，由于图像采集的畸变、边缘提取的不精确等原因，理论上应图像中共线的点往往不严格共线，而是分布在理想直线附近，这就造成实际共线的点在霍夫变换空间中对应的直线并不严格相交于某一点，而是相交于某一个区域。因此，在设计基于霍夫变换的直线检测器时，通常将霍夫变换空间进行离散化（网格化），即只要图像空间中的多个点对应的霍夫变换空间中的直线相交于同一个网格，就认为这些点共线。本质上，这是将直线的参数空间进行量化，从而减小噪声的影响。

算法 1（Algorithm 1）描述了基于斜截式直线表示的霍夫变换直线检测算法，其包含 3 个核心步骤。第 1 步，将直线的参数空间进行量化，即将霍夫变换空间进行网格化，所有落入同一个网格的点被认为是相同的。参数空间的量化不仅能简化运算，还可以缓解共线点不严格共线的问题。第 2 步，为图像空间中的每一个边缘点计算其在霍夫变换空间中对应的直线。这一步是通过遍历所有可能的斜率 k，并利用直线方程（公式）计算可能的 b，从而确定对应霍夫变换空间中直线所穿过的所有网格。这一步假设每一列只有一个网格为非零值。第 3 步，遍历所有网格，寻找局部最大值。局部最大值意味着图像空间中很多点共线，并且直线的参数为局部最大值。

可以看出，基于霍夫变换的直线检测算法本质上是将图像空间中的直线检测问题转换为图像空间中直线上的点在霍夫变换空间中的投票问题。霍夫变换空间中某个网格获得的票数越多，意味着该网格对应的参数越可能是图像空间中某条直线的参数。

基于斜截式直线表示的霍夫变换直线检测算法存在一个缺陷，即不利于检测垂直或近似垂直于横坐标轴的直线。由几何知识可知，平面空间中的直线与横坐标轴的夹角越接近 $90°$，直线斜率的绝对值越大，并且趋向于无穷大，即直线斜率 k 的取值范围为 $-\infty < k < \infty$。然而，在算法 1中，用于描述参数空间量化网格的整型数组 $V(k,b)$ 是有限的，这就造成该算法不能描述垂直或近似垂直于横坐标轴的直线。

Algorithm 1　基于斜截式直线表示的霍夫变换直线检测算法

将参数空间进行量化 (k,b)，k 和 b 只能分别在有限的量化值集合 K 和 B 中取值
创建一个整型数组 $V(k,b)$，且初始化为 0
for each (x_i,y_i) **do**
　for each $k \in K$ **do**
　　利用公式 $b=-x_ik+y_i$ 计算 b
　　从 B 中搜索一个和计算的 b 最接近的值替换 b（量化过程）
　　数组对应位置加 1，即 $V(k,b)+=1$
　end for
end for
从 $V(k,b)$ 中寻找局部最大值，即密集相交点

2. 基于极坐标直线表示的霍夫变换直线检测算法

我们知道，直线有多种不同的表示方式，根据具体问题选择特定的直线表示方式，可以有效地解决问题。为了解决基于斜截式直线表示的霍夫变换直线检测算法的缺陷，我们可以采用极坐标来表示直线。假设极坐标系的极点为笛卡儿平面直角坐标系的原点，极坐标系的极轴为笛卡儿平面直角坐标系的 x 轴正半轴。给定平面直角坐标系中的一个特定点 (x_i,y_i)，连接极点和此特定点，那么垂直于连线并且穿过特定点 (x_i,y_i) 的直线，可以由极点和此特定点的距离 ρ、连线和极轴的夹角 θ 唯一确定，如图 6.5所示。

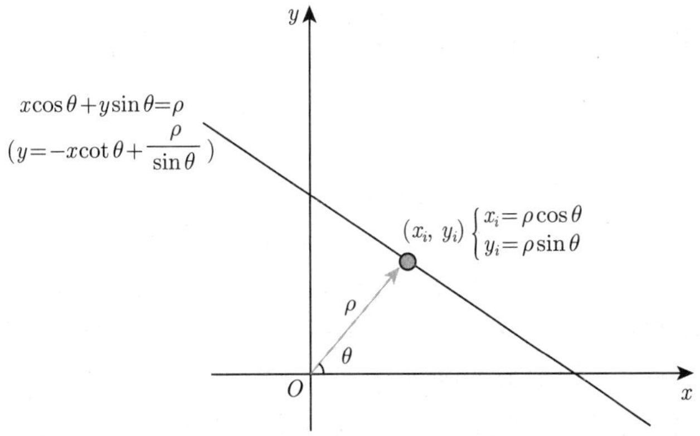

图 6.5　极坐标直线表示示意图

正如前文所述，基于霍夫变换的直线检测算法的核心思想是利用图像空间中直线的参数构建一个参数空间，并将图像空间中的直线检测问题转换为图像空间中直线上的点在参数空间中的投票问题。因此，霍夫变换的核心步骤是寻找图像空间中特定点与霍夫变换空间中任意点之间的映射关系。如图 6.6所示，给定图像空间 ($x-y$ 空间) 中特定点 (x_i, y_i)，其与霍夫变换空间 ($\rho-\theta$ 空间) 中任意点 (ρ, θ) 之间的关系如下：

$$\rho = x_i \cos\theta + y_i \sin\theta \tag{6.15}$$

和基于斜截式直线表示的霍夫变换直线检测算法相似，这个关系是有几何含义的。在基于斜截式直线表示的霍夫变换直线检测算法中，图像空间中特定点 (x_1, y_1) 与霍夫变换空间中任意点的关系 $b = -x_1 k + y_1$ 在霍夫变换空间中是一条直线，其表示图像空间中所有穿过特定点的直线参数对都位于霍夫变换空间中的这条直线上。和基于斜截式直线表示的霍夫变换直线检测算法相似，关系 $\rho = x_i \cos\theta + y_i \sin\theta$ 在霍夫变换空间中是一条正弦曲线，其表示图像空间中所有穿过特定点 (x_i, y_i) 的直线参数对都位于霍夫变换空间中的这条正弦曲线上，如图 6.6所示。

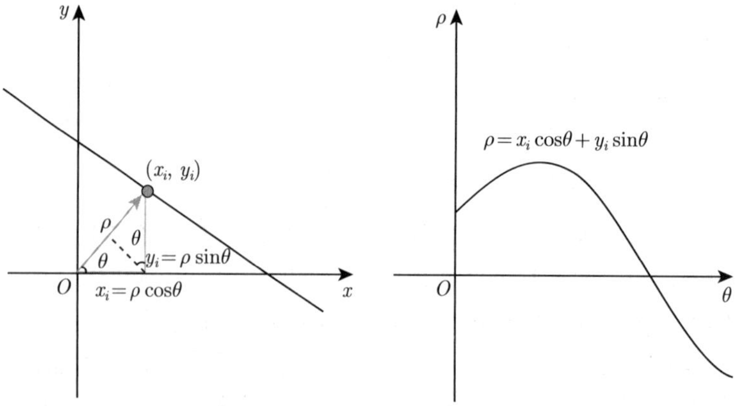

图 6.6　图像空间中特定点与霍夫变换空间中任意点的对应关系

如果图像空间中的两点 (x_1, y_1) 和 (x_2, y_2) 共线，并且共线的直线参数为 (ρ_0, θ_0)，那么这两点在霍夫变换空间中对应的正弦曲线 $\rho = x_1 \cos\theta + y_1 \sin\theta$ 和 $\rho = x_2 \cos\theta + y_2 \sin\theta$ 必然都经过点 (ρ_0, θ_0)，如图 6.7所示。

算法 2（Algorithm 2）描述了基于极坐标直线表示的霍夫变换直线检测算法，其包含 3 个核心步骤。第 1 步，将直线的参数空间进行量化，即将 $\rho-\theta$ 霍夫变换空间进行网格化，所有落入同一个网格的点被认为是相同的。第 2 步，为 $x-y$ 图像空间中的每一个边缘点计算其在霍夫变换空间中对应的正弦曲线。这一步是通过遍历所有可能的 θ，并利用直线方程（公式）计算可能的 ρ，从而确定对应霍夫变换空间中曲线所穿过的所有网格。第 3 步，遍历所有网格，寻找局部最大值。

从算法可以看出，需要遍历的 θ 的取值范围是有限的，其量化后取值也是有限的。另外，由于图像空间中 x 和 y 的取值范围与图像分辨率有关，是有限的，所以利用公式 $\rho =$

$x_i\cos\theta + y_i\sin\theta$ 计算的 ρ 的取值范围也是有限的，其量化后取值也是有限的。这就解决了基于斜截式直线表示的霍夫变换直线检测算法的缺陷。

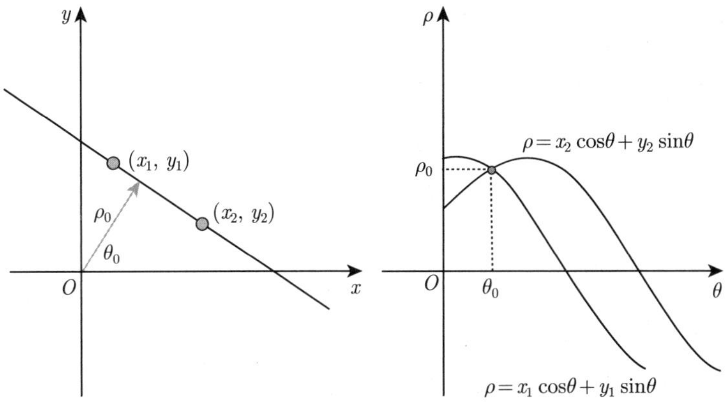

图 6.7　图像空间中直线与霍夫变换空间中密集相交点的对应关系

Algorithm 2　基于极坐标直线表示的霍夫变换直线检测算法

将参数空间进行量化 (ρ,θ)，ρ 和 θ 只能分别在有限的量化值集合 Ω 和 Θ 中取值
创建一个整型数组 $V(\rho,\theta)$，且初始化为 0
for each (x_i, y_i) **do**
　for each $\theta \in [\Theta]$ **do**
　　利用公式 $\rho = x_i\cos\theta + y_i\sin\theta$ 计算 ρ
　　从 Ω 中搜索一个和计算的 ρ 最接近的值替换 ρ(量化过程)
　　数组对应位置加 1，即 $V(\rho,\theta) += 1$
　end for
end for
从 $V(\rho,\theta)$ 中寻找局部最大值，即密集相交点

6.2.2　基于随机采样一致算法的直线检测算法

如果已知一个点的集合属于同一条直线，但点集合包含一些外点 (Outliers, 不属于直线的点)，那么可以采用随机采样一致（RANdom SAmple Consensus, RANSAC）算法来估计所属直线的参数，并能克服外点对直线估计的负面影响。RANSAC 算法的核心功能是从样本集合拟合出产生样本集合的预设模型。RANSAC 算法的核心思想是，从样本集合中随机选择一个能拟合出预设模型的最小样本子集，利用这个子集估计出预设模型参数，再根据预设的检验条件判断其他样本是否符合此模型（判断是否是内点），并统计符合的样本个数，经过多次迭代，将内点最多的模型确定为最终模型。RANSAC 算法的通用流程如算法 3（Algorithm 3）所示。

Algorithm 3 RANSAC 算法

设 S 为样本集合，M 为参数待估计的预设模型，e 为预设的检验条件，K 为迭代次数
for $k=1$ to K **do**
    步骤 1：随机选择一个最小样本子集
    步骤 2：估计预设模型 M 的参数
    步骤 3：利用 e 判断其他样本是否是内点，并统计个数
    重复上述步骤 K 次，选出内点最多的模型
end for
利用内点最多模型的内点重新估计模型参数
利用 e 进一步寻找新的内点
利用新的内点更新模型参数

如果样本集合是平面点集合，并且预设模型是直线，那么估计直线参数所需要的最小样本子集应包含两个样本，即两点确定一条直线。算法 4（Algorithm 4）描述了基于 RANSAC 算法的直线检测算法，其包含 4 个核心步骤。第 1 步，从点集合中随机选择两个点 (最小样本子集)。第 2 步，利用这两个点构建一条直线，估计直线参数。第 3 步，计算点集合中所有点到已估计直线的距离。这个距离表示点到已估计直线的偏离或误差。第 4 步，统计到已估计直线距离小于预设误差 e 的点数。这些到已估计直线距离小于预设误差 e 的点称为内点 (Inliers)。内点越多，说明估计的直线越能代表点集合。重复步骤 1~4，直到达到预设的迭代次数 K，将包含内点最多的直线确定为最终直线。

Algorithm 4 基于 RANSAC 算法的直线检测算法

设 S 为平面点集合，M 为参数待估计的直线，e 为预设误差，K 为迭代次数
for $k=1$ to K **do**
    步骤 1：随机选择两个点
    步骤 2：利用两个点估计直线 M 的参数
    步骤 3：计算所有点到已估计直线的距离
    步骤 4：统计到已估计直线距离小于预设误差 e 的点数
    重复上述步骤 K 次，将包含内点最多的直线确定为最终直线
end for

从 RANSAC 算法和基于该算法的直线检测算法可以看出，RANSAC 算法有一个很重要的参数，即迭代次数 K。RANSAC 算法成败的关键在于是否在 K 次迭代内找到一个样本全是内点的最小样本子集。在极端情况下，RANSAC 算法需要检查样本集合所有可能的最小样本子集，才能找到一个样本全是内点的最小样本子集或一个样本全是内点且最优的最小样本子集。对于基于 RANSAC 算法的直线检测算法，如果点集合中点的个数（总点数）为 N，那么需要检查的最小样本子集（包含两个点的集合）的个数为 $N(N-1)/2$，即 $K=N(N-1)/2$。如果 N 很大，那么需要检查的最小样本子集个数就会很庞大，这会引起大量计算消耗的问题。

事实上，如果已知内点数占总点数的比例，那么可以以概率的方式解决这个问题。假设 N 为点集合中点的个数；w 为内点数占总点数的比例，即从点集合中随机选到一个内点的概率；p 表示从点集合中随机选择的最小样本子集中全是内点的概率。对于直线检测应用，最小样本子集中样本的个数是 2，所有 w^2 表示从点集合中随机选择的最小样本子集中全是内点的概率，即 $p = w^2$；$1 - w^2$ 表示从点集合中随机选择的最小样本子集中至少有一个点不是内点的概率。如果迭代 K 次，那么找不到一个全是内点的最小样本子集的概率是 $(1 - w^2)^K$，即 $1 - q = (1 - w^2)^K$，q 表示迭代 K 次后找到一个全是内点的最小样本子集的概率。将公式 $1 - q = (1 - w^2)^K$ 两边取对数，可得

$$K = \frac{\lg(1-q)}{\lg(1-w^2)} \tag{6.16}$$

式中，w 为已知的先验知识，q 可以根据需要人为设定。可以看出，如果粗略知道内点数占总点数的比例，那么只要设定一个想要的概率 q ，就可以计算出需要多少次迭代能以概率 q 找到一个全是内点的最小样本子集。比如，已知内点数占总点数的比例 $w = 80\%$，并且期望能以 $q = 99\%$ 的概率找到一个两个点全是内点的最小样本子集，那么需要的迭代次数为

$$K = \frac{\lg(1-q)}{\lg(1-w^2)} = \frac{\lg(1-99\%)}{\lg[1-(80\%)^2]} \approx 5 \tag{6.17}$$

可以看出，只需要迭代 5 次，就能以 $q = 99\%$ 的概率找到一个两个点全是内点的最小样本子集。

RANSAC 算法是一种非确定性的迭代算法，每次迭代都随机选择点集合的一个子集来为点集合拟合一个产生点集合的模型。随着迭代次数的增加，选择到一个没有外点的子集的概率将会增大，从而可以有效避免外点对拟合的负面影响。这是一种有较强鲁棒性的算法。RANSAC 算法可以应用于任何需要选择内点估计预设模型参数的场合，如局部特征匹配、相机标定、平面提取、直线提取等。因为这是一种非确定性的迭代算法，所以每次运行产生的结果可能不一致。对于直线检测，其单独使用能解决问题③，也可以和其他算法结合，解决问题① 和问题②。

第 7 章 贝叶斯滤波器

在机器人领域，我们通常利用传感器测量的数据来直接获得或估计机器人状态信息。比如，利用 GPS 获取机器人的位置状态。如果传感器的测量是精确的，那么机器人状态估计就是一个很简单的问题。事实上，由于传感器本身测量精度的限制或环境因素的干扰，观测的数据通常带有噪声，需要在状态估计时去除噪声，即滤波。本章将介绍贝叶斯滤波器（Bayesian Filter），这是一种基于贝叶斯概率理论的信号处理方法，用于对信号或数据进行预测和滤波处理。贝叶斯滤波器的基本思想是通过结合先验知识和观测数据，基于贝叶斯定理对系统状态进行估计和预测，即更新系统状态的概率分布。贝叶斯滤波器通常用于处理包含噪声或不确定性的数据，并且可以递归地进行状态估计和预测，从而实现对系统状态的连续跟踪和预测。本章的具体内容包括：

- 滤波器的定义
- 贝叶斯滤波器的基本原理和推导过程
- 贝叶斯滤波器实例
- 二进制贝叶斯滤波器
- 贝叶斯滤波器的应用限制

7.1 滤波器的定义

滤波器（Filter）可以直观地被看作是一个黑盒子，给这个黑盒子一个输入，部分输入会被黑盒子吸收或滤除，其余的输入被黑盒子输出。在不同的应用领域，这个黑盒子被给予不同的定义。在工业制造领域，这个黑盒子被定义为一个装置，如空气净化器、水过滤器等。在光学领域，这个黑盒子被定义为一个能选择不同光线波段的设备，如红外截止滤波器等。在信号处理领域，这个黑盒子被定义为一个能将信号中不想要的成分或特性移除的电子装置或过程，如带通滤波器、低通滤波器、高通滤波器等。在随机过程领域，这个黑盒子被定义为一个信号处理中状态估计问题的数学模型。贝叶斯滤波器就属于随机过程中的滤波器概念。尽管滤波器这一概念的内涵在不同领域有所不同，但都与滤波器的直观理解有联系。

本章所讲的滤波器针对的是动态时变系统，其目标是利用不完全的、有噪声的观测数据对系统状态真实值进行最优估计。

7.2 贝叶斯滤波器的目标

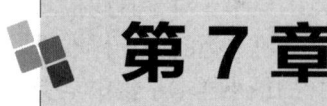

贝叶斯滤波器就是一种利用贝叶斯概率理论来从系统状态不完全的、有噪声的观测数据中，实现对系统状态真实值最优估计的滤波器。对于一个贝叶斯滤波器，其输入通常是

一个已知的、系统从 1 时刻到 t 时刻的观测数据序列：

$$o_{1:t} = (o_1, o_2, \cdots, o_t) \tag{7.1}$$

此外，对于某些运动系统 (如机器人系统)，通常还包括一个已知的、系统从 1 时刻到 t 时刻施加的运动控制数据序列：

$$a_{1:t} = (a_1, a_2, \cdots, a_t) \tag{7.2}$$

贝叶斯滤波器的目标就是利用已知的观测数据序列 $o_{1:t}$ 和运动控制数据序列 $a_{1:t}$ 来估计 t 时刻系统状态 s_t 的概率分布：

$$s_t \sim p(s_t|a_{1:t}, o_{1:t}) \tag{7.3}$$

这里我们估计的是 t 时刻系统状态 s_t 取值的概率分布，而不是具体的值。系统状态的含义和应用相关。比如，在机器人定位应用中，系统状态 s_t 可能表示机器人的当前位置，在上面分布中，$a_{1:t}$ 和 $o_{1:t}$ 分别表示从 1 时刻到 t 时刻机器人的动作执行序列和读取 GPS 数据 (GPS 信息) 的观测序列。需要注意的是，在上面概率分布的条件中，我们并没有加入先前从 0 时刻到 $t-1$ 时刻的状态序列，即 $s_{0:t-1}$。在直觉上，在 t 时刻，$s_{0:t-1}$ 已经确定，即条件已经成立，应该加入到当前时刻系统状态的条件概率分布的条件中。事实上，不把 $s_{0:t-1}$ 加入到条件中是合理的。我们仔细分析一下状态的计算就可以知道，除初始状态 s_0 外，其他时刻的状态都是从机器人的动作和观测数据估计出来的。因此，只要保留当前时刻及以前所有时刻的动作执行序列和观测序列，就能预测出当前时刻系统状态，即当前时刻系统状态 s_t 只与 $a_{1:t}$ 和 $o_{1:t}$ 有关。

7.3 一阶隐马尔可夫假设

在贝叶斯滤波器的推导过程中，我们通常会用到两个条件概率分布。第 1 个条件概率分布是在已知从 1 时刻到 t 时刻系统状态 $s_{1:t}$、从 1 时刻到 t 时刻系统运动控制数据序列 $a_{1:t}$、从 1 时刻到 $t-1$ 时刻系统观测数据序列 $o_{1:t-1}$ 的条件下，观测到 t 时刻数据 o_t 的概率分布：

$$p(o_t|s_{1:t}, a_{1:t}, o_{1:t-1}) \tag{7.4}$$

第 2 个条件概率分布是在已知 $s_{1:t-1}$、$o_{1:t-1}$ 和 $a_{1:t}$ 的条件下，t 时刻系统状态 s_t 的概率分布：

$$p(s_t|s_{1:t-1}, a_{1:t}, o_{1:t-1}) \tag{7.5}$$

贝叶斯滤波器通常假设迭代滤波过程服从一阶隐马尔可夫假设，即

$$\begin{aligned} p(o_t|s_{1:t}, a_{1:t}, o_{1:t-1}) &= p(o_t|s_t) \\ p(s_t|s_{1:t-1}, a_{1:t}, o_{1:t-1}) &= p(s_t|s_{t-1}, a_t) \end{aligned} \tag{7.6}$$

式中：第 1 行表示，系统在 t 时刻的观测数据只与 t 时刻系统状态有关，而与从 1 时刻到 t 时刻的运动控制数据和以前的观测数据无关；第 2 行表示，系统在 t 时刻的状态只与前一时刻系统状态 s_{t-1} 和当前 t 时刻施加的运动控制数据 a_t 有关，而与以前的观测数据和以前的运动控制数据无关。

7.4 无控制输入的贝叶斯滤波器

我们先假设系统没有输入运动控制数据序列 $a_{1:t}$，只输入观测数据序列 $o_{1:t}$。无运动控制数据序列输入的贝叶斯滤波器可以被看作一个隐马尔可夫模型，其状态转移变化图如图 7.1 所示。

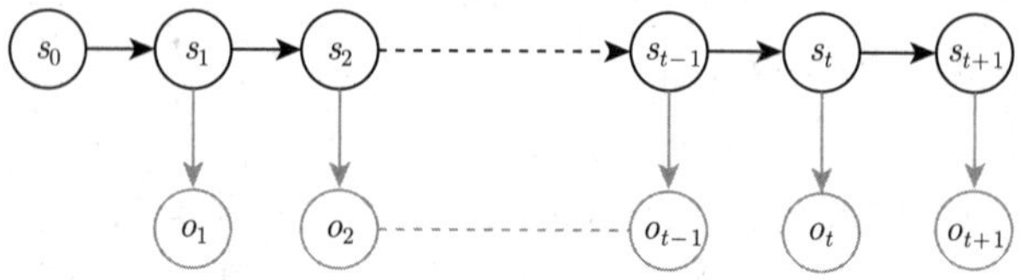

图 7.1 状态转移变化图

在贝叶斯滤波器中，可以认为系统在任意时刻的状态 s_t 是一个随机变量 S_t，我们的目标就是基于已知的系统观测数据序列 $o_{1:t}$ 来估计这个随机变量所服从的概率分布，即

$$s_t \sim p(s_t|o_{1:t}) \tag{7.7}$$

关键的问题是如何估计。对贝叶斯滤波器来说，其核心是贝叶斯定理，需要事先知道两个方面的信息：①明确随机变量 S_t 的先验分布，即明确概率质量函数（离散随机变量）或概率密度函数（连续随机变量）的形式和参数值，即 $p(s_t)$ 除变量 s_t 未知外其他都已知；②明确基于系统状态 s_t 的观测数据 o_t 的概率分布，即在已知系统状态的条件下观测数据的概率分布 $p(o_t|s_t)$。在机器人系统中，$p(o_t|s_t)$ 通常描述传感器的测量精度模型，是已知的。在确定了系统状态 s_t 的情况下，这个概率分布是已知的。比如，如果已知机器人的当前精确位置（系统状态），那么就知道在此位置利用 GPS 测量所得位置的概率分布。需要注意的是，这个分布假设条件 s_t 已知，即其值确定。然而，s_t 的值是不确定的，其取值的概率分布正是我们要求解的后验分布。因此，利用贝叶斯定理求解后验分布的核心是将观测数据 o_t 代入 $p(o_t|s_t)$，使其变成一个只包含变量 s_t 的函数。这样，一旦在 t 时刻观测到 o_t，就可以利用贝叶斯定理获得系统状态在新获得观测数据 o_t 条件下的后验分布：

$$p(s_t|o_t) = \frac{p(s_t)p(o_t|s_t)}{p(o_t)} \tag{7.8}$$

因为 $p(o_t)$ 是一个与待估计参数 s_t 无关的边缘概率分布，其可以忽略。我们只需要关注如下的正比关系即可：

$$p(s_t|o_t) \propto p(s_t)p(o_t|s_t) \tag{7.9}$$

对于式 (7.9)，还有一个问题需要解决，即 t 时刻系统状态 s_t 的先验分布 $p(s_t)$ 如何获得。这就涉及贝叶斯推断的一个很好的优点，即循环迭代。我们只需要知道 0 时刻系统状态的一个初始概率分布 $p(s_0)$，就可启动迭代。$p(s_0)$ 表示在获得观测数据前，我们对系统状态的认知和理解。对于离散系统，其为概率质量函数；对于连续系统，其为概率密度函数。无论是离散系统还是连续系统，先验分布的函数形式和函数的参数值都是已知的。利

用 $p(s_0)$ 可以获得下一时刻的后验分布。然后，任意 t 时刻系统状态的先验分布 $p(s_t)$ 可由前一时刻的后验分布 $p(s_{t-1}|o_{t-1})$ 代替。这样，系统状态的后验分布将处于不断更新的过程中，当在下一时刻有新的观测数据出现时，当前时刻系统状态的后验分布又可以变成下一时刻系统状态的先验分布，从而可以不断迭代下去。贝叶斯推断的迭代公式如下：

$$p(s_t|o_t) \propto p(s_{t-1}|o_{t-1})p(o_t|s_t) \tag{7.10}$$

具体来说，在 $t=0$ 时刻，我们根据经验对系统状态有一个初步的认知，即可以设计 $t=0$ 时刻系统状态随机变量 S_0 的概率分布 $p(s_0)$，它可以作为 $t=1$ 时刻系统状态的先验分布，即 $p(s_1)=p(s_0)$，并利用贝叶斯定理获得 $t=1$ 时刻系统状态的后验分布 $p(s_1|o_1)$。在 $t=2$ 时刻，$t=1$ 时刻系统状态的后验分布就成为 $t=2$ 时刻系统状态的先验分布，即 $p(s_2)=p(s_1|o_1)$。当获得一个新的观测数据 o_2 时，就可以继续迭代获得 $t=2$ 时刻系统状态的后验分布 $p(s_2|o_2)$，从而利用新知识完成系统状态概率分布的更新。

简而言之，贝叶斯滤波器通过最初的先验知识和后续逐步获得的观测数据 o_t 来迭代更新系统状态的概率分布。

7.5　有控制输入的贝叶斯滤波器

对一个移动机器人来说，其通常会给其运动机构施加某种控制量，如前进、后退、转弯等。因此，利用贝叶斯滤波器进行系统状态概率分布的预测，不仅要考虑观测数据序列 $o_{1:t}$，还要考虑输入运动控制数据序列 $a_{1:t}$，即如式 (7.3) 所示。事实上，一旦引入运动控制量，系统状态估计问题将变得更加复杂。比如，对一个移动机器人来说，我们可以利用机器人的运动学模型和施加的控制量来预测下一时刻机器人的位置状态（没有移动前就可以预测），也可以直接在下一时刻读取 GPS 信息估计位置状态（必须移动后才能读取）。

为了简化，我们通常将贝叶斯滤波器分成两个步骤，即预测步骤和更新步骤。在预测步骤，系统还处于 $t-1$ 时刻，此时刻已知的原始信息包括从 1 时刻到 $t-1$ 时刻的系统运动控制数据序列 $a_{1:t-1}$ 及下一时刻将要施加的运动控制数据 a_t、从 1 时刻到 $t-1$ 时刻的系统观测数据序列 $o_{1:t-1}$。需要注意的是，系统状态估计序列 $s_{1:t-1}$ 不是原始信息，其是从原始信息估计出来的。预测步骤的目标是利用上述已知的原始信息和运动学模型，在 $t-1$ 时刻预先估计未来 t 时刻系统状态的概率分布，即 $p(s_t|a_{1:t-1},a_t,o_{1:t-1})$。在更新步骤，系统经过运动达到 t 时刻，并在 t 时刻获得一个新的观测数据 o_t。在此时刻，已知的原始信息包括 $a_{1:t}$、$o_{1:t}$。更新步骤的目标是利用包含新观测数据 o_t 在内的所有信息来估计 t 时刻系统状态的概率分布，即 $p(s_t|a_{1:t},o_{1:t-1},o_t)$。

如果在任意时刻都从以前时刻所有的原始信息来估计当前时刻系统状态，那么也就没有必要利用贝叶斯滤波器了。我们可采用经典概率理论中的最大似然估计方法，估计当前最佳系统状态值（不是分布）。正如 7.4 节所述，贝叶斯滤波器的一个优点是可以逐步地融入新的知识而不用从头再来。从预测步骤和更新步骤的目标可以看出，更新步骤相比于预测步骤只是多了一个新的知识 o_t，只要知道 t 时刻系统状态的先验分布，就可以利用贝叶斯定理来获得系统状态的后验分布。

需要注意的是，有控制输入的贝叶斯滤波器和无控制输入的贝叶斯滤波器有所不同。对于无控制输入的贝叶斯滤波器，因为没有外来控制量（如驱动力），所以其 $t-1$ 时刻系统状态的后验分布可以被当作当前 t 时刻系统状态的先验分布。与之对比，对于有控制输入的贝叶斯滤波器，因为有外来控制量，所以当前 t 时刻系统状态的先验分布可由 $t-1$ 时刻系统状态的后验分布加上控制量导致的偏移获得。通常，由于运动的不精确性，导致的偏移也是不确定的，是一个随机变量。因此，有控制输入的贝叶斯滤波器的预测步骤可以解释为从 $t-1$ 时刻系统状态的后验分布、t 时刻施加的运动控制量（也就是运动控制数据）a_t 来预测 t 时刻系统状态的先验分布。而更新步骤可以解释为利用预测步骤获得的 t 时刻系统状态的先验分布和 t 时刻新的观测数据 o_t，基于贝叶斯定理获得 t 时刻系统状态的后验分布。

7.5.1 预测步骤

预测步骤的目标是利用系统运动控制数据序列 $a_{1:t}$、系统观测数据序列 $o_{1:t-1}$ 来预测 t 时刻系统状态的概率分布，即 $p(s_t|a_{1:t-1},a_t,o_{1:t-1})$。正如上所述，预测步骤需要建立 $p(s_t|a_{1:t-1},a_t,o_{1:t-1})$ 与 $t-1$ 时刻系统状态的后验分布 $p(s_{t-1}|a_{1:t-1},o_{1:t-1})$ 之间的关系。利用概率论中的求和法则，$p(s_t|a_{1:t},o_{1:t-1})$ 可以展开为如下形式：

$$
\begin{aligned}
p(s_t|a_{1:t},o_{1:t-1}) &= \int p(s_t|s_{t-1},a_{1:t},o_{1:t-1})p(s_{t-1}|a_{1:t},o_{1:t-1})\mathrm{d}s_{t-1} \\
&= \int p(s_t|s_{t-1},a_t)p(s_{t-1}|a_{1:t},o_{1:t-1})\mathrm{d}s_{t-1} \\
&= \int p(s_t|s_{t-1},a_t)p(s_{t-1}|a_{1:t-1},o_{1:t-1})\mathrm{d}s_{t-1}
\end{aligned}
\tag{7.11}
$$

在上述展开过程中，我们通过求和法则引入前一时刻系统状态 s_{t-1} 作为条件。这一步很关键，它建立了 t 时刻预测的 t 时刻系统状态的概率分布 (t 时刻系统状态的先验分布) 和 $t-1$ 时刻系统状态的后验分布的迭代关系，并对原始信息进行了简化。在引入 s_{t-1} 后，我们发现，$p(s_t|s_{t-1},a_{1:t},o_{1:t-1})$ 可以简化为 $p(s_t|s_{t-1},a_t)$。这主要应用了概率论中的条件独立性质。在这里，因为 s_{t-1} 是从 $a_{1:t-1}$ 和 $o_{1:t-1}$ 估计出的，所以 s_{t-1} 包含 $a_{1:t-1}$ 和 $o_{1:t-1}$ 的完整信息。因此，当 s_{t-1} 这个条件出现时，$a_{1:t-1}$ 和 $o_{1:t-1}$ 将不再为 s_t 提供任何额外的信息，即 s_t 与 $a_{1:t-1}$、$o_{1:t-1}$ 条件独立，则 $p(s_t|s_{t-1},a_{1:t},o_{1:t-1})=p(s_t|s_{t-1},a_t)$。$p(s_t|s_{t-1},a_t)$ 是系统状态转移概率分布，通常由系统运动控制模型决定，是已知的。系统状态转移概率分布表示在已知 $t-1$ 时刻系统状态 s_{t-1} 和 t 时刻将要施加的运动控制量 a_t 的条件下，系统状态从 s_{t-1} 转移到 s_t 的概率分布。另外，对比式 (7.11) 中的第 2 行和第 3 行可以看出，这里有 $p(s_{t-1}|a_{1:t},o_{1:t-1})=p(s_{t-1}|a_{1:t-1},o_{1:t-1})$，即将 a_t 直接忽略掉。t 时刻机器人执行的动作（也就是 t 时刻施加的运动控制数据或运动控制量）a_t，不会对 $t-1$ 时刻系统状态 s_{t-1} 产生任何影响，即 s_{t-1} 独立于 a_t。t 时刻的动作是由机器人随机选取的，这个随机选取并不是指胡乱选取，而是指选取具有一定的不确定性，其并不依赖于前一时刻系统状态 s_{t-1}，即 $t-1$ 时刻的下一时刻 t 执行什么动作和 $t-1$ 时刻系统状态无关，所以 s_{t-1} 和 a_t 相互独立。因此，直接忽略掉 a_t 是合理的。

另外，第 1 行的展开有些晦涩难懂。其实，它使用了一个简单的公式，即

$$
\begin{aligned}
p(x) &= \int p(x|y)p(y)\mathrm{d}y \\
p(x|z) &= \int p(x|y,z)p(y|z)\mathrm{d}y
\end{aligned}
\tag{7.12}
$$

式中，引入一个条件 z 后，x 和 y 都要受这个条件约束。

注　条件独立（Conditional Independent）：条件独立就是在一些特定条件发生的情况下讨论随机变量之间的独立性。假设随机变量 X 和 Y 的联合概率为 $P(X,Y)$，并且 X 和 Y 相互有关联，即 $P(X,Y) \neq P(X)P(Y)$。但当某个条件 C 出现时，$P(X,Y|C) = P(X|C)P(Y|C)$，那么我们称随机变量 X 和 Y 条件独立，并且其独立条件是 C。$P(X,Y|C) = P(X|C)P(Y|C)$ 等价于 $P(X|C,Y)=P(X|C)$，$P(Y|C,X)=P(Y|C)$。条件独立隐含这样一个含义：当随机变量 C 的值已知时，无论随机变量 X（或 Y）取何值，其都不会为随机变量 Y（或 X）提供任何额外信息。我们举个例子来阐述，假设 A 是熬夜，C 是赖床，B 是迟到。一般情况下，熬夜会增大赖床的概率，赖床会增大迟到的概率。当然，天气冷也会增大赖床的概率，堵车也会增大迟到的概率，这种现实生活中的可能性是很多的，我们现在只关注 A 熬夜和 B 迟到的概率 $P(A)$、$P(B)$ 之间的关系。显然，在熬夜发生的情况下，迟到的概率是增大的。但有一种情况例外：就是已经知道今天赖床了，同时不知道是否熬夜了，也不知道是否会迟到，这时迟到的概率和熬夜的概率就无关了。因为在赖床已经确定（无论是因为熬夜、天气冷、工作轻松，还是因为其他任何原因）的情况下，赖床导致的迟到可能性也确定了，熬夜已经不可能通过增大赖床的概率来间接增大迟到的概率了，那么迟到的概率和熬夜的概率也就没有依赖关系了。

如果我们用 $p_{\text{pred}}(s_t)$ 和 $p_{\text{corr}}(s_t)$ 来分别表示 $p(s_t|a_{1:t},o_{1:t-1})$ 和 $p(s_t|a_{1:t},o_{1:t})$，那么式 (7.11) 变为

$$
\begin{aligned}
p_{\text{pred}}(s_t) &= p(s_t|a_{1:t},o_{1:t-1}) \\
&= \int p(s_t|s_{t-1},a_t)p_{\text{corr}}(s_{t-1})\mathrm{d}s_{t-1}
\end{aligned}
\tag{7.13}
$$

式中，我们用 $p_{\text{pred}}(s_t)$ 来表示 $p(s_t|a_{1:t},o_{1:t-1})$ 有两个原因。一个原因是想实现公式的简洁化；另一个原因是想强调这是一个关于 s_t 的函数，是一个关于 s_t 的概率分布。从式 (7.13) 可以看出，在这一步预测的 s_t 的概率分布 p_{pred} 只和前一时刻系统状态 s_{t-1} 及当前 t 时刻执行的动作 a_t 有关。其物理意义是，在机器人执行动作 a_t 后，系统从前一时刻状态 s_{t-1} 转移到当前特定状态 s_t 的综合可能性。这句话理解起来有点困难，我们举一个例子。

我们假设配送机器人只能在一个 10×10 的格子内移动，也就是说机器人所有可能处于的位置共有 100 个，即状态空间包含 100 个状态 $\mathcal{S} = \{(i,j)\}_{i,j=1}^{10}$。$s_t$ 和 s_{t-1} 的取值空间都是这个状态空间。这很好理解，机器人在任意时刻的位置只能是这 100 个位置中一个。求和法则在此的物理意义为，机器人在 t 时刻到达特定位置 $s_t = (m,n)$ 的途径有 100 种(是完备的，不可能有第 101 种途径)，即可能从 100 个位置中的任意一个位置 (i,j) 经执行移动动作 a_t 到达位置 (m,n)，那么机器人在 t 时刻到达位置 (m,n) 的概率是多少。需

要注意几点：①机器人只能从 $t-1$ 时刻的某个位置执行移动动作 a_t，并在 t 时刻到达位置 (m,n)；②执行动作前，机器人在任意位置的概率需要知道，即 $t-1$ 时刻的状态概率质量函数需要知道；③执行动作后，从 $t-1$ 时刻任意一个状态 $s_{t-1}=(i,j)$ 转移到 t 时刻特定状态 $s_t=(m,n)$ 的概率需要知道，这个概率就是所谓的状态转移概率。

在式 (7.13) 中，$p_{\text{corr}}(s_{t-1})$ 就是 $t-1$ 时刻的状态概率质量函数，它表示在前一时刻获得的关于状态的分布，是一个关于 s_{t-1} 的概率质量函数。利用这个概率质量函数，我们可以获得 $t-1$ 时刻机器人在任意位置 (i,j) 的概率。在这一步，$p_{\text{corr}}(s_{t-1})$ 就是 $t-1$ 时刻系统状态的后验分布，表示当前我们对状态的认知 (状态的先验知识)；$p(s_t|s_{t-1},a_t)$ 就是所谓的状态转移概率分布。需要注意的是，在执行移动动作 a_t 后，从 $t-1$ 时刻任意状态向 t 时刻特定状态转移时，所有可能的状态转移概率构成一个 100×100 的状态转移概率矩阵。因为从一个时刻向下一个时刻执行的动作可能不同，或者执行同一个动作存在误差，所以这个状态转移概率矩阵是时变的。状态转移概率矩阵的获得需要根据具体的、表示动作执行的函数（对应一个变换）来决定。

到此为止，我们完成了第 1 步的计算。在这一步，因为我们执行了移动动作 a_t，所以机器人的位置发生了变化，即状态发生了变化。状态的变化也导致状态的分布发生变化，即机器人处于任意位置的概率发生变化。利用式 (7.13)，重新估计状态的概率分布，即更新概率质量函数。在这个过程中，除状态的先验知识 $p_{\text{corr}}(s_{t-1})$ 外，我们对当前时刻机器人执行的移动动作有一定的认知（知道它打算怎么走、走多远，但可能因为摩擦等原因导致和我们的认知有误差）。我们只能从机器人的动作执行函数来预测当前时刻状态，从而重新估计状态的概率分布。因此，这一步通常被称为预测步骤（Predition Step）。事实上，由于执行单元本身的精度及地面摩擦、风向等外部影响，动作执行具有一定的不确定性，从而导致预测的状态概率分布 $p_{\text{pred}}(s_t)$ 的误差增大。本质上，执行一个动作是一个增加噪声的过程，引入了更多的不确定性。

7.5.2 更新步骤

我们的最终目标是利用 t 时刻已知的系统运动控制数据序列 $a_{1:t}$、系统观测数据序列 $o_{1:t}$ 等原始信息来估计 t 时刻系统状态的概率分布，即 $p_{\text{corr}}(s_t)=p(s_t|a_{1:t},o_{1:t})$。为了便于持续地利用新的观测数据来更新系统状态的概率分布，贝叶斯滤波器将其分为两步，即预测步骤和更新步骤。在预测步骤，我们获得了 t 时刻系统状态的先验分布 $p_{\text{pred}}(s_t)$，并且这个先验分布的计算考虑了运动控制量的因素。因此，一旦在 t 时刻观测到新的数据 o_t，就变成了一个无控制输入的贝叶斯滤波过程，可以利用如下正比关系更新系统状态的概率分布：

$$p_{\text{corr}}(s_t)\propto p_{\text{pred}}(s_t)p(o_t|s_t) \tag{7.14}$$

和第 1 步相比，这一步引入了关于系统状态的新的知识，即 o_t。在机器人系统中，这可能就是在 t 时刻读取的 GPS 信息。这一步试图通过这个 GPS 信息来更新系统状态的概率分布。因此，这一步通常被称为更新步骤（Update Step）。

下面我们利用贝叶斯定理来对其进行推导。

$$
\begin{aligned}
p(s_t|a_{1:t},o_{1:t}) &= p(s_t|o_t,a_{1:t},o_{1:t-1}) \\
&= \frac{p(o_t|s_t,a_{1:t},o_{1:t-1})p(s_t|a_{1:t},o_{1:t-1})}{p(o_t|a_{1:t},o_{1:t-1})} \\
&= \frac{p(o_t|s_t)p(s_t|a_{1:t},o_{1:t-1})}{p(o_t|a_{1:t},o_{1:t-1})}
\end{aligned} \tag{7.15}
$$

式中，$p(o_t|s_t,a_{1:t},o_{1:t-1})$ 等价于 $p(o_t|s_t)$。这主要应用了概率论中的条件独立性质，即 s_t 包含 $a_{1:t}$ 和 $o_{1:t-1}$ 的完整信息，使得 o_t 与 $a_{1:t}$、$o_{1:t-1}$ 条件独立，从而可以去掉这两项。另外，分母项是一个与变量 s_t 无关的项，可以被看作一个常数，记为 $c=p(o_t|a_{1:t},o_{1:t-1})$。因此，式 (7.15) 可以简化为

$$
p_{\text{corr}}(s_t) = \frac{1}{c}\, p(o_t|s_t)p_{\text{pred}}(s_t) \tag{7.16}
$$

式中：$p_{\text{pred}}(s_t)$ 在这一步就相当于已知的、t 时刻系统状态的先验分布；$p(o_t|s_t)$ 表示在 t 时刻系统状态的先验分布下，由系统状态 s_t 产生观测数据 o_t 的转移概率分布 (状态到观测数据的转移概率分布)。在我们这个例子中，其物理意义就是，在已经通过第 1 步预测出机器人的当前位置为 s_t 后，我们从 GPS 读取数据为 o_t 的可能性有多大。理论上，如果假设 GPS 很准确，那么预测得越准，这个概率越大，反之则反；如果假设预测得很准确，那么 GPS 越准，这个概率越大，反之则反。事实上，无论如何我们已经从另一个视角单独获得了机器人的当前位置信息，将这个信息作为条件引入状态概率分布的更新过程，有可能使状态概率分布变得更准确。式 (7.16) 就是引入这个条件、更新状态概率分布的过程。

对于常数 c，利用求和法则，其可以转换为

$$
\begin{aligned}
c &= p(o_t|a_{1:t},o_{1:t-1}) \\
&= \int p(o_t|s_t,a_{1:t},o_{1:t-1})p(s_t|a_{1:t},o_{1:t-1})\mathrm{d}s_t \\
&= \int p(o_t|s_t)p_{\text{pred}}(s_t)\mathrm{d}s_t
\end{aligned} \tag{7.17}
$$

式中，同样使用了条件独立性质。

7.5.3 两轮的递归求解过程

为了方便对比，我们将预测步骤所用的式 (7.13)(可称为预测公式) 和更新步骤所用的式 (7.16)(可称为更新公式) 放在一起，具体如下：

$$
\begin{aligned}
p_{\text{pred}}(s_t) &= \int p(s_t|s_{t-1},a_t)p_{\text{corr}}(s_{t-1})\mathrm{d}s_{t-1} \quad \text{预测公式} \\
p_{\text{corr}}(s_t) &= \frac{1}{c}\, p(o_t|s_t)p_{\text{pred}}(s_t) \quad \text{更新公式}
\end{aligned} \tag{7.18}
$$

根据预测步骤和更新步骤，我们可以建立一个两轮的递归求解过程（迭代过程），这需要满足以下条件：①我们得知道系统状态的一个初始先验分布（可以是一个很粗略，甚至不准确的分布），即 0 时刻系统状态的先验分布 $p_{\text{corr}}(s_0)$，这是系统初始状态的先验分布，也是系统状态的先验知识；②我们得能计算执行某个移动动作前后两个时刻的所有可能状态之间的状态转移概率矩阵，即 $p(s_t|s_{t-1},a_t)$;③我们得有一种方法，计算当前时刻所有状态到可能观测数据的转移概率矩阵，即 $p(o_t|s_t)$。

一旦满足这 3 个条件，我们就可以利用前一时刻系统状态的后验分布（当前时刻系统状态的先验知识），以及当前时刻机器人执行的移动动作和读取的 GPS 信息，来获得当前时刻系统状态的新概率分布，从而完成一轮递归。接下来，这个新概率分布将被看作下一轮 (下一时刻) 递归的、关于系统状态的先验知识，并综合下一时刻机器人执行的移动动作和读取的 GPS 信息，来获得下一时刻系统状态的新概率分布，从而完成新一轮递归。

通过不断递归，我们总能综合系统状态的先验知识、运动控制数据和观测数据，获得当前时刻系统状态的概率分布。再次强调，在这个迭代过程中，我们通过不断地引入新的知识，来更新我们对系统状态的认知，即更新系统状态的概率分布。

7.6 贝叶斯滤波器实例

下面我们通过 7.5 节中提到的配送机器人的例子来阐述贝叶斯滤波器的迭代过程。我们通过假设来建立递归贝叶斯滤波器迭代的前提条件。首先，我们假设在 0 时刻机器人处于任意一个位置（100 个方格中的任意一个方格）的概率是相同的，即 0 时刻状态的先验概率质量函数（初始状态的先验分布）为

$$p_{\text{corr}}(s_0=(i,j))=0.01 \tag{7.19}$$

其次，我们假设机器人只沿 x 轴平行方向向前行进，即 y 轴方向不变化。另外，我们假设机器人只有行进 2 格或 3 格这两种行进动作，并且误差为 1 格。假设我们已知当前时刻机器人执行行进 2 格的动作（$a_t=2$）的状态转移概率分布如下：

$$p(s_t|s_{t-1},a_t=2)=\begin{cases}0.8, & s_t=s_{t-1}+(2,0)\\0.1, & s_t=s_{t-1}+(1,0)\\0.1, & s_t=s_{t-1}+(3,0)\\0, & \text{其他}\end{cases} \tag{7.20}$$

式 (7.20) 定义了一个 100×100 的状态转移概率矩阵。当 s_{t-1} 取一个确定值时，式 (7.20) 就是状态转移概率矩阵的一行。在式 (7.20) 中：如果 $s_t=s_{t-1}+(2,0)$，那么意味着机器人精确行进了 2 格，无误差；如果 $s_t=s_{t-1}+(1,0)$，那么意味着机器人少走了 1 格，有 1 格的误差；如果 $s_t=s_{t-1}+(3,0)$，那么意味着机器人多走了 1 格，有 1 格的误差。根据我们的假设，执行一个行进 2 格的动作，只可能出现这 3 种情况。在这里，我们设置 $s_t=s_{t-1}+(2,0)$ 时的概率为 0.8，是假设机器人执行单元还是比较可靠的。

同样，假设我们已知当前时刻机器人执行行进 3 格的动作 $(a_t=3)$ 的状态转移概率分布如下：

$$p(s_t|s_{t-1},a_t=3)=\begin{cases}0.8, & s_t=s_{t-1}+(3,0)\\0.1, & s_t=s_{t-1}+(2,0)\\0.1, & s_t=s_{t-1}+(4,0)\\0, & \text{其他}\end{cases}\tag{7.21}$$

最后，我们通过假设来建立第 3 个条件。假设 GPS 定位 (测量) 在 y 轴方向无误差，只在 x 轴方向有 1 格的误差，并且状态到观测数据的转移概率分布如下：

$$p(o_t|s_t)=\begin{cases}0.9, & s_t=o_t\\0.05, & s_t=o_t-(1,0)\\0.05, & s_t=o_t+(1,0)\\0, & \text{其他}\end{cases}\tag{7.22}$$

式 (7.22) 定义了一个系统状态到观测数据的转移概率矩阵。当 s_t 取一个确定值时，式 (7.22) 就是转移概率矩阵的一行。式 (7.22) 看起来像一个在条件 s_t 下关于 o_t 的条件概率分布，但实际上它是一个似然函数。在这个函数中，o_t 是已知的观测数据，条件 s_t 才是变量。式 (7.22) 表明，机器人只有处于 o_t、$o_t-(1,0)$ 和 $o_t+(1,0)$ 这 3 个位置时，才有可能从 GPS 读取数据 o_t。在式 (7.22) 中，$s_t=o_t$ 是指机器人当前处于 GPS 定位位置，$s_t=o_t-(1,0)$ 是指机器人当前处于 GPS 定位位置偏后了 1 格，$s_t=o_t+(1,0)$ 是指机器人当前处于 GPS 定位位置偏前了 1 格。根据我们的假设，只可能出现这 3 种情况。在这里，我们设置 $s_t=o_t$ 时的概率为 0.9，是假设 GPS 还比较准确，它定位的机器人位置与实际机器人处于的位置大概率重合。

通过一系列假设，我们获得了配送机器人初始状态的先验分布、执行不同行进动作的前后两个时刻的状态转移概率分布及状态到观测数据的转移概率分布。下面我们就看看，在 1 时刻会发生什么？假设在 1 时刻机器人执行了一个行进 2 格的动作，即 $a_1=2$，那么根据预测公式，我们可以获得 1 时刻状态的先验分布（预测的状态概率分布）:

$$\begin{aligned}p_{\text{pred}}(s_1)&=\sum_{i=1,j=1}^{10}p(s_1|s_0=(i,j),a_1=2)p_{\text{corr}}(s_0=(i,j))\\&=0.8\times p_{\text{corr}}(s_0=s_1-(2,0))+0.1\times p_{\text{corr}}(s_0=s_1-(1,0))\\&\quad+0.1\times p_{\text{corr}}(s_0=s_1-(3,0))\\&=0.8\times 0.01+0.1\times 0.01+0.1\times 0.01=0.01\end{aligned}\tag{7.23}$$

式中，推导是基于式 (7.20) 和式 (7.19) 进行的。根据式 (7.20)，无论 1 时刻状态 s_1 取哪一个位置，0 时刻都只有 3 个状态（位置）能转移到这个 1 时刻状态 s_1，这 3 个位置分别是 $s_1-(2,0)$、$s_1-(1,0)$ 和 $s_1-(3,0)$，并且转移概率分别为 0.8、0.1 和 0.1。其他位置不可

能转移到 s_1，所以转移概率为 0。这个利用求和法则预测状态概率分布的公式其实只是上述 3 个状态转移到 s_1 的加权和，并且加权和为 0.01。这个公式的物理含义是：机器人在执行行进 2 格的动作后，到达一个未知的位置 s_1 的路径有 100 条，但只有 3 条是可能的，其他不能到达；对于这 3 条可能的路径，已知选择每条路径的概率 $[p_{\text{corr}}(s_0=(i,j))]$ 和每条路径的到达可能性 $[p(s_1|s_0=(i,j),a_1=2)]$，加权求和就是机器人到达 s_1 的概率。需要注意的是，这 3 个位置是相对位置，都是相对于 s_1 的。因此，无论 s_1 具体取哪一个特定位置 (m,n)，都只可能在这个特定位置周围存在 3 个位置转移到这个特定位置，并且可能性分别为 0.8、0.1 和 0.1，加权求和后得到机器人到达任意一个位置的概率都为 0.01，即 $p_{\text{pred}}(s_1=(m,n))=0.01$。因此，执行 $a_1=2$ 的行进动作后，机器人处于任意一个方格的概率是相同的，并且都是 0.01。从最后的结果也可以看出，预测的状态概率分布 $p_{\text{pred}}(s_1)$ 和初始状态的先验分布 $p_{\text{corr}}(s_0)$ 完全一样。这也是合理的，因为在这一步，机器人只执行了一个行进动作，并且没有提供任何信息暗示机器人处于哪一个方格。即使我们知道机器人执行了一个行进动作，但由于我们不知道机器人是从哪个位置开始的，所以每一个方格作为初始位置的概率相同，根据推导，移动后的机器人可能处于任意一个方格，并且可能性一样。

利用预测公式，我们获得了执行 $a_1=2$ 的行进动作后的状态概率分布。下一步我们假设读取 GPS 信息，并得到 $o_1=(5,5)$，那么根据更新公式，我们可以获得 1 时刻状态的后验分布 (更新的状态概率分布)：

$$
\begin{aligned}
p_{\text{corr}}(s_1) &= \frac{1}{c}\,p(o_1=(5,5)|s_1)p_{\text{pred}}(s_1) \\
&= \begin{cases}
\dfrac{1}{c}\times 0.9\times 0.01=\dfrac{1}{c}\times 0.009, & s_1=o_1=(5,5) \\
\dfrac{1}{c}\times 0.05\times 0.01=\dfrac{1}{c}\times 0.0005, & s_1=o_1-(1,0)=(4,5) \\
\dfrac{1}{c}\times 0.05\times 0.01=\dfrac{1}{c}\times 0.0005, & s_1=o_1+(1,0)=(6,5) \\
0, & \text{其他}
\end{cases}
\end{aligned}
\tag{7.24}
$$

式中，推导是基于式 (7.22) 和式 (7.23) 进行的。一旦 o_1 确定，那么根据式 (7.22)，s_1 只有取 $s_1=o_1=(5,5)$、$s_1=o_1-(1,0)=(4,5)$ 和 $s_1=o_1+(1,0)=(6,5)$ 时，才有可能观测到 $o_1=(5,5)$，并且观测到的概率分别为 $\frac{1}{c}\times 0.009$、$\frac{1}{c}\times 0.0005$ 和 $\frac{1}{c}\times 0.0005$。当 s_1 取其他位置时，观测到 $o_1=(5,5)$ 的概率为 0。根据式 (7.17)，可得 $c=0.9\times 0.01+0.05\times 0.01+0.05\times 0.01=0.01$。将常数 c 代入式 (7.24) 可得

$$
p_{\text{corr}}(s_1)=\begin{cases}
0.9, & s_1=o_1=(5,5) \\
0.05, & s_1=o_1-(1,0)=(4,5) \\
0.05, & s_1=o_1+(1,0)=(6,5) \\
0, & \text{其他}
\end{cases}
\tag{7.25}
$$

到此为止，我们完成了一轮迭代。在这一轮迭代中，我们只引入了一个靠谱的信息，即 GPS 信息。经过这一轮迭代，1 时刻状态的后验分布 (更新的状态概率分布) 其实就是 GPS 定位误差的概率分布。

下面我们再进行一轮迭代。假设在 2 时刻机器人执行了一个行进 3 格的动作，即 $a_2 = 3$，那么根据预测公式，我们可以获得 2 时刻状态的先验分布 (预测的状态概率分布)：

$$\begin{aligned}p_{\text{pred}}(s_2) &= \sum_{i=1,j=1}^{10} p(s_2|s_1=(i,j),a_2=3)p_{\text{corr}}(s_1=(i,j)) \\ &= 0.8\times p_{\text{corr}}(s_1=s_2-(3,0))+0.1\times p_{\text{corr}}(s_1=s_2-(2,0)) \\ &\quad +0.1\times p_{\text{corr}}(s_1=s_2-(4,0))\end{aligned} \tag{7.26}$$

式中，推导是基于式 (7.21) 进行的。这一轮迭代中的先验知识就是上一轮迭代中 1 时刻状态的后验分布 $p_{\text{corr}}(s_1)$。因为 $p_{\text{corr}}(s_1)$ 已知，所以相当于 s_1 已知，s_2 是未知量。根据式 (7.21)，无论 2 时刻状态 s_2 取哪一个位置，1 时刻都只有 3 个状态 (位置) 能转移到这个 2 时刻状态 s_2，这 3 个位置分别是 $s_2-(3,0)$、$s_2-(2,0)$ 和 $s_2-(4,0)$，并且转移概率分别为 0.8、0.1 和 0.1。其他位置不可能转移到 s_2，所以转移概率为 0。这个公式把转移概率为 0 的项给去除了，但 $p_{\text{corr}}(s_1=?)=0$ 的项没有去除。根据上一轮迭代得到的式 (7.25)，s_1 只有取 $(5,5)$、$(4,5)$ 和 $(6,5)$ 时，$p_{\text{corr}}(s_1)$ 才不为 0。因此，我们倒推一下，s_2 只有取 $(6,5)$、$(7,5)$、$(8,5)$、$(9,5)$ 和 $(10,5)$ 时，$p_{\text{pred}}(s_1)$ 才不为 0。利用式 (7.25)，则式 (7.26) 为

$$\begin{aligned}p_{\text{pred}}(s_2) &= 0.8\times p_{\text{corr}}(s_1=s_2-(3,0))+0.1\times p_{\text{corr}}(s_1=s_2-(2,0)) \\ &\quad +0.1\times p_{\text{corr}}(s_1=s_2-(4,0)) \\ &= \begin{cases} 0.8\times 0+0.1\times 0.05+0.1\times 0=0.005, & s_2=(6,5) \\ 0.8\times 0.05+0.1\times 0.9+0.1\times 0=0.13, & s_2=(7,5) \\ 0.8\times 0.9+0.1\times 0.05+0.1\times 0.05=0.73, & s_2=(8,5) \\ 0.8\times 0.05+0.1\times 0+0.1\times 0.9=0.13, & s_2=(9,5) \\ 0.8\times 0+0.1\times 0+0.1\times 0.05=0.005, & s_2=(10,5) \\ 0, & \text{其他} \end{cases}\end{aligned} \tag{7.27}$$

对比式 (7.25) 和式 (7.27) 可以看出，在执行一个行进动作后，由于行进距离与期望距离的误差的不确定性（根据假设，行进误差为 1 格，但可以是偏前 1 格，也可以是偏后 1 格，这是随机的），系统状态的不确定性增大。在 1 时刻，我们可以以高达 0.9 的概率确定机器人在位置（5,5），但在 2 时刻执行行进动作后，我们只能以 0.73 的概率确定机器人在位置（8, 5）。这说明，利用预测公式，行进动作的误差被自动引入预测的状态概率分布。

利用预测公式，我们获得了执行 $a_2=3$ 的行进动作后的状态概率分布。下一步我们假设读取 GPS 信息，并得到 $o_2=(9,5)$，那么根据更新公式，我们可以获得 2 时刻状态的后验分布 (更新的状态概率分布)：

$$
\begin{aligned}
p_{\text{corr}}(s_2) &= \frac{1}{c}\,p(o_2=(9,5)|s_2)p_{\text{pred}}(s_2)\\
&= \begin{cases}
\dfrac{1}{c}\times 0.9\times p_{\text{pred}}(s_2), & s_2=o_2=(9,5)\\
\dfrac{1}{c}\times 0.05\times p_{\text{pred}}(s_2), & s_2=o_2-(1,0)=(8,5)\\
\dfrac{1}{c}\times 0.05\times p_{\text{pred}}(s_2), & s_2=o_2+(1,0)=(10,5)\\
0, & \text{其他}
\end{cases}
\end{aligned}
\tag{7.28}
$$

式中，推导是基于式 (7.22) 进行的。一旦 o_2 确定，那么根据式 (7.22)，s_2 只有取 $s_2=o_2=(9,5)$、$s_2=o_2-(1,0)=(8,5)$ 和 $s_2=o_2+(1,0)=(10,5)$ 时，才有可能观测到 $o_2=(9,5)$，并且观测到的概率分别为 $\dfrac{1}{c}\times 0.9\times p_{\text{pred}}(s_2=o_2)$、$\dfrac{1}{c}\times 0.05\times p_{\text{pred}}(s_2=o_2-(1,0))$ 和 $\dfrac{1}{c}\times 0.05\times p_{\text{pred}}(s_2=o_2+(1,0))$。当 s_2 取其他位置时，观测到 $o_2=(9,5)$ 的概率为 0。根据式 (7.17)，可得 $c=0.9\times 0.13+0.05\times 0.73+0.05\times 0.005=0.15375$。将常数 c 代入式 (7.28) 可得

$$
p_{\text{corr}}(s_2)\approx\begin{cases}
0.761, & s_2=o_2=(9,5)\\
0.2374, & s_2=o_2-(1,0)=(8,5)\\
0.0016, & s_2=o_2+(1,0)=(10,5)\\
0, & \text{其他}
\end{cases}
\tag{7.29}
$$

对比式 (7.27) 和式 (7.29) 可以看出：①引入 GPS 信息后，系统状态的不确定性减小，从以 0.73 的概率确定状态到以 0.761 的概率确定状态；②机器人最可能的位置发生改变，从 0.73 置信度的位置（8,5）变为 0.761 置信度的位置（9,5）。那么，哪一个是准确的？起码从结论来看，更倾向于依赖 GPS 信息。

我们先提出问题：GPS 信息是如何使状态概率分布更精确的？应该更相信谁？贝叶斯滤波器如何给予更信任项更大权重？

我们先来看看我们的假设。第 1 个假设是机器人只能行进 2 格或 3 格，并且误差为 1 格。这个假设隐含两层含义：①机器人执行行进动作的误差范围是确定的，即行进后位置的误差只有 −1、0 和 +1 这 3 种可能；②执行行进 2 格或 3 格的动作后，实际行进距离是不确定的，这个不确定性的主要原因是不确定误差是 −1、0 和 +1 中的哪一个。第 2 个假设是 GPS 定位在 y 轴方向无误差，只在 x 轴方向有 1 格的误差。同样，这个假设也隐含两层含义：① GPS 定位的误差范围是确定的，即误差只有 −1、0 和 +1 这 3 种可能；② 从 GPS 读取的数据是不确定的，这个不确定性的主要原因也是不确定误差是 −1、0 和 +1 中的哪一个。

下面我们先分析一下前面执行一个行进 3 格的动作后，到底发生了什么。在执行这个行进动作后，机器人的位置发生了转移，具体转移到哪个位置，我们不确定。这个不确定性是由两个原因造成的。第 1 个原因是转移前机器人的位置就是不确定的，并且这个不确定性是由 1 时刻更新的状态概率分布决定的，即由 $p_{\text{corr}}(s_1)$ 决定的。从式 (7.25) 可以看

出，虽然我们不知道机器人在 1 时刻具体处于什么位置，但我们知道机器人只能处于 (5,5)、(4,5) 和 (6,5) 中的一个，并且处于 (5,5) 这个位置的概率高达 0.9，这个是确定的。第 2 个原因是机器人执行行进动作时具有不确定性，并且式 (7.21) 约束了行进的不确定性。为了便于分析，我们这里假设没有第 2 个不确定性。我们重新假设执行 $a_2 = 3$ 的行进动作没有任何误差，那么式 (7.21) 变为

$$p(s_t|s_{t-1}, a_t = 3) = \begin{cases} 1, & s_t = s_{t-1} + (3,0) \\ 0, & \text{其他} \end{cases} \tag{7.30}$$

就是说，执行 $a_2 = 3$ 的行进动作没有引入任何不确定性，那么式 (7.26) 变为

$$\begin{aligned} p_{\text{pred}}(s_2) &= 1 \times p_{\text{corr}}(s_1 = s_2 - (3,0)) \\ &= \begin{cases} 0.9, & s_2 = (8,5) \\ 0.05, & s_2 = (7,5) \\ 0.05, & s_2 = (9,5) \\ 0, & \text{其他} \end{cases} \end{aligned} \tag{7.31}$$

对比式 (7.25) 和式 (7.31) 可以看出，除位置有一个整体 3 格的偏移外，系统的不确定性并没有增大，而是保持不变。这恰恰和重新假设执行 $a_2 = 3$ 的行进动作没有误差一致。

再对比式 (7.27) 和式 (7.31) 可以看出，如果假设执行 $a_2 = 3$ 的行进动作有 1 格的误差，那么利用预测公式可明显增大状态的不确定性，体现在状态概率分布上，就是 2 时刻预测的状态概率分布 $p_{\text{pred}}(s_2)$ 比 1 时刻状态的后验分布 $p_{\text{corr}}(s_1)$ 更分散。

我们再回头看预测公式 [式 (7.13)]，这是一个利用了求和法则的概率公式。在本例中，这个公式的含义是，从 $p_{\text{corr}}(s_1)$ 不为 0 的位置（机器人在 1 时刻可能处于的位置，假设为 N 个）行进 3 格，由于有行进误差 1 格的假设，3 个方格 (行进到的方格本身和其前、后各 1 个方格) 中的每一个方格都有可能是机器人的新位置，这样最多 $3 \times N$ 个、最少 $N + 2$ 个（当 N 个位置邻近并排成一排时）方格有可能是机器人的新位置，并且对于这些位置，$p_{\text{pred}}(s_2) \neq 0$。显然，状态概率分布分散了，不确定性增大了。

图 7.2展示了执行 $a_2 = 3$ 的行进动作后状态概率分布从 $p_{\text{corr}}(s_1)$ 变换到 $p_{\text{pred}}(s_2)$ 的过程。模块①表示在 $p_{\text{corr}}(s_1)$ 的认知下，机器人只可能在 (4,5)、(5,5) 和 (6,5) 这 3 个位置，并且概率分别为 0.05、0.9 和 0.05；模块②表示执行行进 3 格的动作后，由于行进有 1 格的误差，那么机器人只可能在 (6,5)、(7,5)、(8,5)、(9,5) 和 (10,5) 这 5 个位置。模块③、④和⑤分别表示 1 时刻 (4,5)、(5,5) 和 (6,5) 这 3 个位置经过有 1 格误差的 3 格行进动作后可能的位置。比如，1 时刻位置 (4,5) 经过有 1 格误差的 3 格行进动作后，可能的位置是 (6,5)、(7,5) 和 (8,5)，并且出现机器人的概率分别为 1 时刻位置 (4,5) 出现机器人的概率 0.05 乘以行进到这 3 个方格的概率 0.1、0.8 和 0.1。这个过程就是 1 时刻位置 (4,5) 的后验概率 (可能性) 的分散过程，这个分散过程是由行进的不确定性引发的。模块⑥为模块③、④和⑤相同位置加和后的结果，是融合过程。任意一个位置加和后的概率的含义是：我们可以由 1 时刻 (4,5)、(5,5) 和 (6,5) 这 3 个位置中的 1 个、2 个或 3 个到

达当前位置，并且知道分散的概率，那么到达该位置的概率就是加和。从结果来看，不但可能出现机器人的方格个数增加了，而且概率也更加分散。事实上，方格的分散个数与执行行进动作的误差范围有关。如果行进误差为 2 格，那么执行行进动作后可能出现机器人的方格个数，由执行前的 N 个变为最多 $5\times N$ 个、最少 $N+4$ 个。那么，概率的分散程度和谁有关呢？它和执行行进动作误差出现概率 (行进误差出现概率) 有关。如果我们假设执行行进 3 格的动作后，准确行进的概率为 0.9，向前误差 1 格的概率为 0.05，向后误差 1 格的概率为 0.05，那么我们可以得到图 7.3。可以看出，行进误差不变，减小行进误差出现概率，那么执行行进动作后，方格分散的个数和图 7.2相同，但概率的分散程度变弱。

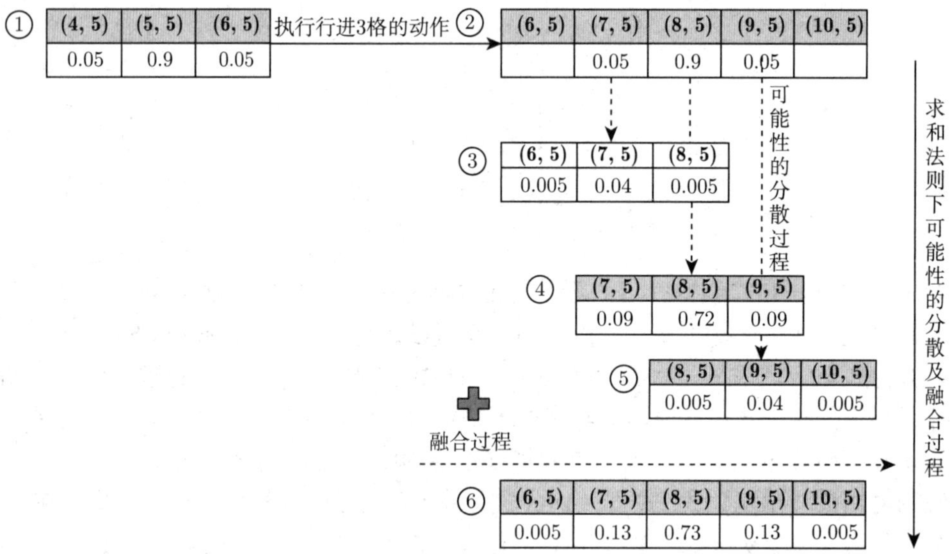

图 7.2　求和法则下可能性的分散及融合过程

下面我们再来分析一下读取 GPS 信息并利用更新公式进行融合后，到底发生了什么。从更新公式 [式 (7.16)] 可以看出，对于任意一个位置，其是机器人位置的概率等于这个位置的先验概率乘以这个位置能观测到 GPS 数据的概率。从物理意义上讲，对于任意一个位置，我们看其是否有可能是机器人的位置，先看 $p_{\text{pred}}(s_2)$ 是否非零。如果对于这个位置，$p_{\text{pred}}(s_2)\neq 0$，那么我们再看 $p(o_2|s_2)$ 是否非零。如果 $p(o_2|s_2)\neq 0$，那么它作为权重乘以这个位置的先验概率，再归一化后就是新的概率。如果 $p(o_2|s_2)=0$，我们就认为机器人不可能处于这个位置，这个位置的概率更新后就为 0。将原来 $p_{\text{pred}}(s_2)\neq 0$ 的位置的概率更新为 0，也意味着这个状态概率分布的集中。从直观上看，假设在概率分布 $p_{\text{pred}}(s_2)$ 中非零位置的个数为 N，那么在概率分布 $p_{\text{corr}}(s_2)$ 中非零位置的个数一定小于等于 N。这样可以理解，如果我们获得 GPS 位置信息，并且明确知道它的误差范围为 1 格，那么以 GPS 位置为中心前后 1 格的覆盖范围外的位置不可能出现机器人。利用这个信息，就可以消

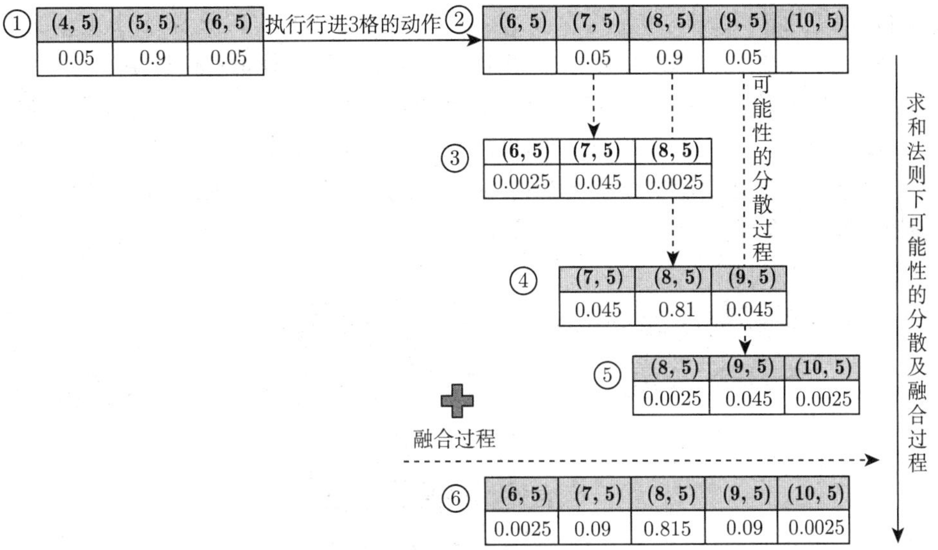

图 7.3　减小行进误差出现概率时求和法则下可能性的分散及融合过程

除一些不确定性。这些被消除不确定性的位置，其原来可能出现机器人的概率，被重新分配给存活下来的位置，使状态概率分布更加集中。为了便于理解，我们利用图 7.4来展示这一过程。其中，模块①表示 2 时刻执行行进 3 格的动作后状态的先验分布 $p_{\rm pred}(s_2)$ 中的非零位置项及概率，模块②表示 2 时刻 GPS 测量结果的概率分布中的非零位置项及概率，模块③为模块①和②执行对应位置项相乘的结果，模块④为模块③归一化后的结果。从图 7.4 可以看出，我们已知的状态先验分布告诉我们关于机器人当前所有可能的位置，并告诉我们每一个可能位置的可能性。其实，它有一个潜在的假设，即通过状态的先验分布，我们虽然不确定机器人具体处于 5 个方格中的哪一个，但确定除了这 5 个方格，不可能处于其他方格。同样，GPS 测量结果的概率分布也告诉我们关于机器人当前所有可能的位置，并告诉我们每一个可能位置的可能性。同样，它也有一个潜在的假设，即通过 GPS 测量结果的概率分布，我们虽然不确定机器人具体处于 3 个方格中的哪一个，但确定除了这 3 个方格，不可能处于其他方格。现在的问题是：我们如何融合状态的先验分布和 GPS 测量结果的概率分布来获得一个更精确的状态概率分布？从图 7.4 可以看出，这个融合过程本质上是执行了一个对应项相乘，即乘性融合。首先，如果对于某个位置在某个分布中的概率为 0，则通过相乘自动淘汰这个位置，机器人在这个位置的概率为 0，如位置 $(6,5)$ 和 $(7,5)$。这一步减小了机器人可能出现位置的不确定性，即可能出现的位置减少了。其次，再看在两个分布中都有值的位置，机器人在该位置的可能性本质上等于两个分布在该位置的概率相乘（后面还有归一化）。那么，经过乘性融合后，哪个方格出现机器人的概率比较大呢？肯定是在两个分布中分布在该位置的概率都比较大的位置。那么，什么时候会出现这样的位置呢？这就涉及更信任的问题。在本例中，从最后的结果来看，因为更新的状态概率分布认为位置 $(9,5)$ 是最可能的位置，和 GPS 测量结果一致，所以算法更信任 GPS。为什么呢？我们对比一下状态的先验分布和 GPS 测量结果的概率分布，状态的先验分布分散，不但最可能出现机器人的位置 $(8,5)$ 的概率 0.73 不是很大（相比于 GPS 测量结果的概率

0.9），而且其他可能出现机器人的位置 (9,5) 和 (7,5) 的概率 0.13 也不小（相比于 GPS 测量结果的概率 0.05）。与之相对比，GPS 测量结果的概率分布就比较集中，不但最可能出现机器人的位置 (9,5) 的概率较大（0.9），而且其他可能出现机器人的位置的概率较小（0.05）。状态的先验分布与 GPS 测量结果的概率分布进行乘性融合，那么 (9,5) 这个位置的可能性肯定最大，即我们更相信 GPS。简而言之，对比状态的先验分布和 GPS 测量结果的概率分布，我们更相信比较集中的分布。

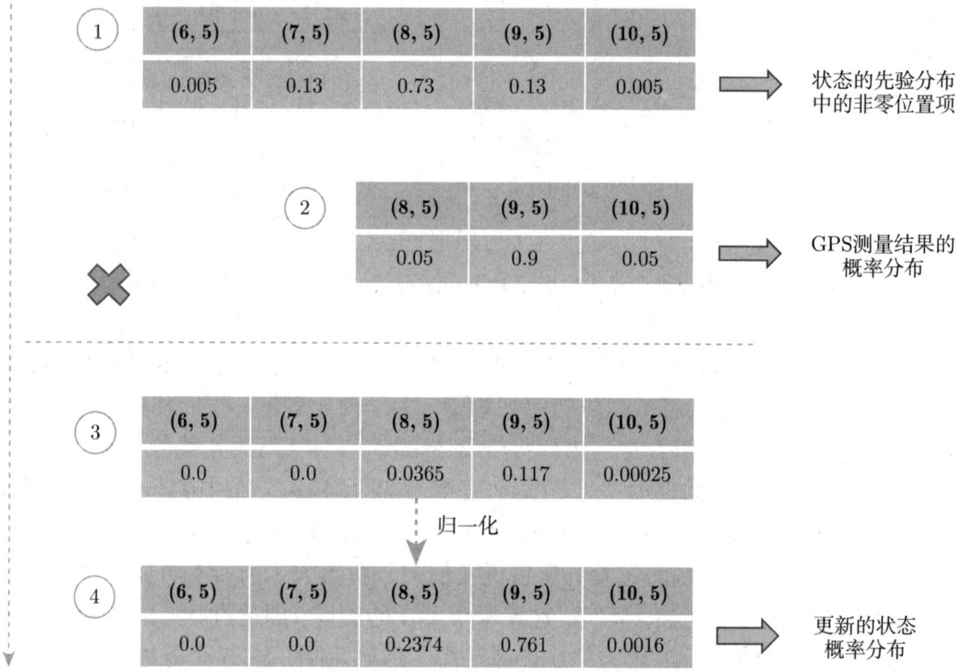

图 7.4　状态的先验分布及 GPS 测量结果的概率分布的融合过程

前面我们只是从机器人可能出现位置的增加、减少及执行行进动作误差出现概率的角度来分析系统状态不确定性的增大和减小问题。事实上，这个分析是粗略的，因为我们通常并不关心有多少个位置有可能，而是更关心在所有可能位置中是否有一个位置的概率非常大。比如，原来有 4 个位置是有可能的，其概率分布为 0.6、0.2、0.1 和 0.1，经过更新出现两个结果：一个结果是有 3 个位置有可能，其概率分布为 0.5、0.3 和 0.2；而另一个结果也是有 3 个位置有可能，其概率分布为 0.7、0.2 和 0.1。显然，第 2 个结果是我们更希望的。问题是：什么情况下才能达到第 2 个结果？从前面的分析看，引入 GPS 信息后，我们把先验分布认为可能出现机器人的位置 (6,5) 和 (7,5) 给去除了，相当于把这两个位置的可能性重新分配给其他存活下来的位置，以增大确定性。但问题是：引入 GPS 信息后，我们一定能减小不确定性吗？不一定。这还要看 GPS 的测量精度，即 GPS 测量结果的概率分布的集中程度。如果 GPS 测量出现误差的概率 (GPS 测量误差出现概率) 很大，那么机器人出现在测量位置的前或后位置的概率就很大，这时候我们就有可能更信任状态的先验分布。如果我们假设 GPS 测量的误差仍然是 1 格，但定位准确的概率为 0.6，向前偏差 1 格的概率为 0.2，向后偏差 1 格的概率为 0.2，那么我们看一下结果。如图 7.5所示，经过计算我们发现，更新的状态概率分布认为位置 $(8,5)$ 最可能出现机器人，和状态的先验分布一致，所以算法更信任状态的先验分布。另外，从这个结果可以看出，引入 GPS 信息后，更新的状态概率分布非但没有更加集中，反而更加分散，竟然出现了双峰。这说明，引入 GPS 信息后，我们增大了系统状态的不确定性，这主要是由于 GPS 测量误差的不确定性太大。因此，要想减小位置的不确定性，那么 GPS 测量的误差范围不能大，对比 2 格误差和 1 格误差的情况可以得出；要想减小概率分布的不确定性，需要保持 GPS 测量出现误差的概率不能大。

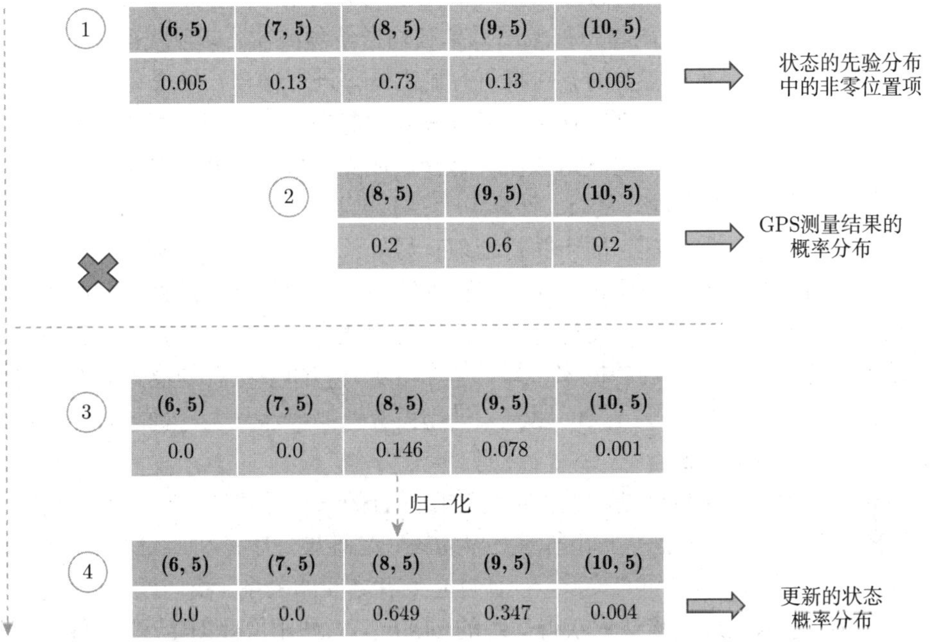

图 7.5　增大 GPS 测量误差出现概率后，状态的先验分布及 GPS 测量结果的概率分布的融合过程

总而言之，系统的误差是执行行进动作误差和 GPS 测量误差的综合。我们在考虑误差时，不仅要考虑误差范围，还要考虑误差出现概率。对比执行行进动作误差假设和 GPS 测量误差假设可以看出，二者的误差范围是一样的，甚至具体可选的误差值都是一样的，即都是 -1、0 和 $+1$，但误差出现概率不一样。显然，GPS 测量误差出现概率要小于执行行进动作误差出现概率，也就是说，我们应该更信任 GPS 一些。

7.7　二进制贝叶斯滤波器

在某些应用场合，待预测的系统状态只有两种可能，我们的目标是利用一个观测数据序列来预测这个状态是这两种可能状态的哪一种。比如，对于判断一个电灯是否被点亮的任务，我们连续从多个角度拍摄了这个电灯的多幅照片（观测数据序列），并试图通过分析这些照片来预测这个电灯是否被点亮。如果我们用 $s \in \{0,1\}$ 表示电灯的状态，用 $o_{1:t}$ 表示这个照片序列，那么我们的目标是计算 $p(s|o_{1:t})$。需要注意的是，这里的 s 没有时间下

标 t，即状态不随时间变化。这蕴含一个潜在假设，即在多角度连续拍摄这个电灯的过程中，电灯的状态没有发生变化。也就是说，系统的状态是静态的，或长时间不变的。

从数据融合的角度看，这是一个融合多个观测数据进行协同推断的过程。对于数据融合，一般包括前融合和后融合。前融合是数据级融合，其将多个观测数据 $\{o_1, o_2, \cdots, o_t\}$ 看作一个整体，每个观测数据只是这个整体的一部分，进而进行推断。对于图像数据，就是像素级或特征级融合。比如，最简单的图像数据前融合就是将所有图像拼接成一张大图，进而进行预测。也可以先提取每一幅图像特征，再将特征串联起来，形成一个单个特征。后融合是决策级融合，其首先单独利用每一个数据进行预测，形成预测结果序列，然后以一定规则将预测结果序列形成一个最终预测结果。比如，对于预测电灯是否被点亮的例子，可以构造一个预测器（分类器），将每一幅图像单独输送给预测器，单独获得电灯已被点亮的概率，进而利用等权重加权融合的方式将所有输出概率进行融合，形成一个最终的概率。

对于前融合，原始输入数据序列在数据级被并联起来，相当于数据之间的关联性被考虑进来，有利于互补融合。其缺点是数据级融合造成噪声累积，并且单次处理的数据量比较大，内存占用大，预测器设计复杂，计算量大，不利于并行。对于后融合，因为计算量最大的预测部分实现单数据处理，便于并行处理；另外，由于单数据分别处理，内存占用较小，效率高。后融合的缺点也比较明显，即输入数据序列中数据与数据之间的关联性在预测步骤被忽略，造成信息丢失。无论是前融合还是后融合，其核心都是融合输入数据序列中的数据来预测每个状态出现的概率，即计算 $p(s|o_{1:t})$。如果状态的值只有两种可能，那么就是二分类问题，并且是软分类问题。二进制贝叶斯滤波器只是一种融合多个数据进行二进制预测的一种计算方法。

下面我们介绍二进制贝叶斯滤波器进行数据融合的核心思想和步骤。我们假设 s 表示 $s=1$ 状态，$\bar{s}$ 表示 $s=0$ 状态。贝叶斯滤波器的核心是推导一个 t 和 $t-1$ 时刻的迭代公式，即 $p(s|o_{1:t})$ 与 $p(s|o_{1:t-1})$ 之间的关系。一旦建立二者之间的关系，我们就可以从 $p(s|o_1)$ 推导出 $p(s|o_{1:2})$，进而通过逐步迭代获得最终的 $p(s|o_{1:t})$。利用贝叶斯定理，可以得到

$$
\begin{aligned}
p(s|o_{1:t}) &= p(s|o_t, o_{1:t-1}) \\
&= \frac{p(o_t|s, o_{1:t-1})p(s|o_{1:t-1})}{p(o_t|o_{1:t-1})}
\end{aligned}
\tag{7.32}
$$

式中，分子的第 1 项中，s 由 $o_{1:t-1}$ 估计出，s 包含了 $o_{1:t-1}$ 的信息。因此，当 s 这个条件出现时，$o_{1:t-1}$ 将不能为估计 o_t 提供任何额外的信息，即 o_t 和 $o_{1:t-1}$ 是条件独立的。因此，式 (7.32) 可变为

$$
p(s|o_{1:t}) = \frac{p(o_t|s)p(s|o_{1:t-1})}{p(o_t|o_{1:t-1})} \tag{7.33}
$$

从式 (7.33) 可以看出，我们已经建立了 $p(s|o_{1:t})$ 与 $p(s|o_{1:t-1})$ 之间的关系。事实上，这个公式中的 $p(o_t|s)$ 和 $p(o_t|o_{1:t-1})$ 这两项是很难计算的。我们还以判断电灯是否已被点亮这个任务为例。一旦我们训练了一个预测器，给定输入图像序列任意一幅图像 o_i，将其输送给预测器，我们根据图像 o_i 可推断出电灯被点亮的概率，即 $p(s|o_i)$。但问题是，我们很难根据电灯的状态（很简单的数据）推断出电灯的照片 o_t（很复杂的数据）的可能性，

即 $p(o_t|s)$。另外，我们也很难利用前面拍到的数据 $o_{1:t-1}$ 推测出后一个时刻 t 拍到 o_t 的概率，即 $p(o_t|o_{1:t-1})$。因此，我们需要进一步进行处理，以期把迭代公式中难求的项消除。

利用贝叶斯定理，我们尝试将式 (7.33) 中的 $(o_t|s)$ 进行变换，可得

$$p(o_t|s) = \frac{p(s|o_t)p(o_t)}{p(s)} \tag{7.34}$$

将式 (7.34) 代入式 (7.33) 可得

$$p(s|o_{1:t}) = \frac{p(s|o_t)p(o_t)p(s|o_{1:t-1})}{p(o_t|o_{1:t-1})p(s)} \tag{7.35}$$

从式 (7.35) 可以看出，虽然我们消除了 $p(o_t|s)$，但引入了新的、难计算的量 $p(o_t)$。需要注意的是，新引入的量 $p(s)$ 是电灯状态的先验概率，是一个已知的量。因此，我们下一步是要想办法消除 $p(o_t)$ 和 $p(o_t|o_{1:t-1})$。这就需要用到所谓的发生比。在概率论和统计理论中，发生比是指一个事件发生概率与该事件不发生概率的比率。在本例中，发生比就是 $p(s)/p(\bar{s})$ 和 $p(s|o_{1:t})/p(\bar{s}|o_{1:t})$。和式 (7.35) 类似，$p(\bar{s}|o_{1:t})$ 可以表示为

$$p(\bar{s}|o_{1:t}) = \frac{p(\bar{s}|o_t)p(o_t)p(\bar{s}|o_{1:t-1})}{p(o_t|o_{1:t-1})p(\bar{s})} \tag{7.36}$$

另外，$p(s|o_{1:t})$ 和 $p(\bar{s}|o_{1:t})$ 具有如下关系：

$$p(s|o_{1:t}) = 1 - p(\bar{s}|o_{1:t}) \tag{7.37}$$

结合式 (7.35)、式 (7.36) 和式 (7.37)，可以得出发生比 r_t 的公式形式：

$$\begin{aligned}
r_t &= \frac{p(s|o_{1:t})}{p(\bar{s}|o_{1:t})} = \frac{p(s|o_{1:t})}{1 - p(s|o_{1:t})} \\
&= \frac{\dfrac{p(s|o_t)p(o_t)p(s|o_{1:t-1})}{p(o_t|o_{1:t-1})p(s)}}{\dfrac{p(\bar{s}|o_t)p(o_t)p(\bar{s}|o_{1:t-1})}{p(o_t|o_{1:t-1})p(\bar{s})}} \\
&= \frac{p(s|o_t)p(o_t)p(s|o_{1:t-1})p(o_t|o_{1:t-1})p(\bar{s})}{p(o_t|o_{1:t-1})p(s)p(\bar{s}|o_t)p(o_t)p(\bar{s}|o_{1:t-1})} \\
&= \frac{p(s|o_t)p(s|o_{1:t-1})p(\bar{s})}{p(s)p(\bar{s}|o_t)p(\bar{s}|o_{1:t-1})} \\
&= \frac{p(s|o_t)}{1 - p(s|o_t)} \frac{p(s|o_{1:t-1})}{1 - p(s|o_{1:t-1})} \frac{1 - p(s)}{p(s)} \\
&= \frac{p(s|o_t)}{1 - p(s|o_t)} \frac{1 - p(s)}{p(s)} r_{t-1}
\end{aligned} \tag{7.38}$$

由式 (7.38) 可知，将发生比 r_t 作为 t 时刻的一个量，可以建立一个 t 和 $t-1$ 时刻的迭代公式，即 r_t 和 r_{t-1} 之间的迭代公式。并且，在这个迭代公式中，$p(s|o_t)$ 和 $p(s)$

都是可以获得的量。式 (7.38) 就是二进制贝叶斯滤波器的核心公式。在已知输入数据序列 $\mathrm{seq}=\{o_1,o_2,\cdots,o_t\}$ 后，可设计预测器获得数据序列的预测概率序列，其形式如下所示：

$$\mathrm{seq}_{\mathrm{out}}=\{p(s|o_1),p(s|o_2),\cdots,p(s|o_t)\} \tag{7.39}$$

另外，我们通常会假设一个电灯状态的初始概率。比如，假设已被点亮的概率为 0.6，即 $p(s)=0.6$。那么，利用式 (7.38)，就可以迭代地获得任意 t 时刻的发生比 r_t。事实上，r_t 只是发生比，而我们最终想求解的是 $p(s|o_{1:t})$。一旦计算获得 r_t，由式 (7.38) 中的第 1 行，我们很容易从 r_t 计算得到 $p(s|o_{1:t})$，即

$$p(s|o_{1:t})=\frac{r_t}{1+r_t} \tag{7.40}$$

这样就完成了求解。

式 (7.38) 以递归的形式进行求解。为了便于理解二进制贝叶斯滤波器的内涵，我们将递归表达式显式地展现出来。利用 $p(s|o_1)$，我们可以获得 r_1，即

$$r_1=\frac{p(s|o_1)}{1-p(s|o_1)} \tag{7.41}$$

利用 $p(s|o_2)$、$p(s)$ 和已经获得的 r_1，可迭代得到 r_2，即

$$\begin{aligned}r_2&=\frac{p(s|o_2)}{1-p(s|o_2)}\frac{1-p(s)}{p(s)}r_1\\&=\frac{p(s|o_1)}{1-p(s|o_1)}\frac{p(s|o_2)}{1-p(s|o_2)}\frac{1-p(s)}{p(s)}\end{aligned} \tag{7.42}$$

从式 (7.41) 和式 (7.42) 可以很容易利用式 (7.38) 递归地得到 r_t 完整的解：

$$r_t=\frac{1-p(s)}{p(s)}\prod_{i=1}^{t}\frac{p(s|o_i)}{1-p(s|o_i)} \tag{7.43}$$

从式 (7.43) 可以看出，r_t 正比于序列 $\{s|o_1,s|o_2,\cdots,s|o_t\}$ 同时发生的概率（联合概率），并且假设序列中事件是相互独立的，即多个事件发生的联合概率等于事件单独发生概率的乘积。从数据融合的角度来看，式 (7.38) 中每一次的递归计算，都融合一个新的数据，并且假设这个数据和其他数据独立。也可以看出，每融合一个数据 o_i，其实融合的是 $s|o_i$，即决策结果。因此，二进制贝叶斯滤波器相当于执行了一个决策级融合，即后融合。

从式 (7.38) 中的倒数第 2 行可以看出，式 (7.38) 具有很显著的特征，即 3 组发生比公式相乘。这就为我们简化计算提供了可能。我们知道，多个数据的连乘，其结果在趋势上等价于其对数函数，而且取对数后，连乘变成了加和，其形式更加简单。将式 (7.38) 两边取对数，可得

$$l_t=\lg r_t=\lg\frac{p(s|o_t)}{1-p(s|o_t)}+\lg\frac{1-p(s)}{p(s)}+l_{t-1} \tag{7.44}$$

采用对数形式的另一个好处就是可以保证数值的稳定性。如果不对 r_t 取对数，那么当 $p(s|o_t)$ 接近 0 或 1 时，r_t 的分子或分母就会接近 0，这容易被计算机截断，使分子或分母被置零，从而出现结果的不稳定。如果 r_t 被取对数，那么分子和分母就变成了加和形式，从而避免出现一方被置零而影响全局的问题。

式 (7.44) 是二进制贝叶斯滤波器的更常用形式。同样，我们需要从 l_t 反推出 $p(s|o_{1:t})$。由式 (7.44) 可得

$$p(s|o_{1:t}) = \frac{\exp(l_t)}{1-\exp(l_t)} \tag{7.45}$$

7.8 贝叶斯滤波器的应用限制

我们回顾一下贝叶斯滤波器的本质。预测步骤本质上是：由 $t-1$ 时刻系统状态的后验分布，利用状态转移概率矩阵 [由运动控制模型（确定的）及运动的不确定性确定]，预测 t 时刻系统状态的概率分布。在这一步，由于运动控制模型已知，即使系统还处于 $t-1$ 时刻位置，我们也可以事先预测其在 t 时刻位置的概率分布。这也是预测的由来。

更新步骤本质上是：一旦预测了 t 时刻系统状态的概率分布，那么利用状态到观测数据的转移概率矩阵 [由系统状态空间和传感器测量空间之间的变换关系（确定的）及传感器自身精度的不确定性确定]，就可以获得系统状态的新概率分布。在这一步，本质上是预测的状态概率分布与观测的状态概率分布的乘积，即存同去异式的投票。具体来说，对于任意一个位置空间中的位置，先从预测的角度看是否可能出现，如果可能出现，那么再从观测的角度看是否可能从这个位置获得观测。如果两个都满足，那么将两个概率相乘，获得这个位置可能的概率。只要有一个不满足，就否决这个位置，概率设为 0。

可以看出，如果已知系统状态的先验知识 (系统初始状态的先验分布，或前一时刻系统状态的后验分布)、状态转移概率分布及状态到观测数据的转移概率分布，那么贝叶斯滤波器就可以利用求和法则和贝叶斯定理来递归更新系统状态的概率分布。事实上，贝叶斯滤波器只是一个理论框架。虽然，贝叶斯滤波器完美呈现了系统状态更新的数学原理，但在实际应用中难以实现。首先，状态的先验知识、状态转移概率分布及状态到观测数据的转移概率分布不好确定。在贝叶斯滤波器的推导过程中，并没有考虑 3 个分布的函数形式（属于什么分布）。如果我们想使用贝叶斯滤波器，那么需要事先确定 3 个分布的函数形式和参数值（确定属于什么分布），这通常是很难的。其次，求解困难。即使我们确定了（或假设了）3 个分布的函数形式和参数值，贝叶斯滤波器迭代公式中的积分（或求和）、乘积公式求解也很困难。比如在预测步骤，贝叶斯滤波器试图通过对先验知识和状态转移概率分布进行积分运算（或求和运算）来获得系统状态的概率分布（函数形式和参数值），即系统状态的先验分布。如果先验知识的形式和状态转移概率分布的形式是开放的（可以是任意分布），那么积分后的状态概率分布也是开放的，并且每次迭代产生的状态概率分布的形式也可能发生变化。这就导致不能给出一个闭式解，即不能给出一个唯一的函数形式。换句话说，不能找到一个具体的函数，在给定先验知识和状态转移概率分布后，能求出系统状态的概率分布。需要注意的是，虽然贝叶斯滤波器的预测公式看起来也是一个具体的函

数形式，但这只是一个理论公式，不是求解公式。换句话说，贝叶斯滤波器的预测公式只是告诉我们，通过积分可以获得系统状态的概率分布，但积分能不能算出来，它不管。对于更新步骤，其试图通过将系统状态的先验分布与状态到观测数据的转移概率分布相乘来获得更新的系统状态概率分布。同样，如果系统状态的先验分布与状态到观测数据的转移概率分布的形式是开放的，那么相乘后的状态概率分布也是开放的，不能给出一个闭式解。如果预测步骤和更新步骤不能给出闭式解，那么迭代就会变得很复杂。

为了清晰地揭示贝叶斯滤波器使用的难度，我们还以前面提到的配送机器人为例进行阐述。在前面的例子中，我们给出了机器人初始状态的先验分布 (状态的先验知识)、机器人执行行进 2 格动作和行进 3 格动作的状态转移概率分布、机器人状态到观测数据的转移概率分布。为了便于讨论，我们将上述 3 个概率分布进行归纳总结，并重新列出。对于初始状态的先验分布，其概率质量函数不变，即

$$p_{\text{corr}}(s_0=(i,j))=0.01 \tag{7.46}$$

从式 (7.20) 和式 (7.21) 可以看出，状态转移概率分布可以合并为一个更一般的形式：

$$p(s_t|s_{t-1},a_t)=\begin{cases}0.8, & s_t=s_{t-1}+a_t\\ 0.1, & s_t=s_{t-1}+a_t-(1,0)\\ 0.1, & s_t=s_{t-1}+a_t+(1,0)\\ 0, & \text{其他}\end{cases} \tag{7.47}$$

$$a_t\in\{(2,0),(3,0)\}$$

因此，机器人状态转移模型可以表示如下：

$$\begin{aligned}&\boldsymbol{s}_t=\boldsymbol{s}_{t-1}+\boldsymbol{a}_t+\boldsymbol{e}_t\\ &p(\boldsymbol{e}_t)=\begin{cases}0.8, & \boldsymbol{e}_t=(0,0)\\ 0.1, & \boldsymbol{e}_t=-(1,0)\\ 0.1, & \boldsymbol{e}_t=(1,0)\\ 0, & \text{其他}\end{cases}\end{aligned} \tag{7.48}$$

式中：$\boldsymbol{e}_t$ 是一个二维随机向量，用于表示机器人的行进误差；$p(\boldsymbol{e}_t)$ 表示 $\boldsymbol{e}_t$ 的概率质量函数；$\boldsymbol{a}_t$ 是一个普通向量，表示机器人预期的行进距离，这是一个确定的向量；$\boldsymbol{s}_{t-1}$ 是 $t-1$ 时刻机器人状态，因为 $t-1$ 时刻机器人状态具有不确定性，所以 $\boldsymbol{s}_{t-1}$ 是一个二维随机向量，服从某个分布；$\boldsymbol{s}_t$ 是 t 时刻机器人状态，其由两个随机向量和一个确定的向量决定，所以也是一个二维随机向量。需要注意的是，机器人行进距离的不确定性已经由 $\boldsymbol{e}_t$ 来表示，所以 $\boldsymbol{a}_t$ 是确定性的。从机器人状态转移模型可以看出，随机向量 $\boldsymbol{s}_t$ 的概率分布是由随机向量 $\boldsymbol{s}_{t-1}$ 和 $\boldsymbol{e}_t$ 决定的，并且贝叶斯滤波器没有对 $\boldsymbol{s}_{t-1}$ 和 $\boldsymbol{e}_t$ 的概率分布进行任何约束。对于两个概率分布任意的随机向量，其加和也是随机向量，并且加和产生的随机向量的概率分布具有任意性，这导致 $\boldsymbol{s}_t$ 的概率分布的函数形式是不可预测的。$\boldsymbol{s}_t$ 的概率分布的不

可预测性，导致贝叶斯滤波器实现困难。具体体现在，我们不能轻易地通过积分或随机向量的代数运算获得 $\boldsymbol{s}_t$ 的概率分布（包括函数形式和参数值）。

状态到观测数据的转移概率分布为

$$p(o_t|s_t) = \begin{cases} 0.9, & s_t = o_t \\ 0.05, & s_t = o_t + (1,0) \\ 0.05, & s_t = o_t - (1,0) \\ 0, & \text{其他} \end{cases} \tag{7.49}$$

因此，机器人状态到观测数据的转移模型可以表示如下：

$$\begin{aligned} &\boldsymbol{o}_t = \boldsymbol{s}_t + \boldsymbol{w}_t \\ &p(\boldsymbol{w}_t) = \begin{cases} 0.9, & \boldsymbol{w}_t = (0,0) \\ 0.05, & \boldsymbol{w}_t = -(1,0) \\ 0.05, & \boldsymbol{w}_t = (1,0) \\ 0, & \text{其他} \end{cases} \end{aligned} \tag{7.50}$$

式中：$\boldsymbol{w}_t$ 是一个二维随机向量，用于表示机器人的 GPS 测量误差；$p(\boldsymbol{w}_t)$ 表示 $\boldsymbol{w}_t$ 的概率质量函数。需要注意的是，式 (7.50) 中的 $\boldsymbol{s}_t$ 也是一个随机向量，其概率分布是预测步骤获得的机器人状态的概率分布。

在前面的例子中，基于上述 3 个概率分布，我们执行了两次迭代：第 1 次是让机器人执行行进 2 格的动作，第 2 次是让机器人执行行进 3 格的动作。先看第 1 次迭代：经过预测步骤，机器人的预测的状态概率分布与初始状态的先验分布 (状态的先验知识) 相同；经过更新步骤，对比式 (7.23) 和式 (7.25) 可以看出，机器人的更新的状态概率分布和预测的状态概率分布已经明显不同。再看第 2 次迭代，预测的状态概率分布、更新的状态概率分布和前一次迭代的状态概率分布相比，又发生了变化，这次迭代的预测的状态概率分布和更新的状态概率分布也不相同。这意味着，每次迭代，机器人状态概率分布的函数形式都在发生变化，这非常不利于机器的迭代。

第 8 章 线性卡尔曼滤波器

贝叶斯滤波器的基本思想是使用贝叶斯定理来计算系统状态的后验分布，这个概率分布可以根据先验分布和观测数据来更新。贝叶斯滤波器通过迭代的方式来得到系统状态的后验分布。在每个时间步，将先验分布和观测数据结合起来，得到一个后验分布。然后，我们可以将这个后验分布作为下一个时间步的先验知识，继续进行迭代。然而，由于贝叶斯滤波器中使用的概率分布通常不受限制，即可以使用任何合理的概率分布来描述系统状态的先验分布和后验分布，使得其在迭代求解过程中变得极其复杂甚至不可能。因此，贝叶斯滤波器只是一种理论的系统状态估计方法，需要根据实际问题需求，进行一系列假设来简化设计，从而实现一个在时间和空间复杂度上可接受的实际滤波器。本章介绍一种贝叶斯滤波器的实现，即线性卡尔曼滤波器 (Linear Kalman Filter, LKF)。本章的具体内容包括：

- 推导线性卡尔曼滤波器所需的数学基础
- 线性卡尔曼滤波器的假设条件
- 线性卡尔曼滤波器的核心迭代算法
- 线性卡尔曼滤波器的推导过程

8.1 引　　言

线性卡尔曼滤波器 (通常所说的卡尔曼滤波器默认指的是线性卡尔曼滤波器) 可以被看作是贝叶斯滤波器的一种特定实现方式。贝叶斯滤波器是一种基于贝叶斯定理的概率滤波器，其在时间上递归地对先验信息和测量信息进行融合，从而实现对系统状态的在线估计。与之对比，卡尔曼滤波器在贝叶斯滤波器的基础上，通过假设系统的状态方程和测量方程都是线性的，并且假设噪声服从高斯分布，从而推导出了一种特定的递归更新算法，用于估计具有线性状态方程和线性测量方程的线性系统的状态。这种算法通过预测步骤和更新步骤交替进行，通过状态估计和协方差估计来实现对系统状态的估计。

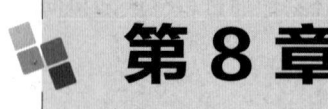

卡尔曼滤波器和高斯分布有密切的关系。首先，从整体上看，卡尔曼滤波器的主要目标是估计系统的隐藏状态，而这个隐藏状态通常被建模成一个多元高斯分布。其次，在预测步骤，涉及使用系统运动模型来预测下一时刻系统状态。在这个预测过程中包括状态转移概率矩阵、输入控制及噪声的影响，卡尔曼滤波器假设噪声服从高斯分布。最后，在更新步骤，引入了新的观测数据，卡尔曼滤波器假设观测数据的误差服从高斯分布。卡尔曼滤波器之所以成为一个在时间和空间复杂度上可接受的实际滤波器，就是因为其引入了高斯分布，并利用了高斯分布良好的数学性质。这种基于高斯分布的状态估计方法使得卡尔

曼滤波器在许多实际应用中表现出色，如导航、目标跟踪、机器人控制等。

8.2　联合高斯分布的边缘分布

假设 $\boldsymbol{s} = [s_1, s_2, \cdots, s_{M+N}]^{\mathrm{T}}$ 是一个随机向量，并且它服从高斯分布，记为 $\boldsymbol{s} \sim \mathcal{N}(\bar{\boldsymbol{s}}, \boldsymbol{\Sigma})$。本质上，随机向量 $\boldsymbol{s}$ 是 N 个随机变量的联合。因此，$\boldsymbol{s}$ 所服从的高斯分布的概率密度函数 $p(\boldsymbol{s})$ 等价于 $[s_1, s_2, \cdots, s_{M+N}]^{\mathrm{T}}$ 的联合概率密度函数 (这里的概率密度函数也可以是概率质量函数)：

$$p(\boldsymbol{s}) = p(s_1, s_2, \cdots, s_{M+N}) \tag{8.1}$$

因此，我们也称随机向量 $\boldsymbol{s}$ 的高斯分布为联合高斯分布。

对于一个联合高斯分布，其边缘分布也是高斯分布。为了便于讨论，我们将多变量高斯分布的概率密度函数重新列出：

$$f(\boldsymbol{s}; \bar{\boldsymbol{s}}, \boldsymbol{\Sigma}) = \frac{1}{(2\pi)^{(M+N)/2}|\boldsymbol{\Sigma}|^{1/2}} \mathrm{e}^{-\frac{1}{2}(\boldsymbol{s}-\bar{\boldsymbol{s}})^{\mathrm{T}}\boldsymbol{\Sigma}^{-1}(\boldsymbol{s}-\bar{\boldsymbol{s}})} \tag{8.2}$$

式中：参数 $\bar{\boldsymbol{s}}$ 是随机向量 $\boldsymbol{s}$ 的数学期望，$\bar{\boldsymbol{s}}$ 是一个列向量；参数 $\boldsymbol{\Sigma}$ 是一个矩阵，是随机向量 $\boldsymbol{s}$ 与其自身的协方差矩阵 $\mathrm{cov}(\boldsymbol{s}, \boldsymbol{s})$。这个公式表示了联合高斯分布的概率密度函数。如果我们将随机向量 $\boldsymbol{s}$ 拆分成两个子随机向量 $\boldsymbol{s}_a = [s_1, s_2, \cdots, s_M]^{\mathrm{T}}$ 和 $\boldsymbol{s}_b = [s_{M+1}, s_{M+2}, \cdots, s_{M+N}]^{\mathrm{T}}$，即

$$\boldsymbol{s} = \begin{bmatrix} \boldsymbol{s}_a \\ \boldsymbol{s}_b \end{bmatrix} \tag{8.3}$$

那么 $\boldsymbol{s}$ 可以被看作其子随机向量 $\boldsymbol{s}_a$ 和 $\boldsymbol{s}_b$ 的联合，则 $p(\boldsymbol{s}) = p(\boldsymbol{s}_a, \boldsymbol{s}_b)$。需要注意的是，对随机向量 $\boldsymbol{s}$ 的拆分是任意的，即可以打乱向量中随机变量的位置任意划分。这里为了便于讨论，我们按从前往后的顺序进行拆分。由边缘分布的定义可知，这个联合高斯分布的边缘分布为

$$\begin{aligned} p(\boldsymbol{s}_a) &= \int_{\boldsymbol{s}_b} p(\boldsymbol{s}_a, \boldsymbol{s}_b)\,\mathrm{d}\boldsymbol{s}_b \\ &= \int_{\boldsymbol{s}_b} f(\boldsymbol{s}; \bar{\boldsymbol{s}}, \boldsymbol{\Sigma})\,\mathrm{d}\boldsymbol{s}_b \\ p(\boldsymbol{s}_b) &= \int_{\boldsymbol{s}_a} p(\boldsymbol{s}_a, \boldsymbol{s}_b)\,\mathrm{d}\boldsymbol{s}_a \\ &= \int_{\boldsymbol{s}_a} f(\boldsymbol{s}; \bar{\boldsymbol{s}}, \boldsymbol{\Sigma})\,\mathrm{d}\boldsymbol{s}_a \end{aligned} \tag{8.4}$$

并且，这两个边缘分布也是高斯分布。如果我们假设随机向量 $\boldsymbol{s}_a$ 和 $\boldsymbol{s}_b$ 的均值向量分别为 $\bar{\boldsymbol{s}}_a$ 和 $\bar{\boldsymbol{s}}_b$，它们的协方差矩阵分别为 $\mathrm{cov}(\boldsymbol{s}_a, \boldsymbol{s}_a) = \boldsymbol{\Sigma}_{aa}$ 和 $\mathrm{cov}(\boldsymbol{s}_b, \boldsymbol{s}_b) = \boldsymbol{\Sigma}_{bb}$，那么它们的

分布形式分别为

$$\begin{aligned}\boldsymbol{s}_a &\sim \mathcal{N}\left(\bar{\boldsymbol{s}}_a, \boldsymbol{\Sigma}_{aa}\right)\\ \boldsymbol{s}_b &\sim \mathcal{N}\left(\bar{\boldsymbol{s}}_b, \boldsymbol{\Sigma}_{bb}\right)\end{aligned} \tag{8.5}$$

下面我们来证明联合高斯分布的边缘分布是高斯分布这一性质。推导的目标是要证明以下结论：① 联合高斯分布的边缘分布 (联合高斯边缘分布) 是高斯分布；② 联合高斯边缘分布的均值向量和协方差矩阵如式 (8.5) 所示。为了证明第 1 个结论成立，我们需要从高斯分布的概率密度函数的一般形式入手。我们知道，一个分布是否是一个高斯分布，主要看它的概率密度函数的形式是否和高斯分布的概率密度函数的形式一致。如果联合高斯边缘分布的概率密度函数的形式和高斯分布的概率密度函数的形式一致，那么它就是一个高斯分布。这里我们先给出多变量高斯分布的概率密度函数的一般形式：

$$\begin{aligned}f\left(\boldsymbol{s};\bar{\boldsymbol{s}},\boldsymbol{\Sigma}\right) &= \frac{1}{(2\pi)^{(M+N)/2}\left|\boldsymbol{\Sigma}\right|^{1/2}}\exp\left(-\frac{1}{2}(\boldsymbol{s}-\bar{\boldsymbol{s}})^{\mathrm{T}}\boldsymbol{\Sigma}^{-1}(\boldsymbol{s}-\bar{\boldsymbol{s}})\right)\\ &= C\cdot\exp\left(-\frac{1}{2}\left(\boldsymbol{s}^{\mathrm{T}}\boldsymbol{\Sigma}^{-1}\boldsymbol{s}-\boldsymbol{s}^{\mathrm{T}}\boldsymbol{\Sigma}^{-1}\bar{\boldsymbol{s}}-\bar{\boldsymbol{s}}^{\mathrm{T}}\boldsymbol{\Sigma}^{-1}\boldsymbol{s}+\bar{\boldsymbol{s}}^{\mathrm{T}}\boldsymbol{\Sigma}^{-1}\bar{\boldsymbol{s}}\right)\right)\\ &= C\cdot\ \exp\left(-\frac{1}{2}\left(\boldsymbol{s}^{\mathrm{T}}\boldsymbol{\Sigma}^{-1}\boldsymbol{s}-2\bar{\boldsymbol{s}}^{\mathrm{T}}\boldsymbol{\Sigma}^{-1}\boldsymbol{s}+\bar{\boldsymbol{s}}^{\mathrm{T}}\boldsymbol{\Sigma}^{-1}\bar{\boldsymbol{s}}\right)\right)\\ &= C\cdot\exp\left(-\frac{1}{2}\boldsymbol{s}^{\mathrm{T}}\boldsymbol{\Sigma}^{-1}\boldsymbol{s}+\bar{\boldsymbol{s}}^{\mathrm{T}}\boldsymbol{\Sigma}^{-1}\boldsymbol{s}+\alpha\right)\end{aligned} \tag{8.6}$$

为了突出问题本质，我们将公式进行了简化。其中，$C=1/(2\pi)^{(M+N)/2}|\boldsymbol{\Sigma}|^{1/2}$，这是指数函数外的归一化项，它不包含 $\boldsymbol{s}$，是常数，是为了满足概率和为 1 的要求。这个常数项不影响结论的推导。$\alpha=-\dfrac{1}{2}\bar{\boldsymbol{s}}^{\mathrm{T}}\boldsymbol{\Sigma}^{-1}\bar{\boldsymbol{s}}$，这是指数函数幂中的常数项。另外，由于协方差矩阵 $\boldsymbol{\Sigma}$ 是对称矩阵，因此其逆矩阵 $\boldsymbol{\Sigma}^{-1}$ 也是对称矩阵。对于对称矩阵 $\boldsymbol{\Sigma}$，$\boldsymbol{s}^{\mathrm{T}}\boldsymbol{\Sigma}^{-1}\bar{\boldsymbol{s}}=\bar{\boldsymbol{s}}^{\mathrm{T}}\boldsymbol{\Sigma}^{-1}\boldsymbol{s}$。由此，在公式中可从第 2 行推导出第 3 行。事实上，在这个公式中，常数项的值是什么不重要。对于指数函数，只要满足这个公式中最后一行的形式，那么无论常数 C 的值是什么，我们都可以通过加和减一个额外的常数项 α_1，使得 $\boldsymbol{s}$ 的二次项、一次项和常数项 $\alpha+\alpha_1$ 构造出公式中第 2 行的形式。然后，将减的这个常数项 α_1 移出指数幂，其是一个常数，并入归一化项。也就是说，只要一个随机变量的概率密度函数符合上述形式，那么无论常数 C 和 α 是什么值，都可以断定这个随机变量服从高斯分布。

为了进一步突出高斯分布中指数函数的一般形式，我们进一步将和 $\boldsymbol{s}$ 无关的项用常数项代替，即设定

$$b=\bar{\boldsymbol{s}}^{\mathrm{T}}\boldsymbol{\Sigma}^{-1} \tag{8.7}$$

式中，b 为标量常数。那么，式 (8.6) 可以重写为

$$
\begin{aligned}
f(\boldsymbol{s};\bar{\boldsymbol{s}},\boldsymbol{\Sigma}) &= \frac{1}{(2\pi)^{(M+N)/2}\left|\boldsymbol{\Sigma}\right|^{1/2}}\exp\left(-\frac{1}{2}(\boldsymbol{s}-\bar{\boldsymbol{s}})^{\mathrm{T}}\boldsymbol{\Sigma}^{-1}(\boldsymbol{s}-\bar{\boldsymbol{s}})\right) \\
&= C\cdot\exp\left(-\frac{1}{2}\boldsymbol{s}^{\mathrm{T}}\boldsymbol{\Sigma}^{-1}\boldsymbol{s}+b\boldsymbol{s}+\alpha\right)
\end{aligned}
\tag{8.8}
$$

从高斯分布的概率密度函数的一般形式可以看出，高斯分布的概率密度函数的核心特征是一个关于 $\boldsymbol{s}$ 的二次多项式。如果联合高斯边缘分布的概率密度函数的形式和这个形式一致，那么就可以说联合高斯边缘分布是高斯分布。如果能证明联合高斯边缘分布是高斯分布，那么这个分布可由均值向量和协方差矩阵完全确定。从式 (8.8) 可以看出，一旦获得联合高斯边缘分布的概率密度函数的一般形式，那么可以直接获得参数。

遵循上述思路，我们可通过以下 4 步来证明。首先，我们给出联合高斯边缘分布的积分形式，并将联合高斯分布的协方差矩阵进行分块代入积分形式函数；其次，为了方便推导，我们定义联合高斯分布的协方差矩阵逆矩阵，并进行分块；再次，利用高斯分布的已知性质，来将积分形式中的边缘项消除；最后，将新定义的协方差逆矩阵恢复为协方差矩阵形式。

8.2.1 联合高斯边缘分布的积分形式

因为 $\boldsymbol{s}_a$ 和 $\boldsymbol{s}_b$ 的边缘分布的推导过程是一样的，所以我们下面只给出 $\boldsymbol{s}_a$ 的边缘分布的推导过程。由式 (8.4) 可知，随机向量 $\boldsymbol{s}_a$ 的边缘分布的积分形式为

$$
\begin{aligned}
p(\boldsymbol{s}_a) &= \int_{\boldsymbol{s}_b} p(\boldsymbol{s}_a,\boldsymbol{s}_b)\,\mathrm{d}\boldsymbol{s}_b \\
&= \int_{\boldsymbol{s}_b} f(\boldsymbol{s};\bar{\boldsymbol{s}},\boldsymbol{\Sigma})\,\mathrm{d}\boldsymbol{s}_b
\end{aligned}
\tag{8.9}
$$

根据随机向量一阶幂矩的定义，随机向量 $\boldsymbol{s}=[s_1,s_2,\cdots,s_{M+N}]^{\mathrm{T}}$ 的数学期望 (或均值向量) 为

$$
\bar{\boldsymbol{s}} = E(\boldsymbol{s}) = \begin{bmatrix} E(s_1) \\ E(s_2) \\ \vdots \\ E(s_{M+N}) \end{bmatrix}
\tag{8.10}
$$

可以看出，随机向量 $\boldsymbol{s}$ 的均值向量 $\bar{\boldsymbol{s}}$ 由随机向量中随机变量 s_i 的均值组成，并且 s_i 均值的计算独立于随机向量中的其他随机变量。因此，当我们将随机向量 $\boldsymbol{s}$ 拆分成两个子随机向量 $\boldsymbol{s}_a$ 和 $\boldsymbol{s}_b$ 时，$\boldsymbol{s}_a$ 和 $\boldsymbol{s}_b$ 的均值向量是 $\bar{\boldsymbol{s}}$ 的相应子向量 $\bar{\boldsymbol{s}_a}$ 和 $\bar{\boldsymbol{s}_b}$，即

$$\bar{\boldsymbol{s}} = \begin{bmatrix} \bar{\boldsymbol{s}}_a \\ \bar{\boldsymbol{s}}_b \end{bmatrix}$$

$$\bar{\boldsymbol{s}}_a = \begin{bmatrix} E(s_1) \\ E(s_2) \\ \vdots \\ E(s_M) \end{bmatrix} \tag{8.11}$$

$$\bar{\boldsymbol{s}}_b = \begin{bmatrix} E(s_{M+1}) \\ E(s_{M+2}) \\ \vdots \\ E(s_{M+N}) \end{bmatrix}$$

根据随机向量二阶中心矩的定义，随机向量 $\boldsymbol{s} = [s_1, s_2, \cdots, s_{M+N}]^{\mathrm{T}}$ 的协方差矩阵为

$$\begin{aligned}
\boldsymbol{\Sigma} &= \operatorname{cov}(\boldsymbol{s}, \boldsymbol{s}) \\
&= E\left\{[\boldsymbol{s} - E(\boldsymbol{s})]\,[\boldsymbol{s} - E(\boldsymbol{s})]^{\mathrm{T}}\right\} \\
&= E\left[(\boldsymbol{s} - \bar{\boldsymbol{s}})\,(\boldsymbol{s} - \bar{\boldsymbol{s}})^{\mathrm{T}}\right] \\
&= E\left[\left(\begin{bmatrix} \boldsymbol{s}_a \\ \boldsymbol{s}_b \end{bmatrix} - \begin{bmatrix} \bar{\boldsymbol{s}}_a \\ \bar{\boldsymbol{s}}_b \end{bmatrix}\right)\left(\begin{bmatrix} \boldsymbol{s}_a \\ \boldsymbol{s}_b \end{bmatrix} - \begin{bmatrix} \bar{\boldsymbol{s}}_a \\ \bar{\boldsymbol{s}}_b \end{bmatrix}\right)^{\mathrm{T}}\right] \\
&= E\left(\begin{bmatrix} \boldsymbol{s}_a - \bar{\boldsymbol{s}}_a \\ \boldsymbol{s}_b - \bar{\boldsymbol{s}}_b \end{bmatrix}\begin{bmatrix} \boldsymbol{s}_a - \bar{\boldsymbol{s}}_a \\ \boldsymbol{s}_b - \bar{\boldsymbol{s}}_b \end{bmatrix}^{\mathrm{T}}\right) \\
&= \begin{bmatrix} \boldsymbol{\Sigma}_{aa} & \boldsymbol{\Sigma}_{ab} \\ \boldsymbol{\Sigma}_{ba} & \boldsymbol{\Sigma}_{bb} \end{bmatrix}
\end{aligned} \tag{8.12}$$

式中，$\boldsymbol{\Sigma}_{aa} = \operatorname{cov}(\boldsymbol{s}_a, \boldsymbol{s}_a)$，$\boldsymbol{\Sigma}_{ab} = \operatorname{cov}(\boldsymbol{s}_a, \boldsymbol{s}_b)$，$\boldsymbol{\Sigma}_{ba} = \operatorname{cov}(\boldsymbol{s}_b, \boldsymbol{s}_a)$，$\boldsymbol{\Sigma}_{bb} = \operatorname{cov}(\boldsymbol{s}_b, \boldsymbol{s}_b)$。需要注意的是，随机向量的协方差矩阵是一个对称矩阵。因此，在上述分块矩阵中，$\boldsymbol{\Sigma}_{ab} = \boldsymbol{\Sigma}_{ba}^{\mathrm{T}}$。

由式 (8.10)、式 (8.11) 和式 (8.12) 可推出联合高斯分布的分块形式：

$$\boldsymbol{s} = \begin{bmatrix} \boldsymbol{s}_a \\ \boldsymbol{s}_b \end{bmatrix} \sim \mathcal{N}\left(\begin{bmatrix} \bar{\boldsymbol{s}}_a \\ \bar{\boldsymbol{s}}_b \end{bmatrix}, \begin{bmatrix} \boldsymbol{\Sigma}_{aa} & \boldsymbol{\Sigma}_{ab} \\ \boldsymbol{\Sigma}_{ba} & \boldsymbol{\Sigma}_{bb} \end{bmatrix}\right) \tag{8.13}$$

将式 (8.2) 及分块形式的均值向量和协方差矩阵代入式 (8.9) 可得

$$
\begin{aligned}
p(\boldsymbol{s}_a) &= \int_{\boldsymbol{s}_b} f\left(\boldsymbol{s};\bar{\boldsymbol{s}},\boldsymbol{\Sigma}\right)\mathrm{d}\boldsymbol{s}_b \\
&= \int_{\boldsymbol{s}_b} \frac{1}{(2\pi)^{(M+N)/2}\left|\boldsymbol{\Sigma}\right|^{1/2}}\exp\left(-\frac{1}{2}(\boldsymbol{s}-\bar{\boldsymbol{s}})^{\mathrm{T}}\boldsymbol{\Sigma}^{-1}(\boldsymbol{s}-\bar{\boldsymbol{s}})\right)\mathrm{d}\boldsymbol{s}_b \\
&= C\int_{\boldsymbol{s}_b} \exp\left(-\frac{1}{2}\left(\begin{bmatrix}\boldsymbol{s}_a\\ \boldsymbol{s}_b\end{bmatrix}-\begin{bmatrix}\bar{\boldsymbol{s}}_a\\ \bar{\boldsymbol{s}}_b\end{bmatrix}\right)^{\mathrm{T}}\begin{bmatrix}\boldsymbol{\Sigma}_{aa} & \boldsymbol{\Sigma}_{ab}\\ \boldsymbol{\Sigma}_{ba} & \boldsymbol{\Sigma}_{bb}\end{bmatrix}^{-1}\left(\begin{bmatrix}\boldsymbol{s}_a\\ \boldsymbol{s}_b\end{bmatrix}-\begin{bmatrix}\bar{\boldsymbol{s}}_a\\ \bar{\boldsymbol{s}}_b\end{bmatrix}\right)\right)\mathrm{d}\boldsymbol{s}_b
\end{aligned}
\tag{8.14}
$$

式中，C 为不包含 $\boldsymbol{s}_a$ 和 $\boldsymbol{s}_b$ 的常数项：

$$
C = \frac{1}{(2\pi)^{(M+N)/2}|\boldsymbol{\Sigma}|^{1/2}} \tag{8.15}
$$

我们的目标是将式 (8.14) 中积分符号内的项展开为多项式形式。然而，由于包含分块矩阵的逆运算，不便于处理。因此，需要定义一个新矩阵来表示。

8.2.2 逆矩阵替代及分块

为了便于推导，我们定义新矩阵 $\boldsymbol{\Sigma}^{-1}$，如下所示：

$$
\begin{aligned}
\boldsymbol{A} = \boldsymbol{\Sigma}^{-1} &= \begin{bmatrix}\boldsymbol{\Sigma}_{aa} & \boldsymbol{\Sigma}_{ab}\\ \boldsymbol{\Sigma}_{ba} & \boldsymbol{\Sigma}_{bb}\end{bmatrix}^{-1} \\
&= \begin{bmatrix}\boldsymbol{A}_{aa} & \boldsymbol{A}_{ab}\\ \boldsymbol{A}_{ba} & \boldsymbol{A}_{bb}\end{bmatrix}
\end{aligned}
\tag{8.16}
$$

在式 (8.14) 中，分块矩阵中的 $\boldsymbol{\Sigma}_{aa}$ 和 $\boldsymbol{\Sigma}_{bb}$ 仅分别和随机向量 $\boldsymbol{s}_a$、$\boldsymbol{s}_b$ 有关，而 $\boldsymbol{\Sigma}_{ab}$ 和 $\boldsymbol{\Sigma}_{ba}$ 都同时和随机向量 $\boldsymbol{s}_a$、$\boldsymbol{s}_b$ 有关。也就是说，式 (8.14) 中分块矩阵中的子矩阵下标反映了和随机向量 $\boldsymbol{s}_a$、$\boldsymbol{s}_b$ 的关联关系。与之对比，式 (8.16) 中分块矩阵中的子矩阵下标并不能反映和随机向量 $\boldsymbol{s}_a$、$\boldsymbol{s}_b$ 的关联关系。比如，$\boldsymbol{A}_{aa}$ 并不只和 $\boldsymbol{s}_a$ 有关，有可能是 $\boldsymbol{s}_a$ 和 $\boldsymbol{s}_b$ 的综合，这是由协方差矩阵的逆造成的。由于协方差矩阵反映了随机分布的误差，它的逆矩阵反映了随机分布的精度，所以这个新定义的矩阵也称精度矩阵。

我们的目标是将联合高斯边缘分布的概率密度函数展开为多项式形式，进而判断这个形式是否和高斯分布的概率密度函数的一般形式一致。为此，我们将式 (8.16) 代入式 (8.14) 可得

$$
\begin{aligned}
p(\boldsymbol{s}_a) &= C\int_{\boldsymbol{s}_b} \exp\left(-\frac{1}{2}\left(\begin{bmatrix}\boldsymbol{s}_a\\ \boldsymbol{s}_b\end{bmatrix}-\begin{bmatrix}\bar{\boldsymbol{s}}_a\\ \bar{\boldsymbol{s}}_b\end{bmatrix}\right)^{\mathrm{T}}\begin{bmatrix}\boldsymbol{A}_{aa} & \boldsymbol{A}_{ab}\\ \boldsymbol{A}_{ba} & \boldsymbol{A}_{bb}\end{bmatrix}\left(\begin{bmatrix}\boldsymbol{s}_a\\ \boldsymbol{s}_b\end{bmatrix}-\begin{bmatrix}\bar{\boldsymbol{s}}_a\\ \bar{\boldsymbol{s}}_b\end{bmatrix}\right)\right)\mathrm{d}\boldsymbol{s}_b \\
&= C\int_{\boldsymbol{s}_b} \exp\left(-\frac{1}{2}\left(\begin{bmatrix}\boldsymbol{s}_a-\bar{\boldsymbol{s}}_a\\ \boldsymbol{s}_b-\bar{\boldsymbol{s}}_b\end{bmatrix}\right)^{\mathrm{T}}\begin{bmatrix}\boldsymbol{A}_{aa} & \boldsymbol{A}_{ab}\\ \boldsymbol{A}_{ba} & \boldsymbol{A}_{bb}\end{bmatrix}\left(\begin{bmatrix}\boldsymbol{s}_a-\bar{\boldsymbol{s}}_a\\ \boldsymbol{s}_b-\bar{\boldsymbol{s}}_b\end{bmatrix}\right)\right)\mathrm{d}\boldsymbol{s}_b \\
&= C\int_{\boldsymbol{s}_b} \exp\bigg(-\frac{1}{2}\big[(\boldsymbol{s}_a-\bar{\boldsymbol{s}}_a)^{\mathrm{T}}\boldsymbol{A}_{aa}(\boldsymbol{s}_a-\bar{\boldsymbol{s}}_a)+(\boldsymbol{s}_b-\bar{\boldsymbol{s}}_b)^{\mathrm{T}}\boldsymbol{A}_{ba}(\boldsymbol{s}_a-\bar{\boldsymbol{s}}_a) \\
&\quad +(\boldsymbol{s}_a-\bar{\boldsymbol{s}}_a)^{\mathrm{T}}\boldsymbol{A}_{ab}(\boldsymbol{s}_b-\bar{\boldsymbol{s}}_b)+(\boldsymbol{s}_b-\bar{\boldsymbol{s}}_b)^{\mathrm{T}}\boldsymbol{A}_{bb}(\boldsymbol{s}_b-\bar{\boldsymbol{s}}_b)\big]\bigg)\mathrm{d}\boldsymbol{s}_b
\end{aligned}
\tag{8.17}
$$

8.2.3 边缘积分

这一步主要是利用高斯分布的已知性质，将式 (8.17) 中的边缘项消除。为了使推导过程比较简洁，我们首先定义

$$\begin{aligned}\dot{\boldsymbol{s}}_a &= (\boldsymbol{s}_a - \bar{\boldsymbol{s}}_a)\\ \dot{\boldsymbol{s}}_b &= (\boldsymbol{s}_b - \bar{\boldsymbol{s}}_b)\end{aligned} \tag{8.18}$$

将式 (8.18) 代入式 (8.17) 可得

$$\begin{aligned}p(\boldsymbol{s}_a) &= C\int_{\boldsymbol{s}_b} \exp\left(-\frac{1}{2}\left(\dot{\boldsymbol{s}}_a^{\mathrm{T}}\boldsymbol{A}_{aa}\dot{\boldsymbol{s}}_a + \dot{\boldsymbol{s}}_b^{\mathrm{T}}\boldsymbol{A}_{ba}\dot{\boldsymbol{s}}_a + \dot{\boldsymbol{s}}_a^{\mathrm{T}}\boldsymbol{A}_{ab}\dot{\boldsymbol{s}}_b + \dot{\boldsymbol{s}}_b^{\mathrm{T}}\boldsymbol{A}_{bb}\dot{\boldsymbol{s}}_b\right)\right)\mathrm{d}\boldsymbol{s}_b\\ &= C\int_{\boldsymbol{s}_b} \exp\left(-\frac{1}{2}\left(\dot{\boldsymbol{s}}_b^{\mathrm{T}}\boldsymbol{A}_{bb}\dot{\boldsymbol{s}}_b + 2\dot{\boldsymbol{s}}_a^{\mathrm{T}}\boldsymbol{A}_{ab}\dot{\boldsymbol{s}}_b + \dot{\boldsymbol{s}}_a^{\mathrm{T}}\boldsymbol{A}_{aa}\dot{\boldsymbol{s}}_a\right)\right)\mathrm{d}\boldsymbol{s}_b\\ &= C\cdot\exp\left(-\frac{1}{2}\dot{\boldsymbol{s}}_a^{\mathrm{T}}\boldsymbol{A}_{aa}\dot{\boldsymbol{s}}_a\right)\int_{\boldsymbol{s}_b}\exp\left(-\frac{1}{2}\dot{\boldsymbol{s}}_b^{\mathrm{T}}\boldsymbol{A}_{bb}\dot{\boldsymbol{s}}_b - \dot{\boldsymbol{s}}_a^{\mathrm{T}}\boldsymbol{A}_{ab}\dot{\boldsymbol{s}}_b\right)\mathrm{d}\boldsymbol{s}_b\\ &= C\cdot\exp\left(-\frac{1}{2}\dot{\boldsymbol{s}}_a^{\mathrm{T}}\boldsymbol{A}_{aa}\dot{\boldsymbol{s}}_a\right)\int_{\boldsymbol{s}_b} g(\dot{\boldsymbol{s}}_b)\mathrm{d}\boldsymbol{s}_b\\ g(\dot{\boldsymbol{s}}_b) &= \exp\left(-\frac{1}{2}\dot{\boldsymbol{s}}_b^{\mathrm{T}}\boldsymbol{A}_{bb}\dot{\boldsymbol{s}}_b - \dot{\boldsymbol{s}}_a^{\mathrm{T}}\boldsymbol{A}_{ab}\dot{\boldsymbol{s}}_b\right)\end{aligned} \tag{8.19}$$

式中：从第 1 行到第 2 行应用了 $\boldsymbol{A}_{ab}$ 和 $\boldsymbol{A}_{ba}^{\mathrm{T}}$ 的对称性，因为 $\boldsymbol{A}_{ab} = \boldsymbol{A}_{ba}^{\mathrm{T}}$，所以 $\dot{\boldsymbol{s}}_b^{\mathrm{T}}\boldsymbol{A}_{ba}\dot{\boldsymbol{s}}_a = \dot{\boldsymbol{s}}_a^{\mathrm{T}}\boldsymbol{A}_{ba}^{\mathrm{T}}\dot{\boldsymbol{s}}_b = \dot{\boldsymbol{s}}_a^{\mathrm{T}}\boldsymbol{A}_{ab}\dot{\boldsymbol{s}}_b$；从第 2 行到第 3 行，是将不包含 $\boldsymbol{s}_b$ 的项移出积分符号。

对于式 (8.19)，下一步我们需要通过积分将 $\boldsymbol{s}_b$ 消除。然而，直接求公式中的积分是十分困难的。为此，我们需要利用高斯分布的已知性质来进行边缘积分项消除。我们对比式 (8.19) 中积分符号内的指数函数和式 (8.8) 中的指数函数可以发现，如果设 $b = -\dot{\boldsymbol{s}}_a^{\mathrm{T}}\boldsymbol{A}_{ab}, \alpha = 0$，那么两个函数的形式是一样的。这意味着随机向量 $\dot{\boldsymbol{s}}_b$ 服从高斯分布。因此，如果我们能将式 (8.19) 中积分符号内的指数函数变成式 (8.8) 中第 2 行的形式，即平方的形式，那么我们就可以构造一个随机向量 $\dot{\boldsymbol{s}}_b$ 高斯分布的概率密度函数。为此，我们需要利用一个所谓的配方法来补全多项式平方的缺失项。配方法是一种把二次函数转换为一个多项式平方与一个常数的和的方法，其具体公式如下：

$$\begin{aligned}f(\boldsymbol{s}) &= \boldsymbol{s}^{\mathrm{T}}\boldsymbol{U}\boldsymbol{s} + \boldsymbol{b}^{\mathrm{T}}\boldsymbol{s} + c\\ &= (\boldsymbol{s}-\boldsymbol{u})^{\mathrm{T}}\boldsymbol{U}(\boldsymbol{s}-\boldsymbol{u}) + k\\ \text{其中，}\quad \boldsymbol{u}^{\mathrm{T}} &= -\frac{1}{2}\boldsymbol{b}^{\mathrm{T}}\boldsymbol{U}^{-1}\\ k &= c - \frac{1}{4}\boldsymbol{b}^{\mathrm{T}}\boldsymbol{U}^{-1}\boldsymbol{b}\end{aligned} \tag{8.20}$$

式中，假设矩阵 $\boldsymbol{U}$ 是对称可逆矩阵，并利用对称矩阵的两个性质：① 对称矩阵的逆矩阵也是对称矩阵，即如果 $\boldsymbol{U} = \boldsymbol{U}^{\mathrm{T}}$，那么 $\boldsymbol{U}^{-1} = {\boldsymbol{U}^{-1}}^{\mathrm{T}}$；② $\boldsymbol{u}^{\mathrm{T}}\boldsymbol{U}\boldsymbol{s} = \boldsymbol{s}^{\mathrm{T}}\boldsymbol{U}\boldsymbol{u}$。

利用式 (8.20)，可将式 (8.19) 中积分符号内的指数函数 $g(\dot{\boldsymbol{s}}_b)$ 变换为

$$\begin{aligned}
g(\dot{\boldsymbol{s}}_b) &= \exp\left(-\frac{1}{2}\dot{\boldsymbol{s}}_b^{\mathrm{T}}\boldsymbol{A}_{bb}\dot{\boldsymbol{s}}_b - \dot{\boldsymbol{s}}_a^{\mathrm{T}}\boldsymbol{A}_{ab}\dot{\boldsymbol{s}}_b\right) \\
&= \exp\left(-\frac{1}{2}\left(\dot{\boldsymbol{s}}_b^{\mathrm{T}}\boldsymbol{A}_{bb}\dot{\boldsymbol{s}}_b + 2\dot{\boldsymbol{s}}_a^{\mathrm{T}}\boldsymbol{A}_{ab}\dot{\boldsymbol{s}}_b\right)\right) \\
&= \exp\left(-\frac{1}{2}\left[(\dot{\boldsymbol{s}}_b - \boldsymbol{u})^{\mathrm{T}}\boldsymbol{U}(\dot{\boldsymbol{s}}_b - \boldsymbol{u}) + k\right]\right) \\
&= \exp\left(-\frac{1}{2}(\dot{\boldsymbol{s}}_b - \boldsymbol{u})^{\mathrm{T}}\boldsymbol{U}(\dot{\boldsymbol{s}}_b - \boldsymbol{u}) - \frac{1}{2}k\right) \\
&= \exp\left(-\frac{1}{2}k\right)\exp\left(-\frac{1}{2}(\dot{\boldsymbol{s}}_b - \boldsymbol{u})^{\mathrm{T}}\boldsymbol{U}(\dot{\boldsymbol{s}}_b - \boldsymbol{u})\right) \\
&= \exp\left(-\frac{1}{2}k\right)\exp\left(-\frac{1}{2}(\dot{\boldsymbol{s}}_b - \boldsymbol{u})^{\mathrm{T}}\boldsymbol{A}_{bb}(\dot{\boldsymbol{s}}_b - \boldsymbol{u})\right)
\end{aligned} \tag{8.21}$$

其中，$\boldsymbol{b}^{\mathrm{T}} = 2\dot{\boldsymbol{s}}_a^{\mathrm{T}}\boldsymbol{A}_{ab}$

$\boldsymbol{U} = \boldsymbol{A}_{bb}$

$c = 0$

$\boldsymbol{u}^{\mathrm{T}} = -\dot{\boldsymbol{s}}_a^{\mathrm{T}}\boldsymbol{A}_{ab}\boldsymbol{A}_{bb}^{-1}$

$k = -\dot{\boldsymbol{s}}_a^{\mathrm{T}}\boldsymbol{A}_{ab}\boldsymbol{A}_{bb}^{-1}\boldsymbol{A}_{ab}^{\mathrm{T}}\dot{\boldsymbol{s}}_a$

式中，函数 $g(\dot{\boldsymbol{s}}_b)$ 本质上是关于变量 $\boldsymbol{s}_b$ 的函数，并且已经非常接近高斯分布的概率密度函数，只差一个归一化项。对比式 (8.8) 可知，函数 $g(\dot{\boldsymbol{s}}_b)$ 的归一化项为 $1/(2\pi)^{N/2}|{\boldsymbol{A}_{bb}}^{-1}|^{1/2}$。如果将归一化项补全，那么就构造了一个标准的高斯分布的概率密度函数。根据概率密度函数的性质，对这个概率密度函数进行积分，其结果为 1。因此，我们可以推导出如下公式：

$$\begin{aligned}
&\frac{1}{\exp\left(-\frac{1}{2}k\right)}\cdot\frac{1}{(2\pi)^{N/2}|{\boldsymbol{A}_{bb}}^{-1}|^{1/2}}\cdot\int_{\boldsymbol{s}_b} g(\dot{\boldsymbol{s}}_b)\,\mathrm{d}\boldsymbol{s}_b \\
&= \frac{1}{\exp\left(-\frac{1}{2}k\right)}\cdot\frac{1}{(2\pi)^{N/2}|{\boldsymbol{A}_{bb}}^{-1}|^{1/2}}\cdot\int_{\boldsymbol{s}_b}\exp\left(-\frac{1}{2}k\right)\exp\left(-\frac{1}{2}(\dot{\boldsymbol{s}}_b - \boldsymbol{u})^{\mathrm{T}}\boldsymbol{A}_{bb}(\dot{\boldsymbol{s}}_b - \boldsymbol{u})\right)\mathrm{d}\boldsymbol{s}_b \\
&= \frac{1}{(2\pi)^{N/2}|{\boldsymbol{A}_{bb}}^{-1}|^{1/2}}\cdot\int_{\boldsymbol{s}_b}\exp\left(-\frac{1}{2}(\dot{\boldsymbol{s}}_b - \boldsymbol{u})^{\mathrm{T}}\boldsymbol{A}_{bb}(\dot{\boldsymbol{s}}_b - \boldsymbol{u})\right)\mathrm{d}\boldsymbol{s}_b \\
&= \frac{1}{(2\pi)^{N/2}|{\boldsymbol{A}_{bb}}^{-1}|^{1/2}}\cdot\int_{\boldsymbol{s}_b}\exp\left(-\frac{1}{2}(\boldsymbol{s}_b - \bar{\boldsymbol{s}}_b - \boldsymbol{u})^{\mathrm{T}}\boldsymbol{A}_{bb}(\boldsymbol{s}_b - \bar{\boldsymbol{s}}_b - \boldsymbol{u})\right)\mathrm{d}\boldsymbol{s}_b \\
&= 1
\end{aligned} \tag{8.22}$$

由此可得

$$\int_{\boldsymbol{s}_b} g(\dot{\boldsymbol{s}}_b)\,\mathrm{d}\boldsymbol{s}_b = \exp\left(-\frac{1}{2}k\right)\cdot(2\pi)^{N/2}|\boldsymbol{A}_{bb}{}^{-1}|^{1/2} \tag{8.23}$$

将式 (8.23) 代入式 (8.19) 可得

$$\begin{aligned} p(\boldsymbol{s}_a) =& C\cdot\exp\left(-\frac{1}{2}\dot{\boldsymbol{s}}_a^{\mathrm{T}}\boldsymbol{A}_{aa}\dot{\boldsymbol{s}}_a\right)\int_{\boldsymbol{s}_b} g(\dot{\boldsymbol{s}}_b)\mathrm{d}\boldsymbol{s}_b \\ =& C\cdot\exp\left(-\frac{1}{2}\dot{\boldsymbol{s}}_a^{\mathrm{T}}\boldsymbol{A}_{aa}\dot{\boldsymbol{s}}_a\right)\exp\left(-\frac{1}{2}k\right)\cdot(2\pi)^{N/2}|\boldsymbol{A}_{bb}{}^{-1}|^{1/2} \\ =& C\cdot(2\pi)^{N/2}|\boldsymbol{A}_{bb}{}^{-1}|^{1/2}\cdot\exp\left(-\frac{1}{2}\dot{\boldsymbol{s}}_a^{\mathrm{T}}\boldsymbol{A}_{aa}\dot{\boldsymbol{s}}_a\right)\cdot\exp\left(\frac{1}{2}\dot{\boldsymbol{s}}_a^{\mathrm{T}}\boldsymbol{A}_{ab}\boldsymbol{A}_{bb}^{-1}\boldsymbol{A}_{ab}^{\mathrm{T}}\dot{\boldsymbol{s}}_a\right) \\ =& C\cdot(2\pi)^{N/2}|\boldsymbol{A}_{bb}{}^{-1}|^{1/2}\cdot\exp\left(-\frac{1}{2}\left(\dot{\boldsymbol{s}}_a^{\mathrm{T}}\boldsymbol{A}_{aa}\dot{\boldsymbol{s}}_a-\dot{\boldsymbol{s}}_a^{\mathrm{T}}\boldsymbol{A}_{ab}\boldsymbol{A}_{bb}^{-1}\boldsymbol{A}_{ab}^{\mathrm{T}}\dot{\boldsymbol{s}}_a\right)\right) \\ =& C\cdot(2\pi)^{N/2}|\boldsymbol{A}_{bb}{}^{-1}|^{1/2}\cdot\exp\left(-\frac{1}{2}\left(\dot{\boldsymbol{s}}_a^{\mathrm{T}}(\boldsymbol{A}_{aa}-\boldsymbol{A}_{ab}\boldsymbol{A}_{bb}^{-1}\boldsymbol{A}_{ab}^{\mathrm{T}})\dot{\boldsymbol{s}}_a\right)\right) \\ =& C\cdot(2\pi)^{N/2}|\boldsymbol{A}_{bb}{}^{-1}|^{1/2}\cdot\exp\left(-\frac{1}{2}\left(\dot{\boldsymbol{s}}_a^{\mathrm{T}}(\boldsymbol{A}_{aa}-\boldsymbol{A}_{ab}\boldsymbol{A}_{bb}^{-1}\boldsymbol{A}_{ba})\dot{\boldsymbol{s}}_a\right)\right) \end{aligned} \tag{8.24}$$

式中，利用了对称矩阵的一个性质：如果式 (8.16) 中的矩阵 $\boldsymbol{A}$ 为对称矩阵，那么其分块子矩阵 $\boldsymbol{A}_{ab}$ 和 $\boldsymbol{A}_{ba}$ 为对称矩阵，即 $\boldsymbol{A}_{ab}^{\mathrm{T}}=\boldsymbol{A}_{ba}$。

将式 (8.18) 代入式 (8.24) 可得

$$p(\boldsymbol{s}_a) = C\cdot(2\pi)^{N/2}|\boldsymbol{A}_{bb}{}^{-1}|^{1/2}\cdot\exp\left(-\frac{1}{2}(\boldsymbol{s}_a-\bar{\boldsymbol{s}}_a)^{\mathrm{T}}\left(\boldsymbol{A}_{aa}-\boldsymbol{A}_{ab}\boldsymbol{A}_{bb}^{-1}\boldsymbol{A}_{ba}\right)(\boldsymbol{s}_a-\bar{\boldsymbol{s}}_a)\right) \tag{8.25}$$

式中，N 表示随机向量 $\boldsymbol{s}_b$ 的维度。

同理，可推导出 $p(\boldsymbol{s}_b)$，如下所示：

$$p(\boldsymbol{s}_b) = C\cdot(2\pi)^{M/2}|\boldsymbol{A}_{aa}{}^{-1}|^{1/2}\cdot\exp\left(-\frac{1}{2}(\boldsymbol{s}_b-\bar{\boldsymbol{s}}_b)^{\mathrm{T}}(\boldsymbol{A}_{bb}-\boldsymbol{A}_{ba}\boldsymbol{A}_{aa}^{-1}\boldsymbol{A}_{ab})(\boldsymbol{s}_b-\bar{\boldsymbol{s}}_b)\right) \tag{8.26}$$

式中，M 表示随机向量 $\boldsymbol{s}_a$ 的维度。

8.2.4 结论

对比式 (8.8) 和式 (8.25) 可以看出，联合高斯边缘分布的概率密度函数 $p(\boldsymbol{s}_a)$ 的形式和高斯分布的概率密度函数的形式一致。另外，我们整个推导过程基于边缘概率密度函数的定义公式，即式 (8.14)。因此，可以断定式 (8.25) 是一个概率分布，并且是高斯分布。一旦断定这是一个高斯分布的概率密度函数，那么从函数可直接获得高斯分布的均值向量为 $\bar{\boldsymbol{s}}_a$，协方差矩阵为 $(\boldsymbol{A}_{aa}-\boldsymbol{A}_{ab}\boldsymbol{A}_{bb}^{-1}\boldsymbol{A}_{ba})^{-1}$。

由于我们只知道联合高斯分布的均值向量 $\bar{\boldsymbol{s}}$ 和协方差矩阵 $\boldsymbol{\Sigma}$，并且其分块形式也已知，如式 (8.13) 所示，而协方差矩阵的逆矩阵 $\boldsymbol{A}$ 我们并不知道。因此，我们需要获得利用

$\boldsymbol{\Sigma}$ 分块矩阵表示的矩阵 $\boldsymbol{A}$ 的分块矩阵形式。这就利用到分块矩阵的性质。如果矩阵 $\boldsymbol{V}$ 为可逆矩阵，并且矩阵 $\boldsymbol{V}$ 与其逆矩阵 $\boldsymbol{B}$ 的分块矩阵满足如下形式：

$$\begin{aligned}\boldsymbol{B}=\boldsymbol{V}^{-1}&=\begin{bmatrix}\boldsymbol{V}_{aa} & \boldsymbol{V}_{ab}\\ \boldsymbol{V}_{ba} & \boldsymbol{V}_{bb}\end{bmatrix}^{-1}\\ &=\begin{bmatrix}\boldsymbol{B}_{aa} & \boldsymbol{B}_{ab}\\ \boldsymbol{B}_{ba} & \boldsymbol{B}_{bb}\end{bmatrix}\end{aligned} \tag{8.27}$$

那么

$$\begin{aligned}\boldsymbol{V}_{aa}&=(\boldsymbol{B}_{aa}-\boldsymbol{B}_{ab}\boldsymbol{B}_{bb}^{-1}\boldsymbol{B}_{ba})^{-1}\\ \boldsymbol{V}_{ab}&=-(\boldsymbol{B}_{aa}-\boldsymbol{B}_{ab}\boldsymbol{B}_{bb}{}^{-1}\boldsymbol{B}_{ba})^{-1}\boldsymbol{B}_{ab}\boldsymbol{B}_{bb}{}^{-1}\\ \boldsymbol{V}_{ba}&=-\boldsymbol{B}_{bb}{}^{-1}\boldsymbol{B}_{ba}(\boldsymbol{B}_{aa}-\boldsymbol{B}_{ab}\boldsymbol{B}_{bb}^{-1}\boldsymbol{B}_{ba})^{-1}\\ \boldsymbol{V}_{bb}&=(\boldsymbol{B}_{bb}-\boldsymbol{B}_{ba}\boldsymbol{B}_{aa}{}^{-1}\boldsymbol{B}_{ab})^{-1}\end{aligned} \tag{8.28}$$

由式 (8.16)、式 (8.27) 和式 (8.28) 可得

$$\boldsymbol{\Sigma}_{aa}=(\boldsymbol{A}_{aa}-\boldsymbol{A}_{ab}\boldsymbol{A}_{bb}{}^{-1}\boldsymbol{A}_{ba})^{-1} \tag{8.29}$$

由此可得，联合高斯分布的边缘分布 $p(\boldsymbol{s}_a)$ 的协方差矩阵为 $\boldsymbol{\Sigma}_{aa}$。下面我们计算一下该联合高斯边缘分布的概率密度函数的归一化项 Z：

$$\begin{aligned}Z&=C\cdot(2\pi)^{N/2}|\boldsymbol{A}_{bb}{}^{-1}|^{1/2}\\ &=\frac{1}{(2\pi)^{(M+N)/2}|\boldsymbol{\Sigma}|^{1/2}}\cdot(2\pi)^{N/2}|\boldsymbol{A}_{bb}{}^{-1}|^{1/2}\end{aligned} \tag{8.30}$$

一旦确定该联合高斯边缘分布属于高斯分布，并且获得了高斯分布的均值向量 $\bar{\boldsymbol{s}}_a$ 和协方差矩阵 $\boldsymbol{\Sigma}_{aa}$，那么该分布的概率密度函数就完全确定，并且其归一化项应为 $\dfrac{1}{(2\pi)^{(M)/2}\,|\boldsymbol{\Sigma}_{aa}|^{1/2}}$。因此，我们下一步推导的目标是看看 Z 是否等于 $\dfrac{1}{(2\pi)^{(M)/2}\,|\boldsymbol{\Sigma}_{aa}|^{1/2}}$。这里我们需要利用矩阵行列式的一些性质。对于一个分块矩阵 $\boldsymbol{A}$：

$$\boldsymbol{A}=\begin{bmatrix}\boldsymbol{A}_{aa} & \boldsymbol{A}_{ab}\\ \boldsymbol{A}_{ba} & \boldsymbol{A}_{bb}\end{bmatrix} \tag{8.31}$$

如果 $\boldsymbol{A}_{aa}$ 为可逆矩阵，那么矩阵 $\boldsymbol{A}$ 的行列式为

$$\begin{aligned}|\boldsymbol{A}|&=\begin{vmatrix}\boldsymbol{A}_{aa} & \boldsymbol{A}_{ab}\\ \boldsymbol{A}_{ba} & \boldsymbol{A}_{bb}\end{vmatrix}\\ &=|\boldsymbol{A}_{aa}||\boldsymbol{A}_{bb}-\boldsymbol{A}_{ba}\boldsymbol{A}_{aa}{}^{-1}\boldsymbol{A}_{ab}|\end{aligned} \tag{8.32}$$

如果 $\boldsymbol{A}_{bb}$ 为可逆矩阵，那么矩阵 $\boldsymbol{A}$ 的行列式为

$$\begin{aligned}|\boldsymbol{A}| &= \begin{vmatrix}\boldsymbol{A}_{aa} & \boldsymbol{A}_{ab}\\ \boldsymbol{A}_{ba} & \boldsymbol{A}_{bb}\end{vmatrix}\\ &= |\boldsymbol{A}_{bb}||\boldsymbol{A}_{aa} - \boldsymbol{A}_{ab}\boldsymbol{A}_{bb}{}^{-1}\boldsymbol{A}_{ba}|\end{aligned} \tag{8.33}$$

利用式 (8.33)，可将式 (8.30) 转换为

$$\begin{aligned}Z &= C \cdot (2\pi)^{N/2}|\boldsymbol{A}_{bb}{}^{-1}|^{1/2}\\ &= \frac{1}{(2\pi)^{(M+N)/2}\,|\boldsymbol{\Sigma}|^{1/2}} \cdot (2\pi)^{N/2}|\boldsymbol{A}_{bb}{}^{-1}|^{1/2}\\ &= \frac{1}{(2\pi)^{(M+N)/2}\,|\boldsymbol{\Sigma}_{aa}|^{1/2}\,\left|\boldsymbol{\Sigma}_{bb} - \boldsymbol{\Sigma}_{ba}\boldsymbol{\Sigma}_{aa}{}^{-1}\boldsymbol{\Sigma}_{ab}\right|^{1/2}}\\ &\quad\cdot (2\pi)^{N/2}\left|\boldsymbol{\Sigma}_{bb} - \boldsymbol{\Sigma}_{ba}\boldsymbol{\Sigma}_{aa}{}^{-1}\boldsymbol{\Sigma}_{ab}\right|^{1/2}\\ &= \frac{1}{(2\pi)^{M/2}\,|\boldsymbol{\Sigma}_{aa}|^{1/2}}\end{aligned} \tag{8.34}$$

到此为止，我们证明了联合高斯分布 $p(\boldsymbol{s}_a, \boldsymbol{s}_b)$ 的边缘分布 $p(\boldsymbol{s}_a)$ 是高斯分布，并且其均值向量和协方差矩阵分别为随机向量 $\boldsymbol{s}_a$ 的均值向量和协方差矩阵。由此，也可得到联合高斯边缘分布的概率密度函数为

$$\begin{aligned}p(\boldsymbol{s}_a) &= \int_{\boldsymbol{s}_b} f(\boldsymbol{s};\bar{\boldsymbol{s}},\boldsymbol{\Sigma})\,\mathrm{d}\boldsymbol{s}_b\\ &= \frac{1}{(2\pi)^{M/2}\,|\boldsymbol{\Sigma}_{aa}|^{1/2}}\exp\left(-\frac{1}{2}(\boldsymbol{s}_a - \bar{\boldsymbol{s}_a})^{\mathrm{T}}\boldsymbol{\Sigma}_{aa}{}^{-1}(\boldsymbol{s}_a - \bar{\boldsymbol{s}_a})\right)\\ p(\boldsymbol{s}_b) &= \int_{\boldsymbol{s}_a} f(\boldsymbol{s};\bar{\boldsymbol{s}},\boldsymbol{\Sigma})\,\mathrm{d}\boldsymbol{s}_a\\ &= \frac{1}{(2\pi)^{N/2}\,|\boldsymbol{\Sigma}_{bb}|^{1/2}}\exp\left(-\frac{1}{2}(\boldsymbol{s}_b - \bar{\boldsymbol{s}_b})^{\mathrm{T}}\boldsymbol{\Sigma}_{bb}{}^{-1}(\boldsymbol{s}_b - \bar{\boldsymbol{s}_b})\right)\end{aligned} \tag{8.35}$$

8.3 联合高斯分布的条件分布

多变量高斯分布有一个很好的性质，即部分变量集合在其余变量集合的条件下依然服从高斯分布。具体来说，假设 $\boldsymbol{s} = [s_1, s_2, \cdots, s_{M+N}]^{\mathrm{T}}$ 是一个随机向量，并且它服从高斯分布，记为 $\boldsymbol{s} \sim \mathcal{N}(\bar{\boldsymbol{s}}, \boldsymbol{\Sigma})$。如果我们将随机向量 $\boldsymbol{s}$ 拆分成两个子随机向量 $\boldsymbol{s}_a = [s_1, s_2, \cdots, s_M]^{\mathrm{T}}$ 和 $\boldsymbol{s}_b = [s_{M+1}, s_{M+2}, \cdots, s_{M+N}]^{\mathrm{T}}$，即

$$\boldsymbol{s} = \begin{bmatrix}\boldsymbol{s}_a\\ \boldsymbol{s}_b\end{bmatrix} \tag{8.36}$$

那么条件概率密度函数 $p(\boldsymbol{s}_a|\boldsymbol{s}_b)$ 和 $p(\boldsymbol{s}_b|\boldsymbol{s}_a)$ 是高斯分布的概率密度函数，并且这两个高斯分布的一阶幂矩和二阶中心矩分别为

$$\begin{aligned}\bar{\boldsymbol{s}}_{a|b} &= \bar{\boldsymbol{s}}_a + \boldsymbol{\Sigma}_{ab}\boldsymbol{\Sigma}_{bb}^{-1}(\boldsymbol{s}_b - \bar{\boldsymbol{s}}_b)\\ \boldsymbol{\Sigma}_{a|b} &= \boldsymbol{\Sigma}_{aa} - \boldsymbol{\Sigma}_{ab}\boldsymbol{\Sigma}_{bb}^{-1}\boldsymbol{\Sigma}_{ab}^{\mathrm{T}}\\ \bar{\boldsymbol{s}}_{b|a} &= \bar{\boldsymbol{s}}_b + \boldsymbol{\Sigma}_{ba}\boldsymbol{\Sigma}_{aa}^{-1}(\boldsymbol{s}_a - \bar{\boldsymbol{s}}_a)\\ \boldsymbol{\Sigma}_{b|a} &= \boldsymbol{\Sigma}_{bb} - \boldsymbol{\Sigma}_{ba}\boldsymbol{\Sigma}_{aa}^{-1}\boldsymbol{\Sigma}_{ba}^{\mathrm{T}}\end{aligned} \tag{8.37}$$

即条件随机向量 $\boldsymbol{s}_a|\boldsymbol{s}_b$ 和 $\boldsymbol{s}_b|\boldsymbol{s}_a$ 服从如下高斯分布：

$$\begin{aligned}\boldsymbol{s}_a|\boldsymbol{s}_b &\sim \mathcal{N}\left(\bar{\boldsymbol{s}}_{a|b}, \boldsymbol{\Sigma}_{a|b}\right)\\ \boldsymbol{s}_b|\boldsymbol{s}_a &\sim \mathcal{N}\left(\bar{\boldsymbol{s}}_{b|a}, \boldsymbol{\Sigma}_{b|a}\right)\end{aligned} \tag{8.38}$$

同样，如果我们能证明联合高斯分布的条件分布 (联合高斯条件分布) 的概率密度函数的形式和式 (8.8) 的形式一致，那么就可以说联合高斯条件分布是高斯分布。

8.3.1 联合高斯条件分布的概率密度函数

因为 $\boldsymbol{s}_a$ 和 $\boldsymbol{s}_b$ 的条件分布的推导过程是一样的，所以我们下面只给出条件 $\boldsymbol{s}_b$ 已知的情况下 $\boldsymbol{s}_a$ 的概率密度函数，即 $p(\boldsymbol{s}_a|\boldsymbol{s}_b)$。事实上，$\boldsymbol{s}$ 的概率分布 $p(\boldsymbol{s})$ 等价于 $\boldsymbol{s}_a$ 和 $\boldsymbol{s}_b$ 的联合概率分布，即 $p(\boldsymbol{s}) = p(\boldsymbol{s}_a, \boldsymbol{s}_b)$。根据贝叶斯乘积准则：

$$\begin{aligned}p(\boldsymbol{s}) &= p(\boldsymbol{s}_a, \boldsymbol{s}_b)\\ &= p(\boldsymbol{s}_a|\boldsymbol{s}_b)p(\boldsymbol{s}_b)\\ &= p(\boldsymbol{s}_b|\boldsymbol{s}_a)p(\boldsymbol{s}_a)\end{aligned} \tag{8.39}$$

可得条件概率密度函数：

$$p(\boldsymbol{s}_a|\boldsymbol{s}_b) = \frac{p(\boldsymbol{s}_a, \boldsymbol{s}_b)}{p(\boldsymbol{s}_b)} \tag{8.40}$$

由式 (8.14)、式 (8.18) 和式 (8.19) 可将联合高斯分布的一般形式 [式 (8.2)] 重写为

$$\begin{aligned}p(\boldsymbol{s}_a, \boldsymbol{s}_b) &= f\left(\boldsymbol{s}; \bar{\boldsymbol{s}}, \boldsymbol{\Sigma}\right)\\ &= C \cdot \exp\left(-\frac{1}{2}\dot{\boldsymbol{s}}_a^{\mathrm{T}}\boldsymbol{A}_{aa}\dot{\boldsymbol{s}}_a\right) \cdot g(\dot{\boldsymbol{s}}_b)\end{aligned} \tag{8.41}$$

将式 (8.41) 和式 (8.26) 代入式 (8.40) 可得

$$
\begin{aligned}
p(\boldsymbol{s}_a|\boldsymbol{s}_b) &= \frac{p(\boldsymbol{s}_a,\boldsymbol{s}_b)}{p(\boldsymbol{s}_b)} \\
&= \frac{C\cdot\exp\left(-\frac{1}{2}\dot{\boldsymbol{s}}_a^{\mathrm{T}}\boldsymbol{A}_{aa}\dot{\boldsymbol{s}}_a\right)\cdot g(\dot{\boldsymbol{s}}_b)}{C\cdot(2\pi)^{M/2}|\boldsymbol{A}_{aa}{}^{-1}|^{1/2}\cdot\exp\left(-\frac{1}{2}(\boldsymbol{s}_b-\bar{\boldsymbol{s}_b})^{\mathrm{T}}(\boldsymbol{A}_{bb}-\boldsymbol{A}_{ba}\boldsymbol{A}_{aa}^{-1}\boldsymbol{A}_{ab})\,(\boldsymbol{s}_b-\bar{\boldsymbol{s}_b})\right)} \\
&= \frac{C\cdot\exp\left(-\frac{1}{2}\dot{\boldsymbol{s}}_a^{\mathrm{T}}\boldsymbol{A}_{aa}\dot{\boldsymbol{s}}_a\right)\cdot\exp\left(-\frac{1}{2}\dot{\boldsymbol{s}}_b^{\mathrm{T}}\boldsymbol{A}_{bb}\dot{\boldsymbol{s}}_b-\dot{\boldsymbol{s}}_a^{\mathrm{T}}\boldsymbol{A}_{ab}\dot{\boldsymbol{s}}_b\right)}{C\cdot(2\pi)^{M/2}|\boldsymbol{A}_{aa}{}^{-1}|^{1/2}\cdot\exp\left(-\frac{1}{2}\dot{\boldsymbol{s}}_b^{\mathrm{T}}(\boldsymbol{A}_{bb}-\boldsymbol{A}_{ba}\boldsymbol{A}_{aa}^{-1}\boldsymbol{A}_{ab})\dot{\boldsymbol{s}}_b\right)} \\
&= \frac{\exp\left(-\frac{1}{2}\dot{\boldsymbol{s}}_b^{\mathrm{T}}\boldsymbol{A}_{bb}\dot{\boldsymbol{s}}_b\right)\cdot\exp\left(-\frac{1}{2}\dot{\boldsymbol{s}}_a^{\mathrm{T}}\boldsymbol{A}_{aa}\dot{\boldsymbol{s}}_a-\dot{\boldsymbol{s}}_a^{\mathrm{T}}\boldsymbol{A}_{ab}\dot{\boldsymbol{s}}_b\right)}{(2\pi)^{M/2}|\boldsymbol{A}_{aa}{}^{-1}|^{1/2}\cdot\exp\left(-\frac{1}{2}\dot{\boldsymbol{s}}_b^{\mathrm{T}}(\boldsymbol{A}_{bb}-\boldsymbol{A}_{ba}\boldsymbol{A}_{aa}^{-1}\boldsymbol{A}_{ab})\dot{\boldsymbol{s}}_b\right)}
\end{aligned} \tag{8.42}
$$

8.3.2 公式简化

条件概率密度函数 $p(\boldsymbol{s}_a|\boldsymbol{s}_b)$ 是一个关于随机向量 $\boldsymbol{s}_a$ 的函数，其中 $\boldsymbol{s}_b$ 为已知条件。为了方便推导，我们将式 (8.42) 中与 $\boldsymbol{s}_a$ 无关的量归并到一个常数，即

$$
\eta = \frac{\exp\left(-\frac{1}{2}\dot{\boldsymbol{s}}_b^{\mathrm{T}}\boldsymbol{A}_{bb}\dot{\boldsymbol{s}}_b\right)}{(2\pi)^{M/2}|\boldsymbol{A}_{aa}{}^{-1}|^{1/2}\cdot\exp\left(-\frac{1}{2}\dot{\boldsymbol{s}}_b^{\mathrm{T}}(\boldsymbol{A}_{bb}-\boldsymbol{A}_{ba}\boldsymbol{A}_{aa}^{-1}\boldsymbol{A}_{ab})\dot{\boldsymbol{s}}_b\right)} \tag{8.43}
$$

我们推导的目标是将式 (8.42) 转换为高斯分布的概率密度函数的形式。为此，我们进一步设定

$$
g(\dot{\boldsymbol{s}}_a) = \exp\left(-\frac{1}{2}\dot{\boldsymbol{s}}_a^{\mathrm{T}}\boldsymbol{A}_{aa}\dot{\boldsymbol{s}}_a-\dot{\boldsymbol{s}}_a^{\mathrm{T}}\boldsymbol{A}_{ab}\dot{\boldsymbol{s}}_b\right) \tag{8.44}
$$

则式 (8.42) 可重写为

$$
p(\boldsymbol{s}_a|\boldsymbol{s}_b) = \eta\cdot g(\dot{\boldsymbol{s}}_a) \tag{8.45}
$$

利用式 (8.20)，可将指数函数 $g(\dot{\boldsymbol{s}}_a)$ 变换为

$$
\begin{aligned}
g(\dot{\boldsymbol{s}}_a) &= \exp\left(-\frac{1}{2}\dot{\boldsymbol{s}}_a^{\mathrm{T}}\boldsymbol{A}_{aa}\dot{\boldsymbol{s}}_a-\dot{\boldsymbol{s}}_b^{\mathrm{T}}\boldsymbol{A}_{ba}\dot{\boldsymbol{s}}_a\right) \\
&= \exp\left(-\frac{1}{2}(\dot{\boldsymbol{s}}_a^{\mathrm{T}}\boldsymbol{A}_{aa}\dot{\boldsymbol{s}}_a+2\dot{\boldsymbol{s}}_b^{\mathrm{T}}\boldsymbol{A}_{ba}\dot{\boldsymbol{s}}_a)\right) \\
&= \exp\left(-\frac{1}{2}[(\dot{\boldsymbol{s}}_a-\boldsymbol{u})^{\mathrm{T}}\boldsymbol{U}(\dot{\boldsymbol{s}}_a-\boldsymbol{u})+k]\right)
\end{aligned}
$$

$$= \exp\left(-\frac{1}{2}(\dot{\boldsymbol{s}}_a - \boldsymbol{u})^{\mathrm{T}}\boldsymbol{U}(\dot{\boldsymbol{s}}_a - \boldsymbol{u}) - \frac{1}{2}k\right)$$

$$= \exp\left(-\frac{1}{2}k\right)\exp\left(-\frac{1}{2}(\dot{\boldsymbol{s}}_a - \boldsymbol{u})^{\mathrm{T}}\boldsymbol{U}(\dot{\boldsymbol{s}}_a - \boldsymbol{u})\right) \tag{8.46}$$

$$= \exp\left(-\frac{1}{2}k\right)\exp\left(-\frac{1}{2}(\dot{\boldsymbol{s}}_a - \boldsymbol{u})^{\mathrm{T}}\boldsymbol{A}_{aa}(\dot{\boldsymbol{s}}_a - \boldsymbol{u})\right)$$

其中，$\boldsymbol{b}^{\mathrm{T}} = 2\dot{\boldsymbol{s}}_b^{\mathrm{T}}\boldsymbol{A}_{ba}$

$\boldsymbol{U} = \boldsymbol{A}_{aa}$

$c = 0$

$\boldsymbol{u}^{\mathrm{T}} = -\dot{\boldsymbol{s}}_b^{\mathrm{T}}\boldsymbol{A}_{ba}\boldsymbol{A}_{aa}^{-1}$

$k = -\dot{\boldsymbol{s}}_b^{\mathrm{T}}\boldsymbol{A}_{ba}\boldsymbol{A}_{aa}^{-1}\boldsymbol{A}_{ba}^{\mathrm{T}}\dot{\boldsymbol{s}}_b$

将式 (8.43) 和式 (8.46) 代入式 (8.45) 可得

$$p(\boldsymbol{s}_a|\boldsymbol{s}_b) = \eta \cdot g(\dot{\boldsymbol{s}}_a)$$

$$= \frac{\exp\left(-\frac{1}{2}\dot{\boldsymbol{s}}_b^{\mathrm{T}}\boldsymbol{A}_{bb}\dot{\boldsymbol{s}}_b\right)}{(2\pi)^{M/2}|\boldsymbol{A}_{aa}{}^{-1}|^{1/2}\cdot\exp\left(-\frac{1}{2}\dot{\boldsymbol{s}}_b^{\mathrm{T}}(\boldsymbol{A}_{bb} - \boldsymbol{A}_{ba}\boldsymbol{A}_{aa}^{-1}\boldsymbol{A}_{ab})\dot{\boldsymbol{s}}_b\right)}$$

$$\cdot\exp(-\frac{1}{2}k)\exp\left(-\frac{1}{2}(\dot{\boldsymbol{s}}_a - \boldsymbol{u})^{\mathrm{T}}\boldsymbol{A}_{aa}(\dot{\boldsymbol{s}}_a - \boldsymbol{u})\right)$$

$$= \frac{\exp\left(-\frac{1}{2}\dot{\boldsymbol{s}}_b^{\mathrm{T}}\boldsymbol{A}_{bb}\dot{\boldsymbol{s}}_b\right)\cdot\exp\left(\frac{1}{2}\dot{\boldsymbol{s}}_b^{\mathrm{T}}\boldsymbol{A}_{ba}\boldsymbol{A}_{aa}^{-1}\boldsymbol{A}_{ba}^{\mathrm{T}}\dot{\boldsymbol{s}}_b\right)}{(2\pi)^{M/2}|\boldsymbol{A}_{aa}{}^{-1}|^{1/2}\cdot\exp\left(-\frac{1}{2}\dot{\boldsymbol{s}}_b^{\mathrm{T}}(\boldsymbol{A}_{bb} - \boldsymbol{A}_{ba}\boldsymbol{A}_{aa}^{-1}\boldsymbol{A}_{ab})\dot{\boldsymbol{s}}_b\right)} \tag{8.47}$$

$$\cdot\exp\left(-\frac{1}{2}(\dot{\boldsymbol{s}}_a - \boldsymbol{u})^{\mathrm{T}}\boldsymbol{A}_{aa}(\dot{\boldsymbol{s}}_a - \boldsymbol{u})\right)$$

$$= \frac{1}{(2\pi)^{M/2}|\boldsymbol{A}_{aa}{}^{-1}|^{1/2}}\exp\left(-\frac{1}{2}(\dot{\boldsymbol{s}}_a - \boldsymbol{u})^{\mathrm{T}}\boldsymbol{A}_{aa}(\dot{\boldsymbol{s}}_a - \boldsymbol{u})\right)$$

$$= \frac{1}{(2\pi)^{M/2}|\boldsymbol{A}_{aa}{}^{-1}|^{1/2}}\exp\left(-\frac{1}{2}(\boldsymbol{s}_a - \bar{\boldsymbol{s}_a} - \boldsymbol{u})^{\mathrm{T}}\boldsymbol{A}_{aa}(\boldsymbol{s}_a - \bar{\boldsymbol{s}_a} - \boldsymbol{u})\right)$$

从式 (8.47) 可以看出，$p(\boldsymbol{s}_a|\boldsymbol{s}_b)$ 的形式和高斯分布的概率密度函数的形式一致，所以

$\boldsymbol{s}_a|\boldsymbol{s}_b$ 服从高斯分布，并且其均值向量和协方差矩阵分别为

$$
\begin{aligned}
\bar{\boldsymbol{s}}_{a|b} &= \bar{\boldsymbol{s}_a} + \boldsymbol{u} \\
\boldsymbol{\Sigma}_{a|b} &= {\boldsymbol{A}_{aa}}^{-1}
\end{aligned}
\tag{8.48}
$$

由式 (8.16)、式 (8.27)、式 (8.46) 和式 (8.28) 可得

$$
\begin{aligned}
\bar{\boldsymbol{s}}_{a|b} &= \bar{\boldsymbol{s}_a} + \boldsymbol{u} \\
&= \bar{\boldsymbol{s}_a} - \left(\dot{\boldsymbol{s}}_b^{\mathrm{T}} \boldsymbol{A}_{ba} \boldsymbol{A}_{aa}^{-1}\right)^{\mathrm{T}} \\
&= \bar{\boldsymbol{s}_a} - {\boldsymbol{A}_{aa}^{-1}}^{\mathrm{T}} {\boldsymbol{A}_{ba}}^{\mathrm{T}} \dot{\boldsymbol{s}}_b \\
&= \bar{\boldsymbol{s}_a} - \boldsymbol{A}_{aa}^{-1} \boldsymbol{A}_{ab} \dot{\boldsymbol{s}}_b \\
&= \bar{\boldsymbol{s}_a} - \left(\boldsymbol{\Sigma}_{aa} - \boldsymbol{\Sigma}_{ab} \boldsymbol{\Sigma}_{bb}^{-1} \boldsymbol{\Sigma}_{ba}\right) \\
&\quad \cdot \left[-\left(\boldsymbol{\Sigma}_{aa} - \boldsymbol{\Sigma}_{ab} {\boldsymbol{\Sigma}_{bb}}^{-1} \boldsymbol{\Sigma}_{ba}\right)^{-1} \boldsymbol{\Sigma}_{ab} {\boldsymbol{\Sigma}_{bb}}^{-1}\right] \dot{\boldsymbol{s}}_b \\
&= \bar{\boldsymbol{s}_a} + \boldsymbol{\Sigma}_{ab} {\boldsymbol{\Sigma}_{bb}}^{-1} \dot{\boldsymbol{s}}_b \\
&= \bar{\boldsymbol{s}_a} + \boldsymbol{\Sigma}_{ab} {\boldsymbol{\Sigma}_{bb}}^{-1} (\boldsymbol{s}_b - \bar{\boldsymbol{s}}_b) \\
\boldsymbol{\Sigma}_{a|b} &= {\boldsymbol{A}_{aa}}^{-1} = \boldsymbol{\Sigma}_{aa} - \boldsymbol{\Sigma}_{ab} \boldsymbol{\Sigma}_{bb}^{-1} {\boldsymbol{\Sigma}_{ab}}^{\mathrm{T}}
\end{aligned}
\tag{8.49}
$$

式中，我们利用了对称矩阵的性质，即对称矩阵的逆矩阵是对称矩阵。到此为止，推导出的结果和式 (8.37) 一致。

8.4 线性卡尔曼滤波器的假设

为了实现一个具体的贝叶斯滤波器，我们需要明确 3 个概率分布，即系统初始状态的先验分布 (系统状态的先验知识)、系统状态转移概率分布和状态到观测数据的转移概率分布。为此，线性卡尔曼滤波器在这 3 个概率分布上也做了一定的限制和假设，假设初始状态的先验分布和状态到观测数据的转移概率分布都是高斯分布，并且系统的状态转移函数和状态到观测数据的转移函数是线性的。在这些限制和假设的基础上，线性卡尔曼滤波器能够提供高效、准确的状态估计和预测。

8.4.1 变量定义

在现实应用中，系统状态、运动控制数据、观测数据通常由一个向量来表示。因此，我们重新定义系统状态、运动控制数据和观测数据的向量形式。假设任意时刻的系统状态是一个 $N \times 1$ 的列向量，观测数据是一个 $M \times 1$ 的列向量，运动控制数据是一个 $K \times 1$ 的列向量，那么我们定义系统从 0 时刻到 t 时刻的状态序列为

$$
\boldsymbol{s}_{0:t} = (\boldsymbol{s}_0, \boldsymbol{s}_2, \cdots, \boldsymbol{s}_t) \tag{8.50}
$$

系统从 1 时刻到 t 时刻的观测数据序列为

$$\boldsymbol{o}_{1:t} = (\boldsymbol{o}_1, \boldsymbol{o}_2, \cdots, \boldsymbol{o}_t) \tag{8.51}$$

系统从 1 时刻到 t 时刻的运动控制数据序列为

$$\boldsymbol{a}_{1:t} = (\boldsymbol{a}_1, \boldsymbol{a}_2, \cdots, \boldsymbol{a}_t) \tag{8.52}$$

8.4.2 初始状态的先验分布假设

系统初始状态的先验分布 $p(\boldsymbol{s}_0)$ 蕴含我们对系统状态的先验知识的理解。根据贝叶斯滤波器的迭代公式，我们需要预先知道系统初始状态的先验分布 (概率分布的函数形式和参数值)。一旦知道了初始状态的先验分布 (状态的先验知识)，就可以启动预测步骤和更新步骤，获得当前时刻状态的后验分布，并将其作为下一时刻状态的先验知识。事实上，初始状态的先验分布不一定需要很精确，只需要给一个粗略的分布，就可以通过后续新知识（观测数据）的引入来不断更新状态的概率分布，越来越准确。

卡尔曼滤波器假设系统的初始状态服从一个均值为 $\mathbf{0}$、协方差矩阵为 $\boldsymbol{R}_0^c$ 的高斯分布，即

$$\boldsymbol{s}_0 \sim \mathcal{N}(\mathbf{0}, \boldsymbol{R}_0^c) \tag{8.53}$$

式中：$\mathbf{0}$ 是一个 $N \times 1$ 的列向量；$\boldsymbol{R}_0^c$ 是一个 $N \times N$ 的协方差矩阵，其可以根据先验知识初始化，也可以随机初始化，是已知的。

由此也可以推出，初始状态的先验分布的概率密度函数为

$$p(\boldsymbol{s}_0) = \frac{1}{(2\pi)^{N/2}|\boldsymbol{R}_0^c|^{1/2}} \mathrm{e}^{-\frac{1}{2}\boldsymbol{s}_0^{\mathrm{T}}(\boldsymbol{R}_0^c)^{-1}\boldsymbol{s}_0} \tag{8.54}$$

卡尔曼滤波器是贝叶斯滤波器的一个具体实现，其核心是预测和更新的迭代过程。在贝叶斯滤波器任意 t 时刻的预测步骤，需要知道系统状态的先验知识。通常，将 $t-1$ 时刻系统状态的后验分布当作 t 时刻系统状态的先验知识，即

$$\boldsymbol{s}_{t-1}^c \sim \mathcal{N}(\bar{\boldsymbol{s}}_{t-1}^c, \boldsymbol{R}_{t-1}^c) \tag{8.55}$$

式中：c 指示系统状态是更新后的状态；$\boldsymbol{s}_{t-1}^c$ 表示 $t-1$ 时刻更新后系统状态的随机向量，其服从如式 (8.55) 所示的高斯分布；$\bar{\boldsymbol{s}}_{t-1}^c$ 表示随机向量 $\boldsymbol{s}_{t-1}^c$ 的均值；$\boldsymbol{R}_{t-1}^c$ 表示随机向量 $\boldsymbol{s}_{t-1}^c$ 的协方差矩阵。

8.4.3 状态转移概率分布假设

系统状态转移概率分布 $p(\boldsymbol{s}_t|\boldsymbol{s}_{t-1}, \boldsymbol{a}_t)$ 蕴含系统在受到一个运动驱动 $\boldsymbol{a}_t$ 后，从 $t-1$ 时刻某个状态转移到 t 时刻某个状态的概率。状态转移概率分布通常由一个运动模型来表示：

$$\begin{aligned} \boldsymbol{s}_t &= \boldsymbol{g}(\boldsymbol{s}_{t-1}, \boldsymbol{a}_t) + \boldsymbol{w}_t \\ &= \boldsymbol{A}_t\boldsymbol{s}_{t-1} + \boldsymbol{B}_t\boldsymbol{a}_t + \boldsymbol{w}_t \end{aligned} \tag{8.56}$$

式中：$\boldsymbol{g}(\boldsymbol{s}_{t-1},\boldsymbol{a}_t)$ 是状态转移函数；$\boldsymbol{s}_t$ 是执行运动后的状态向量，其是一个 N 维列向量；$\boldsymbol{s}_{t-1}$ 是执行运动前的状态向量，也是一个 N 维列向量；$\boldsymbol{A}_t$ 是一个 $N\times N$ 的矩阵，其描述了在没有控制量和噪声的情况下，系统如何从 $t-1$ 时刻状态 $\boldsymbol{s}_{t-1}$ 转移到 t 时刻状态 $\boldsymbol{s}_t$，$\boldsymbol{A}_t$ 矩阵的值是已知的常数；$\boldsymbol{a}_t$ 是运动控制向量，是一个 K 维列向量；$\boldsymbol{B}_t$ 是一个 $N\times K$ 的矩阵，其描述了运动控制向量 $\boldsymbol{a}_t$ 如何将系统状态从 $\boldsymbol{s}_{t-1}$ 改变到 $\boldsymbol{s}_t$，$\boldsymbol{B}_t$ 矩阵的值是已知的常数；$\boldsymbol{w}_t$ 是一个 N 维随机列向量，其描述了系统受到 $\boldsymbol{a}_t$ 后，在系统状态从 $\boldsymbol{s}_{t-1}$ 转移到 $\boldsymbol{s}_t$ 过程中引入的过程噪声。

卡尔曼滤波器假设运动模型是线性的，并且过程噪声是高斯噪声。对比式 (8.56)，这个假设要求 $\boldsymbol{g}(\boldsymbol{s}_{t-1},\boldsymbol{a}_t)$ 是线性函数，即 $\boldsymbol{A}_t\boldsymbol{s}_{t-1}$ 和 $\boldsymbol{B}_t\boldsymbol{a}_t$ 是线性变换，噪声随机向量 $\boldsymbol{w}_t$ 服从均值为 $\mathbf{0}$、协方差矩阵为 $\boldsymbol{W}_t$（$N\times N$ 的对称矩阵）的高斯分布。在这个假设下，一旦 $t-1$ 时刻状态 $\boldsymbol{s}_{t-1}$ 和 t 时刻将要施加的运动控制向量 $\boldsymbol{a}_t$ 确定，那么 $\boldsymbol{s}_t$ 的分布就会确定，并且其必然服从均值为 $\boldsymbol{A}_t\boldsymbol{s}_{t-1}+\boldsymbol{B}_t\boldsymbol{a}_t$、协方差矩阵为 $\boldsymbol{W}_t$ 的高斯分布，即

$$\boldsymbol{s}_t\sim\mathcal{N}(\boldsymbol{A}_t\boldsymbol{s}_{t-1}+\boldsymbol{B}_t\boldsymbol{a}_t,\boldsymbol{W}_t) \tag{8.57}$$

式中，协方差矩阵 $\boldsymbol{W}_t$ 的值是已知的，可根据经验获得。

由此也可以推出，状态转移概率分布的概率密度函数为

$$p(\boldsymbol{s}_t|\boldsymbol{s}_{t-1},\boldsymbol{a}_t)=\frac{1}{(2\pi)^{N/2}|\boldsymbol{W}_t|^{1/2}}\mathrm{e}^{-\frac{1}{2}(\boldsymbol{s}_t-\boldsymbol{A}_t\boldsymbol{s}_{t-1}-\boldsymbol{B}_t\boldsymbol{a}_t)^{\mathrm{T}}{\boldsymbol{W}_t}^{-1}(\boldsymbol{s}_t-\boldsymbol{A}_t\boldsymbol{s}_{t-1}-\boldsymbol{B}_t\boldsymbol{a}_t)} \tag{8.58}$$

需要注意的是，在上面的推导过程中，我们假设 $\boldsymbol{s}_{t-1}$ 和 $\boldsymbol{a}_t$ 是已知的，即其取值确定。因此，运动模型中只有两个随机向量，即 $\boldsymbol{s}_t$ 和 $\boldsymbol{w}_t$，其中 $\boldsymbol{s}_t$ 的随机性是由 $\boldsymbol{w}_t$ 引起的。换句话说，在 $\boldsymbol{s}_{t-1}$ 和 $\boldsymbol{a}_t$ 已知的条件下，执行运动后的系统状态 $\boldsymbol{s}_t$ 的随机性只是由过程噪声引起的。然而，在贝叶斯滤波器推导过程中，系统执行运动前的状态 $\boldsymbol{s}_{t-1}$ 是不确定的，也服从一个概率分布，即运动模型中的 $\boldsymbol{s}_{t-1}$ 也被认为是一个随机向量。因此，运动模型可以被认为是一个线性随机过程。

在 t 时刻，系统存在两个不同的状态，即预测步骤获得的状态和更新步骤获得的状态。为了区分两个状态，我们利用上标 p 和 c 来区分。假设 $\boldsymbol{s}_t^p$ 和 $\boldsymbol{s}_t^c$ 分别表示 t 时刻预测步骤获得的状态和更新步骤获得的状态，则式 (8.56) 可以表示为

$$\begin{aligned}\boldsymbol{s}_t^p&=\boldsymbol{g}(\boldsymbol{s}_{t-1}^c,\boldsymbol{a}_t)+\boldsymbol{w}_t\\&=\boldsymbol{A}_t\boldsymbol{s}_{t-1}^c+\boldsymbol{B}_t\boldsymbol{a}_t+\boldsymbol{w}_t\end{aligned} \tag{8.59}$$

式 (8.59) 表示，t 时刻预测步骤获得的状态基于 $t-1$ 时刻更新步骤获得的状态。这里，$\boldsymbol{s}_t^p$、$\boldsymbol{s}_{t-1}^c$ 和 $\boldsymbol{w}_t$ 都是随机向量。

8.4.4 状态到观测数据的转移概率分布假设

状态到观测数据的转移概率分布 (有时称为观测数据的概率分布)$p(\boldsymbol{o}_t|\boldsymbol{s}_t)$ 蕴含系统在 t 时刻状态 $\boldsymbol{s}_t$ 已知的条件下观测到 $\boldsymbol{o}_t$ 的概率。状态到观测数据的转移概率分布通常由一

个观测模型来表示：

$$\begin{aligned} \boldsymbol{o}_t &= \boldsymbol{h}(\boldsymbol{s}_t) + \boldsymbol{e}_t \\ &= \boldsymbol{H}_t \boldsymbol{s}_t + \boldsymbol{e}_t \end{aligned} \tag{8.60}$$

式中：$\boldsymbol{h}(\boldsymbol{s}_t)$ 是从状态到观测数据的转移函数；$\boldsymbol{s}_t$ 是执行运动后的状态向量，其是一个 N 维列向量；$\boldsymbol{H}_t$ 是一个 $M \times N$ 的矩阵，其描述了如何将一个 N 维系统状态 $\boldsymbol{s}_t$ 映射为 M 维观测数据 $\boldsymbol{o}_t$，$\boldsymbol{H}_t$ 矩阵的值是已知的常数；$\boldsymbol{o}_t$ 是一个 M 维列向量，其描述了 t 时刻的观测数据；$\boldsymbol{e}_t$ 是一个 M 维随机列向量，其描述了在 t 时刻系统状态 $\boldsymbol{s}_t$ 条件下进行观测产生的误差 (观测噪声)。

卡尔曼滤波器假设观测模型是线性的，并且观测噪声是高斯噪声。对比式 (8.60)，这个假设要求 $\boldsymbol{h}(\boldsymbol{s}_t)$ 是线性函数，即 $\boldsymbol{H}_t\boldsymbol{s}_t$ 是线性变换，噪声随机向量 $\boldsymbol{e}_t$ 服从均值为 $\boldsymbol{0}$、协方差矩阵为 $\boldsymbol{E}_t$（$M \times M$ 的对称矩阵）的高斯分布。在这个假设下，一旦 t 时刻状态 $\boldsymbol{s}_t$ 确定，那么 $\boldsymbol{o}_t$ 的分布就会确定，并且其必然服从均值为 $\boldsymbol{H}_t\boldsymbol{s}_t$、协方差矩阵为 $\boldsymbol{E}_t$ 的高斯分布，即

$$\boldsymbol{o}_t \sim \mathcal{N}(\boldsymbol{H}_t\boldsymbol{s}_t, \boldsymbol{E}_t) \tag{8.61}$$

式中，协方差矩阵 $\boldsymbol{E}_t$ 的值是已知的，可根据经验设置，也可从传感器的厂商获得。

由此也可以推出，状态到观测数据的转移概率分布的概率密度函数为

$$p(\boldsymbol{o}_t|\boldsymbol{s}_t) = \frac{1}{(2\pi)^{M/2}|\boldsymbol{E}_t|^{1/2}} \mathrm{e}^{-\frac{1}{2}(\boldsymbol{o}_t - \boldsymbol{H}_t\boldsymbol{s}_t)^{\mathrm{T}} \boldsymbol{E}_t{}^{-1} (\boldsymbol{o}_t - \boldsymbol{H}_t\boldsymbol{s}_t)} \tag{8.62}$$

同样，在上面的推导过程中，我们假设 $\boldsymbol{s}_t$ 是已知的，即其取值确定。因此，观测模型中只有两个随机向量，即 $\boldsymbol{o}_t$ 和 $\boldsymbol{e}_t$，其中 $\boldsymbol{o}_t$ 的随机性是由 $\boldsymbol{e}_t$ 引起的。换句话说，在 $\boldsymbol{s}_t$ 已知的条件下，观测数据 $\boldsymbol{o}_t$ 的随机性只是由传感器噪声引起的。然而，在贝叶斯滤波器推导过程中，系统执行运动后的状态 $\boldsymbol{s}_t$ 是不确定的，也服从一个概率分布，即观测模型中的 $\boldsymbol{s}_t$ 也被认为是一个随机向量。因此，观测模型可以被认为是一个线性随机过程。

观测模型的目的是从当前时刻系统状态预测观测数据。观测模型是基于预测步骤获得的系统状态来预测观测数据的。为了清晰表达两个步骤获得的结果，我们依然利用上标 c 和 p 来区分。这样，式 (8.60) 可以改写为

$$\begin{aligned} \boldsymbol{o}_t^p &= \boldsymbol{h}(\boldsymbol{s}_t^p) + \boldsymbol{e}_t \\ &= \boldsymbol{H}_t \boldsymbol{s}_t^p + \boldsymbol{e}_t \end{aligned} \tag{8.63}$$

式中，$\boldsymbol{o}_t^p$ 表示基于观测模型和 $\boldsymbol{s}_t^p$ 预测出来的观测数据，其不是传感器真实观测的数据。$\boldsymbol{o}_t^p$ 蕴含这样一个物理意义：如果系统处于 $\boldsymbol{s}_t^p$ 状态，那么传感器应该观测到的数据是 $\boldsymbol{o}_t^p$。

8.4.5　运动模型构建实例

在上述假设中，运动模型和观测模型的构建至关重要。为了便于理解上述概念，我们通过一个配送机器人的实例来构建运动模型。为了便于讨论，我们对配送机器人进行以下

假设：①配送机器人只在平面坐标系中沿 x 轴运动；②机器人的加速度为 a，是常数；③某个类似 GPS 的传感器可以随时测量机器人在 x 轴上的坐标位置；④待估计的系统状态为 t 时刻机器人的位置和速度，即 $\boldsymbol{s}_t^p = [x_t^p, v_t^p]^{\mathrm{T}}$。基于上述 4 个假设，我们可以定义配送机器人的运动学方程为

$$\boldsymbol{g}(\boldsymbol{s}_{t-1}^c, a) = \begin{bmatrix} x_{t-1}^c + v_{t-1}^c \Delta t + \dfrac{1}{2} a \Delta t^2 \\ v_{t-1}^c + a\Delta t \end{bmatrix} \tag{8.64}$$

式中，Δt 为从 $t-1$ 时刻到 t 时刻的时间间隔。由式 (8.64) 可得

$$\boldsymbol{s}_t^p = \begin{bmatrix} x_t^p \\ v_t^p \end{bmatrix} = \boldsymbol{g}(\boldsymbol{s}_{t-1}^c, a) + \boldsymbol{w}_t = \begin{bmatrix} 1 & \Delta t \\ 0 & 1 \end{bmatrix} \boldsymbol{s}_{t-1}^c + \begin{bmatrix} \dfrac{1}{2}\Delta t^2 \\ \Delta t \end{bmatrix} a + \boldsymbol{w}_t \tag{8.65}$$

从理论上讲，机器人从 $t-1$ 时刻系统状态转移到 t 时刻系统状态是一个确定的过程。然而，在现实世界中，这个转移过程是存在噪声的，是存在一定不确定性的。比如，地面摩擦导致的实际行驶距离和期望距离不一致，刹车和踩油门力度的不同导致加速度的不稳定等。因此，上述系统状态方程添加了一个噪声项来反映这一过程的不确定性。在引入噪声并做形式简化后，式 (8.65) 可以表示为

$$\begin{aligned} \boldsymbol{s}_t^p &= \boldsymbol{g}(\boldsymbol{s}_{t-1}^c, a) + \boldsymbol{w}_t = \boldsymbol{A}_t \boldsymbol{s}_{t-1}^c + \boldsymbol{B}_t a + \boldsymbol{w}_t \\ \boldsymbol{A}_t &= \begin{bmatrix} 1 & \Delta t \\ 0 & 1 \end{bmatrix} \\ \boldsymbol{B}_t &= \begin{bmatrix} \dfrac{1}{2}\Delta t^2 \\ \Delta t \end{bmatrix} \end{aligned} \tag{8.66}$$

式中：$\boldsymbol{s}_t^p$ 和 $\boldsymbol{s}_{t-1}^c$ 分别为 t 时刻依靠运动模型预测的系统状态和 $t-1$ 时刻更新步骤融合观测数据后更新的系统状态；$\boldsymbol{w}_t$ 表示在机器人从 $t-1$ 时刻系统状态转移到 t 时刻系统状态的过程中引入的噪声；a 为机器人的刹车或踩油门导致的加速度（可以为负，表示刹车），表示外力作用因素；$\boldsymbol{A}_t$ 为状态转移概率矩阵；$\boldsymbol{B}_t$ 为控制因子矩阵。$\boldsymbol{A}_t$ 定义了前一时刻系统状态对当前时刻系统状态的影响，这个影响是综合影响，即前一时刻系统状态的所有分量都有可能对当前时刻系统状态的特定分量有影响。比如，前一时刻系统的位置和速度分量都对当前时刻的位置分量有影响。如果没有外力作用，$\boldsymbol{A}_t$ 就直接反映了前一时刻系统状态和当前时刻系统状态的转移关系。$\boldsymbol{B}_t$ 定义了外部控制力对当前时刻系统状态的影响。在这里，外部控制力就是踩油门或刹车产生的加速度 a，是一个标量。同样，这个影响也是综合影响，即外部控制力的所有分量（如果有多个分量）都有可能对当前时刻系统状态的特定分量有影响。这个综合影响也体现在任意一个外部控制力分量都有可能对当前时刻系统状态的所有分量产生影响。这里，标量 a 对当前时刻系统状态的所有两个分量有影响。

8.5　线性卡尔曼滤波器的推导

为了便于说明线性卡尔曼滤波器和贝叶斯滤波器的联系和区别，我们将贝叶斯滤波器的核心公式重新列出：

$$\begin{aligned} p_{\text{pred}}(\boldsymbol{s}_t) &= \int p(\boldsymbol{s}_t|\boldsymbol{s}_{t-1},\boldsymbol{a}_t)p_{\text{corr}}(\boldsymbol{s}_{t-1})\mathrm{d}\boldsymbol{s}_{t-1} \quad \text{预测公式} \\ p_{\text{corr}}(\boldsymbol{s}_t) &= \frac{1}{c}\ p(\boldsymbol{o}_t|\boldsymbol{s}_t)p_{\text{pred}}(\boldsymbol{s}_t) \qquad\qquad\quad \text{更新公式} \end{aligned} \tag{8.67}$$

从式 (8.67) 可以看出，贝叶斯滤波器涉及 5 个概率分布。

（1）$t-1$ 时刻系统状态的后验分布 $p_{\text{corr}}(\boldsymbol{s}_{t-1})$，其对应式 (8.59)（运动模型）中的随机向量 $\boldsymbol{s}_{t-1}^c$，即 $p_{\text{corr}}(\boldsymbol{s}_{t-1})$ 是 $\boldsymbol{s}_{t-1}^c$ 的概率密度函数。系统在 t 时刻执行预测步骤时，该分布被作为先验知识使用。在 $t=1$ 时刻，$p_{\text{corr}}(\boldsymbol{s}_0)$ 就是系统初始状态的先验分布 $p(\boldsymbol{s}_0)$，它描述了我们对系统初始状态的认知和理解。系统初始状态的先验分布必须是已知的，即概率分布的函数形式和参数值已知。尽管我们已知系统初始状态先验分布的概率质量函数或概率密度函数的形式并且参数确定，但系统初始状态是不确定的，不确定程度由概率分布的方差决定。

（2）$t-1$ 时刻到 t 时刻系统状态转移概率分布 $p(\boldsymbol{s}_t|\boldsymbol{s}_{t-1},\boldsymbol{a}_t)$，其对应式 (8.59) 中的随机向量 $\boldsymbol{A}_t\boldsymbol{s}_{t-1}^c+\boldsymbol{B}_t\boldsymbol{a}_t$。它描述了已知前一时刻系统状态的后验分布和运动控制量的前提下，系统状态转移后的概率分布。这个概率分布也必须是已知的，即函数形式和参数值已知。

（3）当前时刻系统状态转移之后的概率分布 $p_{\text{pred}}(\boldsymbol{s}_t)$，其对应式 (8.59) 中的随机向量 $\boldsymbol{s}_t^p$。

（4）由 t 时刻系统状态产生观测数据 $\boldsymbol{o}_t$ 的概率分布 $p(\boldsymbol{o}_t|\boldsymbol{s}_t)$，其对应式 (8.63)(观测模型) 中的随机向量 $\boldsymbol{H}_t\boldsymbol{s}_t^p$。该分布是状态确定情况下观测数据的概率分布，通常描述了传感器的测量精度模型。贝叶斯滤波器也要求这个概率分布已知。

（5）t 时刻系统状态的后验分布 $p_{\text{corr}}(\boldsymbol{s}_t)$，其对应随机向量 $\boldsymbol{s}_t^c$。

贝叶斯滤波器建立了 5 个概率分布的对应关系，并利用迭代条件和迭代公式来更新 4 个概率分布。如果 $p(\boldsymbol{s}_0)$、$p(\boldsymbol{s}_t|\boldsymbol{s}_{t-1},a_t)$ 和 $p(\boldsymbol{o}_t|\boldsymbol{s}_t)$ 这 3 个概率分布都已知，那么就可以执行迭代操作。当已知系统将要在 t 时刻施加一个运动控制量 $\boldsymbol{a}_t$ 后（可能还没有执行），利用预测步骤就可以获得 $p_{\text{pred}}(\boldsymbol{s}_t)$。当执行动作后，一旦进行了一次观测，就可以利用新的观测数据 $\boldsymbol{o}_t$ 计算后验分布 $p_{\text{corr}}(\boldsymbol{s}_t)$，进行状态更新。具体来说，在预测步骤，利用求和法则建立状态转移后当前时刻系统状态的概率分布 $p_{\text{pred}}(\boldsymbol{s}_t)$ 与前一时刻系统状态的后验分布及前一时刻到当前时刻系统状态转移概率分布的关系。在更新步骤，利用贝叶斯定理建立当前时刻系统状态的后验分布 $p_{\text{corr}}(\boldsymbol{s}_t)$ 与 $p_{\text{pred}}(\boldsymbol{s}_t)$ 及 $p(\boldsymbol{o}_t|\boldsymbol{s}_t)$ 的关系。虽然贝叶斯滤波器从概率分布的角度建立了系统状态迭代推导的规则和框架，但我们不能编程实现，主要原因有下列几点：

（1）虽然贝叶斯滤波器建立了 5 个概率分布的递归更新关系，但并没有具体定义这 5 个概率分布是什么。如果我们想要实现一个可执行的贝叶斯滤波器，那么我们至少需要明确这 5 种概率分布的形式。

（2）在预测公式中，没有给出具体的求解方法。在预测公式中，涉及 $p(\boldsymbol{s}_t|\boldsymbol{s}_{t-1},\boldsymbol{a}_t)$ 和 $p_{\text{corr}}(\boldsymbol{s}_{t-1})$ 这两个概率分布的乘积和积分。如果不对这两个概率分布进行精心设计和约束，那么我们很难求解这个预测公式，即获得不了 $p_{\text{pred}}(\boldsymbol{s}_t)$。

（3）在更新公式中，没有给出具体的求解方法。在更新公式中，也涉及两个概率分布的乘积。同样，如果不对这两个概率分布进行精心设计和约束，那么我们很难求解这个更新公式，即获得不了 $p_{\text{corr}}(\boldsymbol{s}_t)$。

为了构造一个可实现的贝叶斯滤波器，卡尔曼滤波器进行了一系列的假设，即初始状态的先验分布假设、状态转移概率分布假设和状态到观测数据的转移概率分布假设。基于这些假设，卡尔曼滤波器构造了预测步骤和更新步骤的解析解。下面我们将给出卡尔曼滤波器预测步骤和更新步骤的核心公式，并给出推导过程。

8.5.1 预测步骤

卡尔曼滤波器的预测步骤由式 (8.59)(运动模型) 决定，其目标是根据运动模型来从前一时刻系统状态的概率分布和一个系统动作获得当前时刻系统状态 $\boldsymbol{s}_t^p$ 的概率分布。前面已经讲过，卡尔曼滤波器假设运动模型是线性的，并且过程噪声 $\boldsymbol{w}_t$ 的是一个服从均值为 $\boldsymbol{0}$、协方差矩阵为 $\boldsymbol{W}_t$ 的高斯分布的随机向量。另外，卡尔曼滤波器假设系统的初始状态 $\boldsymbol{s}_0$ 是一个服从均值为 $\boldsymbol{0}$、协方差矩阵为 $\boldsymbol{R}_0^c$ 的高斯分布的随机向量。根据正态线性变换理论，高斯随机向量的线性变换依然是高斯随机向量，即随机向量 $\boldsymbol{s}_t^p$ 依然服从高斯分布。因此，我们只需要获得随机向量 $\boldsymbol{s}_t^p$ 的均值和协方差矩阵，即可完全确定 $\boldsymbol{s}_t^p$ 所服从高斯分布的概率密度函数。假设前一时刻系统状态 $\boldsymbol{s}_{t-1}^c$ 所服从的后验高斯分布（融合观测数据后分布）的均值为 $\bar{\boldsymbol{s}}_{t-1}^c$，其协方差矩阵为 $\boldsymbol{R}_{t-1}^c$，也就是 $t-1$ 时刻经过系统更新步骤后系统状态的均值和协方差矩阵，那么预测的 t 时刻系统状态 $\boldsymbol{s}_t^p$ 的均值 $\bar{\boldsymbol{s}}_t^p$ 和协方差矩阵 $\boldsymbol{R}_t^p$ 分别为

$$\bar{\boldsymbol{s}}_t^p = \boldsymbol{g}(\bar{\boldsymbol{s}}_{t-1}^c, \boldsymbol{a}_t) = \boldsymbol{A}_t\bar{\boldsymbol{s}}_{t-1}^c + \boldsymbol{B}_t\boldsymbol{a}_t \tag{8.68}$$

$$\boldsymbol{R}_t^p = \boldsymbol{A}_t\boldsymbol{R}_{t-1}^c\boldsymbol{A}_t^{\mathrm{T}} + \boldsymbol{W}_t \tag{8.69}$$

式 (8.68) 和式 (8.69) 即为卡尔曼滤波器的预测公式。这个 $\bar{\boldsymbol{s}}_t^p$ 只综合了前一时刻系统的后验状态信息和当前时刻系统动作执行信息，没有融合当前时刻观测数据。

下面给出卡尔曼滤波器预测步骤的一个简单推导。首先，推导预测步骤 t 时刻系统状态所服从的高斯分布的均值，具体如下：

$$\begin{aligned}
\bar{\boldsymbol{s}}_t^p &= E(\boldsymbol{s}_t^p) = E(\boldsymbol{A}_t\boldsymbol{s}_{t-1}^c + \boldsymbol{B}_t\boldsymbol{a}_t + \boldsymbol{w}_t) \\
&= \boldsymbol{A}_tE(\boldsymbol{s}_{t-1}^c) + E(\boldsymbol{B}_t\boldsymbol{a}_t) + E(\boldsymbol{w}_t) \\
&= \boldsymbol{A}_tE(\boldsymbol{s}_{t-1}^c) + \boldsymbol{B}_t\boldsymbol{a}_t
\end{aligned} \tag{8.70}$$

式中：因为 $\boldsymbol{B}_t\boldsymbol{a}_t$ 是确定量，是常数，所以它的数学期望是其本身；因为 $\boldsymbol{w}_t$ 服从均值为 $\boldsymbol{0}$

的高斯分布，所以其数学期望为 $\mathbf{0}$。因为 $E(\boldsymbol{s}_{t-1}^c) = \bar{\boldsymbol{s}}_{t-1}^c$，所以将其代入式 (8.70) 得

$$\begin{aligned}\bar{\boldsymbol{s}}_t^p &= E(\boldsymbol{s}_t^p) = \boldsymbol{A}_t E(\boldsymbol{s}_{t-1}^c) + \boldsymbol{B}_t \boldsymbol{a}_t \\ &= \boldsymbol{A}_t \bar{\boldsymbol{s}}_{t-1}^c + \boldsymbol{B}_t \boldsymbol{a}_t\end{aligned} \tag{8.71}$$

上面我们给出了预测步骤 t 时刻系统状态 $\boldsymbol{s}_t^p$ 所服从的高斯分布的均值 $\bar{\boldsymbol{s}}_t^p$，即高斯分布的第 1 个参数。下面我们来推导这个高斯分布的第 2 个参数，即协方差矩阵 $\boldsymbol{R}_t^p$。

$$\begin{aligned}\boldsymbol{R}_t^p &= \mathrm{var}(\boldsymbol{s}_t^p) = E\{[\boldsymbol{s}_t^p - E(\boldsymbol{s}_t^p)][\boldsymbol{s}_t^p - E(\boldsymbol{s}_t^p)]^{\mathrm{T}}\} \\ &= E\{[\boldsymbol{A}_t(\boldsymbol{s}_{t-1}^c - \bar{\boldsymbol{s}}_{t-1}^c) + \boldsymbol{w}_t][\boldsymbol{A}_t(\boldsymbol{s}_{t-1}^c - \bar{\boldsymbol{s}}_{t-1}^c) + \boldsymbol{w}_t]^{\mathrm{T}}\}\end{aligned} \tag{8.72}$$

为了便于推导，我们假设 $\boldsymbol{D} = \boldsymbol{A}_t(\boldsymbol{s}_{t-1}^c - \bar{\boldsymbol{s}}_{t-1}^c)$，则式 (8.72) 简化为

$$\begin{aligned}\mathrm{var}(\boldsymbol{s}_t^p) &= E[(\boldsymbol{D} + \boldsymbol{w}_t)(\boldsymbol{D} + \boldsymbol{w}_t)^{\mathrm{T}}] \\ &= E(\boldsymbol{D}\boldsymbol{D}^{\mathrm{T}} + \boldsymbol{D}\boldsymbol{w}_t^{\mathrm{T}} + \boldsymbol{w}_t\boldsymbol{D}^{\mathrm{T}} + \boldsymbol{w}_t\boldsymbol{w}_t^{\mathrm{T}}) \\ &= E(\boldsymbol{D}\boldsymbol{D}^{\mathrm{T}}) + E(\boldsymbol{D}\boldsymbol{w}_t^{\mathrm{T}}) + E(\boldsymbol{w}_t\boldsymbol{D}^{\mathrm{T}}) + E(\boldsymbol{w}_t\boldsymbol{w}_t^{\mathrm{T}})\end{aligned} \tag{8.73}$$

由于前一时刻系统状态 $\boldsymbol{s}_{t-1}^c$ 和当前时刻的过程噪声 $\boldsymbol{w}_t$ 是统计独立的，所以这两个随机向量的乘积的数学期望等于它们数学期望的乘积，即 $E(\boldsymbol{s}_{t-1}^c\boldsymbol{w}_t^{\mathrm{T}}) = E(\boldsymbol{s}_{t-1}^c)E(\boldsymbol{w}_t^{\mathrm{T}})$ 和 $E(\boldsymbol{w}_t\boldsymbol{s}_{t-1}^{c\mathrm{T}}) = E(\boldsymbol{w}_t)E(\boldsymbol{s}_{t-1}^{c\mathrm{T}})$。因为随机向量 $\boldsymbol{w}_t$ 服从均值为 $\mathbf{0}$、协方差矩阵为 $\boldsymbol{W}_t$ 的高斯分布，所以 $E(\boldsymbol{w}_t) = \mathbf{0}$, $E(\boldsymbol{w}_t\boldsymbol{w}_t^{\mathrm{T}}) = \boldsymbol{W}_t$。由此，我们可以推导出

$$\begin{aligned}E(\boldsymbol{D}\boldsymbol{D}^{\mathrm{T}}) &= E\{[\boldsymbol{A}_t(\boldsymbol{s}_{t-1}^c - \bar{\boldsymbol{s}}_{t-1}^c)][\boldsymbol{A}_t(\boldsymbol{s}_{t-1}^c - \bar{\boldsymbol{s}}_{t-1}^c)]^{\mathrm{T}}\} \\ &= \boldsymbol{A}_t E[(\boldsymbol{s}_{t-1}^c - \bar{\boldsymbol{s}}_{t-1}^c)(\boldsymbol{s}_{t-1}^c - \bar{\boldsymbol{s}}_{t-1}^c)^{\mathrm{T}}]\boldsymbol{A}_t^{\mathrm{T}} \\ &= \boldsymbol{A}_t \mathrm{var}(\boldsymbol{s}_{t-1}^c)\boldsymbol{A}_t^{\mathrm{T}} \\ &= \boldsymbol{A}_t \boldsymbol{R}_{t-1}^c \boldsymbol{A}_t^{\mathrm{T}}\end{aligned} \tag{8.74}$$

$$\begin{aligned}E(\boldsymbol{D}\boldsymbol{w}_t^{\mathrm{T}}) &= E[\boldsymbol{A}_t(\boldsymbol{s}_{t-1}^c - \bar{\boldsymbol{s}}_{t-1}^c)\boldsymbol{w}_t^{\mathrm{T}}] \\ &= \boldsymbol{A}_t E(\boldsymbol{s}_{t-1}^c\boldsymbol{w}_t^{\mathrm{T}}) - \boldsymbol{A}_t E(\bar{\boldsymbol{s}}_{t-1}^c\boldsymbol{w}_t^{\mathrm{T}}) \\ &= \boldsymbol{A}_t E(\boldsymbol{s}_{t-1}^c)E(\boldsymbol{w}_t^{\mathrm{T}}) - \boldsymbol{A}_t\bar{\boldsymbol{s}}_{t-1}^c E(\boldsymbol{w}_t^{\mathrm{T}}) \\ &= \mathbf{0}\end{aligned} \tag{8.75}$$

$$\begin{aligned}E(\boldsymbol{w}_t\boldsymbol{D}^{\mathrm{T}}) &= E\{\boldsymbol{w}_t[\boldsymbol{A}_t(\boldsymbol{s}_{t-1}^c - \bar{\boldsymbol{s}}_{t-1}^c)]^{\mathrm{T}}\} \\ &= E(\boldsymbol{w}_t\boldsymbol{s}_{t-1}^{c\mathrm{T}})\boldsymbol{A}_t^{\mathrm{T}} - E(\boldsymbol{w}_t\bar{\boldsymbol{s}}_{t-1}^{c\mathrm{T}})\boldsymbol{A}_t^{\mathrm{T}} \\ &= E(\boldsymbol{w}_t)E(\boldsymbol{s}_{t-1}^{c\mathrm{T}})\boldsymbol{A}_t^{\mathrm{T}} - E(\boldsymbol{w}_t)E(\bar{\boldsymbol{s}}_{t-1}^{c\mathrm{T}})\boldsymbol{A}_t^{\mathrm{T}} \\ &= \mathbf{0}\end{aligned} \tag{8.76}$$

将式 (8.74)、式 (8.75) 和式 (8.76) 代入式 (8.73) 可得

$$
\begin{aligned}
\boldsymbol{R}_t^p = \mathrm{var}(\boldsymbol{s}_t^p) &= E(\boldsymbol{D}\boldsymbol{D}^{\mathrm{T}}) + E(\boldsymbol{D}\boldsymbol{w}_t^{\mathrm{T}}) + E(\boldsymbol{w}_t\boldsymbol{D}^{\mathrm{T}}) + E(\boldsymbol{w}_t\boldsymbol{w}_t^{\mathrm{T}}) \\
&= \boldsymbol{A}_t\boldsymbol{R}_{t-1}^c\boldsymbol{A}_t^{\mathrm{T}} + \boldsymbol{0} + \boldsymbol{0} + \boldsymbol{W}_t \\
&= \boldsymbol{A}_t\boldsymbol{R}_{t-1}^c\boldsymbol{A}_t^{\mathrm{T}} + \boldsymbol{W}_t
\end{aligned}
\tag{8.77}
$$

可以看出，卡尔曼滤波器预测步骤中的式 (8.68) 和式 (8.69) 对应贝叶斯滤波器预测步骤的一个实现，它明确给出了系统状态的分布为高斯分布，并明确给出了求解高斯分布参数的迭代公式。

上面是对卡尔曼滤波器预测步骤的数学推导。事实上，如果我们只做定性分析，也可以得出相同的结论。我们再看式 (8.59)，$\boldsymbol{B}_t\boldsymbol{a}_t$ 是确定量，$\boldsymbol{s}_t^p$ 的不确定性是由两个相互独立的随机向量决定的。第 1 个随机向量是 $\boldsymbol{s}_{t-1}^c$，它服从一个高斯分布。这个高斯分布建模了前一时刻系统状态，其均值表示了前一时刻系统状态的最优估计，而协方差矩阵表示了这个最优状态估计的误差。第 2 个随机向量是 $\boldsymbol{w}_t$，它也服从一个高斯分布，这个高斯分布建模了系统动作的过程误差，其均值为 $\boldsymbol{0}$，其协方差矩阵表示过程误差。如果将过程变换 $\boldsymbol{B}_t\boldsymbol{a}_t$ 考虑进去，那么相当于建模了整个过程，形成一个新的高斯分布，其均值为 $\boldsymbol{B}_t\boldsymbol{a}_t$，其协方差矩阵为随机向量 $\boldsymbol{w}_t$ 的协方差矩阵。因为高斯噪声为加性噪声，并且这两个高斯分布统计独立，所以两个分布相加后的均值和协方差矩阵分别等于两者均值之和、协方差矩阵之和。

8.5.2 更新步骤

在卡尔曼滤波器的更新步骤，其核心是式 (8.63) 所定义的观测模型。在更新步骤，我们将在 t 时刻获得两个观测数据，分别记为 $\boldsymbol{o}_t$ 和 $\boldsymbol{o}_t^p$。其中，$\boldsymbol{o}_t$ 是从传感器读取的观测数据。由于传感器本身的测量是不精确的，其存在随机测量误差，所以 $\boldsymbol{o}_t$ 是一个随机向量，并且我们假设这个随机向量服从高斯分布。事实上，我们并不知道这个高斯分布的均值和协方差矩阵。$\boldsymbol{o}_t^p$ 是利用式 (8.63) 预测出来的，它表示系统处于预测的 t 时刻系统状态 $\boldsymbol{s}_t^p$ 时应该观测到的数据。由于 $\boldsymbol{s}_t^p$ 和 $\boldsymbol{e}_t$ 本身是随机向量，所以 $\boldsymbol{o}_t^p$ 也是一个随机向量。因为我们假设 $\boldsymbol{h}(\boldsymbol{s}_t^p)$ 是线性函数，并且 $\boldsymbol{s}_t^p$ 是服从高斯分布的随机向量，所以 $\boldsymbol{o}_t^p$ 是一个服从高斯分布的随机向量。简而言之，式 (8.63) 利用观测模型从预测的角度建模了 t 时刻观测数据的概率分布。这个概率分布是高斯分布，并且其均值 $\bar{\boldsymbol{o}}_t^p$ 和协方差矩阵 $\boldsymbol{O}_t^p$ 可以获得，即

$$
\begin{aligned}
\bar{\boldsymbol{o}}_t^p &= \boldsymbol{h}(\bar{\boldsymbol{s}}_t^p) = \boldsymbol{H}_t\bar{\boldsymbol{s}}_t^p \\
\boldsymbol{O}_t^p &= \boldsymbol{H}_t\boldsymbol{R}_t^p\boldsymbol{H}_t^{\mathrm{T}} + \boldsymbol{E}_t
\end{aligned}
\tag{8.78}
$$

式中，$\boldsymbol{E}_t$ 是高斯随机噪声 $\boldsymbol{e}_t$ 的协方差矩阵。式 (8.78) 的推导过程和预测步骤相似，我们不再重复推导。

在更新步骤，一个关键因素是获得了新的知识，即从传感器读取了一个新的观测数据。这个新的观测数据是随机向量 $\boldsymbol{o}_t$ 的一个采样。我们的目标是基于条件 $\boldsymbol{o}_t$ 来更新系统状态的概率分布，即获得后验分布：

$$
p(\boldsymbol{s}_t^c) = p(\boldsymbol{s}_t^p|\boldsymbol{o}_t) \tag{8.79}
$$

由贝叶斯定理可知

$$p(\boldsymbol{s}_t^p|\boldsymbol{o}_t) = \frac{p(\boldsymbol{o}_t|\boldsymbol{s}_t^p)p(\boldsymbol{s}_t^p)}{p(\boldsymbol{o}_t)} = \frac{p(\boldsymbol{s}_t^p, \boldsymbol{o}_t)}{p(\boldsymbol{o}_t)} \tag{8.80}$$

下一步我们的目标就是求解式 (8.80)。由于随机向量 $\boldsymbol{s}_t^p$ 和 $\boldsymbol{o}_t$ 都服从高斯分布，所以它们的联合概率密度函数 $p(\boldsymbol{s}_t^p, \boldsymbol{o}_t)$ 是高斯分布的概率密度函数。假设随机向量 $\boldsymbol{s}_t^p$ 和 $\boldsymbol{o}_t$ 的均值向量分别为 $\bar{\boldsymbol{s}}_t^p$ 和 $\bar{\boldsymbol{o}}_t$，并假设

$$\begin{aligned}
\boldsymbol{\Sigma}_{\boldsymbol{s}_t^p \boldsymbol{s}_t^p} &= \operatorname{cov}(\boldsymbol{s}_t^p, \boldsymbol{s}_t^p) \\
\boldsymbol{\Sigma}_{\boldsymbol{o}_t \boldsymbol{o}_t} &= \operatorname{cov}(\boldsymbol{o}_t, \boldsymbol{o}_t) \\
\boldsymbol{\Sigma}_{\boldsymbol{s}_t^p \boldsymbol{o}_t} &= \operatorname{cov}(\boldsymbol{s}_t^p, \boldsymbol{o}_t) \\
\boldsymbol{\Sigma}_{\boldsymbol{o}_t \boldsymbol{s}_t^p} &= \operatorname{cov}(\boldsymbol{o}_t, \boldsymbol{s}_t^p)
\end{aligned} \tag{8.81}$$

那么由 8.3 节关于联合高斯分布的条件分布的结论可知，$\boldsymbol{s}_t^c = \boldsymbol{s}_t^p|\boldsymbol{o}_t$ 依然服从高斯分布，并且由式 (8.37) 可以得出 $\boldsymbol{s}_t^c$ 的均值向量和协方差矩阵：

$$\begin{aligned}
\bar{\boldsymbol{s}}_t^c &= \bar{\boldsymbol{s}}_t^p + \boldsymbol{\Sigma}_{\boldsymbol{s}_t^p \boldsymbol{o}_t} \boldsymbol{\Sigma}_{\boldsymbol{o}_t \boldsymbol{o}_t}^{-1} (\boldsymbol{o}_t - \bar{\boldsymbol{o}}_t) \\
\boldsymbol{\Sigma}_{\boldsymbol{s}_t^p|\boldsymbol{o}_t} &= \boldsymbol{\Sigma}_{\boldsymbol{s}_t^p \boldsymbol{s}_t^p} - \boldsymbol{\Sigma}_{\boldsymbol{s}_t^p \boldsymbol{o}_t} \boldsymbol{\Sigma}_{\boldsymbol{o}_t \boldsymbol{o}_t}^{-1} \boldsymbol{\Sigma}_{\boldsymbol{s}_t^p \boldsymbol{o}_t}^{\mathrm{T}}
\end{aligned} \tag{8.82}$$

虽然式 (8.82) 给出了卡尔曼滤波器更新步骤关于随机向量 $\boldsymbol{s}_t^p$ 和 $\boldsymbol{o}_t$ 的均值向量及协方差矩阵的解，但等号右侧的一些量是未知的，我们需要给出这些量的最优解。我们知道，随机向量 $\boldsymbol{o}_t^p$ 是从预测的角度建模了 t 时刻观测数据的概率分布，而 $\boldsymbol{o}_t$ 是从传感器实际测量的角度建模了 t 时刻观测数据的概率分布。如果想让解最优，那么应该让两个概率分布相同，即

$$\begin{aligned}
\boldsymbol{o}_t = \boldsymbol{o}_t^p &= \boldsymbol{h}(\boldsymbol{s}_t^p) + \boldsymbol{e}_t \\
&= \boldsymbol{H}_t \boldsymbol{s}_t^p + \boldsymbol{e}_t
\end{aligned} \tag{8.83}$$

由式 (8.83) 可得

$$\begin{aligned}
\bar{\boldsymbol{o}}_t &= E(\boldsymbol{o}_t) \\
&= E(\boldsymbol{H}_t \boldsymbol{s}_t^p + \boldsymbol{e}_t) \\
&= \boldsymbol{H}_t E(\boldsymbol{s}_t^p) + E(\boldsymbol{e}_t) \\
&= \boldsymbol{H}_t \bar{\boldsymbol{s}}_t^p
\end{aligned} \tag{8.84}$$

式中，因为 $\boldsymbol{e}_t$ 是一个均值为 $\mathbf{0}$ 的高斯分布，所以 $E(\boldsymbol{e}_t) = \mathbf{0}$。

下面我们计算与随机向量 $\boldsymbol{s}_t^p$ 和 $\boldsymbol{o}_t$ 相关的协方差矩阵。其中，$\boldsymbol{\Sigma}_{\boldsymbol{s}_t^p \boldsymbol{s}_t^p} = \boldsymbol{R}_t^p = \boldsymbol{A}_t \boldsymbol{R}_{t-1}^c \boldsymbol{A}_t +$

$\boldsymbol{W}_t$。$\boldsymbol{o}_t$ 的协方差矩阵为

$$\begin{aligned}\boldsymbol{\Sigma}_{\boldsymbol{o}_t\boldsymbol{o}_t} &= \operatorname{cov}(\boldsymbol{o}_t, \boldsymbol{o}_t) \\ &= E\{[\boldsymbol{o}_t - E(\boldsymbol{o}_t)][\boldsymbol{o}_t - E(\boldsymbol{o}_t)]^{\mathrm{T}}\} \\ &= E[(\boldsymbol{o}_t - \bar{\boldsymbol{o}}_t)(\boldsymbol{o}_t - \bar{\boldsymbol{o}}_t)^{\mathrm{T}}] \\ &= E[(\boldsymbol{H}_t\boldsymbol{s}_t^p + \boldsymbol{e}_t - \boldsymbol{H}_t\bar{\boldsymbol{s}}_t^p)(\boldsymbol{H}_t\boldsymbol{s}_t^p + \boldsymbol{e}_t - \boldsymbol{H}_t\bar{\boldsymbol{s}}_t^p)^{\mathrm{T}}] \\ &= E\{[\boldsymbol{H}_t(\boldsymbol{s}_t^p - \bar{\boldsymbol{s}}_t^p) + \boldsymbol{e}_t][\boldsymbol{H}_t(\boldsymbol{s}_t^p - \bar{\boldsymbol{s}}_t^p) + \boldsymbol{e}_t]^{\mathrm{T}}\}\end{aligned} \tag{8.85}$$

假设 $\boldsymbol{D} = \boldsymbol{H}_t(\boldsymbol{s}_t^p - \bar{\boldsymbol{s}}_t^p)$，那么式 (8.85) 可以简化为

$$\begin{aligned}\boldsymbol{\Sigma}_{\boldsymbol{o}_t\boldsymbol{o}_t} &= E[(\boldsymbol{D} + \boldsymbol{e}_t)(\boldsymbol{D} + \boldsymbol{e}_t)^{\mathrm{T}}] \\ &= E(\boldsymbol{D}\boldsymbol{D}^{\mathrm{T}}) + E(\boldsymbol{D}\boldsymbol{e}_t^{\mathrm{T}}) + E(\boldsymbol{e}_t\boldsymbol{D}^{\mathrm{T}}) + E(\boldsymbol{e}_t\boldsymbol{e}_t^{\mathrm{T}})\end{aligned} \tag{8.86}$$

式中，有

$$\begin{aligned}E(\boldsymbol{D}\boldsymbol{D}^{\mathrm{T}}) &= E\{[\boldsymbol{H}_t(\boldsymbol{s}_t^p - \bar{\boldsymbol{s}}_t^p)][\boldsymbol{H}_t(\boldsymbol{s}_t^p - \bar{\boldsymbol{s}}_t^p)]^{\mathrm{T}}\} \\ &= E[\boldsymbol{H}_t(\boldsymbol{s}_t^p - \bar{\boldsymbol{s}}_t^p)(\boldsymbol{s}_t^p - \bar{\boldsymbol{s}}_t^p)^{\mathrm{T}}\boldsymbol{H}_t^{\mathrm{T}}] \\ &= \boldsymbol{H}_t E[(\boldsymbol{s}_t^p - \bar{\boldsymbol{s}}_t^p)(\boldsymbol{s}_t^p - \bar{\boldsymbol{s}}_t^p)^{\mathrm{T}}]\boldsymbol{H}_t^{\mathrm{T}} \\ &= \boldsymbol{H}_t\boldsymbol{R}_t^p\boldsymbol{H}_t^{\mathrm{T}}\end{aligned} \tag{8.87}$$

$$\begin{aligned}E(\boldsymbol{D}{\boldsymbol{e}_t}^{\mathrm{T}}) &= E[\boldsymbol{H}_t(\boldsymbol{s}_t^p - \bar{\boldsymbol{s}}_t^p)\boldsymbol{e}_t^{\mathrm{T}}] \\ &= \boldsymbol{H}_t E(\boldsymbol{s}_t^p\boldsymbol{e}_t^{\mathrm{T}}) - \boldsymbol{H}_t E(\bar{\boldsymbol{s}}_t^p\boldsymbol{e}_t^{\mathrm{T}}) \\ &= \boldsymbol{0}\end{aligned} \tag{8.88}$$

式中，因为随机向量 $\boldsymbol{s}_t^p$ 和 $\boldsymbol{e}_t$ 相互独立，所以 $E(\boldsymbol{s}_t^p\boldsymbol{e}_t^{\mathrm{T}}) = E(\boldsymbol{s}_t^p)E(\boldsymbol{e}_t^{\mathrm{T}}) = \boldsymbol{0}$，$E(\bar{\boldsymbol{s}}_t^p\boldsymbol{e}_t^{\mathrm{T}}) = E(\bar{\boldsymbol{s}}_t^p)E(\boldsymbol{e}_t^{\mathrm{T}}) = \boldsymbol{0}$。需要注意的是，$E(\boldsymbol{e}_t^{\mathrm{T}}) = \boldsymbol{0}$ 才导致 $E(\boldsymbol{s}_t^p\boldsymbol{e}_t^{\mathrm{T}}) = \boldsymbol{0}$ 和 $E(\bar{\boldsymbol{s}}_t^p\boldsymbol{e}_t^{\mathrm{T}}) = \boldsymbol{0}$。

同样，可以证明 $E(\boldsymbol{e}_t\boldsymbol{D}^{\mathrm{T}}) = \boldsymbol{0}$。另外，由于随机向量 $\boldsymbol{e}_t$ 是均值为 $\boldsymbol{0}$ 的高斯随机噪声，所以 $E(\boldsymbol{e}_t\boldsymbol{e}_t^{\mathrm{T}}) = \operatorname{cov}(\boldsymbol{e}_t, \boldsymbol{e}_t) = \boldsymbol{E}_t$。

将获得的 $E(\boldsymbol{D}\boldsymbol{D}^{\mathrm{T}})$ 、$E(\boldsymbol{D}\boldsymbol{e}_t^{\mathrm{T}})$、$E(\boldsymbol{e}_t\boldsymbol{D}^{\mathrm{T}})$ 、$E(\boldsymbol{e}_t\boldsymbol{e}_t^{\mathrm{T}})$ 代入式 (8.86) 可得

$$\boldsymbol{\Sigma}_{\boldsymbol{o}_t\boldsymbol{o}_t} = \boldsymbol{H}_t\boldsymbol{R}_t^p\boldsymbol{H}_t^{\mathrm{T}} + \boldsymbol{E}_t \tag{8.89}$$

下面我们计算 $\boldsymbol{\Sigma}_{\boldsymbol{s}_t^p \boldsymbol{o}_t}$。

$$
\begin{aligned}
\boldsymbol{\Sigma}_{\boldsymbol{s}_t^p \boldsymbol{o}_t} &= \operatorname{cov}(\boldsymbol{s}_t^p, \boldsymbol{o}_t) \\
&= E[(\boldsymbol{s}_t^p - \bar{\boldsymbol{s}}_t^p)(\boldsymbol{o}_t - \bar{\boldsymbol{o}}_t)^{\mathrm{T}}] \\
&= E\{(\boldsymbol{s}_t^p - \bar{\boldsymbol{s}}_t^p)[\boldsymbol{H}_t(\boldsymbol{s}_t^p - \bar{\boldsymbol{s}}_t^p) + \boldsymbol{e}_t]^{\mathrm{T}}\} \\
&= E[(\boldsymbol{s}_t^p - \bar{\boldsymbol{s}}_t^p)(\boldsymbol{s}_t^p - \bar{\boldsymbol{s}}_t^p)^{\mathrm{T}}\boldsymbol{H}_t^{\mathrm{T}} + (\boldsymbol{s}_t^p - \bar{\boldsymbol{s}}_t^p)\boldsymbol{e}_t^{\mathrm{T}}] \\
&= E[(\boldsymbol{s}_t^p - \bar{\boldsymbol{s}}_t^p)(\boldsymbol{s}_t^p - \bar{\boldsymbol{s}}_t^p)^{\mathrm{T}}]\boldsymbol{H}_t^{\mathrm{T}} + E[(\boldsymbol{s}_t^p - \bar{\boldsymbol{s}}_t^p)\boldsymbol{e}_t^{\mathrm{T}}] \\
&= \boldsymbol{R}_t^p \boldsymbol{H}_t^{\mathrm{T}} + \mathbf{0} \\
&= \boldsymbol{R}_t^p \boldsymbol{H}_t^{\mathrm{T}}
\end{aligned}
\tag{8.90}
$$

如果假设 $\boldsymbol{K}_t = \boldsymbol{\Sigma}_{\boldsymbol{s}_t^p \boldsymbol{o}_t} \boldsymbol{\Sigma}_{\boldsymbol{o}_t \boldsymbol{o}_t}^{-1}$，那么将上面获得的协方差矩阵代入 $\boldsymbol{K}_t$ 可得

$$
\begin{aligned}
\boldsymbol{K}_t &= \boldsymbol{\Sigma}_{\boldsymbol{s}_t^p \boldsymbol{o}_t} \boldsymbol{\Sigma}_{\boldsymbol{o}_t \boldsymbol{o}_t}^{-1} \\
&= \boldsymbol{R}_t^p \boldsymbol{H}_t^{\mathrm{T}} (\boldsymbol{H}_t \boldsymbol{R}_t^p \boldsymbol{H}_t^{\mathrm{T}} + \boldsymbol{E}_t)^{-1} \\
&= \boldsymbol{R}_t^p \boldsymbol{H}_t^{\mathrm{T}} (\boldsymbol{O}_t^p)^{-1}
\end{aligned}
\tag{8.91}
$$

进一步，将式 (8.91) 及上面获得的协方差矩阵代入式 (8.82) 可得

$$
\begin{aligned}
\bar{\boldsymbol{s}}_t^c &= \bar{\boldsymbol{s}}_t^p + \boldsymbol{\Sigma}_{\boldsymbol{s}_t^p \boldsymbol{o}_t} \boldsymbol{\Sigma}_{\boldsymbol{o}_t \boldsymbol{o}_t}^{-1} (\boldsymbol{o}_t - \bar{\boldsymbol{o}}_t) \\
&= \bar{\boldsymbol{s}}_t^p + \boldsymbol{K}_t (\boldsymbol{o}_t - \bar{\boldsymbol{o}}_t) \\
&= \bar{\boldsymbol{s}}_t^p + \boldsymbol{K}_t (\boldsymbol{o}_t - \boldsymbol{H}_t \bar{\boldsymbol{s}}_t^p) \\
\boldsymbol{R}_t^c &= \boldsymbol{\Sigma}_{\boldsymbol{s}_t^p | \boldsymbol{o}_t} \\
&= \boldsymbol{\Sigma}_{\boldsymbol{s}_t^p \boldsymbol{s}_t^p} - \boldsymbol{\Sigma}_{\boldsymbol{s}_t^p \boldsymbol{o}_t} \boldsymbol{\Sigma}_{\boldsymbol{o}_t \boldsymbol{o}_t}^{-1} \boldsymbol{\Sigma}_{\boldsymbol{s}_t^p \boldsymbol{o}_t}^{\mathrm{T}} \\
&= \boldsymbol{\Sigma}_{\boldsymbol{s}_t^p \boldsymbol{s}_t^p} - \boldsymbol{K}_t \boldsymbol{\Sigma}_{\boldsymbol{s}_t^p \boldsymbol{o}_t}^{\mathrm{T}} \\
&= \boldsymbol{R}_t^p - \boldsymbol{K}_t (\boldsymbol{R}_t^p \boldsymbol{H}_t^{\mathrm{T}})^{\mathrm{T}} \\
&= (\boldsymbol{I} - \boldsymbol{K}_t \boldsymbol{H}_t) \boldsymbol{R}_t^p
\end{aligned}
\tag{8.92}
$$

式中，协方差矩阵 $\boldsymbol{R}_t^p$ 是对称矩阵，即 $\boldsymbol{R}_t^p = \boldsymbol{R}_t^{p\mathrm{T}}$。

更新步骤的目标是利用从传感器读取的新观测数据来更新系统状态的概率分布，获得系统状态的新概率分布，即随机向量 $\boldsymbol{s}_t^c$ 的概率分布。那么，如何利用新观测数据就是一个问题。预测的观测数据 $\boldsymbol{o}_t^p$ 的意义在于，我们将预测的 t 时刻系统状态 $\boldsymbol{s}_t^p$ 变换为观测数据，从而可以结合从传感器读取的新观测数据 $\boldsymbol{o}_t$ 来获得更新的系统状态 $\boldsymbol{s}_t^c$。下面我们给出更

新步骤完整的公式：

$$
\begin{aligned}
\bar{\boldsymbol{o}}_t^p &= \boldsymbol{h}(\bar{\boldsymbol{s}}_t^p) = \boldsymbol{H}_t\bar{\boldsymbol{s}}_t^p \\
\boldsymbol{O}_t^p &= \boldsymbol{H}_t\boldsymbol{R}_t^p\boldsymbol{H}_t^{\mathrm{T}} + \boldsymbol{E}_t \\
\bar{\boldsymbol{s}}_t^c &= \bar{\boldsymbol{s}}_t^p + \boldsymbol{K}_t(\boldsymbol{o}_t - \bar{\boldsymbol{o}}_t^p) \\
&= \bar{\boldsymbol{s}}_t^p + \boldsymbol{K}_t(\boldsymbol{o}_t - \boldsymbol{H}_t\bar{\boldsymbol{s}}_t^p) \\
\boldsymbol{R}_t^c &= (\boldsymbol{I} - \boldsymbol{K}_t\boldsymbol{H}_t)\boldsymbol{R}_t^p \\
\boldsymbol{K}_t &= \boldsymbol{R}_t^p\boldsymbol{H}_t^{\mathrm{T}}(\boldsymbol{O}_t^p)^{-1}
\end{aligned}
\tag{8.93}
$$

式中：一旦从传感器读取到新观测数据，那么 $\boldsymbol{o}_t$ 就是一个确定性的常数，$\boldsymbol{o}_t - \bar{\boldsymbol{o}}_t^p$ 表示新观测数据相对于预测观测数据带来的知识增益；$\boldsymbol{K}_t$ 是卡尔曼增益，其蕴含利用新的知识增益对预测状态进行更新的重要程度，并将数据从观测空间变换到状态空间。

8.6 线性卡尔曼滤波器的完整算法

下面我们给出线性卡尔曼滤波器的完整算法，如算法 5（Algorithm 5）所示。可以看出，线性卡尔曼滤波器的前提假设是运动模型和观测模型是线性模型，并基于高斯分布构建不同时刻状态与状态之间、状态与观测数据之间的高效迭代计算框架。具体来说，卡尔曼滤波器的构建基于两个重要假设。①运动模型是线性高斯模型，即当前时刻状态 $\boldsymbol{s}_t^p$（t 时刻预测后的随机向量）与前一时刻状态 $\boldsymbol{s}_{t-1}^c$（$t-1$ 时刻更新后的随机向量）之间是线性变换关系。这个假设保证，如果状态 $\boldsymbol{s}_{t-1}^c$ 是高斯随机向量，那么由状态 $\boldsymbol{s}_{t-1}^c$ 经过线性变换得到的状态 $\boldsymbol{s}_t^p$ 也是一个高斯随机向量。②观测模型是线性高斯模型，即当前时刻观测数据 $\boldsymbol{o}_t$(因为观测的不确定性，通常服从高斯随机分布，所以 $\boldsymbol{o}_t$ 是一个高斯随机向量) 与当前时刻状态 $\boldsymbol{s}_t^p$（t 时刻预测后的随机向量）之间是线性变换关系。这个假设保证，由状态 $\boldsymbol{s}_t^p$ 产生的观测数据 $\boldsymbol{o}_t$ 是一个随机向量。更为关键的是，这个假设保证 $\boldsymbol{s}_t^p$ 和 $\boldsymbol{o}_t$ 都服从高斯分布，进而保证后验状态 $\boldsymbol{s}_t^c = \boldsymbol{s}_t^p|\boldsymbol{o}_t$（$t$ 时刻更新后的随机向量，即已知条件 $\boldsymbol{o}_t$ 的 $\boldsymbol{s}_t^p$）是一个高斯随机向量。这主要是由高斯随机向量的性质决定的：如果两个随机向量 $\boldsymbol{X}$ 和 $\boldsymbol{Y}$ 是高斯随机向量，那么条件随机向量 $\boldsymbol{Y}|\boldsymbol{X}$ 也是一个高斯随机向量。需要注意的是，在大部分概率论的书籍中，一个随机向量 $\boldsymbol{Y}$ 关于其他随机向量 $\{\boldsymbol{X}_i\}$ 的线性变换一般定义为 $\boldsymbol{Y} = \boldsymbol{b} + \sum \boldsymbol{A}_i\boldsymbol{X}_i$。这里面包含一个常数 $\boldsymbol{b}$。根据线性变换的定义，如果一个变换是线性变换，那么其变换函数关于变量应满足可加性和齐次性条件。显然，因为上式中的变换包含常数 $\boldsymbol{b}$，所以变换函数关于自变量 $\{\boldsymbol{X}_i\}$ 不满足线性变换条件。因此，这里的线性变换并不是严格意义上的线性变换，准确地说，应该是线性模型，即变换函数关于参数 $\{\boldsymbol{A}_i\}$ 和 $\boldsymbol{b}$ 是线性函数，满足可加性和齐次性条件。

Algorithm 5　线性卡尔曼滤波器的完整算法

运动模型和观测模型：

$\boldsymbol{s}_t^p = \boldsymbol{A}_t\boldsymbol{s}_{t-1}^c + \boldsymbol{B}_t\boldsymbol{a}_t + \boldsymbol{w}_t$

$\boldsymbol{o}_t^p = \boldsymbol{H}_t\boldsymbol{s}_t^p + \boldsymbol{e}_t$

初始化：

$\bar{\boldsymbol{s}}_0^c = \boldsymbol{s}_0$

$\boldsymbol{R}_0^c = \boldsymbol{R}_0$

for $t = 1$ to T **do**

预测步骤：

$\bar{\boldsymbol{s}}_t^p = \boldsymbol{A}_t\bar{\boldsymbol{s}}_{t-1}^c + \boldsymbol{B}_t\boldsymbol{a}_t$

$\boldsymbol{R}_t^p = \boldsymbol{A}_t\boldsymbol{R}_{t-1}^c\boldsymbol{A}_t^{\mathrm{T}} + \boldsymbol{W}_t$

更新步骤：

$\bar{\boldsymbol{o}}_t^p = \boldsymbol{h}(\bar{\boldsymbol{s}}_t^p) = \boldsymbol{H}_t\bar{\boldsymbol{s}}_t^p$

$\boldsymbol{O}_t^p = \boldsymbol{H}_t\boldsymbol{R}_t^p\boldsymbol{H}_t^{\mathrm{T}} + \boldsymbol{E}_t$

$\bar{\boldsymbol{s}}_t^c = \bar{\boldsymbol{s}}_t^p + \boldsymbol{K}_t(\boldsymbol{o}_t - \bar{\boldsymbol{o}}_t^p)$

$\boldsymbol{R}_t^c = (\boldsymbol{I} - \boldsymbol{K}_t\boldsymbol{H}_t)\boldsymbol{R}_t^p$

$\boldsymbol{K}_t = \boldsymbol{R}_t^p\boldsymbol{H}_t^{\mathrm{T}}(\boldsymbol{O}_t^p)^{-1}$

end for

Output: $\bar{\boldsymbol{s}}_t^c, \boldsymbol{R}_t^c$

第 9 章 扩展卡尔曼滤波器

如第 8 章所述，线性卡尔曼滤波器假设系统模型（运动模型）和观测模型都是线性的，并且噪声服从高斯分布。在这种情况下，线性卡尔曼滤波器可以用矩阵运算来实现，这使得它的计算效率很高。然而，在许多现实世界的应用中，系统模型和观测模型往往是非线性的，如机器人定位、飞行器控制、传感器数据融合等。在这些应用中，无法直接使用线性卡尔曼滤波器进行状态估计。扩展卡尔曼滤波器（Extended Kalman Filter, EKF）试图通过将线性卡尔曼滤波器扩展到非线性系统来解决这一问题。扩展卡尔曼滤波器属于非线性卡尔曼滤波器。具体来说，扩展卡尔曼滤波器将非线性运动模型和观测模型进行一阶泰勒级数展开，利用线性的一阶泰勒级数展开式来近似非线性函数，从而可以直接应用线性卡尔曼滤波器进行求解。本章的具体内容包括：

- 非线性模型的形式和求解思路
- 扩展卡尔曼滤波器的预测步骤推导
- 扩展卡尔曼滤波器的更新步骤推导
- 非线性向量函数的导数的计算方法

9.1 非线性模型的形式

扩展卡尔曼滤波器的非线性体现在不同时刻系统状态之间及状态与观测数据之间的变换关系。下面我们首先给出扩展卡尔曼滤波器的运动模型 (也称状态转移模型) 和观测模型：

$$\begin{aligned}\boldsymbol{s}_t^p &= \boldsymbol{g}(\boldsymbol{s}_{t-1}^c, \boldsymbol{a}_t) + \boldsymbol{w}_t \\ \boldsymbol{o}_t^p &= \boldsymbol{h}(\boldsymbol{s}_t^p) + \boldsymbol{e}_t\end{aligned} \tag{9.1}$$

式中：$\boldsymbol{s}_{t-1}^c$ 是 $t-1$ 时刻更新后的状态随机向量；$\boldsymbol{s}_t^p$ 是 t 时刻预测的状态随机向量；$\boldsymbol{o}_t^p$ 是 t 时刻预测的观测数据；$\boldsymbol{w}_t$ 是系统状态转移过程引入的误差 (过程噪声)，假设服从均值为 $\mathbf{0}$ 的高斯分布；$\boldsymbol{e}_t$ 是观测产生的误差 (观测噪声)，假设也服从均值为 $\mathbf{0}$ 的高斯分布；$\boldsymbol{g}(\boldsymbol{s}_{t-1}^c, \boldsymbol{a}_t)$ 和 $\boldsymbol{h}(\boldsymbol{s}_t^p)$ 是非线性函数。

可以看出，当前时刻状态 $\boldsymbol{s}_t^p$ 与前一时刻状态 $\boldsymbol{s}_{t-1}^c$ 之间、当前时刻预测的观测数据 $\boldsymbol{o}_t^p$ 与当前时刻状态 $\boldsymbol{s}_t^p$ 之间不再满足线性模型关系，这意味着即使 $\boldsymbol{s}_{t-1}^c$ 服从高斯分布，那么 $\boldsymbol{s}_t^p$ 和 $\boldsymbol{s}_t^c$ 也不一定服从高斯分布，也不再有高效的闭式解。

9.2　非线性模型的求解思路

为了求解非线性模型，可以采用两种策略来获得非线性模型的近似解。第 1 种近似策略是基于蒙特卡罗方法的策略。对于扩展卡尔曼滤波器，由状态 $\boldsymbol{s}_{t-1}^c$ 经非线性模型变换后的状态 $\boldsymbol{s}_t^p$ 不再服从高斯分布，而基于蒙特卡罗方法的策略试图利用一个高斯分布来近似 $\boldsymbol{s}_t^p$ 的真实概率分布。我们知道，高斯随机向量有一个很好的性质，即由高斯随机向量的均值和方差能完全确定高斯随机向量的概率分布。基于蒙特卡罗方法的策略从状态 $\boldsymbol{s}_{t-1}^c$ 的高斯分布中随机采集 $\boldsymbol{s}_{t-1}^c$ 的大量样本，并通过非线性函数 $\boldsymbol{g}(\boldsymbol{s}_{t-1}^c, \boldsymbol{a}_t)$ 将采集的样本映射到 $\boldsymbol{s}_t^p$ 的样本空间，并通过这些样本估计 $\boldsymbol{s}_t^p$ 的均值和方差，以此均值和方差对构建一个能近似 $\boldsymbol{s}_t^p$ 真实概率分布的高斯分布。虽然基于这种策略的近似估计比较准确，但由于每次迭代都需要进行大量采样和统计，其计算量比较大。第 2 种近似策略是直接将非线性函数进行线性近似。一旦非线性函数 $\boldsymbol{g}(\boldsymbol{s}_{t-1}^c, \boldsymbol{a}_t)$ 和 $\boldsymbol{h}(\boldsymbol{s}_t^p)$ 被线性近似，那么扩展卡尔曼滤波器就退化为一个线性卡尔曼滤波器。关键问题是如何线性化非线性函数。一种常用的方法是进行一阶泰勒级数展开。对于函数的泰勒级数展开，根据展开点的不同，可以产生很多不同的结果，问题是在哪个点展开最优。显然，对于非线性函数 $\boldsymbol{g}(\boldsymbol{s}_{t-1}^c, \boldsymbol{a}_t)$，这个展开点应该是 $\boldsymbol{s}_{t-1}^c$ 最可能出现的值。因为我们假设 $\boldsymbol{s}_{t-1}^c$ 服从高斯分布，所以最优展开点应该是 $\boldsymbol{s}_{t-1}^c$ 的均值点 $\bar{\boldsymbol{s}}_{t-1}^c$。同理，对于非线性函数 $\boldsymbol{h}(\boldsymbol{s}_t^p)$，其最优展开点是 $\boldsymbol{s}_t^p$ 的均值点 $\bar{\boldsymbol{s}}_t^p$。由式 (3.59) 可以得出，运动模型和观测模型的非线性函数的线性近似为

$$
\begin{aligned}
&\boldsymbol{g}(\boldsymbol{s}_{t-1}^c, \boldsymbol{a}_t) \approx \boldsymbol{g}(\bar{\boldsymbol{s}}_{t-1}^c, \boldsymbol{a}_t) + \boldsymbol{g}'(\bar{\boldsymbol{s}}_{t-1}^c, \boldsymbol{a}_t)(\boldsymbol{s}_{t-1}^c - \bar{\boldsymbol{s}}_{t-1}^c) \\
&\boldsymbol{h}(\boldsymbol{s}_t^p) \approx \boldsymbol{h}(\bar{\boldsymbol{s}}_t^p) + \boldsymbol{h}'(\bar{\boldsymbol{s}}_t^p)(\boldsymbol{s}_t^p - \bar{\boldsymbol{s}}_t^p)
\end{aligned} \tag{9.2}
$$

将式 (9.2) 代入式 (9.1)，可以得出扩展卡尔曼滤波器的运动模型和观测模型的线性近似表示：

$$
\begin{aligned}
&\boldsymbol{s}_t^p \approx \boldsymbol{g}(\bar{\boldsymbol{s}}_{t-1}^c, \boldsymbol{a}_t) + \boldsymbol{g}'(\bar{\boldsymbol{s}}_{t-1}^c, \boldsymbol{a}_t)(\boldsymbol{s}_{t-1}^c - \bar{\boldsymbol{s}}_{t-1}^c) + \boldsymbol{w}_t \\
&\boldsymbol{o}_t^p \approx \boldsymbol{h}(\bar{\boldsymbol{s}}_t^p) + \boldsymbol{h}'(\bar{\boldsymbol{s}}_t^p)(\boldsymbol{s}_t^p - \bar{\boldsymbol{s}}_t^p) + \boldsymbol{e}_t
\end{aligned} \tag{9.3}
$$

到此为止，扩展卡尔曼滤波器完全退化为一个线性卡尔曼滤波器。因此，线性卡尔曼滤波器的推导过程可以应用于扩展卡尔曼滤波器的推导过程。

9.3　扩展卡尔曼滤波器的预测步骤

在预测步骤，我们的目标是获得当前时刻系统状态 $\boldsymbol{s}_t^p$ 的概率分布。因为我们假设 $\boldsymbol{s}_{t-1}^c$ 和 $\boldsymbol{w}_t$ 都服从高斯分布，并且 $\boldsymbol{s}_t^p$ 是由 $\boldsymbol{s}_{t-1}^c$ 和 $\boldsymbol{w}_t$ 经过线性变换近似得到的，所以 $\boldsymbol{s}_t^p$ 也服从高斯分布。因为高斯随机向量的概率分布由其均值和方差完全确定，所以只需要获得 $\boldsymbol{s}_t^p$ 的均值和方差即可。为了简化计算，假设 $\boldsymbol{G}_t = \boldsymbol{g}'(\bar{\boldsymbol{s}}_{t-1}^c, \boldsymbol{a}_t)$ 和 $\boldsymbol{H}_t = \boldsymbol{h}'(\bar{\boldsymbol{s}}_t^p)$，那么预测步

骤的核心公式 (预测公式) 为

$$
\begin{aligned}
\bar{\boldsymbol{s}}_t^p &= \boldsymbol{g}(\bar{\boldsymbol{s}}_{t-1}^c, \boldsymbol{a}_t) \\
\boldsymbol{R}_t^p &= \boldsymbol{G}_t \boldsymbol{R}_{t-1}^c \boldsymbol{G}_t^{\mathrm{T}} + \boldsymbol{W}_t
\end{aligned} \tag{9.4}
$$

下面我们给出简单的推导。我们先计算 $\boldsymbol{s}_t^p$ 的均值。

$$
\begin{aligned}
\bar{\boldsymbol{s}}_t^p &= E(\boldsymbol{s}_t^p) \\
&\approx E[\boldsymbol{g}(\bar{\boldsymbol{s}}_{t-1}^c, \boldsymbol{a}_t) + \boldsymbol{g}'(\bar{\boldsymbol{s}}_{t-1}^c, \boldsymbol{a}_t)(\boldsymbol{s}_{t-1}^c - \bar{\boldsymbol{s}}_{t-1}^c) + \boldsymbol{w}_t] \\
&= E[\boldsymbol{g}(\bar{\boldsymbol{s}}_{t-1}^c, \boldsymbol{a}_t) + \boldsymbol{G}_t(\boldsymbol{s}_{t-1}^c - \bar{\boldsymbol{s}}_{t-1}^c) + \boldsymbol{w}_t] \\
&= \boldsymbol{g}(\bar{\boldsymbol{s}}_{t-1}^c, \boldsymbol{a}_t) + \boldsymbol{G}_t E(\boldsymbol{s}_{t-1}^c) - \boldsymbol{G}_t \bar{\boldsymbol{s}}_{t-1}^c + E(\boldsymbol{w}_t) \\
&= \boldsymbol{g}(\bar{\boldsymbol{s}}_{t-1}^c, \boldsymbol{a}_t)
\end{aligned} \tag{9.5}
$$

式中，因为 $\boldsymbol{w}_t$ 服从均值为 $\mathbf{0}$ 的高斯分布，所以 $E(\boldsymbol{w}_t) = \mathbf{0}$。

下面我们计算 $\boldsymbol{s}_t^p$ 的协方差矩阵 $\boldsymbol{R}_t^p$。

$$
\begin{aligned}
\boldsymbol{R}_t^p &= \mathrm{var}(\boldsymbol{s}_t^p) = \mathrm{cov}(\boldsymbol{s}_t^p, \boldsymbol{s}_t^p) \\
&= E[(\boldsymbol{s}_t^p - \bar{\boldsymbol{s}}_t^p)(\boldsymbol{s}_t^p - \bar{\boldsymbol{s}}_t^p)^{\mathrm{T}}]
\end{aligned} \tag{9.6}
$$

将式 (9.3) 和式 (9.5) 代入式 (9.6) 可得

$$
\begin{aligned}
\boldsymbol{R}_t^p &= \mathrm{var}(\boldsymbol{s}_t^p) \\
&\approx E\{[\boldsymbol{G}_t(\boldsymbol{s}_{t-1}^c - \bar{\boldsymbol{s}}_{t-1}^c) + \boldsymbol{w}_t][\boldsymbol{G}_t(\boldsymbol{s}_{t-1}^c - \bar{\boldsymbol{s}}_{t-1}^c) + \boldsymbol{w}_t]^{\mathrm{T}}\}
\end{aligned} \tag{9.7}
$$

假设 $\boldsymbol{D} = \boldsymbol{G}_t(\boldsymbol{s}_{t-1}^c - \bar{\boldsymbol{s}}_{t-1}^c)$，则式 (9.7) 变为

$$
\begin{aligned}
\boldsymbol{R}_t^p &= \mathrm{var}(\boldsymbol{s}_t^p) \\
&\approx E[(\boldsymbol{D} + \boldsymbol{w}_t)(\boldsymbol{D} + \boldsymbol{w}_t)^{\mathrm{T}}] \\
&= E(\boldsymbol{D}\boldsymbol{D}^{\mathrm{T}}) + E(\boldsymbol{D}\boldsymbol{w}_t^{\mathrm{T}}) + E(\boldsymbol{w}_t\boldsymbol{D}^{\mathrm{T}}) + E(\boldsymbol{w}_t\boldsymbol{w}_t^{\mathrm{T}})
\end{aligned} \tag{9.8}
$$

因为随机向量 $\boldsymbol{w}_t$ 服从均值为 $\mathbf{0}$、协方差矩阵为 $\boldsymbol{W}_t$ 的高斯分布，所以 $E(\boldsymbol{w}_t) = \mathbf{0}$，$E(\boldsymbol{w}_t\boldsymbol{w}_t^{\mathrm{T}}) = \boldsymbol{W}_t$。由此，我们可以推导出

$$
\begin{aligned}
E(\boldsymbol{D}\boldsymbol{D}^{\mathrm{T}}) &= E\{[\boldsymbol{G}_t(\boldsymbol{s}_{t-1}^c - \bar{\boldsymbol{s}}_{t-1}^c)][\boldsymbol{G}_t(\boldsymbol{s}_{t-1}^c - \bar{\boldsymbol{s}}_{t-1}^c)]^{\mathrm{T}}\} \\
&= E[\boldsymbol{G}_t(\boldsymbol{s}_{t-1}^c - \bar{\boldsymbol{s}}_{t-1}^c)(\boldsymbol{s}_{t-1}^c - \bar{\boldsymbol{s}}_{t-1}^c)^{\mathrm{T}}\boldsymbol{G}_t^{\mathrm{T}}] \\
&= \boldsymbol{G}_t \mathrm{var}(\boldsymbol{s}_{t-1}^c)\boldsymbol{G}_t^{\mathrm{T}} \\
&= \boldsymbol{G}_t \boldsymbol{R}_{t-1}^c \boldsymbol{G}_t^{\mathrm{T}}
\end{aligned} \tag{9.9}
$$

$$
\begin{aligned}
E(\boldsymbol{D}\boldsymbol{w}_t^{\mathrm{T}}) &= E[\boldsymbol{G}_t(\boldsymbol{s}_{t-1}^c - \bar{\boldsymbol{s}}_{t-1}^c)\boldsymbol{w}_t^{\mathrm{T}}] \\
&= \boldsymbol{G}_t E(\boldsymbol{s}_{t-1}^c \boldsymbol{w}_t^{\mathrm{T}}) - \boldsymbol{G}_t E(\bar{\boldsymbol{s}}_{t-1}^c \boldsymbol{w}_t^{\mathrm{T}}) \\
&= \boldsymbol{G}_t E(\boldsymbol{s}_{t-1}^c) E(\boldsymbol{w}_t^{\mathrm{T}}) - \boldsymbol{G}_t \bar{\boldsymbol{s}}_{t-1}^c E(\boldsymbol{w}_t^{\mathrm{T}}) \\
&= \boldsymbol{0}
\end{aligned} \tag{9.10}
$$

$$
\begin{aligned}
E(\boldsymbol{w}_t\boldsymbol{D}^{\mathrm{T}}) &= E\{\boldsymbol{w}_t[\boldsymbol{G}_t(\boldsymbol{s}_{t-1}^c - \bar{\boldsymbol{s}}_{t-1}^c)]^{\mathrm{T}}\} \\
&= E(\boldsymbol{w}_t \boldsymbol{s}_{t-1}^{c\mathrm{T}})\boldsymbol{G}_t^{\mathrm{T}} - E(\boldsymbol{w}_t \bar{\boldsymbol{s}}_{t-1}^{c\mathrm{T}})\boldsymbol{G}_t^{\mathrm{T}} \\
&= E(\boldsymbol{w}_t)E(\boldsymbol{s}_{t-1}^{c\mathrm{T}})\boldsymbol{G}_t^{\mathrm{T}} - E(\boldsymbol{w}_t)E(\bar{\boldsymbol{s}}_{t-1}^{c\mathrm{T}})\boldsymbol{G}_t^{\mathrm{T}} \\
&= \boldsymbol{0}
\end{aligned} \tag{9.11}
$$

将式 (9.9)、式 (9.10) 和式 (9.11) 代入式 (9.8) 可得

$$
\begin{aligned}
\boldsymbol{R}_t^p &= \mathrm{var}(\boldsymbol{s}_t^p) \\
&\approx E[(\boldsymbol{D} + \boldsymbol{w}_t)(\boldsymbol{D} + \boldsymbol{w}_t)^{\mathrm{T}}] \\
&= \boldsymbol{G}_t \boldsymbol{R}_{t-1}^c \boldsymbol{G}_t^{\mathrm{T}} + \boldsymbol{W}_t
\end{aligned} \tag{9.12}
$$

9.4　扩展卡尔曼滤波器的更新步骤

扩展卡尔曼滤波器经过线性化以后，其更新步骤的计算公式和线性卡尔曼滤波器的更新步骤的计算公式是类似的。首先，我们根据式 (9.1) 给出 t 时刻预测的观测数据的概率分布，即随机向量 $\boldsymbol{o}_t^p$ 的均值 $\boldsymbol{o}_t^p$ 和协方差矩阵 $\boldsymbol{O}_t^p$：

$$
\begin{aligned}
\bar{\boldsymbol{o}}_t^p &= \boldsymbol{h}(\bar{\boldsymbol{s}}_t^p) \\
\boldsymbol{O}_t^p &= \boldsymbol{H}_t \boldsymbol{R}_t^p \boldsymbol{H}_t^{\mathrm{T}} + \boldsymbol{E}_t
\end{aligned} \tag{9.13}
$$

对比式 (8.78) 和式 (9.13) 可以看出，二者在形式上几乎完全一致。事实上，两个公式中符号的内涵是不同的。对于式 (8.78)，函数 $\boldsymbol{h}(\bar{\boldsymbol{s}}_t^p)$ 是一个线性函数，$\boldsymbol{H}_t$ 是线性函数的矩阵表示。然而，对于式 (9.13)，函数 $\boldsymbol{h}(\bar{\boldsymbol{s}}_t^p)$ 是一个非线性函数，$\boldsymbol{H}_t$ 是非线性函数的雅可比矩阵。

下面我们给出简单的推导。我们先求解 $\boldsymbol{o}_t^p$ 的均值。由式 (9.3) 中的观测模型可得

$$
\begin{aligned}
\bar{\boldsymbol{o}}_t^p &= E(\boldsymbol{o}_t^p) \\
&\approx E[\boldsymbol{h}(\bar{\boldsymbol{s}}_t^p) + \boldsymbol{H}_t(\boldsymbol{s}_t^p - \bar{\boldsymbol{s}}_t^p) + \boldsymbol{e}_t] \\
&= \boldsymbol{h}(\bar{\boldsymbol{s}}_t^p)
\end{aligned} \tag{9.14}
$$

式中，因为 $\boldsymbol{e}_t$ 服从均值为 $\mathbf{0}$ 的高斯分布，所以 $E(\boldsymbol{e}_t)=\mathbf{0}$。

下面我们推导随机向量 $\boldsymbol{o}_t^p$ 的协方差矩阵。

$$\begin{aligned}\boldsymbol{O}_t^p &= \operatorname{cov}(\boldsymbol{o}_t^p,\boldsymbol{o}_t^p)\\ &= E\{[\boldsymbol{o}_t^p - E(\boldsymbol{o}_t^p)][\boldsymbol{o}_t^p - E(\boldsymbol{o}_t^p)]^{\mathrm{T}}\}\\ &\approx E\{[\boldsymbol{h}(\bar{\boldsymbol{s}}_t^p)+\boldsymbol{h}'(\bar{\boldsymbol{s}}_t^p)(\boldsymbol{s}_t^p-\bar{\boldsymbol{s}}_t^p)+\boldsymbol{e}_t-\boldsymbol{h}(\bar{\boldsymbol{s}}_t^p)]\\ &\quad [\boldsymbol{h}(\bar{\boldsymbol{s}}_t^p)+\boldsymbol{h}'(\bar{\boldsymbol{s}}_t^p)(\boldsymbol{s}_t^p-\bar{\boldsymbol{s}}_t^p)+\boldsymbol{e}_t-\boldsymbol{h}(\bar{\boldsymbol{s}}_t^p)]^{\mathrm{T}}\}\\ &= E\{[\boldsymbol{H}_t(\boldsymbol{s}_t^p-\bar{\boldsymbol{s}}_t^p)+\boldsymbol{e}_t][\boldsymbol{H}_t(\boldsymbol{s}_t^p-\bar{\boldsymbol{s}}_t^p)+\boldsymbol{e}_t]^{\mathrm{T}}\}\end{aligned}\tag{9.15}$$

假设 $\boldsymbol{D}=\boldsymbol{H}_t(\boldsymbol{s}_t^p-\bar{\boldsymbol{s}}_t^p)$，那么式 (9.15) 可以简化为

$$\begin{aligned}\boldsymbol{O}_t^p &= \operatorname{cov}(\boldsymbol{o}_t^p,\boldsymbol{o}_t^p)\\ &\approx E[(\boldsymbol{D}+\boldsymbol{e}_t)(\boldsymbol{D}+\boldsymbol{e}_t)^{\mathrm{T}}]\\ &= E(\boldsymbol{D}\boldsymbol{D}^{\mathrm{T}})+E(\boldsymbol{D}\boldsymbol{e}_t^{\mathrm{T}})+E(\boldsymbol{e}_t\boldsymbol{D}^{\mathrm{T}})+E(\boldsymbol{e}_t\boldsymbol{e}_t^{\mathrm{T}})\end{aligned}\tag{9.16}$$

式中，有

$$\begin{aligned}E(\boldsymbol{D}\boldsymbol{D}^{\mathrm{T}}) &= E\{[\boldsymbol{H}_t(\boldsymbol{s}_t^p-\bar{\boldsymbol{s}}_t^p)][\boldsymbol{H}_t(\boldsymbol{s}_t^p-\bar{\boldsymbol{s}}_t^p)]^{\mathrm{T}}\}\\ &= E[\boldsymbol{H}_t(\boldsymbol{s}_t^p-\bar{\boldsymbol{s}}_t^p)(\boldsymbol{s}_t^p-\bar{\boldsymbol{s}}_t^p)^{\mathrm{T}}\boldsymbol{H}_t^{\mathrm{T}}]\\ &= \boldsymbol{H}_t E[(\boldsymbol{s}_t^p-\bar{\boldsymbol{s}}_t^p)(\boldsymbol{s}_t^p-\bar{\boldsymbol{s}}_t^p)^{\mathrm{T}}]\boldsymbol{H}_t^{\mathrm{T}}\\ &= \boldsymbol{H}_t\boldsymbol{R}_t^p\boldsymbol{H}_t^{\mathrm{T}}\end{aligned}\tag{9.17}$$

$$\begin{aligned}E(\boldsymbol{D}{\boldsymbol{e}_t}^{\mathrm{T}}) &= E[\boldsymbol{H}_t(\boldsymbol{s}_t^p-\bar{\boldsymbol{s}}_t^p)\boldsymbol{e}_t^{\mathrm{T}}]\\ &= \boldsymbol{H}_t E(\boldsymbol{s}_t^p\boldsymbol{e}_t^{\mathrm{T}})-\boldsymbol{H}_t E(\bar{\boldsymbol{s}}_t^p\boldsymbol{e}_t^{\mathrm{T}})\\ &= \mathbf{0}\end{aligned}\tag{9.18}$$

同样，可以证明 $E(\boldsymbol{e}_t D^{\mathrm{T}})=\mathbf{0}$。另外，由于随机向量 $\boldsymbol{e}_t$ 是均值为 $\mathbf{0}$ 的高斯随机噪声，所以 $E(\boldsymbol{e}_t\boldsymbol{e}_t^{\mathrm{T}})=\operatorname{cov}(\boldsymbol{e}_t,\boldsymbol{e}_t)=\boldsymbol{E}_t$。

将获得的 $E(\boldsymbol{D}\boldsymbol{D}^{\mathrm{T}})$ 、$E(\boldsymbol{D}\boldsymbol{e}_t^{\mathrm{T}})$、$E(\boldsymbol{e}_t\boldsymbol{D}^{\mathrm{T}})$ 、$E(\boldsymbol{e}_t\boldsymbol{e}_t^{\mathrm{T}})$ 代入式 (9.16) 可得

$$\boldsymbol{O}_t^p=\boldsymbol{H}_t\boldsymbol{R}_t^p\boldsymbol{H}_t^{\mathrm{T}}+\boldsymbol{E}_t\tag{9.19}$$

和线性卡尔曼滤波器更新步骤的推导相似，我们的目标是在获取随机向量 $\boldsymbol{o}_t$ 的一个采样后，基于条件 $\boldsymbol{o}_t$ 来更新系统状态的概率分布，即获得后验分布：

$$p(\boldsymbol{s}_t^c)=p(\boldsymbol{s}_t^p|\boldsymbol{o}_t)\tag{9.20}$$

由 8.3 节关于联合高斯分布的条件分布的结论可知，$\boldsymbol{s}_t^c = \boldsymbol{s}_t^p|\boldsymbol{o}_t$ 依然服从高斯分布，并且由式 (8.37) 可以得出 $\boldsymbol{s}_t^c$ 的均值向量和协方差矩阵：

$$\begin{aligned}\bar{\boldsymbol{s}}_t^c &= \bar{\boldsymbol{s}}_t^p + \boldsymbol{\Sigma}_{\boldsymbol{s}_t^p\boldsymbol{o}_t}\boldsymbol{\Sigma}_{\boldsymbol{o}_t\boldsymbol{o}_t}^{-1}(\boldsymbol{o}_t - \bar{\boldsymbol{o}}_t)\\ \boldsymbol{\Sigma}_{\boldsymbol{s}_t^p|\boldsymbol{o}_t} &= \boldsymbol{\Sigma}_{\boldsymbol{s}_t^p\boldsymbol{s}_t^p} - \boldsymbol{\Sigma}_{\boldsymbol{s}_t^p\boldsymbol{o}_t}\boldsymbol{\Sigma}_{\boldsymbol{o}_t\boldsymbol{o}_t}^{-1}\boldsymbol{\Sigma}_{\boldsymbol{s}_t^p\boldsymbol{o}_t}^{\mathrm{T}}\end{aligned} \tag{9.21}$$

为了获取等号右侧的未知量，我们需要给出这些量的最优解。如果想让解最优，则

$$\boldsymbol{o}_t = \boldsymbol{o}_t^p = \boldsymbol{h}(\boldsymbol{s}_t^p) + \boldsymbol{e}_t \approx \boldsymbol{h}(\bar{\boldsymbol{s}}_t^p) + \boldsymbol{h}^{'}(\bar{\boldsymbol{s}}_t^p)(\boldsymbol{s}_t^p - \bar{\boldsymbol{s}}_t^p) + \boldsymbol{e}_t \tag{9.22}$$

由式 (9.22) 和式 (9.14) 可得

$$\begin{aligned}\bar{\boldsymbol{o}}_t &= E(\boldsymbol{o}_t^p)\\ &\approx E[\boldsymbol{h}(\bar{\boldsymbol{s}}_t^p) + \boldsymbol{H}_t(\boldsymbol{s}_t^p - \bar{\boldsymbol{s}}_t^p) + \boldsymbol{e}_t]\\ &= \boldsymbol{h}(\bar{\boldsymbol{s}}_t^p)\end{aligned} \tag{9.23}$$

下面我们计算与随机向量 $\boldsymbol{s}_t^p$ 和 $\boldsymbol{o}_t$ 相关的协方差矩阵。其中，式 (9.12) 和式 (9.19) 已经计算了 $\boldsymbol{\Sigma}_{\boldsymbol{s}_t^p\boldsymbol{s}_t^p}$ 和 $\boldsymbol{\Sigma}_{\boldsymbol{o}_t^p\boldsymbol{o}_t^p}$，即

$$\begin{aligned}\boldsymbol{\Sigma}_{\boldsymbol{s}_t^p\boldsymbol{s}_t^p} &= \boldsymbol{R}_t^p = \boldsymbol{G}_t\boldsymbol{R}_{t-1}^c\boldsymbol{G}_t^{\mathrm{T}} + \boldsymbol{W}_t\\ \boldsymbol{\Sigma}_{\boldsymbol{o}_t^p\boldsymbol{o}_t^p} &= \boldsymbol{H}_t\boldsymbol{R}_t^p\boldsymbol{H}_t^{\mathrm{T}} + \boldsymbol{E}_t\end{aligned} \tag{9.24}$$

下面我们计算 $\boldsymbol{\Sigma}_{\boldsymbol{s}_t^p\boldsymbol{o}_t}$。

$$\begin{aligned}\boldsymbol{\Sigma}_{\boldsymbol{s}_t^p\boldsymbol{o}_t} &= \mathrm{cov}(\boldsymbol{s}_t^p, \boldsymbol{o}_t)\\ &= E[(\boldsymbol{s}_t^p - \bar{\boldsymbol{s}}_t^p)(\boldsymbol{o}_t - \bar{\boldsymbol{o}}_t)^{\mathrm{T}}]\\ &\approx E\{(\boldsymbol{s}_t^p - \bar{\boldsymbol{s}}_t^p)[\boldsymbol{H}_t(\boldsymbol{s}_t^p - \bar{\boldsymbol{s}}_t^p) + \boldsymbol{e}_t]^{\mathrm{T}}\}\\ &= E[(\boldsymbol{s}_t^p - \bar{\boldsymbol{s}}_t^p)(\boldsymbol{s}_t^p - \bar{\boldsymbol{s}}_t^p)^{\mathrm{T}}\boldsymbol{H}_t^{\mathrm{T}} + (\boldsymbol{s}_t^p - \bar{\boldsymbol{s}}_t^p)\boldsymbol{e}_t^{\mathrm{T}}]\\ &= E[(\boldsymbol{s}_t^p - \bar{\boldsymbol{s}}_t^p)(\boldsymbol{s}_t^p - \bar{\boldsymbol{s}}_t^p)^{\mathrm{T}}]\boldsymbol{H}_t^{\mathrm{T}} + E[(\boldsymbol{s}_t^p - \bar{\boldsymbol{s}}_t^p)\boldsymbol{e}_t^{\mathrm{T}}]\\ &= \boldsymbol{R}_t^p\boldsymbol{H}_t^{\mathrm{T}} + \boldsymbol{0}\\ &= \boldsymbol{R}_t^p\boldsymbol{H}_t^{\mathrm{T}}\end{aligned} \tag{9.25}$$

如果假设 $\boldsymbol{K}_t = \boldsymbol{\Sigma}_{\boldsymbol{s}_t^p \boldsymbol{o}_t} \boldsymbol{\Sigma}_{\boldsymbol{o}_t \boldsymbol{o}_t}^{-1}$，那么将上面获得的协方差矩阵代入 $\boldsymbol{K}_t$ 可得

$$\begin{aligned}\boldsymbol{K}_t &= \boldsymbol{\Sigma}_{\boldsymbol{s}_t^p \boldsymbol{o}_t} \boldsymbol{\Sigma}_{\boldsymbol{o}_t \boldsymbol{o}_t}^{-1} \\ &= \boldsymbol{R}_t^p \boldsymbol{H}_t^{\mathrm{T}} (\boldsymbol{H}_t \boldsymbol{R}_t^p \boldsymbol{H}_t^{\mathrm{T}} + \boldsymbol{E}_t)^{-1} \\ &= \boldsymbol{R}_t^p \boldsymbol{H}_t^{\mathrm{T}} (\boldsymbol{O}_t^p)^{-1}\end{aligned} \tag{9.26}$$

进一步，将式 (9.26) 及上面获得的协方差矩阵代入式 (9.21) 可得

$$\begin{aligned}\bar{\boldsymbol{s}}_t^c &= \bar{\boldsymbol{s}}_t^p + \boldsymbol{\Sigma}_{\boldsymbol{s}_t^p \boldsymbol{o}_t} \boldsymbol{\Sigma}_{\boldsymbol{o}_t \boldsymbol{o}_t}^{-1} (\boldsymbol{o}_t - \bar{\boldsymbol{o}}_t) \\ &= \bar{\boldsymbol{s}}_t^p + \boldsymbol{K}_t (\boldsymbol{o}_t - \bar{\boldsymbol{o}}_t) \\ &= \bar{\boldsymbol{s}}_t^p + \boldsymbol{K}_t (\boldsymbol{o}_t - \boldsymbol{H}_t \bar{\boldsymbol{s}}_t^p) \\ \boldsymbol{R}_t^c &= \boldsymbol{\Sigma}_{\boldsymbol{s}_t^p | \boldsymbol{o}_t} \\ &= \boldsymbol{\Sigma}_{\boldsymbol{s}_t^p \boldsymbol{s}_t^p} - \boldsymbol{\Sigma}_{\boldsymbol{s}_t^p \boldsymbol{o}_t} \boldsymbol{\Sigma}_{\boldsymbol{o}_t \boldsymbol{o}_t}^{-1} \boldsymbol{\Sigma}_{\boldsymbol{s}_t^p \boldsymbol{o}_t}^{\mathrm{T}} \\ &= \boldsymbol{\Sigma}_{\boldsymbol{s}_t^p \boldsymbol{s}_t^p} - \boldsymbol{K}_t \boldsymbol{\Sigma}_{\boldsymbol{s}_t^p \boldsymbol{o}_t}^{\mathrm{T}} \\ &= \boldsymbol{R}_t^p - \boldsymbol{K}_t (\boldsymbol{R}_t^p \boldsymbol{H}_t^{\mathrm{T}})^{\mathrm{T}} \\ &= (\boldsymbol{I} - \boldsymbol{K}_t \boldsymbol{H}_t) \boldsymbol{R}_t^p\end{aligned} \tag{9.27}$$

式中，协方差矩阵 $\boldsymbol{R}_t^p$ 是对称矩阵，即 $\boldsymbol{R}_t^p = \boldsymbol{R}_t^{p\mathrm{T}}$。

9.5 非线性向量函数的导数

在 9.3 节和 9.4 节中，我们通过将扩展卡尔曼滤波器的非线性模型线性化，进而利用和线性卡尔曼滤波器类似的推导方式完成了对扩展卡尔曼滤波器的公式推导。在这个过程中，关键步骤是线性化，扩展卡尔曼滤波器利用一阶泰勒级数在高斯分布均值点的展开来实现线性化。因此，对于扩展卡尔曼滤波器的运动模型和观测模型的变换函数 (转移函数) 的线性近似函数，其关键是计算变换函数 (非线性向量函数) 的一阶导数在展开点的值，即计算 $\boldsymbol{g}'(\bar{\boldsymbol{s}}_{t-1}^c, \boldsymbol{a}_t)$ 和 $\boldsymbol{h}'(\bar{\boldsymbol{s}}_t^p)$。在前面的推导过程中，为了简化计算，假设 $\boldsymbol{G}_t = \boldsymbol{g}'(\bar{\boldsymbol{s}}_{t-1}^c, \boldsymbol{a}_t)$ 和 $\boldsymbol{H}_t = \boldsymbol{h}'(\bar{\boldsymbol{s}}_t^p)$。在整个过程中，假设 $\boldsymbol{G}_t$ 和 $\boldsymbol{H}_t$ 已知，并没有实际计算。在本节中，我们将给出它们的计算公式，其核心是雅可比矩阵。

雅可比矩阵是多变量向量函数的一阶偏导数以一定规则排列而成的矩阵。对于一个多变量向量函数 $\boldsymbol{f}: \mathbf{R}^n \to \mathbf{R}^m$，如果 $\boldsymbol{f}(\boldsymbol{x}) = (f_1(\boldsymbol{x}), \cdots, f_m(\boldsymbol{x}))$ 是可微的，那么函数的雅可比矩阵为

$$\boldsymbol{J}(\boldsymbol{f}(\boldsymbol{x})) = \begin{bmatrix} \dfrac{\partial f_1(\boldsymbol{x})}{\partial x_1} & \cdots & \dfrac{\partial f_1(\boldsymbol{x})}{\partial x_n} \\ \vdots & & \vdots \\ \dfrac{\partial f_m(\boldsymbol{x})}{\partial x_1} & \cdots & \dfrac{\partial f_m(\boldsymbol{x})}{\partial x_n} \end{bmatrix} \tag{9.28}$$

因为雅可比矩阵类似单变量函数的导数，所以雅可比矩阵也称函数 $\boldsymbol{f}(\boldsymbol{x})$ 关于 $\boldsymbol{x}$ 的微分或导数。从式 (9.28) 可以看出，雅可比矩阵是一个 $m \times n$ 的矩阵，其定义了一个从 $\mathbf{R}^n$ 到 $\mathbf{R}^m$ 的线性变换。从本质上讲，雅可比矩阵定义了多变量向量函数 $\boldsymbol{f}: \mathbf{R}^n \to \mathbf{R}^m$ 的一个最佳线性近似。

根据式 (9.28)，我们可分别得到 $\boldsymbol{g}(\boldsymbol{s}_{t-1}^c, \boldsymbol{a}_t)$ 和 $\boldsymbol{h}(\boldsymbol{s}_t^p)$ 的雅可比矩阵，记为

$$\boldsymbol{J}(\boldsymbol{g}(\boldsymbol{s}_{t-1}^c, \boldsymbol{a}_t)) = \begin{bmatrix} \dfrac{\partial g_1(\boldsymbol{s}_{t-1}^c, \boldsymbol{a}_t)}{\partial \boldsymbol{s}_{t-1_1}^c} & \cdots & \dfrac{\partial g_1(\boldsymbol{s}_{t-1}^c, \boldsymbol{a}_t)}{\partial \boldsymbol{s}_{t-1_n}^c} \\ \vdots & & \vdots \\ \dfrac{\partial g_n(\boldsymbol{s}_{t-1}^c, \boldsymbol{a}_t)}{\partial \boldsymbol{s}_{t-1_1}^c} & \cdots & \dfrac{\partial g_n(\boldsymbol{s}_{t-1}^c, \boldsymbol{a}_t)}{\partial \boldsymbol{s}_{t-1_n}^c} \end{bmatrix} \tag{9.29}$$

$$\boldsymbol{J}(\boldsymbol{h}(\boldsymbol{s}_t^p)) = \begin{bmatrix} \dfrac{\partial h_1(\boldsymbol{s}_t^p)}{\partial \boldsymbol{s}_{t\,1}^p} & \cdots & \dfrac{\partial h_1(\boldsymbol{s}_t^p)}{\partial \boldsymbol{s}_{t\,n}^p} \\ \vdots & & \vdots \\ \dfrac{\partial h_m(\boldsymbol{s}_t^p)}{\partial \boldsymbol{s}_{t\,1}^p} & \cdots & \dfrac{\partial h_m(\boldsymbol{s}_t^p)}{\partial \boldsymbol{s}_{t\,n}^p} \end{bmatrix} \tag{9.30}$$

对于扩展卡尔曼滤波器，分别将非线性函数 $\boldsymbol{g}(\boldsymbol{s}_{t-1}^c, \boldsymbol{a}_t)$ 和 $\boldsymbol{h}(\boldsymbol{s}_t^p)$ 在 $\boldsymbol{s}_{t-1}^c = \bar{\boldsymbol{s}}_{t-1}^c$ 和 $\boldsymbol{s}_t^p = \bar{\boldsymbol{s}}_t^p$ 展开。将 $\boldsymbol{s}_{t-1}^c = \bar{\boldsymbol{s}}_{t-1}^c$ 和 $\boldsymbol{s}_t^p = \bar{\boldsymbol{s}}_t^p$ 分别带入式 (9.29) 和式 (9.30)，可得到 $\boldsymbol{G}_t = \boldsymbol{J}(\boldsymbol{g}(\bar{\boldsymbol{s}}_{t-1}^c, \boldsymbol{a}_t))$ 和 $\boldsymbol{H}_t = \boldsymbol{J}(\boldsymbol{h}(\bar{\boldsymbol{s}}_t^p))$。

9.6 扩展卡尔曼滤波器的完整算法

前面我们完整推导了扩展卡尔曼滤波器的计算过程。下面我们给出其完整算法，如算法 6(Algorithm 6) 所示。可以看出，扩展卡尔曼滤波器的完整算法包括运动模型和观测模型定义、状态初始化、状态预测和状态更新。运动模型是由状态转移函数 $\boldsymbol{g}(\boldsymbol{s}_{t-1}^c, \boldsymbol{a}_t)$ 和过程噪声 $\boldsymbol{w}_t$ 构成的，其中状态转移函数描述了系统在没有外部干扰的情况下的状态变化规律，过程噪声是在状态转移过程中引入的均值为 $\mathbf{0}$ 的高斯噪声。观测模型是由状态到观测数据的转移函数 $\boldsymbol{h}(\boldsymbol{s}_t^p)$ 和观测误差 $\boldsymbol{e}_t$ 构成的，其中状态到观测数据的转移函数描述了系统状态向量和观测向量的函数关系，观测误差定义了观测传感器的测量精度的不确定性。在初始化步骤，初始化状态向量 $\boldsymbol{s}_0$ 和初始协方差矩阵 $\boldsymbol{R}_0$，这可由具体问题和先验知识确定。在预测步骤，利用 $t-1$ 时刻系统的后验状态估计来预测 t 时刻系统状态。在更新步骤，利用预测步骤预测的系统状态和 t 时刻的观测数据来更新系统状态。

Algorithm 6 扩展卡尔曼滤波器的完整算法

运动模型和观测模型：

$\boldsymbol{s}_t^p = \boldsymbol{g}(\boldsymbol{s}_{t-1}^c, \boldsymbol{a}_t) + \boldsymbol{w}_t$

$\boldsymbol{o}_t^p = \boldsymbol{h}(\boldsymbol{s}_t^p) + \boldsymbol{e}_t$

初始化：

$\bar{\boldsymbol{s}}_0^c = \boldsymbol{s}_0$

$\boldsymbol{R}_0^c = \boldsymbol{R}_0$

for $t = 1$ to T **do**

预测步骤:

$\bar{\boldsymbol{s}}_t^p = \boldsymbol{g}(\bar{\boldsymbol{s}}_{t-1}^c, \boldsymbol{a}_t)$

$\boldsymbol{R}_t^p = \boldsymbol{G}_t \boldsymbol{R}_{t-1}^c \boldsymbol{G}_t^{\mathrm{T}} + \boldsymbol{W}_t$

更新步骤:

$\bar{\boldsymbol{o}}_t^p = \boldsymbol{h}(\bar{\boldsymbol{s}}_t^p)$

$\boldsymbol{O}_t^p = \boldsymbol{H}_t \boldsymbol{R}_t^p \boldsymbol{H}_t^{\mathrm{T}} + \boldsymbol{E}_t$

$\bar{\boldsymbol{s}}_t^c = \bar{\boldsymbol{s}}_t^p + \boldsymbol{K}_t(\boldsymbol{o}_t - \bar{\boldsymbol{o}}_t^p)$

$\boldsymbol{R}_t^c = (\boldsymbol{I} - \boldsymbol{K}_t \boldsymbol{H}_t)\boldsymbol{R}_t^p$

$\boldsymbol{K}_t = \boldsymbol{R}_t^p \boldsymbol{H}_t^{\mathrm{T}} (\boldsymbol{O}_t^p)^{-1}$

end for

Output: $\bar{\boldsymbol{s}}_t^c, \boldsymbol{R}_t^c$

第 10 章 基于EKF的机器人定位

基于扩展卡尔曼滤波器（EKF）的机器人定位是一种被广泛使用的机器人定位方法，它使用机器人传感器（如激光雷达、相机、GPS 等）提供的数据来估计机器人在地图中的位置和方向。具体地，EKF 使用机器人的运动学模型来预测机器人的位置和方向，并将传感器测量的数据用于校正预测值。EKF 在测量和状态之间建立线性关系的近似，从而能够实现机器人位置和方向的高精度估计。基于 EKF 的机器人定位需要有一个已知的地图和一组传感器来提供数据。机器人使用传感器测量周围环境的信息，并使用 EKF 算法来将这些数据与地图信息进行比较，以确定机器人的位置和方向。由于 EKF 算法可以处理非线性系统，因此它可以用于多种类型的机器人定位问题，包括室内和室外环境的定位。本章将详细讨论基于 EKF 的机器人定位，具体内容包括：

- 机器人定位的基本概念
- 基于 EKF 的机器人定位的基本框架
- 机器人地图
- 机器人的运动学模型
- 机器人定位的观测模型
- 基于 EKF 的机器人定位完整算法

10.1 机器人定位的基本概念

机器人定位（Robot Localization）是指在特定环境中机器人确定自身位置和方向的过程。对于自主机器人，其在执行行动或某项任务时，需要具备高度自主的决策能力，而机器人定位是其进行下一步自主决策的前提条件。为了便于理解，我们先定义几个与机器人定位相关的关键概念。

（1）机器人姿态（Robotic Pose）：是指机器人在三维空间中的位置和方向。位置是指机器人在环境中的坐标位置，通常使用三维空间中的坐标系来描述。方向是指机器人在环境中的朝向，通常使用欧拉角或四元数等方式来描述。在机器人定位中，需要确定机器人的位置及方向以便进行导航和控制。

（2）机器人状态（State）：状态是控制理论中的一个概念，用于表示能影响一个系统未来变换的各方面因素；在机器人领域，机器人自身和环境构成一个完整的系统，机器人移动或执行某种操作，本质上是机器人和环境的交互，而机器人状态就是用来刻画机器人自身及机器人所处环境的相关变量。机器人状态通过状态变量来表示，在移动机器人中，机器人的状态变量通常包括两大类：①与机器人自身相关的状态变量，包括机器人姿态和速度等变量；②与机器人所处环境相关的状态变量，包括环境中物体的位置和特征等变量。在不同的应用场合，机器人状态的含义有所不同。比如，在机器人定位中，机器人状态就是机器人姿态。

（3）机器人地图（Map）：地图是对现实环境的一种抽象化数据表示，其建立了环境中元素之间的空间布局关系；机器人地图没有固定的形式和数据表示方法，其和应用场景及构建地图所采用的方法和传感器类型有很大关系。在机器人定位中，需要事先知道机器人所处环境的地图。

由上面的关键概念可知，机器人定位是机器人状态估计问题，这里的机器人状态就是机器人姿态。因此，机器人定位也被称为机器人姿态估计，其是自治机器人必须具备的一项基本能力。机器人定位通常假定地图已知，进而利用机器人运动学先验知识和机器人传感器获得的观测数据来估计机器人在地图中的位置。由于运动和传感器噪声的存在，机器人定位算法必须能处理这些噪声。因此，机器人定位的关键是建模带噪声的运动模型和传感器观测模型，并进行求解。从数学几何变换的角度来说，机器人定位本质上是建立机器人自身局部坐标系与全局坐标系之间的变换关系。

10.2 基于 EKF 的机器人定位的基本框架

前面我们详细介绍了扩展卡尔曼滤波器（EKF）的原理，其涉及了两个关键模型，即运动模型和观测模型，对应到机器人定位问题，就是机器人的运动学模型和传感器测量模型（观测模型）。其中，机器人的运动学模型建模了机器人从当前时刻位置经过一定时间间隔到达下一时刻位置的运动学关系，而传感器测量模型建模了机器人机载传感器的测量与机器人位置的变换关系。如果运动学模型没有误差存在，那么只要知道当前时刻位置就可以利用运动学关系准确地预测出下一时刻位置。如果传感器的测量没有误差，那么根据传感器测量模型与机器人位置的变换关系，也可以准确地计算出机器人的位置。然而，在现实应用环境中，这两个模型都是存在误差的，直接应用运动学模型和传感器测量模型并不能准确地预测机器人的位置。卡尔曼滤波器就是试图通过预测步骤和更新步骤来融合两个模型的信息，减小位置定位的不确定性。需要注意的是，卡尔曼滤波器假设其输入初始位置不是一个确定的值，而是一个高斯分布，并且已知其均值和方差；其输出也不是一个确定的位置值，而是一个高斯分布，其均值和方差也可计算获得。在机器人定位中，EKF 的系统状态为机器人姿态，整个滤波的过程是任意一个时刻系统状态的预测和更新过程。对于 EKF，如果初始状态已知，即机器人初始姿态已知，那么定位问题就是机器人姿态跟踪问题；如果机器人初始姿态未知，那么定位问题就是全局定位问题，机器人初始姿态服从均匀分布。在这里，我们假设机器人初始姿态已知。因为 EKF 的初始条件必须是一个姿态概率分布，并且这个概率分布是高斯分布，所以确定的初始姿态不能启动 EKF。为此，我们可以以初始姿态为均值，构造一个方差较小的、服从高斯分布的初始姿态概率分布。

图 10.1 展示了基于 EKF 的机器人定位的基本框架，其包含预测步骤和更新步骤两大模块。在预测步骤，涉及初始姿态概率分布和机器人的运动学模型。在系统启动时，初始姿态概率分布可以由经验知识获得，后续可由前一时刻更新的姿态概率分布代替。运动学模

型是建模机器人从前一时刻姿态转移到当前时刻姿态的过程或变换关系。一旦知道机器人姿态的初始高斯分布和机器人的运动学模型就可以来预测当前时刻机器人姿态。在更新步骤，利用已知的地图和观测模型，可以推测出：如果机器人处于当前时刻预测的姿态，那么其在此姿态应该观测到什么数据，即预测的观测数据。另外，对机器人实际所处姿态，可以从传感器读取观测数据。利用预测的观测数据和从传感器读取的观测数据的差值，可以计算卡尔曼增益，进而可以更新当前时刻姿态。完成一轮更新后，当前时刻更新的姿态将成为下一时刻先验姿态，继续迭代。

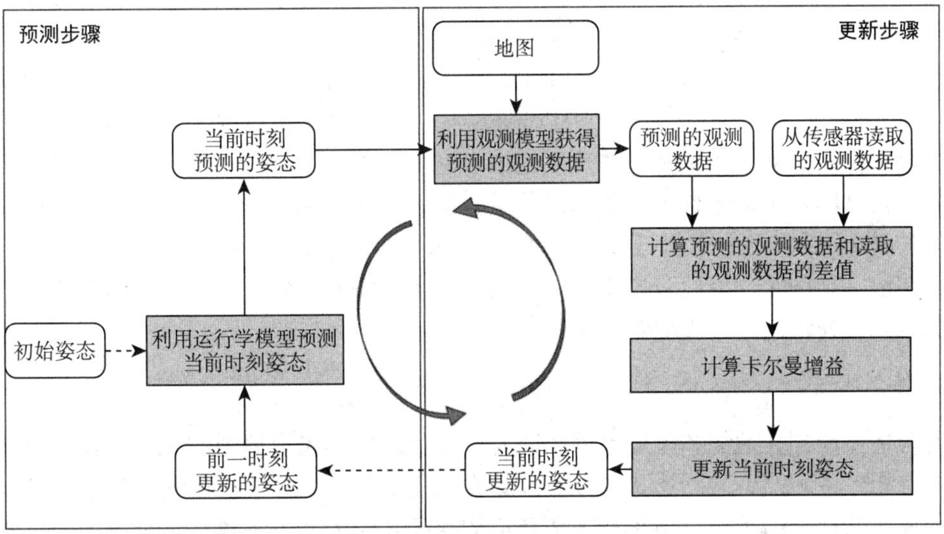

图 10.1　基于 EKF 的机器人定位的基本框架

下面我们将详细介绍基于 EKF 的机器人定位核心组件，即机器人地图、机器人的运动学模型和机器人定位的观测模型，并给出定位完整算法。

10.3　机器人地图

10.3.1　地图的种类

根据地图表示方法的不同，可将机器人地图粗略地划分为三大类，即拓扑地图（Topological Map）、尺度地图（Metric Map）和混合地图（Hybrid Map）。

1. 拓扑地图

拓扑地图是一种对现实环境抽象化、精简化的数据表示形式，其对现实世界进行简化和调整，只保留重要的、易于辨识的元素 [如地方（Places）或地标（Landmarks）]，是对现实环境的一种粗略的描述。拓扑地图通常以图结构的形式表示，图的节点通常表示一个目标，图的边表示其所连接的两个节点的关系，如从一端节点到另一端节点的动作或动作序列、从一端节点到另一端节点的代价等。拓扑地图上没有比例尺，拓扑地图的地点（或节点）用一个点表示，但其并不具备真实的物理尺度，两点之间的相对位置和距离不一定对应实际的位置和距离，点与点之间的边只表示二者具有某种连通关系。比如，对于室内环境，其拓扑地图的节点可能是房间、门、走廊等易于辨识的目标，图的边可能是目标的连通关系。拓扑地图只反映现实环境中各个地点之间的连接关系，不是和现实环境几何一致的地图，不能用于机器人同时定位与地图构建 (Simultaneous Localization And Mapping, SLAM) 中，常应用于大规模路径规划（Path Planning）中。

2. 尺度地图

尺度地图是一种对现实环境更精细化的数据表示形式，其是一种和现实环境几何一致的地图，即该地图具有比例尺，元素与元素之间在全局坐标系下具有精确的位置关系。尺度地图通常应用于机器人的地图构建（Mapping）、定位（Localization）、SLAM 及小规模路径规划等任务。在机器人领域，常用的尺度地图包括栅格地图（Grid Map）、特征地图（Feature Map）和点云地图（Cloud Point Map）等。现在流行的语义地图也是一种尺度地图，可以被看作加了语义标签的尺度地图，它不仅保留了现实环境中元素的物理尺度及元素与元素之间在全局坐标系下的精确位置关系，还为地图中的元素添加了语义标签。换句话说，语义地图不仅能描述现实环境中元素的尺寸、位置，还能指示此元素是什么东西。比如，在语义地图中，可以分辨出哪些元素是树木、哪些元素是行人等。语义地图非常符合人的认知，通常用于人机交互。

3. 混合地图

混合地图是拓扑地图和尺度地图的融合。拓扑地图和尺度地图的优缺点都很明显。拓扑地图是粗粒度地图，其图形式的数据表达方式更加紧凑，便于扩展到大规模的情况，求解也方便。然而，由于拓扑地图和现实环境的空间几何关系不一致，很难应用于机器人的定位、SLAM 等任务。和拓扑地图相比，尺度地图更细粒度地对现实环境进行了建模，并且是和现实环境几何一致的地图，特别适合机器人的定位、SLAM 等任务。然而，尺度地图是数据密集的环境建模方式，其内存消耗和计算消耗很大，不适合大范围环境区域的地图表示。因此，在实际应用中，通常融合两种地图的优势，取长补短，构建混合地图。

10.3.2 地图的数据结构

尽管机器人地图可以粗略地分为三大类，但不同地图构建的方式可能大相径庭，这会导致地图的数据结构也不尽相同。不同类型的地图，其数据结构可能不同，即使是同一类型的地图，其数据结构也可能千差万别。这里我们仅考虑适合机器人定位和 SLAM 的特征地图。

特征地图是尺度地图的一种，相比于栅格地图，其对环境的抽象程度更高。特征地图具体有以下特点：①环境中的所有元素没有被完整地保留在地图中，而仅仅记录一些便于辨识的地标；②这些地标并不一定是以人类辨识友好的方式保留在地图中的，而是通过某种特征形式保存的；③特征地图具有比例尺，保留的地标在全局坐标系下具有精确的位置关系；④机器人通过特征匹配的方式关联某个地标。

可以看出，特征地图的构建关键是选择合适的地标并提取它们的特征。一般情况下，我们选择的地标应具备以下条件。①在环境中稳定存在，其位置不随时间变化。比如，行人和车辆就不适合做地标，因为它们是运动的，随着时间推移，它们有可能改变位置，甚至离开环境范围。②具体高度的唯一性。不同的地标应该具有显著的不同，以便于机器人将它们区分开来。③获取容易并且要足够多。选择的地标应能让机器人从不同视角、不同距离、不同位置轻易观察到，并且数量要足够多，以便机器人能轻易获取足够多的地标。在室内环境中，一般情况下选择检测的直线和拐角作为地标。

事实上，在构建特征地图的过程中，机器人所使用的传感器不同，其地标提取和特征表示的方式也不同。由于本章主要讨论机器人定位问题，所以我们假设地标已经被提取和表示，并且假设每一个地标在特征地图中是一个点，并用一个三元组 $\boldsymbol{m}_i = (m_{xi}, m_{yi}, \boldsymbol{m}_{si})$ 来表示。其中，m_{xi} 和 m_{yi} 表示第 i 个地标在平面空间中的位置，$\boldsymbol{m}_{si}$ 为此地标的特征表示。根据机器人传感器和地标提取方式的不同，$\boldsymbol{m}_{si}$ 可能是不同的数据结构，比如可以是向量，也可以是 cell 或结构体。这里我们假设机器人在一个二维平面上运动，特征地图是二维地图。假设我们在机器人所处环境中提取了 N 个地标，那么这个特征地图 $\boldsymbol{m}$ 可以表示为

$$\boldsymbol{m} = \{\boldsymbol{m}_1, \boldsymbol{m}_2, \cdots, \boldsymbol{m}_N\} \tag{10.1}$$

10.4　机器人的运动学模型

运动学（Kinematics）是力学的一个分支，是一个专门研究运动样式的学术领域。运动学不研究运动的成因（如驱动力、运动目标质量等），而仅研究运动的样式及该运动样式如何使运动目标的姿态随时间发生变化。运动学模型通常和驱动模型结合在一起讨论。

运动学模型的目的是利用驱动模型获取移动机器人姿态变化。具体来说，已知前一时刻机器人姿态 $\boldsymbol{s}_{t-1}^c$，利用运动学模型推算当前时刻机器人的新姿态 $\boldsymbol{s}_t^p$。运动学模型的核心是根据运动学模型的方程来构建新旧姿态的映射函数（也称姿态转移函数）$\boldsymbol{g}(\boldsymbol{s}_{t-1}^c, \boldsymbol{a}_t)$。其中，$\boldsymbol{a}_t$ 是指在 $t-1$ 时刻和 t 时刻之间的时间间隔内施加的、使姿态发生变化的动作。事实上，函数 $\boldsymbol{g}(\boldsymbol{s}_{t-1}^c, \boldsymbol{a}_t)$ 的形式是由运动学模型确定的，不同的运动学模型对应不同的函数形式。一旦我们选定运动学模型，那么函数 $\boldsymbol{g}(\boldsymbol{s}_{t-1}^c, \boldsymbol{a}_t)$ 的形式就确定了。另外，一旦动作 $\boldsymbol{a}_t$ 确定，那么函数参数的值就确定了。

本节的目标是获取机器人运动学模型的具体形式，即 EKF 预测步骤中运动模型

$$\boldsymbol{s}_t^p = \boldsymbol{g}(\boldsymbol{s}_{t-1}^c, \boldsymbol{a}_t) + \boldsymbol{w}_t \tag{10.2}$$

的具体形式。

10.4.1　驱动模型

在机器人定位中，运动学模型扮演了重要角色。如果实现了已知机器人的运动学模型，就可以从机器人当前时刻状态预测下一时刻可能的状态。为了便于理解运动学模型，我们先定义一个新的概念，即驱动模型。和运动学模型不同，驱动模型考虑了机器人运动的成因和机器人的结构。对于刚性移动机器人，常用的驱动模型为汽车驱动模型（Car-like Model）和差分驱动模型（Differentially-steered Model）（也就是双轮差速驱动模型）。

1. 汽车驱动模型

汽车驱动模型是应用最广泛的一种驱动模型，因广泛应用于汽车中而得名。对于四轮移动平台，汽车驱动模型通过设置后轮为驱动轮来提供驱动力，而前轮是转向轮，来实现

旋转。对于三轮移动平台，汽车驱动模型通过设置后面两个轮为驱动轮来提供驱动力，而前面一轮为转向轮，来实现旋转。无论是四轮移动平台还是三轮移动平台，都可以建模为二轮模型，即后轮提供驱动力，前轮实现转向。因此，汽车驱动模型也被称为自行车模型（Bycycle Model）。对于汽车驱动模型，当转向轮的转向角为零时，机器人做直线运动；当转向角不为零且线速不变时，机器人做圆周运动。

2. 双轮差速驱动模型

双轮差速驱动的移动机器人在车体两侧装两个差速轮作为驱动轮，其他轮子仅作为随动轮，其通过变化左右两个驱动轮的速度来实现前进和转向。和汽车驱动模型不同的是，双轮差速驱动模型的前轮不能转向，机器人整体的转向完全依靠驱动轮的速度差异实现。当两个驱动轮的速度同向且相等时，机器人做直线运动；当两个驱动轮的速度不同（方向不同或同向不同速）且不变时，机器人做圆周运动；当两个驱动轮的速度相同但方向相反时，机器人做自旋转运动。双轮差速驱动模型设计简单，对电机要求不高，可以通过控制两个驱动轮的速度实现机器人线速度、角速度和旋转半径的控制。

因为函数 $g(\boldsymbol{s}_{t-1}^c, \boldsymbol{a}_t)$ 的形式依赖于具体的驱动模型，所以我们以某个特定驱动模型来讨论运动学模型。这里我们以双轮差速驱动模型为例来构造机器人定位中的运动学模型。

10.4.2 机器人常用的坐标系

从纯数学或物理的角度来看，一个坐标系就是一个空间系统，这个空间系统建立了该空间中任意一个点与一组标量的一一对应关系。在机器人应用中，一个坐标系是一个位置定位系统。对于一个自治刚性机器人，其通常涉及多种坐标系，如世界坐标系（全局坐标系）、机器人自身坐标系、传感器坐标系、地图坐标系等。机器人系统中的不同坐标系本身没有主辅之分，都是以自身坐标系的原点为中心构建一个观察世界的空间位置体系，即以坐标系原点为基准来确定世界中不同目标的位置和方向。然而，在实际应用过程中，往往会根据坐标系不同的物理含义或用途，给其冠以不同的名称。下面我们介绍几种机器人常用的坐标系。

1. 机器人自身坐标系

该坐标系定义在机器人本体上，通常以机器人本体的几何中心或质心为原点，以机器人行进方向为 x 轴正方向，以过原点并指向机器人行进方向的直线为 x 轴，以过原点并垂直于 x 轴的直线为 y 轴，y 轴正方向由右手定则确定。利用这个坐标系，不仅可以描述机器人自身不同点的位置和方向，还可以描述其他目标的位置和方向。

2. 传感器坐标系

该坐标系定义在传感器自身上，从传感器的视角来描述世界中目标（包括机器人和其他目标）的姿态 (位置和方向)，其坐标系的原点代表了传感器在此坐标系中的位置，世界中目标的姿态都是基于该坐标系原点来表示的，即世界中目标的姿态都是利用相对于该传感器的姿态来确定的。根据传感器安装位置的不同，可分为机器人内传感器坐标系和机器人外传感器坐标系。如果传感器安装在机器人本体上，那么任意一个目标点在传感器坐标系下的姿态与在刚性机器人自身坐标系下的姿态有一个固定的、确定性的姿态偏移量，我们称这种坐标系为机器人内传感器坐标系。与之对应，如果传感器安装在机器人之外（如安装在其他机器人上或安装在环境中），那么该坐标系和机器人自身坐标系没有一个确定的偏移关系，我们称这种坐标系为机器人外传感器坐标系。

根据坐标系绝对坐标变化与否，可将坐标系分为动态坐标系和静态坐标系。显而易见，随着机器人的运动，机器人自身坐标系原点和机器人内传感器坐标系原点的绝对位置会随之改变，所以这些坐标系是动态坐标系。如果传感器固定不动，那么定义在这个传感器上的坐标系是静态坐标系。

3. 世界坐标系（全局坐标系）

该坐标系是固定在地球上某个点的静态坐标系。由于机器人自身坐标系和机器人内传感器坐标系是动态坐标系，我们只能获得世界中目标相对于机器人或其上传感器的姿态（位置和方向），而不能获得绝对姿态。如果只是需要确定机器人与环境中其他目标的相对位置关系，那么机器人自身坐标系和机器人内传感器坐标系是能胜任的。然而，如果我们想定位机器人自身姿态，那么这些动态坐标系就无能为力了。为此，我们从一个更大的、固定的视角来审视机器人系统的位置空间关系，这就需要一个世界坐标系（全局坐标系）。事实上，任意一个静态坐标系都可以承担世界坐标系的功能，但为了超脱机器人及相关传感器，我们通常单独定义一个独立的世界坐标系。相对于这个世界坐标系（全局坐标系），机器人自身坐标系和传感器坐标系都是局部坐标系。这样做的一个好处是，将所有姿态估计问题，包括机器人自身姿态估计问题和环境中其他目标（包括机器人内和外的传感器）的姿态估计问题，都统一到一个坐标系中。

10.4.3　机器人自身坐标系与世界坐标系的关系

在机器人系统中，世界坐标系（全局坐标系）定义了机器人姿态的自由度，即变量的个数。比如，对于刚性移动机器人，如果我们假设只做平面运动，那么它的姿态可由位置坐标 (x, y) 和方向角 θ 确定，即有 3 个自由度。我们只需要找地球平面上一个固定的点为原点来构建一个二维平面坐标系作为全局坐标系即可。全局坐标系采用右手定则。图 10.2 展示了在全局坐标系中采用右手定则确定 x、y、z 轴正方向的过程。首先，右手大拇指指向 z 轴，并且是正方向；其次，其余手指以 z 轴为旋转轴逆时针旋转，这个旋转表示了从 x 轴到 y 轴的运动过程，即 x 轴在前 y 轴在后。对于做平面运动的移动机器人，其 z 轴垂直地面向上。

对于双轮差速驱动的移动机器人，机器人自身坐标系描述的并不是机器人上任意一点的位置和朝向，而是机器人的速度。构造机器人自身坐标系的方法为：①以机器人本体的几何中心或自旋转中心为坐标系原点；②以机器人行进方向（车头方向）为 x 轴正方向，以过原点并指向机器人行进方向的直线为 x 轴；③以过原点并垂直于机器人运动平面的直线为 z 轴，并取向上方向为正；④采用右手定则确定 y 轴及其正方向，即 x 轴在运动平面上围绕 z 轴逆时针旋转 90° 获得 y 轴及其正方向。事实上，这个坐标系不是一个真正意义的坐标系，它不满足坐标系的定义，即这个坐标系中的点并没有物理意义。机器人自身坐标系其实相当于在机器人本体的几何中心或自旋转中心画了一个十字，只是这个十字的中心包含两个属性，一个是十字中心的线速度，另一个是十字中心的角速度，并且指明了线速度方向。

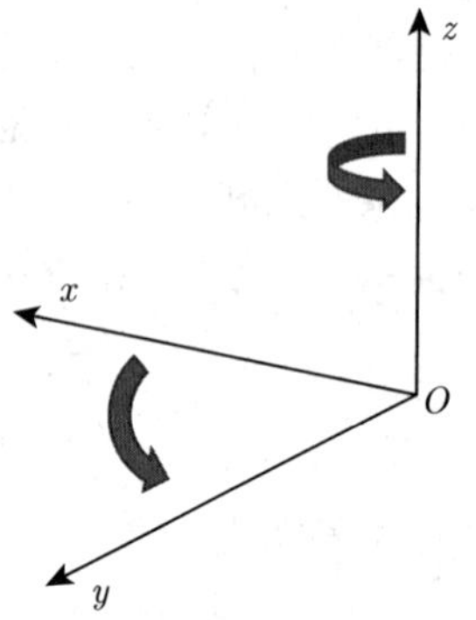

图 10.2　全局坐标系示意图

10.4.4　双轮差速驱动速度模型–1

我们需要注意的是，双轮差速驱动模型是基于速度的运动学模型。也就是说，这个运动学模型是在已知机器人运动速度的前提下来推算机器人姿态变化的。具体来说，我们将机器人用一个点来表示，并且假设机器人在 $t-1$ 时刻的先验姿态为 $\boldsymbol{s}_{t-1}^c=(x_{t-1}^c,y_{t-1}^c,\theta_{t-1}^c)$。基于速度的运动学模型的动作输入是机器人的线速度和角速度 $\boldsymbol{a}_t=(v_t,\omega_t)$，其输出是经过时间间隔 Δt 后 t 时刻预测的姿态 $\boldsymbol{s}_t^p=(x_t^p,y_t^p,\theta_t^p)$。

在讨论双轮差速驱动模型之前，我们先讨论一下圆周运动。我们以一个做圆周运动的点为例。假设平面上一个点 (x,y) 围绕某个点 (x_c,y_c) 做圆周运动，并且其运动半径为 r，角速度为 ω，线速度为 v，运动周期为 T，则这些量满足如下关系：

$$\begin{aligned}\omega&=\frac{2\pi}{T}\\ v&=\frac{2\pi r}{T}=\omega r\\ r&=\frac{v}{\omega}\end{aligned}\tag{10.3}$$

对于一个刚性机器人（抽象为一个点），一旦给定线速度和角速度 $\boldsymbol{a}_t=(v_t,\omega_t)$，并且保持不变，那么机器人会围绕一个瞬时旋转中心（Instantaneous Center of Rotation，ICR）做圆周运动。这个 ICR 是一个假想的点，假设在某个时刻，这个点的速度为零，刚性机器人在此时刻围绕这个 ICR 做圆周运动。利用 ICR，我们可以方便地计算出刚性机器人的未知角速度或刚性机器人上各个点的未知线速度。利用已知的输入 $\boldsymbol{a}_t=(v_t,\omega_t)$ 和圆周运动定律 [式 (10.3)]，可得到机器人的旋转半径为

$$r_t=\frac{v_t}{\omega_t}\tag{10.4}$$

利用已知的 $t-1$ 时刻先验姿态信息 $\boldsymbol{s}_{t-1}^c=(x_{t-1}^c,y_{t-1}^c,\theta_{t-1}^c)$，根据简单的三角几何知

识，可获得 ICR 的坐标 $(x_{\mathrm{ct}}, y_{\mathrm{ct}})$ 与速度及 $t-1$ 时刻姿态的关系：

$$\begin{aligned} x_{t-1}^{c} - x_{\mathrm{ct}} &= r_t \cos\left(\theta_{t-1}^{c} - \frac{\pi}{2}\right) = \frac{v_t}{\omega_t}\sin(\theta_{t-1}^{c}) \\ y_{t-1}^{c} - y_{\mathrm{ct}} &= r_t \sin\left(\theta_{t-1}^{c} - \frac{\pi}{2}\right) = -\frac{v_t}{\omega_t}\cos(\theta_{t-1}^{c}) \end{aligned} \tag{10.5}$$

式 (10.5) 经过转换，可得到 ICR 的坐标 $(x_{\mathrm{ct}}, y_{\mathrm{ct}})$，即

$$\begin{aligned} x_{\mathrm{ct}} &= x_{t-1}^{c} - \frac{v_t}{\omega_t}\sin(\theta_{t-1}^{c}) \\ y_{\mathrm{ct}} &= y_{t-1}^{c} + \frac{v_t}{\omega_t}\cos(\theta_{t-1}^{c}) \end{aligned} \tag{10.6}$$

利用三角关系和圆周运动定律，可获得如下关系：

$$\begin{aligned} \phi_t &= \omega_t \Delta t \\ \theta_t^{p} - \frac{\pi}{2} &= \phi_t + \theta_{t-1}^{c} - \frac{\pi}{2} \end{aligned} \tag{10.7}$$

则

$$\theta_t^{p} = \theta_{t-1}^{c} + \omega_t \Delta t \tag{10.8}$$

进一步，利用三角关系，可获得如下关系：

$$\begin{aligned} x_t^{p} - x_{\mathrm{ct}} &= r_t \cos\left(\theta_{t-1}^{c} - \frac{\pi}{2} + \phi_t\right) \\ &= \frac{v_t}{\omega_t}\sin(\theta_{t-1}^{c} + \omega_t \Delta t) \\ y_t^{p} - y_{\mathrm{ct}} &= r_t \sin\left(\theta_{t-1}^{c} - \frac{\pi}{2} + \phi_t\right) \\ &= -\frac{v_t}{\omega_t}\cos(\theta_{t-1}^{c} + \omega_t \Delta t) \end{aligned} \tag{10.9}$$

式 (10.9) 经过转换，可得到机器人在 t 时刻新的位置：

$$\begin{aligned} x_t^{p} &= x_{\mathrm{ct}} + \frac{v_t}{\omega_t}\sin(\theta_{t-1}^{c} + \omega_t \Delta t) \\ &= x_{\mathrm{ct}} + \frac{v_t}{\omega_t}[\sin(\theta_{t-1}^{c})\cos(\omega_t \Delta t) + \cos(\theta_{t-1}^{c})\sin(\omega_t \Delta t)] \\ y_t^{p} &= y_{\mathrm{ct}} - \frac{v_t}{\omega_t}\cos(\theta_{t-1}^{c} + \omega_t \Delta t) \\ &= y_{\mathrm{ct}} - \frac{v_t}{\omega_t}[\cos(\theta_{t-1}^{c})\cos(\omega_t \Delta t) - \sin(\theta_{t-1}^{c})\sin(\omega_t \Delta t)] \end{aligned} \tag{10.10}$$

将式 (10.6) 代入式 (10.10) 可得

$$\begin{aligned} x_t^{p} &= x_{t-1}^{c} + \frac{v_t}{\omega_t}[-\sin(\theta_{t-1}^{c}) + \sin(\theta_{t-1}^{c})\cos(\omega_t \Delta t) + \cos(\theta_{t-1}^{c})\sin(\omega_t \Delta t)] \\ y_t^{p} &= y_{t-1}^{c} + \frac{v_t}{\omega_t}[\cos(\theta_{t-1}^{c}) - \cos(\theta_{t-1}^{c})\cos(\omega_t \Delta t) + \sin(\theta_{t-1}^{c})\sin(\omega_t \Delta t)] \end{aligned} \tag{10.11}$$

结合式 (10.11) 和式 (10.8)，可以得出机器人的运动学模型：

$$\begin{aligned}\boldsymbol{s}_t^p &= \boldsymbol{g}(\boldsymbol{s}_{t-1}^c, \boldsymbol{a}_t) + \boldsymbol{w}_t \\ &= \begin{bmatrix} g_1(\boldsymbol{s}_{t-1}^c, \boldsymbol{a}_t) \\ g_2(\boldsymbol{s}_{t-1}^c, \boldsymbol{a}_t) \\ g_3(\boldsymbol{s}_{t-1}^c, \boldsymbol{a}_t) \end{bmatrix} + \boldsymbol{w}_t = \begin{bmatrix} x_{t-1}^c \\ y_{t-1}^c \\ \theta_{t-1}^c \end{bmatrix} \\ &+ \begin{bmatrix} \dfrac{v_t}{\omega_t}[-\sin(\theta_{t-1}^c) + \sin(\theta_{t-1}^c)\cos(\omega_t \Delta t) + \cos(\theta_{t-1}^c)\sin(\omega_t \Delta t)] \\ \dfrac{v_t}{\omega_t}[\cos(\theta_{t-1}^c) - \cos(\theta_{t-1}^c)\cos(\omega_t \Delta t) + \sin(\theta_{t-1}^c)\sin(\omega_t \Delta t)] \\ \omega_t \Delta t \end{bmatrix} + \boldsymbol{w}_t\end{aligned} \tag{10.12}$$

一般情况下，为了保证系统姿态变化的平滑性，时间间隔 Δt 通常很小，这使得 $\omega_t \Delta t$ 很小（接近 0）。在这种情况下，$\sin(\omega_t \Delta t)$ 近似等于 $\omega_t \Delta t$，$\cos(\omega_t \Delta t)$ 近似等于 1，式 (10.11) 可进一步简化为

$$\begin{aligned}x_t^p &= x_{t-1}^c + \frac{v_t}{\omega_t}[-\sin(\theta_{t-1}^c) + \sin(\theta_{t-1}^c) + \cos(\theta_{t-1}^c)\omega_t \Delta t] \\ &= x_{t-1}^c + \frac{v_t}{\omega_t}\cos(\theta_{t-1}^c)\omega_t \Delta t \\ &= x_{t-1}^c + v_t \Delta t \cos(\theta_{t-1}^c) \\ y_t^p &= y_{t-1}^c + \frac{v_t}{\omega_t}[\cos(\theta_{t-1}^c) - \cos(\theta_{t-1}^c) + \sin(\theta_{t-1}^c)\omega_t \Delta t] \\ &= y_{t-1}^c + \frac{v_t}{\omega_t}\sin(\theta_{t-1}^c)\omega_t \Delta t \\ &= y_{t-1}^c + v_t \Delta t \sin(\theta_{t-1}^c)\end{aligned} \tag{10.13}$$

结合式 (10.13) 和式 (10.8)，可以得出机器人的运动学模型：

$$\begin{aligned}\boldsymbol{s}_t^p &= \boldsymbol{g}(\boldsymbol{s}_{t-1}^c, \boldsymbol{a}_t) + \boldsymbol{w}_t \\ &= \begin{bmatrix} g_1(\boldsymbol{s}_{t-1}^c, \boldsymbol{a}_t) \\ g_2(\boldsymbol{s}_{t-1}^c, \boldsymbol{a}_t) \\ g_3(\boldsymbol{s}_{t-1}^c, \boldsymbol{a}_t) \end{bmatrix} + \boldsymbol{w}_t = \begin{bmatrix} x_{t-1}^c \\ y_{t-1}^c \\ \theta_{t-1}^c \end{bmatrix} + \begin{bmatrix} v_t \Delta t \cos(\theta_{t-1}^c) \\ v_t \Delta t \sin(\theta_{t-1}^c) \\ \omega_t \Delta t \end{bmatrix} + \boldsymbol{w}_t\end{aligned} \tag{10.14}$$

对比式 (10.12) 和式 (10.14) 可以看出，在没有近似前，运动学模型有一个明显的缺点，即机器人的角速度为零时会出现分母为零的情况，这导致计算失败。经过近似后，这个问题得到解决。然而，在进行近似后，利用运动学模型在进行坐标位置更新时，并没有考虑旋转角度的影响，即假设 $\phi_t \approx 0$，这导致更新误差。为了缓解这一问题，在实际操作中会

引入一个 $\frac{1}{2}\phi_t = \frac{1}{2}\omega_t \Delta t$ 项，则

$$
\begin{aligned}
\boldsymbol{s}_t^p &= \boldsymbol{g}(\boldsymbol{s}_{t-1}^c, \boldsymbol{a}_t) + \boldsymbol{w}_t \\
&= \begin{bmatrix} g_1(\boldsymbol{s}_{t-1}^c, \boldsymbol{a}_t) \\ g_2(\boldsymbol{s}_{t-1}^c, \boldsymbol{a}_t) \\ g_3(\boldsymbol{s}_{t-1}^c, \boldsymbol{a}_t) \end{bmatrix} + \boldsymbol{w}_t = \begin{bmatrix} x_{t-1}^c \\ y_{t-1}^c \\ \theta_{t-1}^c \end{bmatrix} + \begin{bmatrix} v_t \Delta t \cos\left(\theta_{t-1}^c + \frac{1}{2}\omega_t \Delta t\right) \\ v_t \Delta t \sin\left(\theta_{t-1}^c + \frac{1}{2}\omega_t \Delta t\right) \\ \omega_t \Delta t \end{bmatrix} + \boldsymbol{w}_t
\end{aligned} \tag{10.15}
$$

到此为止，我们将机器人抽象为一个点，并讨论了这个点基于速度的运动学模型。需要注意的是，这使用了一些潜在假设。首先，我们假设机器人的自身坐标以它的抽象点为原点，以机器人行进方向为 x 轴正方向，坐标系满足右手定则。其次，我们假设机器人的方向角为机器人行进方向与世界坐标系 x 轴正方向的夹角。如果行进方向在世界坐标系 x 轴正方向的逆时针旋转方向，那么方向角为正。最后，我们假设已经获得了机器人的线速度和角速度。

10.4.5　双轮差速驱动速度模型–2

前面我们讲过，运动学模型一般要考虑驱动模型。在真实的机器人运动过程中，我们并不能直接获得机器人的线速度和角速度，也不能简单地将一个刚性机器人看作一个点。为此，我们需要基于一个驱动模型来进一步讨论机器人的运动学模型。这里我们仍以双轮差速驱动模型为例。

双轮差速驱动移动机器人在车体两侧装两个差速轮作为驱动轮，其他轮子仅作为随动轮，其通过变化左右两个驱动轮的速度来实现前进和转向。我们以四轮移动机器人为例，介绍引入双轮差速驱动模型的运动学模型。这里我们假设机器人后两轮为驱动轮，前两轮为随动轮但不能转向，两个驱动轮由驱动马达单独控制，可以实现不同速度。当左右两轮的速度不一致时，刚性机器人必然会产生一个朝向速度较慢一侧的旋转力，进而会围绕 ICR 进行圆周运动。根据圆周运动定律，角速度等于 2π 除以机器人运动一周所用时间 T，即 $\omega = 2\pi/T$。因为刚性机器人运动完一周，所有点经过的弧度都是 2π，并且所有点经过的时间都是 T，所以刚性机器人上所有点的角速度是一样的，即做圆周运动的刚性机器人上任意一点的角速度必然相等。

机器人不是一个点而是一个三维几何体，它占据了三维空间中的无穷多个点。然而，机器人定位定的是一个点的位置，所以我们必须在机器人上寻找一个参考点，以这个参考点来代表机器人。前面我们已经假设移动机器人是在平面上运动的，机器人定位定的是二维坐标位置和朝向。因此，我们将刚性机器人向 $x-y$ 平面进行投影，其被看作在 x–y 平面上的一个二维几何形状。我们需要在机器人的二维几何形状上选一个点作为参考点。图 10.3 展示了四轮机器人的二维几何形状。

尽管我们可以从中任意选择一个点作为参考点，但为了计算方便，我们通常从机器人后轮轴 (左右驱动轮轴) 中心点、几何中心点、前轮轴中心点之中选一个作为参考点。这里我们选择后轮轴中心点作为参考点。在构建刚性机器人自身坐标系时，以后轮轴中心点为

原点，以过原点并指向机器人行进方向的直线为 x 轴，以过原点并垂直于 x 轴的直线为 y 轴。这个坐标系满足右手定则。刚性机器人的后轮轴中心点 (x_{tM}, y_{tM})、左驱动轮中心点和右驱动轮中心点共线并位于 y 轴上。因为左右驱动轮中心点的线速度方向和 x 轴正方向相同，并且线速度方向与旋转半径相互垂直，即 ICR 和左驱动轮中心点的连线、ICR 和右驱动轮中心点的连线都与 x 轴垂直，所以 ICR 只能在 y 轴上。因此，对于一个围绕 ICR 做圆周运动的刚性机器人，其后轮轴中心点 M、ICR、左驱动轮中心点 L、右驱动轮中心点 R 四点共线。图 10.4显示了机器人四点之间的关系。需要注意的是，除机器人落在 y 轴上的点的线速度方向和 x 轴正方向相同外，其他点的线速度方向和 x 轴正方向不同，如机器人的几何中心点和前轮轴中心点。另外，此坐标系的原点是后轮轴中心点 M，坐标 (x_{tM}, y_{tM}) 是后轮轴中心点在全局坐标系中的坐标。

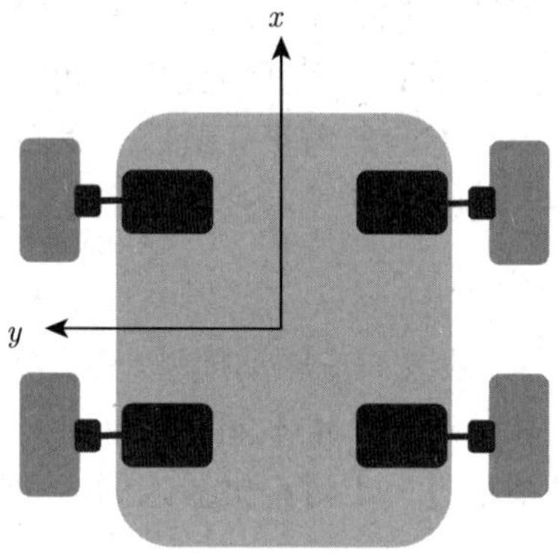

图 10.3　四轮机器人的二维几何形状

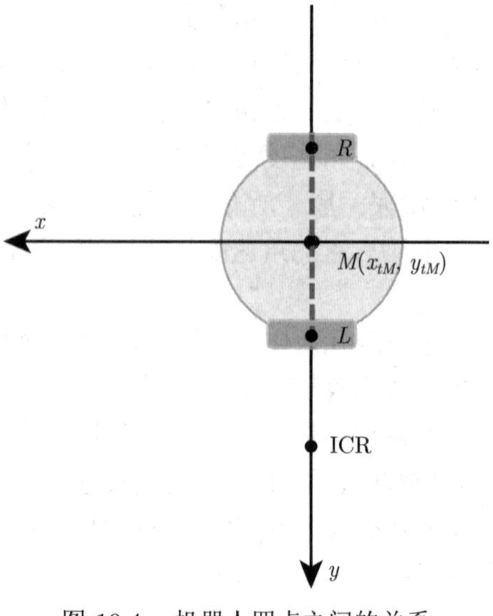

图 10.4　机器人四点之间的关系

到此为止，我们已经为后轮差速驱动四轮机器人选择了参考点，并以此参考点为原点建立了机器人自身坐标系。我们的目标是，在已知此参考点在 $t-1$ 时刻的姿态为 $\boldsymbol{s}_{t-1}^c = (x_{t-1}^c, y_{t-1}^c, \theta_{t-1}^c)$ 时，来估计经过时间间隔 Δt 后在 t 时刻的姿态 $\boldsymbol{s}_t^p = (x_t^p, y_t^p, \theta_t^p)$。这里，机器人参考点的姿态 $\boldsymbol{s}_t$ 的坐标是建立在全局坐标系下的。由前面的机器人运动学模型可知，我们只需要知道这个参考点的线速度和角速度 $\boldsymbol{a}_t = (v_t, \omega_t)$，就可以利用前面的结论直接预测机器人在 t 时刻的新姿态。

对于双轮差速驱动机器人，我们可以获得的速度信息只有左右驱动轮中心点的线速度。另外，我们还可以事先测量左右驱动轮中心点连线的距离，即后轮轴距（也可以说是左右驱动轮的轴距）。我们的目标是利用左右驱动轮中心点的线速度和后轮轴距来获得后轮轴中心点的线速度和角速度 $\boldsymbol{a}_t = (v_{tM}, \omega_{tM})$，并且要保证这个线速度是和后轮轴垂直的。

假设左右驱动轮中心点的线速度（也可以说是左右驱动轮的线速度）分别为 v_{tL} 和 v_{tR}，机器人后轮轴中心点的旋转半径和线速度分别为 r_{tM} 和 v_{tM}，机器人的后轮轴距为 d，机器人旋转的角速度为 ω_t。因为机器人上所有点的旋转角速度是相等的，所以由圆周运动定律 [式 (10.3)] 可知以下关系成立：

$$\omega_t = \frac{v_{tL}}{r_{tM} - d/2} = \frac{v_{tM}}{r_{tM}} = \frac{v_{tR}}{r_{tM} + d/2} \tag{10.16}$$

事实上，在现实应用环境中，我们通常知道双轮差速驱动机器人左右驱动轮的线速度 v_{tL} 和 v_{tR}，以及机器人的后轮轴距 d。因此，我们需要从这 3 个已知量来推导出机器人旋转的角速度 ω_t。

由式 (10.16) 可得

$$\begin{aligned} v_{tL} r_{tM} &= v_{tM} r_{tM} - v_{tM} d/2 \\ v_{tR} r_{tM} &= v_{tM} r_{tM} + v_{tM} d/2 \end{aligned} \tag{10.17}$$

求解上面的方程组，可得

$$\begin{aligned} v_{tM} &= \frac{v_{tL} + v_{tR}}{2} \\ r_{tM} &= -\frac{v_{tM} d}{v_{tL} - v_{tR}} = \frac{d(v_{tL} + v_{tR})}{2(v_{tR} - v_{tL})} \end{aligned} \tag{10.18}$$

将式 (10.18) 代入式 (10.16)，可以得出机器人旋转的角速度：

$$\omega_t = \frac{v_{tM}}{r_{tM}} = \frac{v_{tR} - v_{tL}}{d} \tag{10.19}$$

需要注意的是，角速度 ω_t 是有方向的。如果机器人在某个时刻 t 围绕 ICR 做逆时针旋转，那么 ω_t 为正，即左驱动轮的线速度大于右驱动轮的线速度，反之则反。

对于双轮差速驱动刚性机器人定位问题，我们定的是刚性机器人的参考点。因此，我们只需要讨论这个参考点的线速度和角速度即可。根据式 (10.18) 和式 (10.19)，我们可以从机器人左右驱动轮的原始驱动线速度 v_{tL} 和 v_{tR} 及机器人的后轮轴距 d 获得机器人参考点的线速度和角速度，其可变换为如下形式：

$$
\begin{bmatrix} v_{tM} \\ \omega_t \end{bmatrix} = \begin{bmatrix} \dfrac{v_{tL}+v_{tR}}{2} \\ \dfrac{v_{tR}-v_{tL}}{d} \end{bmatrix} = \begin{bmatrix} 1/2 & 1/2 \\ 1/d & -1/d \end{bmatrix} \begin{bmatrix} v_{tR} \\ v_{tL} \end{bmatrix} \tag{10.20}
$$

将式 (10.20) 代入式 (10.12)，可以得出机器人基于双轮差速驱动模型的运动学模型：

$$
\begin{aligned}
\boldsymbol{s}_t^p &= \boldsymbol{g}(\boldsymbol{s}_{t-1}^c, \boldsymbol{a}_t) + \boldsymbol{w}_t \\
&= \begin{bmatrix} g_1(\boldsymbol{s}_{t-1}^c, \boldsymbol{a}_t) \\ g_2(\boldsymbol{s}_{t-1}^c, \boldsymbol{a}_t) \\ g_3(\boldsymbol{s}_{t-1}^c, \boldsymbol{a}_t) \end{bmatrix} + \boldsymbol{w}_t = \begin{bmatrix} x_{t-1}^c \\ y_{t-1}^c \\ \theta_{t-1}^c \end{bmatrix} \\
&+ \begin{bmatrix} \dfrac{d(v_{tR}+v_{tL})}{2(v_{tR}-v_{tL})}[-\sin(\theta_{t-1}^c) + \sin(\theta_{t-1}^c)\cos(\omega_t \Delta t) + \cos(\theta_{t-1}^c)\sin(\omega_t \Delta t)] \\ \dfrac{d(v_{tR}+v_{tL})}{2(v_{tR}-v_{tL})}[\cos(\theta_{t-1}^c) - \cos(\theta_{t-1}^c)\cos(\omega_t \Delta t) + \sin(\theta_{t-1}^c)\sin(\omega_t \Delta t)] \\ \dfrac{v_{tR}-v_{tL}}{d}\Delta t \end{bmatrix} + \boldsymbol{w}_t
\end{aligned} \tag{10.21}
$$

如果也进行近似并且考虑旋转角度问题，那么可将机器人基于双轮差速驱动模型的运动学模型变换为

$$
\begin{aligned}
\boldsymbol{s}_t^p &= \boldsymbol{g}(\boldsymbol{s}_{t-1}^c, \boldsymbol{a}_t) + \boldsymbol{w}_t \\
&= \begin{bmatrix} g_1(\boldsymbol{s}_{t-1}^c, \boldsymbol{a}_t) \\ g_2(\boldsymbol{s}_{t-1}^c, \boldsymbol{a}_t) \\ g_3(\boldsymbol{s}_{t-1}^c, \boldsymbol{a}_t) \end{bmatrix} + \boldsymbol{w}_t = \begin{bmatrix} x_{t-1}^c \\ y_{t-1}^c \\ \theta_{t-1}^c \end{bmatrix} + \begin{bmatrix} \dfrac{v_{tL}+v_{tR}}{2}\Delta t \cos\left(\theta_{t-1}^c + \dfrac{v_{tR}-v_{tL}}{2d}\Delta t\right) \\ \dfrac{v_{tL}+v_{tR}}{2}\Delta t \sin\left(\theta_{t-1}^c + \dfrac{v_{tR}-v_{tL}}{2d}\Delta t\right) \\ \dfrac{v_{tR}-v_{tL}}{d}\Delta t \end{bmatrix} + \boldsymbol{w}_t
\end{aligned} \tag{10.22}
$$

从式 (10.20) 可以看出，其核心因素是机器人左右驱动轮的线速度。一旦我们在 $t-1$ 时刻知道了左右驱动轮的线速度 v_{tL} 和 v_{tR} 及从 $t-1$ 时刻到 t 时刻所经历的时间 Δt，那么我们就可以根据运动学模型预测机器人在未来 t 时刻的姿态，即在 $t-1$ 时刻就能推算在未来 t 时刻的姿态。对于机器人路径规划，就是要推算未来机器人该怎么走，需要在走前计算。因此，双轮差速驱动速度模型非常适合用于机器人路径规划。另外，由于左右驱动轮的轴距 d 一般是已知的，通过左右驱动轮的线速度 v_{tL} 和 v_{tR}，可以换算出机器人参考点的线速度 v_{tM} 和角速度 ω_t。因此，已知机器人左右驱动轮的线速度和轴距，等价于已知机器人参考点的线速度和角速度，都是速度模型。完整的速度模型有一个明显的缺点，即左右驱动轮的线速度相等时，会出现分母为零的情况，不利于计算。左右驱动轮的线速度相等，等价于机器人的角速度为零，即速度模型不适合无旋转操作的运动。因此，在实际应用中，通常采用近似模型。

10.4.6 双轮差速驱动里程计模型

前面我们基于双轮差速驱动模型讨论了机器人的速度模型。正如前文所述，双轮差速驱动速度模型可预测未来的姿态，在路径规划等需要预测未来动作的应用场景中非常有优势。然而，在机器人实际执行动作的过程中，会受环境（摩擦力、风速、上下坡等）、自身（执行机构误差）等各种因素的影响，使得实际执行效果和预期不一致，这就造成 $t-1$ 时刻预测的 t 时刻姿态和实际的 t 时刻姿态存在较大误差。下面我们介绍一种相对精确的模型，即双轮差速驱动里程计模型。

从原始的含义来说，里程计就是一个仪表盘，它记录了车辆行走的距离。在机器人领域，里程计可以被看作是一种传感器，其测量数据是机器人行进轨迹的距离，可为机器人提供实时的相对姿态变化信息。对于双轮差速移动机器人，就是通过在两个驱动轮上安装光电解码器来测量两个车轮在一定时间间隔内转过的弧度。虽然光电解码器是真正测量运动的传感器，但它并不是里程计。在机器人领域，里程计是一个模型，它利用运动传感器获得的行进距离等信息来推算机器人的相对姿态变化。与双轮差速驱动速度模型相比，里程计模型的特点是机器人只有完成运动后才能获得里程计数据。比如，利用光电解码器，机器人只有从 $t-1$ 时刻位置运动到 t 时刻位置，我们才能获得两个驱动轮走过的弧度。因为里程计模型不能预先推算未来的路径，所以它不适合做路径规划，但很适合做姿态估计。另外，由于过程噪声和驱动力本身的不稳定，大部分机器人的执行机构执行速度命令的精度远没有测量车轮走过的圈数精确，所以里程计模型在机器人姿态估计中更精确。

对于双轮差速驱动速度模型，机器人姿态估计的已知条件是 $t-1$ 时刻机器人姿态及 $t-1$ 时刻机器人左右驱动轮的线速度和轴距，目标是预测未来 t 时刻机器人姿态。如果我们把左右驱动轮轴中心点作为机器人的参考点，那么从左右驱动轮的线速度和轴距，可以利用简单的几何知识获得参考点的线速度和角速度，进而估计 t 时刻姿态。与之对比，利用双轮差速驱动里程计模型进行姿态估计，其已知条件是 $t-1$ 时刻机器人姿态、从 $t-1$ 时刻到 t 时刻机器人左右驱动轮行进的距离（只能在 t 时刻获得这个数据）及左右驱动轮的轴距。

下面我们简单推导一下机器人基于双轮差速驱动里程计模型的运动学模型。假设从 $t-1$ 时刻到 t 时刻，机器人左右驱动轮行进的距离分别为 d_{tL} 和 d_{tR}，左右驱动轮的轴距为 l_{axis}，其中 d_{tL} 和 d_{tR} 可以从里程计直接读取获得。

和前面的速度模型一样，我们也需要事先确定机器人的参考点。这里我们仍然选择左右驱动轮轴中心点作为机器人的参考点。假设参考点从 $t-1$ 时刻到 t 时刻行进的距离为 d_t，参考点从 $t-1$ 时刻到 t 时刻旋转的角度为 ϕ_t，参考点的旋转半径为 r_t。利用三角几何知识并参考式 (10.6)，可获得 ICR 的坐标 $(x_{\text{ct}}, y_{\text{ct}})$，即

$$\begin{aligned} x_{\text{ct}} &= x_{t-1}^c - r_t \sin(\theta_{t-1}^c) \\ y_{\text{ct}} &= y_{t-1}^c + r_t \cos(\theta_{t-1}^c) \end{aligned} \tag{10.23}$$

由圆周运动定律可知，如果已知旋转半径 r_t 和旋转走过的弧长 d_t，那么旋转的角度

$\phi_t = \dfrac{d_t}{r_t}$。进一步，利用三角关系，可获得如下关系：

$$\begin{aligned}
&x_t^p - x_{\mathrm{ct}} = r_t\cos\left(\theta_{t-1}^c - \frac{\pi}{2} + \phi_t\right) \\
&y_t^p - y_{\mathrm{ct}} = r_t\sin\left(\theta_{t-1}^c - \frac{\pi}{2} + \phi_t\right) \\
&\phi_t = \frac{d_t}{r_t}
\end{aligned} \tag{10.24}$$

式 (10.24) 经过转换，可得到 t 时刻机器人姿态：

$$\begin{aligned}
x_t^p &= x_{\mathrm{ct}} + r_t\sin(\theta_{t-1}^c + \phi_t) \\
&= x_{\mathrm{ct}} + r_t[\sin(\theta_{t-1}^c)\cos(\phi_t) + \cos(\theta_{t-1}^c)\sin(\phi_t)] \\
y_t^p &= y_{\mathrm{ct}} - r_t\cos(\theta_{t-1}^c + \phi_t) \\
&= y_{\mathrm{ct}} - r_t[\cos(\theta_{t-1}^c)\cos(\phi_t) - \sin(\theta_{t-1}^c)\sin(\phi_t)] \\
\phi_t &= \frac{d_t}{r_t}
\end{aligned} \tag{10.25}$$

将式 (10.23) 代入式 (10.25) 可得

$$\begin{aligned}
&x_t^p = x_{t-1}^c + r_t[-\sin(\theta_{t-1}^c) + \sin(\theta_{t-1}^c)\cos(\phi_t) + \cos(\theta_{t-1}^c)\sin(\phi_t)] \\
&y_t^p = y_{t-1}^c + r_t[\cos(\theta_{t-1}^c) - \cos(\theta_{t-1}^c)\cos(\phi_t) + \sin(\theta_{t-1}^c)\sin(\phi_t)] \\
&\phi_t = \frac{d_t}{r_t}
\end{aligned} \tag{10.26}$$

结合式 (10.26) 和式 (10.7)，可以得出机器人基于里程计模型的运动学模型：

$$\begin{aligned}
\boldsymbol{s}_t^p &= \boldsymbol{g}(\boldsymbol{s}_{t-1}^c, \boldsymbol{a}_t) + \boldsymbol{w}_t \\
&= \begin{bmatrix} g_1(\boldsymbol{s}_{t-1}^c, \boldsymbol{a}_t) \\ g_2(\boldsymbol{s}_{t-1}^c, \boldsymbol{a}_t) \\ g_3(\boldsymbol{s}_{t-1}^c, \boldsymbol{a}_t) \end{bmatrix} + \boldsymbol{w}_t = \begin{bmatrix} x_{t-1}^c \\ y_{t-1}^c \\ \theta_{t-1}^c \end{bmatrix} \\
&\quad + \begin{bmatrix} r_t\left[-\sin(\theta_{t-1}^c) + \sin(\theta_{t-1}^c)\cos\left(\dfrac{d_t}{r_t}\right) + \cos(\theta_{t-1}^c)\sin\left(\dfrac{d_t}{r_t}\right)\right] \\ r_t\left[\cos(\theta_{t-1}^c) - \cos(\theta_{t-1}^c)\cos\left(\dfrac{d_t}{r_t}\right) + \sin(\theta_{t-1}^c)\sin\left(\dfrac{d_t}{r_t}\right)\right] \\ \dfrac{d_t}{r_t} \end{bmatrix} + \boldsymbol{w}_t
\end{aligned} \tag{10.27}$$

和双轮差速驱动速度模型相似，如果 $t-1$ 时刻到 t 时刻的时间间隔 Δt 足够小，那么机器人行进的距离 d_t 就近似等于 0。在这种情况下，$\phi_t = \dfrac{d_t}{r_t} \approx 0$。因此，式 (10.26) 可变为

$$\begin{aligned}
x_t^p &= x_{t-1}^c + r_t[-\sin(\theta_{t-1}^c) + \sin(\theta_{t-1}^c) + \cos(\theta_{t-1}^c)\phi_t] \\
&= x_{t-1}^c + r_t\cos(\theta_{t-1}^c)\phi_t \\
&= x_{t-1}^c + d_t\cos(\theta_{t-1}^c) \\
y_t^p &= y_{t-1}^c + r_t[\cos(\theta_{t-1}^c) - \cos(\theta_{t-1}^c) + \sin(\theta_{t-1}^c)\phi_t] \\
&= y_{t-1}^c + r_t\sin(\theta_{t-1}^c)\phi_t \\
&= y_{t-1}^c + d_t\sin(\theta_{t-1}^c) \\
\phi_t &= \frac{d_t}{r_t}
\end{aligned} \tag{10.28}$$

结合式 (10.28) 和式 (10.7)，可以得出机器人基于里程计模型的运动学模型：

$$\begin{aligned}
\boldsymbol{s}_t^p &= \boldsymbol{g}(\boldsymbol{s}_{t-1}^c, \boldsymbol{a}_t) + \boldsymbol{w}_t \\
&= \begin{bmatrix} g_1(\boldsymbol{s}_{t-1}^c, \boldsymbol{a}_t) \\ g_2(\boldsymbol{s}_{t-1}^c, \boldsymbol{a}_t) \\ g_3(\boldsymbol{s}_{t-1}^c, \boldsymbol{a}_t) \end{bmatrix} + \boldsymbol{w}_t = \begin{bmatrix} x_{t-1}^c \\ y_{t-1}^c \\ \theta_{t-1}^c \end{bmatrix} + \begin{bmatrix} d_t\cos(\theta_{t-1}^c) \\ d_t\sin(\theta_{t-1}^c) \\ \dfrac{d_t}{r_t} \end{bmatrix} + \boldsymbol{w}_t
\end{aligned} \tag{10.29}$$

如果进一步考虑机器人旋转的角度，引入一个 $\dfrac{1}{2}\phi_t = \dfrac{d_t}{2r_t}$ 项，则

$$\begin{aligned}
\boldsymbol{s}_t^p &= \boldsymbol{g}(\boldsymbol{s}_{t-1}^c, \boldsymbol{a}_t) + \boldsymbol{w}_t \\
&= \begin{bmatrix} g_1(\boldsymbol{s}_{t-1}^c, \boldsymbol{a}_t) \\ g_2(\boldsymbol{s}_{t-1}^c, \boldsymbol{a}_t) \\ g_3(\boldsymbol{s}_{t-1}^c, \boldsymbol{a}_t) \end{bmatrix} + \boldsymbol{w}_t = \begin{bmatrix} x_{t-1}^c \\ y_{t-1}^c \\ \theta_{t-1}^c \end{bmatrix} + \begin{bmatrix} d_t\cos\left(\theta_{t-1}^c + \dfrac{d_t}{2r_t}\right) \\ d_t\sin\left(\theta_{t-1}^c + \dfrac{d_t}{2r_t}\right) \\ \dfrac{d_t}{r_t} \end{bmatrix} + \boldsymbol{w}_t
\end{aligned} \tag{10.30}$$

上面我们将刚性移动机器人抽象为一个参考点，并基于参考点讨论了利用里程计模型进行姿态估计的问题。从式 (10.30) 可以看出，如果我们想利用机器人基于里程计模型的运动学模型获得姿态更新，必须知道机器人参考点行进的距离 d_t 和机器人参考点的旋转半径 r_t。然而，对于双轮差速驱动刚性机器人，在 t 时刻，我们获得的信息只有 3 个，即

在 t 时刻能从光电解码器获得的左右驱动轮行进的距离 d_{tL} 和 d_{tR}，以及左右驱动轮的轴距 l_{axis}。因此，我们的目标是从这 3 个已知量计算出参考点的 d_t 和 r_t。

在前面我们讨论过，对于一个围绕 ICR 做圆周运动的刚性机器人，其后轮轴中心点 M、ICR、左驱动轮中心点 L、右驱动轮中心点 R 是共线的，如图 10.4 所示。另外，刚性机器人上所有点的旋转角速度是相等的，则机器人上任意一点旋转的角度都是 ϕ_t。假设左驱动轮中心点 L、右驱动轮中心点 R、后轮轴中心点 M 的旋转半径分别为 r_{tL}、r_{tR}、r_{tM}，后轮轴中心点（参考点）走过的弧长为 d_{tM}，那么由圆周运动定律可得

$$\begin{aligned} d_{tL} &= \phi_t r_{tL} \\ d_{tM} &= \phi_t \left(r_{tL} + \frac{l_{\text{axis}}}{2} \right) \\ d_{tR} &= \phi_t (r_{tL} + l_{\text{axis}}) \end{aligned} \tag{10.31}$$

则

$$d_{tM} = \frac{d_{tR} + d_{tL}}{2} \tag{10.32}$$

到此为止，我们已经利用 3 个已知量计算得到 d_{tM}。接着，我们需要从 3 个已知量计算得到 r_{tM}。事实上，我们计算 r_{tM} 的终极目的是求解 ϕ_t。事实上，利用式 (10.31) 中的第 3 个公式减去第 1 个公式，就可直接得到 ϕ_t，即

$$\phi_t = \frac{d_{tR} - d_{tL}}{l_{\text{axis}}} \tag{10.33}$$

为了保持推导的完整性，我们给出 r_{tM} 的显式形式。由式 (10.31) 中的第 1 个公式可得

$$r_{tL} = \frac{d_{tL}}{\phi_t} = \frac{d_{tL} l_{\text{axis}}}{d_{tR} - d_{tL}} \tag{10.34}$$

将上面的 r_{tL} 代入 $r_{tM} = r_{tL} + l_{\text{axis}}/2$ 可得

$$r_{tM} = \frac{d_{tL} l_{\text{axis}}}{d_{tR} - d_{tL}} + \frac{l_{\text{axis}}}{2} = \frac{(d_{tR} + d_{tL}) l_{\text{axis}}}{2(d_{tR} - d_{tL})} \tag{10.35}$$

将式 (10.32) 和式 (10.33) 代入式 (10.30)，可以得出机器人基于双轮差速驱动里程计模型的运动学模型：

$$\begin{aligned} \boldsymbol{s}_t^p &= \boldsymbol{g}(\boldsymbol{s}_{t-1}^c, \boldsymbol{a}_t) + \boldsymbol{w}_t \\ &= \begin{bmatrix} g_1(\boldsymbol{s}_{t-1}^c, \boldsymbol{a}_t) \\ g_2(\boldsymbol{s}_{t-1}^c, \boldsymbol{a}_t) \\ g_3(\boldsymbol{s}_{t-1}^c, \boldsymbol{a}_t) \end{bmatrix} + \boldsymbol{w}_t = \begin{bmatrix} x_{t-1}^c \\ y_{t-1}^c \\ \theta_{t-1}^c \end{bmatrix} + \begin{bmatrix} \dfrac{d_{tR} + d_{tL}}{2} \cos\left(\theta_{t-1}^c + \dfrac{d_{tR} - d_{tL}}{2 l_{\text{axis}}} \right) \\ \dfrac{d_{tR} + d_{tL}}{2} \sin\left(\theta_{t-1}^c + \dfrac{d_{tR} - d_{tL}}{2 l_{\text{axis}}} \right) \\ \dfrac{d_{tR} - d_{tL}}{l_{\text{axis}}} \end{bmatrix} + \boldsymbol{w}_t \end{aligned} \tag{10.36}$$

10.5　机器人定位的观测模型

观测模型的目标就是要获得机器人预测的观测数据。观测模型的关键就是构建从姿态数据到观测数据的非线性映射函数 $\boldsymbol{h}(\boldsymbol{s}_t^p)$。具体来说，就是利用机器人姿态数据与已知的地图数据之间存在的几何变换关系，来推导出机器人在新预测的姿态下能从传感器观测到什么数据。这里我们采用前面定义的特征地图，其中任意一个地标在特征地图中的表示为 $\boldsymbol{m}_i = (m_{xi}, m_{yi}, \boldsymbol{m}_{si})$。此外，我们还假设预测的观测数据与传感器观测数据的关联关系已知，即已知观测数据和哪一个地标对应。利用观测模型和已知的地图，我们将姿态数据变换到观测空间，从而可将 t 时刻预测姿态的不确定性和传感器测量的不确定性映射到同一个空间度量。

本节的目标是获取机器人定位的观测模型的具体形式，即 EKF 更新步骤中观测模型

$$\boldsymbol{o}_t^p = \boldsymbol{h}(\boldsymbol{s}_t^p) + \boldsymbol{e}_t \tag{10.37}$$

的具体形式。

事实上，在机器人定位任务中，我们假设地图是已知的，观测模型的作用就是基于机器人姿态数据和地图数据来预测观测数据。另外，为了便于计算，通常观测模型一次只处理一个观测数据，即只利用一个地图地标。因此，函数 $\boldsymbol{h}()$ 应该包含两个输入，即 $\boldsymbol{s}_t^p$ 和 $\boldsymbol{m}_i$。式 (10.37) 可重写为

$$\boldsymbol{o}_{ti}^p = \boldsymbol{h}(\boldsymbol{s}_t^p, \boldsymbol{m}_i) + \boldsymbol{e}_t \tag{10.38}$$

如果机器人配备的传感器能测量地标到机器人的距离及方位，那么就可以为机器人建立距离–方位观测模型（Range-Bearing Model）。假设机器人在 t 时刻观测到地图中的第 i 个地标，那么我们可以获得两个观测数据。第 1 个观测数据是从传感器读取的观测数据 $\boldsymbol{o}_{tj}$。这个观测数据是机器人处于真实姿态（但未知）下观测获得的。第 2 个观测数据就是要利用距离–方位观测模型从预测的姿态预测出的观测数据 $\boldsymbol{o}_{ti}^p$。具体来说，首先，假设机器人处于预测步骤预测的姿态 $\boldsymbol{s}_t^p$，并已知观测到第 i 个地标；然后，将 $\boldsymbol{s}_t^p$ 和 $\boldsymbol{m}_i$ 代入式 (10.38) 获得预测的观测数据。这里面，一个重要的问题是获得函数 $\boldsymbol{h}(\boldsymbol{s}_t^p, \boldsymbol{m}_i)$ 的具体形式。

如图 10.5所示，如果已知机器人当前姿态和观测到的地标，那么可以利用以下公式建立其姿态到观测数据的转移关系：

$$\boldsymbol{h}(\boldsymbol{s}_t^p, \boldsymbol{m}_i) = \begin{bmatrix} \sqrt{(m_{xi} - x_t^p)^2 + (m_{yi} - y_t^p)^2} \\ \arctan(m_{yi} - y_t^p, m_{xi} - x_t^p) - \theta_t^p \end{bmatrix} \tag{10.39}$$

式 (10.39) 通常被称为姿态到观测数据的转移函数，其将三维状态数据变换为二维观测数据。需要注意的是，机器人姿态 $\boldsymbol{s}_t^p$ 和地图数据 $\boldsymbol{m}_i$ 都是构建在同一个全局坐标系下的，而观测数据 $\boldsymbol{o}_{ti}^p$ 是构建在机器人自身局部坐标系下的。

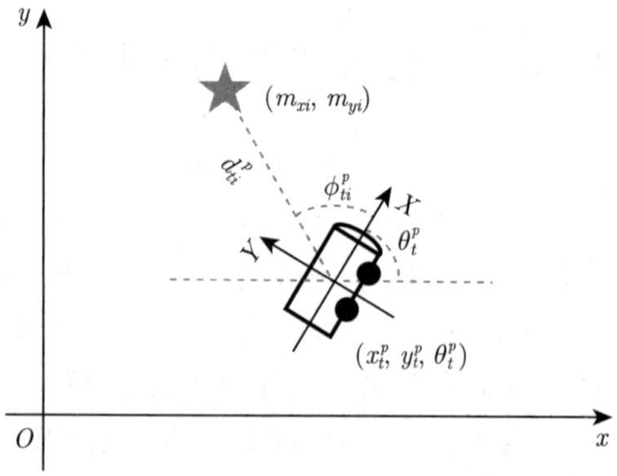

图 10.5　基于 EKF 的机器人姿态到观测数据转移示意图

将式 (10.39) 代入式 (10.38)，可以获得距离–方位观测模型的函数形式：

$$
\begin{aligned}
\boldsymbol{o}_{ti}^p &= \begin{bmatrix} d_{ti}^p \\ \phi_{ti}^p \end{bmatrix} = \boldsymbol{h}(\boldsymbol{s}_t^p, \boldsymbol{m}_i) + \boldsymbol{e}_t \\
&= \begin{bmatrix} \sqrt{(m_{xi} - x_t^p)^2 + (m_{yi} - y_t^p)^2} \\ \arctan(m_{yi} - y_t^p, m_{xi} - x_t^p) - \theta_t^p \end{bmatrix} + \boldsymbol{e}_t
\end{aligned} \tag{10.40}
$$

10.6　基于 EKF 的机器人定位完整算法

前面我们为机器人构造了多个运动学模型和一个观测模型。本节我们将以式 (10.15) 所列的运动学模型和式 (10.40) 所列的观测模型为例，介绍完整的基于 EKF 的机器人定位算法。为了便于阅读，我们将公式重新列出：

$$
\begin{aligned}
\boldsymbol{s}_t^p &= \boldsymbol{g}(\boldsymbol{s}_{t-1}^c, \boldsymbol{a}_t) + \boldsymbol{w}_t \\
&= \begin{bmatrix} x_{t-1}^c \\ y_{t-1}^c \\ \theta_{t-1}^c \end{bmatrix} + \begin{bmatrix} v_t \Delta t \cos\left(\theta_{t-1}^c + \dfrac{1}{2}\omega_t \Delta t\right) \\ v_t \Delta t \sin\left(\theta_{t-1}^c + \dfrac{1}{2}\omega_t \Delta t\right) \\ \omega_t \Delta t \end{bmatrix} + \boldsymbol{w}_t \\
\boldsymbol{o}_{ti}^p &= \boldsymbol{h}(\boldsymbol{s}_t^p, \boldsymbol{m}_i) + \boldsymbol{e}_t \\
&= \begin{bmatrix} \sqrt{(m_{xi} - x_t^p)^2 + (m_{yi} - y_t^p)^2} \\ \arctan(m_{yi} - y_t^p, m_{xi} - x_t^p) - \theta_t^p \end{bmatrix} + \boldsymbol{e}_t
\end{aligned} \tag{10.41}
$$

10.6.1　姿态初始化

当基于 EKF 进行机器人定位时，我们需要事先知道机器人初始姿态概率分布。机器人初始姿态服从高斯分布，并且基于对机器人姿态的先验知识来设定。这里假设服从高斯

分布的机器人初始姿态均值位于世界坐标系的原点，协方差矩阵为一个单位矩阵，即

$$\bar{\boldsymbol{s}}_0^c = \begin{bmatrix} x_0^c \\ y_0^c \\ \theta_0^c \end{bmatrix}$$
$$\boldsymbol{R}_0^c = \begin{bmatrix} 1 & 0 & 0 \\ 0 & 1 & 0 \\ 0 & 0 & 1 \end{bmatrix} \tag{10.42}$$

在实际应用中，我们需要根据实际情况来确定机器人初始姿态概率分布的均值和协方差矩阵。事实上，协方差矩阵对最终结果的影响不是很大，可以在一定取值范围内随机初始化。

10.6.2 预测步骤

机器人定位中的预测步骤和式 (10.41) 中的运动学模型相关。在运动学模型中，t 时刻预测的机器人姿态除和姿态转移函数 $\boldsymbol{g}(\boldsymbol{s}_{t-1}^c, \boldsymbol{a}_t)$ 有关，还和机器人动作执行向量 $\boldsymbol{a}_t$ 和过程噪声 $\boldsymbol{w}_t$ 有关。这里假设动作执行向量由机器人参考点的线速度和角速度构成，即

$$\boldsymbol{a}_t = \begin{bmatrix} v_t \\ \omega_t \end{bmatrix} \tag{10.43}$$

另外，我们假设机器人动作执行的过程噪声是服从均值为 $\mathbf{0}$ 的高斯分布的白噪声，其表示如下：

$$\boldsymbol{w}_t = \begin{bmatrix} w_{tx} \\ w_{ty} \\ w_{t\theta} \end{bmatrix} \tag{10.44}$$

需要注意的是，$\boldsymbol{w}_t$ 是属于姿态空间的随机向量，是一个三维随机向量，其分量分别表示在 x、y 和 θ 上引入的噪声。事实上，我们并不关心 w_{tx} 、w_{ty} 和 $w_{t\theta}$ 的具体取值，而是关心这个白噪声的协方差矩阵 $\boldsymbol{W}_t$，其表示如下：

$$\boldsymbol{W}_t = \begin{bmatrix} W_{txx} & W_{txy} & W_{tx\theta} \\ W_{tyx} & W_{tyy} & W_{ty\theta} \\ W_{t\theta x} & W_{t\theta y} & W_{t\theta\theta} \end{bmatrix} \tag{10.45}$$

虽然我们定义了上述高斯白噪声的协方差矩阵，但矩阵元素的取值很难确定，并且其会随执行动作的变化而变化。因此，我们需要定义一个随时间变化的协方差矩阵。我们知道，运动学模型反映的是运动前后机器人姿态的变化。由于机器人姿态的变化是由动作执行向量 $\boldsymbol{a}_t$ 引起的，所以应该从动作执行引入的噪声入手来构建 $\boldsymbol{W}_t$。具体来说，假设动作执行引入的噪声是服从均值为 $\mathbf{0}$ 的高斯分布的白噪声 $\boldsymbol{q}_t$，设定其协方差矩阵 $\boldsymbol{Q}_t$ 为

$$\boldsymbol{Q}_t = E[(\boldsymbol{q}_t - \mathbf{0})(\boldsymbol{q}_t - \mathbf{0})^{\mathrm{T}}] = E(\boldsymbol{q}_t\boldsymbol{q}_t^{\mathrm{T}}) = \begin{bmatrix} \alpha_1 v_t^2 + \alpha_2\omega_t^2 & 0 \\ 0 & \alpha_3 v_t^2 + \alpha_4\omega_t^2 \end{bmatrix} \tag{10.46}$$

式中，α_1、α_2、α_3 和 α_4 的取值需要人为设定和调节。可以看出，$\boldsymbol{Q}_t$ 与 t 时刻的动作执行向量有关，是随时间变化的。

事实上，由动作执行向量 $\boldsymbol{a}_t$ 引入的噪声处于运动空间内，是一个二维向量，其分量分别表示在 t 时刻给线速度 v_t 和角速度 ω_t 引入的噪声。为了将运动空间的噪声变换为机器人姿态空间的噪声，我们需要进行一个变换。这个变换矩阵是函数 $\boldsymbol{g}(\boldsymbol{s}_{t-1}^c, \boldsymbol{a}_t)$ 关于 $\boldsymbol{a}_t$ 的雅可比矩阵 $\boldsymbol{V}_t$，其形式如下：

$$
\begin{aligned}
\boldsymbol{V}_t &= \frac{\partial \boldsymbol{g}(\bar{\boldsymbol{s}}_{t-1}^c, \boldsymbol{a}_t)}{\partial \boldsymbol{a}_t} \\
&= \begin{bmatrix}
\dfrac{\partial g_1(\bar{\boldsymbol{s}}_{t-1}^c, \boldsymbol{a}_t)}{\partial v_t} & \dfrac{\partial g_1(\bar{\boldsymbol{s}}_{t-1}^c, \boldsymbol{a}_t)}{\partial \omega_t} \\
\dfrac{\partial g_2(\bar{\boldsymbol{s}}_{t-1}^c, \boldsymbol{a}_t)}{\partial v_t} & \dfrac{\partial g_2(\bar{\boldsymbol{s}}_{t-1}^c, \boldsymbol{a}_t)}{\partial \omega_t} \\
\dfrac{\partial g_3(\bar{\boldsymbol{s}}_{t-1}^c, \boldsymbol{a}_t)}{\partial v_t} & \dfrac{\partial g_3(\bar{\boldsymbol{s}}_{t-1}^c, \boldsymbol{a}_t)}{\partial \omega_t}
\end{bmatrix} \\
&= \begin{bmatrix}
\cos\left(\bar{\theta}_{t-1}^c + \dfrac{1}{2}\omega_t \Delta t\right) & -\dfrac{1}{2}\sin\left(\bar{\theta}_{t-1}^c + \dfrac{1}{2}\omega_t \Delta t\right) \\
\sin\left(\bar{\theta}_{t-1}^c + \dfrac{1}{2}\omega_t \Delta t\right) & \dfrac{1}{2}\cos\left(\bar{\theta}_{t-1}^c + \dfrac{1}{2}\omega_t \Delta t\right) \\
0 & 1
\end{bmatrix}
\end{aligned}
\tag{10.47}
$$

利用式 (10.46) 和式 (10.47) 可构造出姿态空间过程白噪声的协方差矩阵：

$$
\boldsymbol{W}_t = \boldsymbol{V}_t \boldsymbol{Q}_t \boldsymbol{V}_t^{\mathrm{T}} \tag{10.48}
$$

下面我们给出式 (10.48) 的一个简单推导。利用从运动空间到姿态空间的变换矩阵[式 (10.47)] 可得

$$
\boldsymbol{w}_t = \boldsymbol{V}_t \boldsymbol{q}_t \tag{10.49}
$$

根据随机向量二阶中心矩的定义，可得

$$
\begin{aligned}
\boldsymbol{W}_t &= E[(\boldsymbol{w}_t - \boldsymbol{0})(\boldsymbol{w}_t - \boldsymbol{0})^{\mathrm{T}}] \\
&= E(\boldsymbol{w}_t \boldsymbol{w}_t^{\mathrm{T}}) \\
&= E[(\boldsymbol{V}_t \boldsymbol{q}_t)(\boldsymbol{V}_t \boldsymbol{q}_t)^{\mathrm{T}}] \\
&= E(\boldsymbol{V}_t \boldsymbol{q}_t \boldsymbol{q}_t^{\mathrm{T}} \boldsymbol{V}_t^{\mathrm{T}}) \\
&= \boldsymbol{V}_t E(\boldsymbol{q}_t \boldsymbol{q}_t^{\mathrm{T}}) \boldsymbol{V}_t^{\mathrm{T}} \\
&= \boldsymbol{V}_t \boldsymbol{Q}_t \boldsymbol{V}_t^{\mathrm{T}}
\end{aligned}
\tag{10.50}
$$

式 (10.41) 给出了本例的运动学模型，根据 EKF 的预测公式 [式 (9.4)]，可以得出 t 时刻预测的机器人姿态概率分布的均值：

$$\begin{aligned}\bar{\boldsymbol{s}}_t^p &= \boldsymbol{g}(\bar{\boldsymbol{s}}_{t-1}^c, \boldsymbol{a}_t) \\ &= \begin{bmatrix}\bar{x}_{t-1}^c \\ \bar{y}_{t-1}^c \\ \bar{\theta}_{t-1}^c\end{bmatrix} + \begin{bmatrix} v_t\Delta t\ \cos\left(\bar{\theta}_{t-1}^c + \dfrac{1}{2}\omega_t\Delta t\right) \\ v_t\Delta t\ \sin\left(\bar{\theta}_{t-1}^c + \dfrac{1}{2}\omega_t\Delta t\right) \\ \omega_t\Delta t\end{bmatrix}\end{aligned} \tag{10.51}$$

为了计算出 t 时刻预测的机器人姿态概率分布的协方差矩阵，我们需要先计算函数 $\boldsymbol{g}(\bar{\boldsymbol{s}}_{t-1}^c, \boldsymbol{a}_t)$ 关于 $\boldsymbol{s}_{t-1}^c$ 的雅可比矩阵：

$$\begin{aligned}\boldsymbol{G}_t &= \frac{\partial \boldsymbol{g}(\bar{\boldsymbol{s}}_{t-1}^c, \boldsymbol{a}_t)}{\partial \boldsymbol{s}_{t-1}^c} \\ &= \begin{bmatrix} \dfrac{\partial g_1(\bar{\boldsymbol{s}}_{t-1}^c, \boldsymbol{a}_t)}{\partial x_{t-1}^c} & \dfrac{\partial g_1(\bar{\boldsymbol{s}}_{t-1}^c, \boldsymbol{a}_t)}{\partial y_{t-1}^c} & \dfrac{\partial g_1(\bar{\boldsymbol{s}}_{t-1}^c, \boldsymbol{a}_t)}{\partial \theta_{t-1}^c} \\ \dfrac{\partial g_2(\bar{\boldsymbol{s}}_{t-1}^c, \boldsymbol{a}_t)}{\partial x_{t-1}^c} & \dfrac{\partial g_2(\bar{\boldsymbol{s}}_{t-1}^c, \boldsymbol{a}_t)}{\partial y_{t-1}^c} & \dfrac{\partial g_2(\bar{\boldsymbol{s}}_{t-1}^c, \boldsymbol{a}_t)}{\partial \theta_{t-1}^c} \\ \dfrac{\partial g_3(\bar{\boldsymbol{s}}_{t-1}^c, \boldsymbol{a}_t)}{\partial x_{t-1}^c} & \dfrac{\partial g_3(\bar{\boldsymbol{s}}_{t-1}^c, \boldsymbol{a}_t)}{\partial y_{t-1}^c} & \dfrac{\partial g_3(\bar{\boldsymbol{s}}_{t-1}^c, \boldsymbol{a}_t)}{\partial \theta_{t-1}^c} \end{bmatrix} \\ &= \begin{bmatrix} 1 & 0 & -v_t\Delta t\sin\left(\bar{\theta}_{t-1}^c + \dfrac{1}{2}\omega_t\Delta t\right) \\ 0 & 1 & v_t\Delta t\cos\left(\bar{\theta}_{t-1}^c + \dfrac{1}{2}\omega_t\Delta t\right) \\ 0 & 0 & 1 \end{bmatrix}\end{aligned} \tag{10.52}$$

一旦得到了 $\boldsymbol{G}_t$，利用 EKF 的预测公式 [式 (9.4)]，可以得出 t 时刻根据运动学模型预测的机器人姿态概率分布的协方差矩阵：

$$\boldsymbol{R}_t^p = \boldsymbol{G}_t \boldsymbol{R}_{t-1}^c \boldsymbol{G}_t^{\mathrm{T}} + \boldsymbol{W}_t \tag{10.53}$$

10.6.3 更新步骤

机器人定位中的更新步骤和式 (10.41) 中的观测模型相关。我们假设已知机器人在 t 时刻观测到的是第 i 个地标，那么根据式 (9.13) 和式 (10.41)，可以得出预测的观测数据概率分布的均值：

$$\bar{\boldsymbol{o}}_{ti}^p = \boldsymbol{h}(\bar{\boldsymbol{s}}_t^p, \boldsymbol{m}_i)$$
$$= \begin{bmatrix} \sqrt{(m_{xi} - \bar{x}_t^p)^2 + (m_{yi} - \bar{y}_t^p)^2} \\ \arctan(m_{yi} - \bar{y}_t^p, m_{xi} - \bar{x}_t^p) - \bar{\theta}_t^p \end{bmatrix} \tag{10.54}$$

式中，给均值向量的表示符号添加一个下标 i，表示观测数据是基于第 i 个地标预测的。

为了计算出预测的观测数据概率分布的协方差矩阵，我们需要先计算函数 $\boldsymbol{h}(\bar{\boldsymbol{s}}_t^p, \boldsymbol{m}_i)$ 关于 $\boldsymbol{s}_t^p$ 的雅可比矩阵 $\boldsymbol{H}_{ti}$。因为函数 $\boldsymbol{h}(\boldsymbol{s}_t^p, \boldsymbol{m}_i)$ 依赖于第 i 个地标，所以我们给雅可比矩阵的符号添加一个下标 i，则

$$\boldsymbol{H}_{ti} = \frac{\partial \boldsymbol{h}(\bar{\boldsymbol{s}}_t^p, \boldsymbol{m}_i)}{\partial \boldsymbol{s}_t^p}$$
$$= \begin{bmatrix} \dfrac{\partial h_1(\bar{\boldsymbol{s}}_t^p, \boldsymbol{m}_i)}{\partial x_t^p} & \dfrac{\partial h_1(\bar{\boldsymbol{s}}_t^p, \boldsymbol{m}_i)}{\partial y_t^p} & \dfrac{\partial h_1(\bar{\boldsymbol{s}}_t^p, \boldsymbol{m}_i)}{\partial \theta_t^p} \\ \dfrac{\partial h_2(\bar{\boldsymbol{s}}_{t-1}^c, \boldsymbol{a}_t)}{\partial x_t^p} & \dfrac{\partial h_2(\bar{\boldsymbol{s}}_{t-1}^c, \boldsymbol{a}_t)}{\partial y_t^p} & \dfrac{\partial h_2(\bar{\boldsymbol{s}}_{t-1}^c, \boldsymbol{a}_t)}{\partial \theta_t^p} \end{bmatrix} \tag{10.55}$$
$$= \begin{bmatrix} -\dfrac{m_{xi} - \bar{x}_t^p}{\sqrt{(m_{xi} - \bar{x}_t^p)^2 + (m_{yi} - \bar{y}_t^p)^2}} & -\dfrac{m_{yi} - \bar{y}_t^p}{\sqrt{(m_{xi} - \bar{x}_t^p)^2 + (m_{yi} - \bar{y}_t^p)^2}} & 0 \\ \dfrac{m_{yi} - \bar{y}_t^p}{(m_{xi} - \bar{x}_t^p)^2 + (m_{yi} - \bar{y}_t^p)^2} & -\dfrac{m_{xi} - \bar{x}_t^p}{(m_{xi} - \bar{x}_t^p)^2 + (m_{yi} - \bar{y}_t^p)^2} & -1 \end{bmatrix}$$

除了 $\boldsymbol{H}_{ti}$，我们还需要提前获得随机变量 $\boldsymbol{e}_t$ 的协方差矩阵 $\boldsymbol{E}_t$。因为 $\boldsymbol{e}_t$ 服从均值为 $\boldsymbol{0}$ 的高斯分布，其描述了传感器的观测白噪声，所以 $\boldsymbol{E}_t$ 表示测量的偏差程度。通常，$\boldsymbol{E}_t$ 是一个对角矩阵：

$$\boldsymbol{E}_t = \begin{bmatrix} \sigma_1 & 0 \\ 0 & \sigma_2 \end{bmatrix} \tag{10.56}$$

式中，σ_1 和 σ_2 是传感器的误差参数，可根据经验设置，也可从传感器的厂商获得。

一旦得到了 $\boldsymbol{H}_{ti}$ 和 $\boldsymbol{E}_t$，利用式 (9.13)，可以得出预测的观测数据概率分布的协方差矩阵：

$$\boldsymbol{O}_{ti}^p = \boldsymbol{H}_{ti} \boldsymbol{R}_t^p \boldsymbol{H}_{ti}^{\mathrm{T}} + \boldsymbol{E}_t \tag{10.57}$$

式中，同样因为当前的协方差矩阵是专属于第 i 个地标的，所以给矩阵符号添加一个下标 i。

将式 (10.57) 代入式 (9.26)，可以获得卡尔曼增益：

$$\boldsymbol{K}_{ti} = \boldsymbol{R}_t^p \boldsymbol{H}_{ti}^{\mathrm{T}} (\boldsymbol{O}_{ti}^p)^{-1} \tag{10.58}$$

将式 (10.58) 代入式 (9.27)，可以得出基于 EKF 的机器人定位算法的更新公式：

$$\begin{aligned}\bar{\boldsymbol{s}}_t^c &= \bar{\boldsymbol{s}}_t^p + \boldsymbol{K}_{ti}(\boldsymbol{o}_{ti} - \bar{\boldsymbol{o}}_{ti}^p) \\ \boldsymbol{R}_t^c &= (\boldsymbol{I} - \boldsymbol{K}_{ti}\boldsymbol{H}_{ti})\boldsymbol{R}_t^p\end{aligned} \tag{10.59}$$

式中，$\boldsymbol{o}_{ti}$ 表示机器人的传感器观测到第 i 个地标后的观测数据。

10.6.4 数据关联

在前面的更新步骤，当获得一个观测数据时，我们假设已知这个观测数据和地标的对应关系，即 $\boldsymbol{o}_{ti}$ 是传感器观测到第 i 个地标后的观测数据。事实上，在实际应用中，观测数据和地标的对应关系不是已知的，需要通过算法进行关联。另外，在实际应用中，可能在 t 时刻观测到多个观测数据。为了便于表达，我们将 t 时刻机器人传感器观测到的第 j 个观测数据记为 $\boldsymbol{o}_{tj}$。如果 $\boldsymbol{o}_{tj}$ 对应的地标记为 $j(i)$，那么我们将 $\boldsymbol{o}_{tj(i)}$ 记为在 t 时刻获得的第 j 个观测数据并且和第 $j(i)$ 个已知地标关联。这里我们基于最大似然估计来进行数据关联。

具体来说，给定一个观测数据 $\boldsymbol{o}_{tj}$ 和地图 $\boldsymbol{m} = \{\boldsymbol{m}_1, \boldsymbol{m}_2, \cdots, \boldsymbol{m}_N\}$，数据关联的目标是在地图中找到一个地标 $\boldsymbol{m}_{j(i)}$，使得当传感器观测到第 $j(i)$ 个地标时，最可能产生观测数据 $\boldsymbol{o}_{tj}$。我们知道，在预测步骤，可以预测获得 t 时刻机器人姿态 $\boldsymbol{s}_t^p$。利用式 (10.41) 中的观测模型，我们可以基于 $\boldsymbol{s}_t^p$ 和任意一个地标 $\boldsymbol{m}_i$ 建立一个关于观测数据的概率分布。这个概率分布的意义是，如果机器人处于姿态 $\boldsymbol{s}_t^p$ 时来观测第 i 个地标，那么观测数据的概率分布应该是怎样的。从前面我们知道，这个概率分布是条件高斯分布，即已知观测到的地标是第 i 个地标的条件下产生的观测数据的概率分布，并且式 (10.54) 和式 (10.57) 给出了这个条件高斯分布的均值和协方差矩阵。那么，我们就可以显式地写出这个条件高斯分布：

$$p(\boldsymbol{o}_{tj}|\boldsymbol{m}_i) = \frac{1}{2\pi|\boldsymbol{O}_{ti}^p|^{1/2}}\exp\left(-\frac{1}{2}(\boldsymbol{o}_{tj} - \bar{\boldsymbol{o}}_{ti}^p)^{\mathrm{T}}(\boldsymbol{O}_{ti}^p)^{-1}(\boldsymbol{o}_{tj} - \bar{\boldsymbol{o}}_{ti}^p)\right) \tag{10.60}$$

式中，在等号右侧，没有显式地显示 $\boldsymbol{m}_i$，事实上 $\boldsymbol{m}_i$ 被隐含在 $\bar{\boldsymbol{o}}_{ti}^p$ 中，$\bar{\boldsymbol{o}}_{ti}^p$ 就是由 $\boldsymbol{m}_i$ 和 $\bar{\boldsymbol{s}}_t^p$ 计算而来的。

当我们为所有地标都构建了这样一个观测数据的概率分布后，将从传感器读取的观测数据 $\boldsymbol{o}_{tj}$ 代入式 (10.60)，取值最大的那个地标就是最可能的地标，即

$$j(i) = \arg\max_i \ p(\boldsymbol{o}_{tj}|\boldsymbol{m}_i) \tag{10.61}$$

10.6.5 完整算法

下面我们给出基于 EKF 的机器人定位完整算法，如算法 7(Algorithm 7) 所示。

Algorithm 7 基于 EKF 的机器人定位完整算法

运动学模型和观测模型：

$$\boldsymbol{s}_t^p = \boldsymbol{g}(\boldsymbol{s}_{t-1}^c, \boldsymbol{a}_t) + \boldsymbol{w}_t$$

$$\boldsymbol{o}_{ti}^p = \boldsymbol{h}(\boldsymbol{s}_t^p, \boldsymbol{m}_i) + \boldsymbol{e}_t$$

初始化:

$\bar{\boldsymbol{s}}_0^c$, $\boldsymbol{R}_0^c$

for $t=1$ to T **do**

预测步骤:

$$\bar{\boldsymbol{s}}_t^p = \boldsymbol{g}(\bar{\boldsymbol{s}}_{t-1}^c, \boldsymbol{a}_t)$$

$$\boldsymbol{R}_t^p = \boldsymbol{G}_t \boldsymbol{R}_{t-1}^c \boldsymbol{G}_t^{\mathrm{T}} + \boldsymbol{W}_t$$

$$\boldsymbol{G}_t = \frac{\partial \boldsymbol{g}(\bar{\boldsymbol{s}}_{t-1}^c, \boldsymbol{a}_t)}{\partial \boldsymbol{s}_{t-1}^c}$$

$$\boldsymbol{Q}_t = \begin{bmatrix} \alpha_1 v_t^2 + \alpha_2 \omega_t^2 & 0 \\ 0 & \alpha_3 v_t^2 + \alpha_4 \omega_t^2 \end{bmatrix}$$

$$\boldsymbol{V}_t = \frac{\partial \boldsymbol{g}(\bar{\boldsymbol{s}}_{t-1}^c, \boldsymbol{a}_t)}{\partial \boldsymbol{a}_t}$$

$$\boldsymbol{W}_t = \boldsymbol{V}_t \boldsymbol{Q}_t \boldsymbol{V}_t^{\mathrm{T}}$$

更新步骤:

for $i=1$ to N **do**

$$\bar{\boldsymbol{o}}_{ti}^p = \boldsymbol{h}(\bar{\boldsymbol{s}}_t^p, \boldsymbol{m}_i)$$

$$\boldsymbol{H}_{ti} = \begin{bmatrix} -\dfrac{m_{xi} - \bar{x}_t^p}{\sqrt{(m_{xi} - \bar{x}_t^p)^2 + (m_{yi} - \bar{y}_t^p)^2}} & -\dfrac{m_{yi} - \bar{y}_t^p}{\sqrt{(m_{xi} - \bar{x}_t^p)^2 + (m_{yi} - \bar{y}_t^p)^2}} & 0 \\ \dfrac{m_{yi} - \bar{y}_t^p}{(m_{xi} - \bar{x}_t^p)^2 + (m_{yi} - \bar{y}_t^p)^2} & -\dfrac{m_{xi} - \bar{x}_t^p}{(m_{xi} - \bar{x}_t^p)^2 + (m_{yi} - \bar{y}_t^p)^2} & -1 \end{bmatrix}$$

$$\boldsymbol{E}_t = \begin{bmatrix} \sigma_1 & 0 \\ 0 & \sigma_2 \end{bmatrix}$$

$$\boldsymbol{O}_{ti}^p = \boldsymbol{H}_{ti} \boldsymbol{R}_t^p \boldsymbol{H}_{ti}^{\mathrm{T}} + \boldsymbol{E}_t$$

$$p(\boldsymbol{o}_{tj}|\boldsymbol{m}_i) = \frac{1}{2\pi |\boldsymbol{O}_{ti}^p|^{1/2}} \exp\left(-\frac{1}{2} (\boldsymbol{o}_{tj} - \bar{\boldsymbol{o}}_{ti}^p)^{\mathrm{T}} (\boldsymbol{O}_{ti}^p)^{-1} (\boldsymbol{o}_{tj} - \bar{\boldsymbol{o}}_{ti}^p) \right)$$

end for

for $j=1$ to N_t **do**

$$j(i) = \arg\max_i \ p(\boldsymbol{o}_{tj}|\boldsymbol{m}_i)$$

$$\bar{\boldsymbol{o}}_{tj(i)}^p = \boldsymbol{h}(\bar{\boldsymbol{s}}_t^p, \boldsymbol{m}_{j(i)}) = \begin{bmatrix} \sqrt{(m_{xj(i)} - \bar{x}_t^p)^2 + (m_{yj(i)} - \bar{y}_t^p)^2} \\ \arctan(m_{yj(i)} - \bar{y}_t^p, m_{xj(i)} - \bar{x}_t^p) - \bar{\theta}_t^p \end{bmatrix}$$

$$\boldsymbol{H}_{tj(i)} = \begin{bmatrix} -\dfrac{m_{xj(i)} - \bar{x}_t^p}{\sqrt{(m_{xj(i)} - \bar{x}_t^p)^2 + (m_{yj(i)} - \bar{y}_t^p)^2}} & -\dfrac{m_{yj(i)} - \bar{y}_t^p}{\sqrt{(m_{xj(i)} - \bar{x}_t^p)^2 + (m_{yj(i)} - \bar{y}_t^p)^2}} & 0 \\ \dfrac{m_{yj(i)} - \bar{y}_t^p}{(m_{xj(i)} - \bar{x}_t^p)^2 + (m_{yj(i)} - \bar{y}_t^p)^2} & -\dfrac{m_{xj(i)} - \bar{x}_t^p}{(m_{xj(i)} - \bar{x}_t^p)^2 + (m_{yj(i)} - \bar{y}_t^p)^2} & -1 \end{bmatrix}$$

$$\boldsymbol{E}_t = \begin{bmatrix} \sigma_1 & 0 \\ 0 & \sigma_2 \end{bmatrix}$$

$$\boldsymbol{O}_{tj(i)}^p = \boldsymbol{H}_{tj(i)} \boldsymbol{R}_t^p \boldsymbol{H}_{tj(i)}^{\mathrm{T}} + \boldsymbol{E}_t$$

$$\boldsymbol{K}_{tj(i)} = \boldsymbol{R}_t^p \boldsymbol{H}_{tj(i)}^{\mathrm{T}} (\boldsymbol{O}_{tj(i)}^p)^{-1}$$

$\bar{\boldsymbol{s}}_t^c = \bar{\boldsymbol{s}}_t^p + \boldsymbol{K}_{tj(i)}(\boldsymbol{o}_{tj(i)} - \bar{\boldsymbol{o}}_{tj(i)}^p)$

$\boldsymbol{R}_t^c = (\boldsymbol{I} - \boldsymbol{K}_{tj(i)}\boldsymbol{H}_{tj(i)})\boldsymbol{R}_t^p$

$\bar{\boldsymbol{s}}_t^p = \bar{\boldsymbol{s}}_t^c$

$\boldsymbol{R}_t^p = \boldsymbol{R}_t^c$

end for

end for

Output: $\bar{\boldsymbol{s}}_t^c, \boldsymbol{R}_t^c$

第 11 章 EKF-SLAM

同时定位与地图构建（Simultaneous Localization And Mapping，SLAM）是指机器人从未知地点出发探索未知环境，并在运动过程中通过观测地图特征来定位自身位置和姿态，再根据自身位置来构建地图，从而达到同时定位和地图构建的目标。SLAM 具有广泛而重要的应用，其能使机器人自主行走、探索未知世界。一个开创性 SLAM 技术是基于 EKF 的 SLAM 技术。本章将重点介绍基于 EKF 的 SLAM（EKF-SLAM）的关键知识点，具体内容包括：

- EKF-SLAM 的基本问题
- EKF-SLAM 的关键模块
- EKF-SLAM 的完整算法

11.1 EKF-SLAM 的基本问题

在一个机器人系统中，通常包括 3 种关键数据：机器人姿态、传感器观测数据、地图数据。这 3 种数据有紧密的联系，如果已知其中两种数据，那么就可以推断出剩余的一种数据。机器人姿态、传感器观测数据和地图数据之间的关系如图 11.1所示。机器人定位的更新步骤实质上是一个利用地图数据和观测数据推断机器人姿态的过程。在这个过程中，首先，将预测步骤获得的机器人姿态作为已知姿态，结合地图数据做如下推断：如果机器人处于这个姿态，那么其观测数据应是什么样的。其次，利用实际观测数据和推导的数据做差，获得新的知识（Novelty）。最后，利用卡尔曼增益将这个差量（依然是观测数据类型）变换为姿态数据类型。同理，如果已知机器人姿态和观测数据，那么我们也可以较容易地推断出地图数据。

基于 EKF 的机器人定位和 SLAM 在算法上有很大的重叠，但也有较大的不同之处。首先，机器人定位假设地图已知，即现实世界中的地标已经被提取并且抽象为地图，与之对比，机器人 SLAM 假设对现实世界中的地标一无所知。其次，机器人定位假设地图中地标的个数是固定的，而 SLAM 需要根据观测数据来动态添加新地标。最后，在机器定位应用中，EKF 的状态向量是一个只包含姿态的固定长度短向量，而 SLAM 的状态向量不仅包含姿态向量还包含地图向量，并且长度是动态变化的。

EKF-SLAM 的问题，就是利用已知的机器人的动作执行序列（运动控制数据序列）和机器人传感器的观测序列（观测数据序列）

$$\begin{aligned} \boldsymbol{a}_{1:T} &= \{\boldsymbol{a}_1, \boldsymbol{a}_2, \cdots, \boldsymbol{a}_T\} \\ \boldsymbol{o}_{1:T} &= \{\boldsymbol{o}_1, \boldsymbol{o}_2, \cdots, \boldsymbol{o}_T\} \end{aligned} \tag{11.1}$$

及 EKF 来估计机器人的轨迹和探索得到的地图：

$$\begin{aligned} \boldsymbol{s}_{1:T} &= \{\boldsymbol{s}_1, \boldsymbol{s}_2, \cdots, \boldsymbol{s}_T\} \\ \boldsymbol{m}_{1:N} &= \{\boldsymbol{m}_1, \boldsymbol{m}_2, \cdots, \boldsymbol{m}_N\} \end{aligned} \tag{11.2}$$

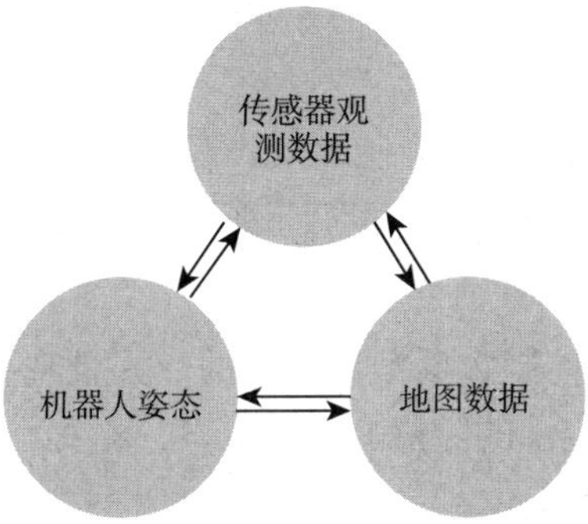

图 11.1 机器人姿态、传感器观测数据和地图数据之间的关系

11.1.1 EKF-SLAM 的系统状态

对于机器人定位任务，其状态向量只包含机器人姿态向量 $\boldsymbol{s}_t$，这是一个 3×1 的向量，t 时刻的分量分别为机器人的位置坐标 (x_t, y_t) 及方向角 θ_t。而对于 SLAM 应用，我们需要同时估计机器人姿态 $\boldsymbol{s}_t$ 和地图 $\boldsymbol{m}$。因此，EKF-SLAM 的系统状态应该包含 $\boldsymbol{s}_t$ 和 $\boldsymbol{m}$。为了和定位应用的状态有所区别，我们用一个新的符号 $\boldsymbol{z}_t$ 来表示 EKF-SLAM 在 t 时刻的状态：

$$\boldsymbol{z}_t = \begin{bmatrix} \boldsymbol{s}_t \\ \boldsymbol{m} \end{bmatrix} \tag{11.3}$$

式中：$\boldsymbol{s}_t$ 表示 t 时刻机器人姿态；$\boldsymbol{m}$ 表示地图。前面我们已经定义过机器人姿态和地图的表示形式。为了便于讨论，我们将数据结构进行适当变化后重新列出：

$$\begin{aligned} \boldsymbol{s}_t &= \begin{bmatrix} x_t \\ y_t \\ \theta_t \end{bmatrix} \\ \boldsymbol{m} &= \begin{bmatrix} \boldsymbol{m}_1 \\ \boldsymbol{m}_2 \\ \vdots \\ \boldsymbol{m}_N \end{bmatrix} \\ \boldsymbol{m}_i &= \begin{bmatrix} m_{xi} \\ m_{yi} \end{bmatrix} \end{aligned} \tag{11.4}$$

式中，我们将每一个地标 $\boldsymbol{m}_i$ 表示为一个列向量形式。另外，由于本章没有关注环境地标的特征提取问题，所以没有将 $\boldsymbol{m}_{si}$ 添加进去，这和前面介绍的地图和地标的数据结构略有不同。

将式 (11.4) 代入式 (11.3)，可以得出 EKF-SLAM 的系统状态向量形式：

$$\begin{aligned}\boldsymbol{z}_t &= \begin{bmatrix}\boldsymbol{s}_t \\ \boldsymbol{m}\end{bmatrix} \\ &= [\overbrace{x_t,\ y_t,\ \theta_t,}^{\boldsymbol{s}_t}\ \overbrace{m_{x1},\ m_{y1},\cdots,m_{xN},\ m_{yN}}^{\boldsymbol{m}}]^{\mathrm{T}}\end{aligned} \tag{11.5}$$

由于 $\boldsymbol{z}_t$ 是由观测数据和控制数据推断出来的，并且观测数据和控制数据是存在误差的，所以 $\boldsymbol{z}_t$ 是一个具有不确定性的随机变量。这里，$\boldsymbol{z}_t$ 是一个 $2N+3$ 维随机向量，并且假设每一个分量都服从高斯分布。

11.1.2 系统状态的均值和协方差矩阵

在任意 t 时刻，我们都可以获得一个 $\boldsymbol{z}_t$。事实上，$\boldsymbol{z}_t$ 并不是一个确定的值向量，而是一个随机向量，它服从高斯分布。然而，我们最终还是要估计出一个值向量来作为当前系统状态。那么，取哪一个值向量是最优的呢？$\boldsymbol{z}_t$ 被假设服从高斯分布。我们知道，服从高斯分布的随机向量取均值的概率最大，即当前系统状态最可能是它所服从高斯分布的均值，记为 $\bar{\boldsymbol{z}}_t$。虽然 $\boldsymbol{z}_t$ 取分布的均值是最优的，但它并不是准确的，存在不确定性。因此，我们还需要知道，当 $\boldsymbol{z}_t$ 取分布的均值时，其不确定性有多大。对于高斯分布，其不确定性由协方差矩阵决定。

在任意 t 时刻，机器人系统状态完全由 $\boldsymbol{z}_t$ 的均值和协方差矩阵确定。EKF-SLAM 的最终目标是通过机器人持续的探索（引入新的轨迹和观测序列），来不断更新 $\boldsymbol{z}_t$ 的均值和协方差矩阵。这里我们列出系统状态均值 $\bar{\boldsymbol{z}}_t$ 和协方差矩阵 $\boldsymbol{Z}_t$ 的表示形式：

$$\begin{aligned}\bar{\boldsymbol{z}}_t &= \begin{bmatrix}\bar{\boldsymbol{s}}_t \\ \bar{\boldsymbol{m}}\end{bmatrix} = \begin{bmatrix}\bar{\boldsymbol{s}}_t \\ \bar{\boldsymbol{m}}_1 \\ \bar{\boldsymbol{m}}_2 \\ \vdots \\ \bar{\boldsymbol{m}}_N\end{bmatrix} \\ &= [\overbrace{\bar{x}_t,\ \bar{y}_t,\ \bar{\theta}_t,}^{\bar{\boldsymbol{s}}_t}\ \overbrace{\underbrace{\bar{m}_{x1},\ \bar{m}_{y1},}_{\bar{\boldsymbol{m}}_1}\cdots,\underbrace{\bar{m}_{xN},\ \bar{m}_{yN}}_{\bar{\boldsymbol{m}}_N}}^{\bar{\boldsymbol{m}}}]^{\mathrm{T}}\end{aligned} \tag{11.6}$$

为了便于展示，我们首先假设

$$
\begin{aligned}
&\delta_{x,x} = \operatorname{cov}(x_t, x_t) && \delta_{y,y} = \operatorname{cov}(y_t, y_t) \\
&\delta_{\theta,\theta} = \operatorname{cov}(\theta_t, \theta_t) && \delta_{x,y} = \delta_{y,x} = \operatorname{cov}(x_t, y_t) \\
&\delta_{x,\theta} = \delta_{\theta,x} = \operatorname{cov}(x_t, \theta_t) && \delta_{y,\theta} = \delta_{\theta,y} = \operatorname{cov}(y_t, \theta_t) \\
&\delta_{x,m_{xi}} = \delta_{m_{xi},x} = \operatorname{cov}(x_t, m_{xi}) && \delta_{x,m_{yi}} = \delta_{m_{yi},x} = \operatorname{cov}(x_t, m_{yi}) \\
&\delta_{y,m_{xi}} = \delta_{m_{xi},y} = \operatorname{cov}(y_t, m_{xi}) && \delta_{y,m_{yi}} = \delta_{m_{yi},y} = \operatorname{cov}(y_t, m_{yi}) \\
&\delta_{\theta,m_{xi}} = \delta_{m_{xi},\theta} = \operatorname{cov}(\theta_t, m_{xi}) && \delta_{\theta,m_{yi}} = \delta_{m_{yi},\theta} = \operatorname{cov}(\theta_t, m_{yi}) \\
&\delta_{m_{xi},m_{xn}} = \delta_{m_{xn},m_{xi}} = \operatorname{cov}(m_{xn}, m_{xi}) && \delta_{m_{xi},m_{yn}} = \delta_{m_{yn},m_{xi}} = \operatorname{cov}(m_{yn}, m_{xi}) \\
&\delta_{m_{yi},m_{xn}} = \delta_{m_{xn},m_{yi}} = \operatorname{cov}(m_{xn}, m_{yi}) && \delta_{m_{yi},m_{yn}} = \delta_{m_{yn},m_{yi}} = \operatorname{cov}(m_{yn}, m_{yi})
\end{aligned}
\tag{11.7}
$$

那么协方差矩阵 $\boldsymbol{Z}_t$ 可以表示为

$$
\boldsymbol{Z}_t = \begin{bmatrix}
\delta_{x,x} & \delta_{x,y} & \delta_{x,\theta} & \delta_{x,m_{x1}} & \delta_{x,m_{y1}} & \cdots & \delta_{x,m_{xN}} & \delta_{x,m_{yN}} \\
\delta_{y,x} & \delta_{y,y} & \delta_{y,\theta} & \delta_{y,m_{x1}} & \delta_{y,m_{y1}} & \cdots & \delta_{y,m_{xN}} & \delta_{y,m_{yN}} \\
\delta_{\theta,x} & \delta_{\theta,y} & \delta_{\theta,\theta} & \delta_{\theta,m_{x1}} & \delta_{\theta,m_{y1}} & \cdots & \delta_{\theta,m_{xN}} & \delta_{\theta,m_{yN}} \\
\delta_{m_{x1},x} & \delta_{m_{x1},y} & \delta_{m_{x1},\theta} & \delta_{m_{x1},m_{x1}} & \delta_{m_{x1},m_{y1}} & \cdots & \delta_{m_{x1},m_{xN}} & \delta_{m_{x1},m_{yN}} \\
\delta_{m_{y1},x} & \delta_{m_{y1},y} & \delta_{m_{y1},\theta} & \delta_{m_{y1},m_{x1}} & \delta_{m_{y1},m_{y1}} & \cdots & \delta_{m_{y1},m_{xN}} & \delta_{m_{y1},m_{yN}} \\
\vdots & \vdots & \vdots & \vdots & \vdots & & \vdots & \vdots \\
\delta_{m_{xN},x} & \delta_{m_{xN},y} & \delta_{m_{xN},\theta} & \delta_{m_{xN},m_{x1}} & \delta_{m_{xN},m_{y1}} & \cdots & \delta_{m_{xN},m_{xN}} & \delta_{m_{xN},m_{yN}} \\
\delta_{m_{yN},x} & \delta_{m_{yN},y} & \delta_{m_{yN},\theta} & \delta_{m_{yN},m_{x1}} & \delta_{m_{yN},m_{y1}} & \cdots & \delta_{m_{yN},m_{xN}} & \delta_{m_{yN},m_{yN}}
\end{bmatrix}
\tag{11.8}
$$

从式 (11.8) 可以看出，左上角 3×3 的方阵，就是机器人姿态的误差矩阵 (也就是机器人姿态的协方差矩阵)$\boldsymbol{R}_t$，记为

$$
\boldsymbol{Z}_{t\_ss} = \boldsymbol{R}_t = \begin{bmatrix}
\delta_{x,x} & \delta_{x,y} & \delta_{x,\theta} \\
\delta_{y,x} & \delta_{y,y} & \delta_{y,\theta} \\
\delta_{\theta,x} & \delta_{\theta,y} & \delta_{\theta,\theta}
\end{bmatrix}
\tag{11.9}
$$

右下角 $2N \times 2N$ 的方阵是地图地标之间的协方差矩阵，记为

$$
\boldsymbol{Z}_{t\_mm} = \begin{bmatrix}
\delta_{m_{x1},m_{x1}} & \delta_{m_{x1},m_{y1}} & \cdots & \delta_{m_{x1},m_{xN}} & \delta_{m_{x1},m_{yN}} \\
\delta_{m_{y1},m_{x1}} & \delta_{m_{y1},m_{y1}} & \cdots & \delta_{m_{y1},m_{xN}} & \delta_{m_{y1},m_{yN}} \\
\vdots & \vdots & & \vdots & \vdots \\
\delta_{m_{xN},m_{x1}} & \delta_{m_{xN},m_{y1}} & \cdots & \delta_{m_{xN},m_{xN}} & \delta_{m_{xN},m_{yN}} \\
\delta_{m_{yN},m_{x1}} & \delta_{m_{yN},m_{y1}} & \cdots & \delta_{m_{yN},m_{xN}} & \delta_{m_{yN},m_{yN}}
\end{bmatrix}
\tag{11.10}
$$

除了这两个方阵，还在右上角和左下角有两个矩阵，分别为机器人姿态与地图地标之间的协方差矩阵 $\boldsymbol{Z}_{t\_sm}$、地图地标与机器人姿态之间的协方差矩阵 $\boldsymbol{Z}_{t\_ms}$。这两个协方差矩阵互为转置，即 $\boldsymbol{Z}_{t\_sm} = \boldsymbol{Z}_{t\_ms}^{\mathrm{T}}$。因此，协方差矩阵 $\boldsymbol{Z}_t$[式 (11.8)] 可以表示为分块矩阵：

$$
\boldsymbol{Z}_t = \begin{bmatrix}
\boldsymbol{Z}_{t\_ss} & \boldsymbol{Z}_{t\_sm} \\
\boldsymbol{Z}_{t\_ms} & \boldsymbol{Z}_{t\_mm}
\end{bmatrix}
\tag{11.11}
$$

需要注意的是，EKF-SLAM 的地图地标数是动态变化的，即系统状态向量的维度和协方差矩阵的维度是动态变化的。当机器人刚刚进入一个陌生环境时，EKF-SLAM 的系统状态只包含 $\boldsymbol{s}_t$。当机器人传感器观测到新地标时，EKF-SLAM 的系统状态向量维度将会增大。

11.2 EKF-SLAM 的关键模块

卡尔曼滤波器的两大核心模块是预测模块和更新模块。同样，EKF-SLAM 也包含预测模块和更新模块两大核心模块。EKF-SLAM 预测模块和常规 EKF 的预测模块相同，利用已知的控制信息和前一时刻的状态信息，预测当前时刻的状态。同样，EKF-SLAM 更新模块和常规 EKF 的更新模块一样，利用新观测到的地标来更新当前时刻预测的状态。其中，在更新模块中，还包含数据关联子模块和新地标插入子模块。当机器人利用传感器观测到一个地标时，数据关联子模块可以判断此地标是否已经在地图中存在。如果存在，数据关联子模块将返回该地标在地图中的坐标。如果不存在，那么此地标为一个新地标，进而利用新地标插入子模块扩充系统状态向量和对应的协方差矩阵。

11.2.1 EKF-SLAM 预测模块

在常规 EKF 中，预测模块的目标是利用已知的 $t-1$ 时刻系统状态（不是一个确定的值向量，而是一个服从高斯分布的随机向量）、机器人 t 时刻的控制输入（是一个确定的值向量）及过程噪声（不是一个确定的值向量，而是一个服从均值为 $\mathbf{0}$ 的高斯分布的随机向量），来建模执行控制输入后的 t 时刻系统状态。为了和常规 EKF 的符号体系保持一致，我们假设 $\boldsymbol{a}_t$ 为 t 时刻对机器人施加的控制，它既可以是对机器人施加的驱动量，也可以是里程计等传感器读数，反映了机器人的运动变化。假设 $\boldsymbol{z}_{t-1}^c$ 为预测前的系统状态（不确定的随机向量），$\boldsymbol{z}_t^p$ 为预测的系统状态（不确定的随机向量），$\boldsymbol{Z}_{t-1}^c$ 为预测前的系统状态 $\boldsymbol{z}_{t-1}^c$ 的协方差矩阵，$\boldsymbol{Z}_t^p$ 为预测的系统状态 $\boldsymbol{z}_t^p$ 的协方差矩阵。EKF-SLAM 预测模块的关键是建立 $\boldsymbol{z}_{t-1}^c$ 到 $\boldsymbol{z}_t^p$ 的转移关系，即状态转移函数：

$$
\begin{aligned}
\boldsymbol{z}_t^p &= \begin{bmatrix} \boldsymbol{s}_t^p \\ \boldsymbol{m} \end{bmatrix} = [x_t^p,\ y_t^p,\ \theta_t^p,\ \ m_{x1},\ m_{y1},\cdots,m_{xN},\ m_{yN}]^{\mathrm{T}} + \boldsymbol{u}_t \\
&= \boldsymbol{f}(\boldsymbol{z}_{t-1}^c, \boldsymbol{a}_t) + \boldsymbol{u}_t
\end{aligned}
\tag{11.12}
$$

这里我们假设地图已经包含 N 个地标，并且每个地标只包含其在全局坐标系下的坐标信息。另外，这里也假设机器人在平面上运动，其姿态只包括其在全局坐标系下的坐标及方向角。因此，$\boldsymbol{z}_t^p$ 和 $\boldsymbol{u}_t$ 都是 $3+2N$ 维随机向量。$\boldsymbol{u}_t$ 是在机器人运动过程中引入的过程噪声，其在 EKF 中被假设为均值为 $\mathbf{0}$ 的高斯噪声。由于从 $t-1$ 时刻状态转移到 t 时刻状态过程中，发生改变的只有机器人姿态，而地图地标不随时间发生变化。这意味着，在状态转移过程中，只有系统状态中的机器人姿态分量引入噪声，而地图分量并没有引入噪声。在式 (9.1) 中，我们定义了机器人姿态发生转移时的过程噪声 $\boldsymbol{w}_t$。这里我们显式地给出它的分量形式：

$$\boldsymbol{w}_t = \begin{bmatrix} w_{tx} \\ w_{ty} \\ w_{t\theta} \end{bmatrix} \tag{11.13}$$

那么 $\boldsymbol{u}_t$ 可以表示为

$$\boldsymbol{u}_t = \begin{bmatrix} u_{1t} \\ u_{2t} \\ u_{3t} \\ u_{4t} \\ u_{5t} \\ \vdots \\ u_{(2+2N)t} \\ u_{(3+2N)t} \end{bmatrix} = \begin{bmatrix} \boldsymbol{w}_t \\ \boldsymbol{0} \end{bmatrix} = \begin{bmatrix} w_{tx} \\ w_{ty} \\ w_{t\theta} \\ 0 \\ 0 \\ \vdots \\ 0 \\ 0 \end{bmatrix} \tag{11.14}$$

对于状态转移函数 $\boldsymbol{f}(\boldsymbol{z}_{t-1}^c, \boldsymbol{a}_t)$，其本质上是一个包含 $3+2N$ 个子函数的函数组，其中前 3 个子函数对应式 (10.2) 中的机器人姿态转移函数 $\boldsymbol{g}(\boldsymbol{s}_{t-1}^c, \boldsymbol{a}_t)$。这里我们也显式地给出机器人姿态转移函数：

$$\boldsymbol{g}(\boldsymbol{s}_{t-1}^c, \boldsymbol{a}_t) = \begin{bmatrix} g_1(\boldsymbol{s}_{t-1}^c, \boldsymbol{a}_t) \\ g_2(\boldsymbol{s}_{t-1}^c, \boldsymbol{a}_t) \\ g_3(\boldsymbol{s}_{t-1}^c, \boldsymbol{a}_t) \end{bmatrix} \tag{11.15}$$

对于系统状态中的地图分量，由于其不随时间发生变化，所以因变量和自变量都是其本身。因此，我们可以将 $\boldsymbol{f}(\boldsymbol{z}_{t-1}^c, \boldsymbol{a}_t)$ 转换为如下形式：

$$\boldsymbol{f}(\boldsymbol{z}_{t-1}^c, \boldsymbol{a}_t) = \begin{bmatrix} f_1(\boldsymbol{z}_{t-1}^c, \boldsymbol{a}_t) \\ f_2(\boldsymbol{z}_{t-1}^c, \boldsymbol{a}_t) \\ f_3(\boldsymbol{z}_{t-1}^c, \boldsymbol{a}_t) \\ f_4(\boldsymbol{z}_{t-1}^c, \boldsymbol{a}_t) \\ f_5(\boldsymbol{z}_{t-1}^c, \boldsymbol{a}_t) \\ \vdots \\ f_{2+2N}(\boldsymbol{z}_{t-1}^c, \boldsymbol{a}_t) \\ f_{3+2N}(\boldsymbol{z}_{t-1}^c, \boldsymbol{a}_t) \end{bmatrix} = \begin{bmatrix} \boldsymbol{g}(\boldsymbol{s}_{t-1}^c, \boldsymbol{a}_t) \\ \boldsymbol{m} \end{bmatrix} = \begin{bmatrix} g_1(\boldsymbol{s}_{t-1}^c, \boldsymbol{a}_t) \\ g_2(\boldsymbol{s}_{t-1}^c, \boldsymbol{a}_t) \\ g_3(\boldsymbol{s}_{t-1}^c, \boldsymbol{a}_t) \\ m_{x1} \\ m_{y1} \\ \vdots \\ m_{xN} \\ m_{yN} \end{bmatrix} \tag{11.16}$$

将式 (11.14) 和式 (11.16) 代入式 (11.12) 可得

$$
\boldsymbol{z}_t^p = \begin{bmatrix} x_t^p \\ y_t^p \\ \theta_t^p \\ m_{x1} \\ m_{y1} \\ \vdots \\ m_{xN} \\ m_{yN} \end{bmatrix} = \begin{bmatrix} f_1 \\ f_2 \\ f_3 \\ f_4 \\ f_5 \\ \vdots \\ f_{2+2N} \\ f_{3+2N} \end{bmatrix} + \begin{bmatrix} w_{tx} \\ w_{ty} \\ w_{t\theta} \\ 0 \\ 0 \\ \vdots \\ 0 \\ 0 \end{bmatrix} = \begin{bmatrix} g_1(\boldsymbol{s}_{t-1}^c, \boldsymbol{a}_t) \\ g_2(\boldsymbol{s}_{t-1}^c, \boldsymbol{a}_t) \\ g_3(\boldsymbol{s}_{t-1}^c, \boldsymbol{a}_t) \\ m_{x1} \\ m_{y1} \\ \vdots \\ m_{xN} \\ m_{yN} \end{bmatrix} + \begin{bmatrix} w_{tx} \\ w_{ty} \\ w_{t\theta} \\ 0 \\ 0 \\ \vdots \\ 0 \\ 0 \end{bmatrix} \tag{11.17}
$$

到此为止，我们获得 EKF-SLAM 预测模块最重要的状态转移函数。利用这个状态转移函数，我们可以从前一时刻系统状态、控制输入及过程噪声来获得当前时刻系统状态 $\boldsymbol{z}_t^p$。由于 $\boldsymbol{z}_{t-1}^c$ 和 $\boldsymbol{u}_t$ 的不确定性，导致 $\boldsymbol{z}_t^p$ 不是一个确定的状态值向量，而是一个服从某个高斯分布的随机向量。然而，预测的结果应该是一个确定的值向量。因为我们不知道哪一个值向量是精确的，所以只能找最可能的值向量作为系统状态预测输出，并给出这个输出可能的偏差。对于服从高斯分布的随机向量，其均值就是这个随机向量最可能出现的值，其协方差矩阵就反映了随机向量取值为均值时可能的偏差。因此，EKF-SLAM 预测模块的目标是获得随机向量 $\boldsymbol{z}_t^p$ 的均值 $\bar{\boldsymbol{z}}_t^p$ 和协方差矩阵 $\boldsymbol{Z}_t^p$。

根据常规 EKF 的预测公式 [式 (9.4)]，可以得出 EKF-SLAM 的预测公式:

$$
\begin{aligned}
\bar{\boldsymbol{z}}_t^p &= \boldsymbol{f}(\bar{\boldsymbol{z}}_{t-1}^c, \boldsymbol{a}_t) \\
\boldsymbol{Z}_t^p &= \boldsymbol{F}_t \boldsymbol{Z}_{t-1}^c \boldsymbol{F}_t^{\mathrm{T}} + \boldsymbol{U}_t
\end{aligned} \tag{11.18}
$$

式中：$\boldsymbol{F}_t$ 是函数 $\boldsymbol{f}(\bar{\boldsymbol{z}}_{t-1}^c, \boldsymbol{a}_t)$ 关于 $\boldsymbol{z}_{t-1}^c$ 的雅可比矩阵；$\boldsymbol{U}_t$ 是均值为 $\boldsymbol{0}$ 的过程噪声 $\boldsymbol{u}_t$ 的协方差矩阵。

由雅可比矩阵的定义可知，$\boldsymbol{F}_t$ 可以表示如下：

$$
\boldsymbol{F}_t = \begin{bmatrix} \dfrac{\partial f_1(\bar{\boldsymbol{z}}_{t-1}^c, \boldsymbol{a}_t)}{\partial z_{(t-1)1}^c} & \cdots & \dfrac{\partial f_1(\bar{\boldsymbol{z}}_{t-1}^c, \boldsymbol{a}_t)}{\partial z_{(t-1)(3+2N)}^c} \\ \vdots & & \vdots \\ \dfrac{\partial f_{3+2N}(\bar{\boldsymbol{z}}_{t-1}^c, \boldsymbol{a}_t)}{\partial z_{(t-1)1}^c} & \cdots & \dfrac{\partial f_{3+2N}(\bar{\boldsymbol{z}}_{t-1}^c, \boldsymbol{a}_t)}{\partial z_{(t-1)(3+2N)}^c} \end{bmatrix} \tag{11.19}
$$

雅可比矩阵的意义在于，其描述了一个非线性多变量向量函数的最佳线性近似。利用这个雅可比矩阵，就建立了 $\boldsymbol{z}_t^p$ 和 $\boldsymbol{z}_{t-1}^c$ 的线性关系。其中，$\dfrac{\partial f_i(\bar{\boldsymbol{z}}_{t-1}^c, \boldsymbol{a}_t)}{\partial z_{(t-1)j}^c}$ 表示 $\boldsymbol{z}_{t-1}^c$ 的第 j 个分量的变化对 $\boldsymbol{z}_t^p$ 的第 i 个分量的变化影响有多大。通常，这个影响是非线性的，否则也就不用使用雅可比矩阵了。$\boldsymbol{z}_{t-1}^c$ 是一个随机向量，其不确定性由 $\boldsymbol{Z}_{t-1}^c$ 确定。在经过线性变换后，由 $\boldsymbol{z}_{t-1}^c$ 带给 $\boldsymbol{z}_t^p$ 的不确定性就是 $\boldsymbol{F}_t \boldsymbol{Z}_{t-1}^c \boldsymbol{F}_t^{\mathrm{T}}$。

将式 (11.16) 代入式 (11.19) 可得

$$F_t = \begin{bmatrix} \dfrac{\partial g_1(\bar{\boldsymbol{s}}_{t-1}^c, \boldsymbol{a}_t)}{\partial x_{t-1}^c} & \dfrac{\partial g_1(\bar{\boldsymbol{s}}_{t-1}^c, \boldsymbol{a}_t)}{\partial y_{t-1}^c} & \dfrac{\partial g_1(\bar{\boldsymbol{s}}_{t-1}^c, \boldsymbol{a}_t)}{\partial \theta_{t-1}^c} & 0 & 0 & \cdots & 0 & 0 \\ \dfrac{\partial g_2(\bar{\boldsymbol{s}}_{t-1}^c, \boldsymbol{a}_t)}{\partial x_{t-1}^c} & \dfrac{\partial g_2(\bar{\boldsymbol{s}}_{t-1}^c, \boldsymbol{a}_t)}{\partial y_{t-1}^c} & \dfrac{\partial g_2(\bar{\boldsymbol{s}}_{t-1}^c, \boldsymbol{a}_t)}{\partial \theta_{t-1}^c} & 0 & 0 & \cdots & 0 & 0 \\ \dfrac{\partial g_3(\bar{\boldsymbol{s}}_{t-1}^c, \boldsymbol{a}_t)}{\partial x_{t-1}^c} & \dfrac{\partial g_3(\bar{\boldsymbol{s}}_{t-1}^c, \boldsymbol{a}_t)}{\partial y_{t-1}^c} & \dfrac{\partial g_3(\bar{\boldsymbol{s}}_{t-1}^c, \boldsymbol{a}_t)}{\partial \theta_{t-1}^c} & 0 & 0 & \cdots & 0 & 0 \\ 0 & 0 & 0 & 1 & 0 & \cdots & 0 & 0 \\ 0 & 0 & 0 & 0 & 1 & \cdots & 0 & 0 \\ \vdots & \vdots & \vdots & \vdots & \vdots & \ddots & \vdots & \vdots \\ 0 & 0 & 0 & 0 & 0 & \cdots & 1 & 0 \\ 0 & 0 & 0 & 0 & 0 & \cdots & 0 & 1 \end{bmatrix} \tag{11.20}$$

假设 $\boldsymbol{G}_t$ 为机器人姿态的雅可比矩阵，即

$$\boldsymbol{G}_t = \begin{bmatrix} \dfrac{\partial g_1(\bar{\boldsymbol{s}}_{t-1}^c, \boldsymbol{a}_t)}{\partial x_{t-1}^c} & \dfrac{\partial g_1(\bar{\boldsymbol{s}}_{t-1}^c, \boldsymbol{a}_t)}{\partial y_{t-1}^c} & \dfrac{\partial g_1(\bar{\boldsymbol{s}}_{t-1}^c, \boldsymbol{a}_t)}{\partial \theta_{t-1}^c} \\ \dfrac{\partial g_2(\bar{\boldsymbol{s}}_{t-1}^c, \boldsymbol{a}_t)}{\partial x_{t-1}^c} & \dfrac{\partial g_2(\bar{\boldsymbol{s}}_{t-1}^c, \boldsymbol{a}_t)}{\partial y_{t-1}^c} & \dfrac{\partial g_2(\bar{\boldsymbol{s}}_{t-1}^c, \boldsymbol{a}_t)}{\partial \theta_{t-1}^c} \\ \dfrac{\partial g_3(\bar{\boldsymbol{s}}_{t-1}^c, \boldsymbol{a}_t)}{\partial x_{t-1}^c} & \dfrac{\partial g_3(\bar{\boldsymbol{s}}_{t-1}^c, \boldsymbol{a}_t)}{\partial y_{t-1}^c} & \dfrac{\partial g_3(\bar{\boldsymbol{s}}_{t-1}^c, \boldsymbol{a}_t)}{\partial \theta_{t-1}^c} \end{bmatrix} \tag{11.21}$$

将式 (11.21) 代入式 (11.20) 可得

$$\boldsymbol{F}_t = \begin{bmatrix} \boldsymbol{G}_t & \boldsymbol{0} \\ \boldsymbol{0} & \boldsymbol{I} \end{bmatrix} \tag{11.22}$$

$\boldsymbol{U}_t$ 是过程噪声 $\boldsymbol{u}_t$ 的协方差矩阵，它描述了过程噪声带给 $\boldsymbol{z}_t^p$ 的不确定性。由式 (11.14) 及协方差矩阵的定义可得

$$\begin{aligned} \boldsymbol{U}_t &= \text{cov}(\boldsymbol{u}_t, \boldsymbol{u}_t) \\ &= \begin{bmatrix} \boldsymbol{W}_t & \boldsymbol{0} \\ \boldsymbol{0} & \boldsymbol{0} \end{bmatrix} \\ \boldsymbol{W}_t &= \text{cov}(\boldsymbol{w}_t, \boldsymbol{w}_t) \\ &= \begin{bmatrix} \text{cov}(w_{tx}, w_{tx}) & \text{cov}(w_{tx}, w_{ty}) & \text{cov}(w_{tx}, w_{t\theta}) \\ \text{cov}(w_{ty}, w_{tx}) & \text{cov}(w_{ty}, w_{ty}) & \text{cov}(w_{ty}, w_{t\theta}) \\ \text{cov}(w_{t\theta}, w_{tx}) & \text{cov}(w_{t\theta}, w_{ty}) & \text{cov}(w_{t\theta}, w_{t\theta}) \end{bmatrix} \end{aligned} \tag{11.23}$$

从式 (11.23) 可以看出，在 EKF-SLAM 预测模块中，过程噪声的协方差矩阵是一个稀疏矩阵，我们在实际更新过程中，只需要更新机器人姿态转移过程引起的误差矩阵 $\boldsymbol{W}_t$ 即可。

将式 (11.11)、式 (11.22) 和式 (11.23) 代入式 (11.18)，可以得出 EKF-SLAM 的预测公式的分块形式：

$$
\begin{aligned}
\bar{\boldsymbol{z}}_t^p &= \boldsymbol{f}(\bar{\boldsymbol{z}}_{t-1}^c, \boldsymbol{a}_t) \\
\boldsymbol{Z}_t^p &= \begin{bmatrix} \boldsymbol{Z}_{t\_ss}^p & \boldsymbol{Z}_{t\_sm}^p \\ \boldsymbol{Z}_{t\_ms}^p & \boldsymbol{Z}_{t\_mm}^p \end{bmatrix} \\
&= \begin{bmatrix} \boldsymbol{G}_t & \boldsymbol{0} \\ \boldsymbol{0} & \boldsymbol{I} \end{bmatrix} \begin{bmatrix} \boldsymbol{Z}_{t-1\_ss}^c & \boldsymbol{Z}_{t-1\_sm}^c \\ \boldsymbol{Z}_{t-1\_ms}^c & \boldsymbol{Z}_{t-1\_mm}^c \end{bmatrix} \begin{bmatrix} \boldsymbol{G}_t^{\mathrm{T}} & \boldsymbol{0} \\ \boldsymbol{0} & \boldsymbol{I} \end{bmatrix} + \boldsymbol{U}_t \\
&= \begin{bmatrix} \boldsymbol{G}_t \boldsymbol{Z}_{t-1\_ss}^c \boldsymbol{G}_t^{\mathrm{T}} & \boldsymbol{G}_t \boldsymbol{Z}_{t-1\_sm}^c \\ \boldsymbol{Z}_{t-1\_ms}^c \boldsymbol{G}_t^{\mathrm{T}} & \boldsymbol{Z}_{t-1\_mm}^c \end{bmatrix} + \begin{bmatrix} \boldsymbol{W}_t & \boldsymbol{0} \\ \boldsymbol{0} & \boldsymbol{0} \end{bmatrix} \\
&= \begin{bmatrix} \boldsymbol{G}_t \boldsymbol{Z}_{t-1\_ss}^c \boldsymbol{G}_t^{\mathrm{T}} + \boldsymbol{W}_t & \boldsymbol{G}_t \boldsymbol{Z}_{t-1\_sm}^c \\ \boldsymbol{Z}_{t-1\_ms}^c \boldsymbol{G}_t^{\mathrm{T}} & \boldsymbol{Z}_{t-1\_mm}^c \end{bmatrix}
\end{aligned}
\tag{11.24}
$$

式中：$\boldsymbol{Z}_{t-1\_ss}^c$ 等于 $t-1$ 时刻机器人姿态 $\boldsymbol{s}_{t-1}^c$ 的协方差矩阵 $\boldsymbol{R}_{t-1}^c$；$\boldsymbol{Z}_{t-1\_sm}^c$ 表示 $t-1$ 时刻机器人姿态分量中每一个随机变量与地图分量中每一个随机变量的协方差组成的矩阵；$\boldsymbol{Z}_{t-1\_ms}^c$ 表示 $t-1$ 时刻地图分量中每一个随机变量与机器人姿态分量中每一个随机变量的协方差组成的矩阵，并且 $\boldsymbol{Z}_{t-1\_sm}^c = {\boldsymbol{Z}_{t-1\_ms}^c}^{\mathrm{T}}$；$\boldsymbol{Z}_{t-1\_mm}^c$ 表示地图分量中随机变量之间的协方差组成的矩阵，是一个 $N \times N$ 的方阵；$\boldsymbol{Z}_{t\_ss}^p$、$\boldsymbol{Z}_{t\_sm}^p$、$\boldsymbol{Z}_{t\_ms}^p$ 和 $\boldsymbol{Z}_{t\_mm}^p$ 分别为 t 时刻相应的协方差矩阵。

将式 (11.24) 中的 $\boldsymbol{Z}_{t-1\_ss}^c$ 替换为 $\boldsymbol{R}_{t-1}^c$ 可得

$$
\begin{aligned}
\bar{\boldsymbol{z}}_t^p &= \boldsymbol{f}(\bar{\boldsymbol{z}}_{t-1}^c, \boldsymbol{a}_t) \\
\boldsymbol{Z}_t^p &= \begin{bmatrix} \boldsymbol{G}_t \boldsymbol{R}_{t-1}^c \boldsymbol{G}_t^{\mathrm{T}} + \boldsymbol{W}_t & \boldsymbol{G}_t \boldsymbol{Z}_{t-1\_sm}^c \\ \boldsymbol{Z}_{t-1\_ms}^c \boldsymbol{G}_t^{\mathrm{T}} & \boldsymbol{Z}_{t-1\_mm}^c \end{bmatrix}
\end{aligned}
\tag{11.25}
$$

在 EKF-SLAM 预测模块中，系统状态从 $t-1$ 时刻的 $\boldsymbol{z}_{t-1}^c$ 转移到 t 时刻的 $\boldsymbol{z}_t^p$ 后，只有机器人姿态分量发生变化，而地图分量没有改变，即地图分量的均值保持不变。因此，我们只需要更新系统状态中机器人姿态分量的均值即可。已知 $t-1$ 时刻系统状态随机向量的均值：

$$
\bar{\boldsymbol{z}}_{t-1}^c = \begin{bmatrix} \bar{\boldsymbol{s}}_{t-1}^c \\ \bar{\boldsymbol{m}} \end{bmatrix} \tag{11.26}
$$

那么机器人姿态分量的均值更新公式为

$$
\begin{aligned}
\bar{\boldsymbol{s}}_t^p &= \boldsymbol{g}(\bar{\boldsymbol{s}}_{t-1}^c, \boldsymbol{a}_t) \\
&= \begin{bmatrix} g_1(\bar{\boldsymbol{s}}_{t-1}^c, \boldsymbol{a}_t) \\ g_2(\bar{\boldsymbol{s}}_{t-1}^c, \boldsymbol{a}_t) \\ g_3(\bar{\boldsymbol{s}}_{t-1}^c, \boldsymbol{a}_t) \end{bmatrix}
\end{aligned}
\tag{11.27}
$$

将式 (11.27) 代入式 (11.25) 可得

$$\bar{\boldsymbol{z}}_t^p = \begin{bmatrix} \boldsymbol{g}(\bar{\boldsymbol{s}}_{t-1}^c, \boldsymbol{a}_t) \\ \bar{\boldsymbol{m}} \end{bmatrix}$$

$$\boldsymbol{Z}_t^p = \begin{bmatrix} \boldsymbol{Z}_{t\_ss}^p & \boldsymbol{Z}_{t\_sm}^p \\ \boldsymbol{Z}_{t\_ms}^p & \boldsymbol{Z}_{t\_mm}^p \end{bmatrix} = \begin{bmatrix} \boldsymbol{G}_t \boldsymbol{R}_{t-1}^c \boldsymbol{G}_t^{\mathrm{T}} + \boldsymbol{W}_t & \boldsymbol{G}_t \boldsymbol{Z}_{t-1\_sm}^c \\ \boldsymbol{Z}_{t-1\_ms}^c \boldsymbol{G}_t^{\mathrm{T}} & \boldsymbol{Z}_{t-1\_mm}^c \end{bmatrix} \tag{11.28}$$

下面我们对比一下式 (11.18) 和式 (11.28)。首先，二者是完全等价的。其次，二者又有所不同。式 (11.18) 是 EKF-SLAM 的预测公式的一种直观表示，和常规 EKF 的预测公式形式一致，便于理解。然而，如果直接利用这个公式来求解，就涉及大规模矩阵的乘积和求和运算，大幅度增加求解 $\boldsymbol{Z}_t^p$ 的计算复杂度。另外，由于矩阵 $\boldsymbol{F}_t$、$\boldsymbol{Z}_{t-1}^c$ 和 $\boldsymbol{U}_t$ 是稀疏矩阵，所以增加的计算复杂度也是没有必要的。与之对比，式 (11.28) 为快速计算提供了一种新的思路，即分块计算 $\bar{\boldsymbol{z}}_t^p$ 和 $\boldsymbol{Z}_t^p$。在将 $\boldsymbol{Z}_t^p$ 进行分块后，大矩阵的乘法运算变成小矩阵的乘法运算，显著减少了计算复杂度。

11.2.2 EKF-SLAM 更新模块

EKF 本质上是一个信息融合器，其融合了系统的先验信息和观测数据。在预测模块中，其通过预测步骤获得当前 t 时刻系统状态的一个最优估计，其先验信息是机器人在 $t-1$ 时刻（运动前）已知的系统状态概率分布（不确定性信息）和已知的运动学方程（确定性信息）。然而，由于在转移过程中引入了额外的过程噪声，这使得 t 时刻系统状态的不确定性比 $t-1$ 时刻增大。而在更新模块中，其试图通过融合传感器在 t 时刻观测到的新数据来更新 t 时刻预测的系统状态，从而减小系统状态的不确定性，即获得 t 时刻更准的系统状态。和常规 EKF 一样，EKF-SLAM 需要建立一个将系统状态变换为观测数据的正向观测模型。利用这个正向观测模型，我们可以从预测模块获得的系统状态 $\boldsymbol{z}_t^p$ 预测机器人在此状态能观测的数据。在实际应用中，机器人可能在处于系统状态 $\boldsymbol{z}_t^p$ 时进行多次观测。和定位应用类似，为了便于计算，我们也假设观测模型每次只能处理一个观测数据，即只利用一个地图地标。因此，函数 $\boldsymbol{h}()$ 应该包含两个输入，即 $\boldsymbol{z}_t^p$ 和 $\boldsymbol{m}_i$。这里我们将式 (10.38) 重写为

$$\boldsymbol{o}_{ti}^p = \boldsymbol{h}(\boldsymbol{z}_t^p, \boldsymbol{m}_i) + \boldsymbol{e}_t = \begin{bmatrix} h_1(\boldsymbol{z}_t^p, \boldsymbol{m}_i) \\ h_2(\boldsymbol{z}_t^p, \boldsymbol{m}_i) \\ \vdots \\ h_M(\boldsymbol{z}_t^p, \boldsymbol{m}_i) \end{bmatrix} + \begin{bmatrix} \boldsymbol{e}_{t1} \\ \boldsymbol{e}_{t2} \\ \vdots \\ \boldsymbol{e}_{tM} \end{bmatrix} \tag{11.29}$$

式中：M 是观测数据的维度；$\boldsymbol{e}_t$ 是一个服从均值为 $\boldsymbol{0}$ 的高斯分布的随机向量，表示观测噪声。

因为一个观测数据只对应一个地标 $\boldsymbol{m}_i$，所以这个观测数据只影响系统状态中的一个地标 $\boldsymbol{m}_i$ 的分量和机器人姿态分量 $\boldsymbol{s}_t^p$。因此，$\boldsymbol{h}(\bar{\boldsymbol{z}}_t^p, \bar{\boldsymbol{m}}_i)$ 关于 $\boldsymbol{z}_t^p$ 的雅各比矩阵

$$\boldsymbol{H}_{ti}=\begin{bmatrix}\dfrac{\partial h_1}{\partial x_t^p} & \dfrac{\partial h_1}{\partial y_t^p} & \dfrac{\partial h_1}{\partial \theta_t^p} & \dfrac{\partial h_1}{\partial m_{x1}} & \dfrac{\partial h_1}{\partial m_{y1}} & \cdots & \dfrac{\partial h_1}{\partial m_{xi}} & \dfrac{\partial h_1}{\partial m_{yi}} & \cdots & \dfrac{\partial h_1}{\partial m_{xN}} & \dfrac{\partial h_1}{\partial m_{yN}} \\ \dfrac{\partial h_2}{\partial x_t^p} & \dfrac{\partial h_2}{\partial y_t^p} & \dfrac{\partial h_2}{\partial \theta_t^p} & \dfrac{\partial h_2}{\partial m_{x1}} & \dfrac{\partial h_2}{\partial m_{y1}} & \cdots & \dfrac{\partial h_2}{\partial m_{xi}} & \dfrac{\partial h_2}{\partial m_{yi}} & \cdots & \dfrac{\partial h_2}{\partial m_{xN}} & \dfrac{\partial h_2}{\partial m_{yN}} \\ \vdots & \vdots & \vdots & \vdots & \vdots & & \vdots & \vdots & & \vdots & \vdots \\ \dfrac{\partial h_M}{\partial x_t^p} & \dfrac{\partial h_M}{\partial y_t^p} & \dfrac{\partial h_M}{\partial \theta_t^p} & \dfrac{\partial h_M}{\partial m_{x1}} & \dfrac{\partial h_M}{\partial m_{y1}} & \cdots & \dfrac{\partial h_M}{\partial m_{xi}} & \dfrac{\partial h_M}{\partial m_{yi}} & \cdots & \dfrac{\partial h_M}{\partial m_{xN}} & \dfrac{\partial h_M}{\partial m_{yN}}\end{bmatrix} \tag{11.30}$$

为一个稀疏矩阵，只有机器人姿态分量对应的前 3 列和第 i 个地标 $\boldsymbol{m}_i$ 的分量对应的两列有意义，其他列为零，即

$$\boldsymbol{H}_{ti}=\begin{bmatrix}\dfrac{\partial h_1}{\partial x_t^p} & \dfrac{\partial h_1}{\partial y_t^p} & \dfrac{\partial h_1}{\partial \theta_t^p} & 0 & 0 & \cdots & \dfrac{\partial h_1}{\partial m_{xi}} & \dfrac{\partial h_1}{\partial m_{yi}} & \cdots & 0 & 0 \\ \dfrac{\partial h_2}{\partial x_t^p} & \dfrac{\partial h_2}{\partial y_t^p} & \dfrac{\partial h_2}{\partial \theta_t^p} & 0 & 0 & \cdots & \dfrac{\partial h_2}{\partial m_{xi}} & \dfrac{\partial h_2}{\partial m_{yi}} & \cdots & 0 & 0 \\ \vdots & \vdots & \vdots & \vdots & \vdots & & \vdots & \vdots & & \vdots & \vdots \\ \dfrac{\partial h_M}{\partial x_t^p} & \dfrac{\partial h_M}{\partial y_t^p} & \dfrac{\partial h_M}{\partial \theta_t^p} & 0 & 0 & \cdots & \dfrac{\partial h_M}{\partial m_{xi}} & \dfrac{\partial h_M}{\partial m_{yi}} & \cdots & 0 & 0\end{bmatrix} \tag{11.31}$$

假设 $\boldsymbol{h}_{ti}$ 和 $\boldsymbol{F}_i$ 分别为

$$\boldsymbol{h}_{ti}=\begin{bmatrix}\dfrac{\partial h_1}{\partial x_t^p} & \dfrac{\partial h_1}{\partial y_t^p} & \dfrac{\partial h_1}{\partial \theta_t^p} & \dfrac{\partial h_1}{\partial m_{xi}} & \dfrac{\partial h_1}{\partial m_{yi}} \\ \dfrac{\partial h_2}{\partial x_t^p} & \dfrac{\partial h_2}{\partial y_t^p} & \dfrac{\partial h_2}{\partial \theta_t^p} & \dfrac{\partial h_2}{\partial m_{xi}} & \dfrac{\partial h_2}{\partial m_{yi}} \\ \vdots & \vdots & \vdots & \vdots & \vdots \\ \dfrac{\partial h_M}{\partial x_t^p} & \dfrac{\partial h_M}{\partial y_t^p} & \dfrac{\partial h_M}{\partial \theta_t^p} & \dfrac{\partial h_M}{\partial m_{xi}} & \dfrac{\partial h_M}{\partial m_{yi}}\end{bmatrix} \tag{11.32}$$

$$\boldsymbol{F}_i=\begin{bmatrix}1 & 0 & 0 & \cdots & 0 & 0 & \cdots \\ 0 & 1 & 0 & \cdots & 0 & 0 & \cdots \\ 0 & 0 & 1 & \cdots & 0 & 0 & \cdots \\ 0 & 0 & 0 & \cdots & 1 & 0 & \cdots \\ 0 & 0 & 0 & \cdots & 0 & 1 & \cdots\end{bmatrix}$$

利用式 (11.32) 简化式 (11.31) 可得

$$\boldsymbol{H}_{ti} = \boldsymbol{h}_{ti} F_i \tag{11.33}$$

由式 (10.54) 和式 (10.57) 可得

$$\begin{aligned}\bar{\boldsymbol{o}}_{ti}^{p} &= \boldsymbol{h}(\bar{\boldsymbol{z}}_t^p, \bar{\boldsymbol{m}}_i)\\ \boldsymbol{O}_{ti}^{p} &= \boldsymbol{H}_{ti}\boldsymbol{Z}_t^p\boldsymbol{H}_{ti}^{\mathrm{T}} + \boldsymbol{E}_t\end{aligned} \tag{11.34}$$

式中，$\boldsymbol{E}_t$ 是观测噪声的协方差矩阵。

由式 (9.26) 和式 (9.27) 可得

$$\begin{aligned}\boldsymbol{K}_{ti} &= \boldsymbol{Z}_t^p\boldsymbol{H}_{ti}^{\mathrm{T}}(\boldsymbol{O}_{ti}^p)^{-1}\\ \bar{\boldsymbol{z}}_t^c &= \bar{\boldsymbol{z}}_t^p + \boldsymbol{K}_{ti}(\boldsymbol{o}_{ti} - \bar{\boldsymbol{o}}_{ti}^p)\\ \boldsymbol{Z}_t^c &= (\boldsymbol{I} - \boldsymbol{K}_{ti}\boldsymbol{H}_{ti})\boldsymbol{Z}_t^p\end{aligned} \tag{11.35}$$

11.2.3 数据关联及新地标插入

在前面两个小节中，无论我们是利用正向观测模型从 $\boldsymbol{z}_t^p$ 预测出的观测数据 $\boldsymbol{o}_{ti}^p$ 还是从传感器读取的观测数据 $\boldsymbol{o}_{ti}$，我们都假设对应地标 $\boldsymbol{m}_i$，即将观测数据与地标进行了数据关联。事实上，在实际应用中，我们事先并不知道这种关联关系。因此，每当获得一个新的观测数据，需要评估这个观测数据与已知地标是否关联，即这个观测数据是否通过观测这个地标获得。如果观测数据能关联上某个已知地标 $\boldsymbol{m}_i$，那么就可以利用更新步骤进行系统状态的更新。在这种情况下，系统状态向量和协方差矩阵的维度不发生变化，但系统状态中的机器人姿态分量和第 i 个地标的坐标分量发生变化，并且协方差矩阵的相应元素发生变化。如果关联不上，那么需要利用逆向观测模型将观测数据变换为地标的坐标，插入地图中。一旦在地图中插入一个新地标，系统状态向量和协方差矩阵都会增加两维，并且进行更新。下面我们详细介绍数据关联及新地标插入的过程。

假设在 t 时刻利用机器人搭载的传感器获得多个观测数据，对于任意一个观测数据 $\boldsymbol{o}_{tj}$，数据关联的目标是评估该观测数据是否和某个地标足够“相似”。然而，由于观测数据和地标的坐标在数据形式和含义上有所不同，不能直接通过计算距离来评估相似性。为此，需要将地图中已知的地标从坐标空间变换到观测空间，这个变换需要利用观测模型 [式 (11.29)] 完成。需要注意的是，当我们利用观测模型 [式 (11.29)] 将地图中任意一个地标 $\boldsymbol{m}_i$ 从坐标空间变换到观测空间时，观测模型的输入是预测的系统状态 $\boldsymbol{z}_t^p$ 和 $\boldsymbol{m}_i$。然而，由于 $\boldsymbol{z}_t^p$ 是一个随机向量，所以变换后的观测数据 $\boldsymbol{o}_{ti}^p$ 也是随机向量，其均值和协方差矩阵由式 (11.34) 表示。前面讨论过，$\boldsymbol{o}_{ti}^p$ 表示的是一个概率分布。对于任意一个观测数据 $\boldsymbol{o}_{tj}$，我们可以利用马氏距离 (Mahalanobis Distance) 来计算其与预测的观测数据 $\boldsymbol{o}_{ti}^p$ 的距离。马氏距离是一种可以有效计算两个未知样本集相似度的方法，其既可以计算单点样本和一个分布之间的距离，也可以计算两个独立同分布样本点之间的距离。假设观测数据 $\boldsymbol{o}_{tj}$

是一个单点样本，那么其与一个均值为 $\bar{\boldsymbol{o}}_{ti}^{p}$、协方差矩阵为 $\boldsymbol{O}_{ti}^{p}$ 的高斯分布的马氏距离为

$$d_i = (\boldsymbol{o}_{tj} - \bar{\boldsymbol{o}}_{ti}^{p})^{\mathrm{T}}(\boldsymbol{O}_{ti}^{p})^{-1}(\boldsymbol{o}_{tj} - \bar{\boldsymbol{o}}_{ti}^{p}) \tag{11.36}$$

在计算了观测数据 $\boldsymbol{o}_{tj}$ 与所有地标的马氏距离后，我们可以利用下面的公式找到和观测数据最相似地标：

$$j(i) = \arg\min_i d_i \tag{11.37}$$

根据经验设定一个阈值 T_d，如果 $d_{j(i)}$ 小于阈值，那么就将观测数据 $\boldsymbol{o}_{tj}$ 与第 $j(i)$ 个地标关联，并利用更新步骤进行更新。如果 $d_{j(i)}$ 大于阈值，那么就认为观测数据对应的地标是一个新地标，需要插入地图中。为了将新地标插入地图中，需要利用一个所谓的逆向观测模型来将 $\boldsymbol{o}_{tj}$ 从观测空间变换到坐标空间，即插入一个新地标 $\boldsymbol{m}_{N+1}$。逆向观测模型的形式为

$$\boldsymbol{m}_{N+1} = \boldsymbol{h}^{-1}(\boldsymbol{s}_t^p, \boldsymbol{o}_{tj}) \tag{11.38}$$

事实上，$\boldsymbol{h}^{-1}()$ 并不是函数 $\boldsymbol{h}()$ 的逆函数，只是用来表示从观测空间到坐标空间的变换。插入一个新地标 $\boldsymbol{m}_{N+1} = [m_{x(N+1)}, m_{y(N+1)}]$ 后，系统状态向量形式为

$$\begin{aligned} \boldsymbol{z}_t &= \begin{bmatrix} \boldsymbol{s}_t \\ \boldsymbol{m} \end{bmatrix} \\ &= [\overbrace{x_t,\ y_t,\ \theta_t,}^{\boldsymbol{s}_t}\ \overbrace{m_{x1},\ m_{y1}, \cdots, m_{xN},\ m_{yN},\ m_{x(N+1)},\ m_{y(N+1)}}^{\boldsymbol{m}}]^{\mathrm{T}} \end{aligned} \tag{11.39}$$

可以看出，系统状态 $\boldsymbol{z}_t$ 增加了两个新的状态分量。根据系统状态的协方差矩阵的定义，其新的协方差矩阵也发生变化，记为

$$\boldsymbol{Z}_t^p = \begin{bmatrix} \boldsymbol{Z}_{t\_ss}^p & \boldsymbol{Z}_{t\_sm_1}^p & \cdots & \boldsymbol{Z}_{t\_sm_n}^p & \cdots & \boldsymbol{Z}_{t\_sm_N}^p & \boldsymbol{Z}_{t\_sm_{N+1}}^p \\ \boldsymbol{Z}_{t\_m_1s}^p & \boldsymbol{Z}_{t\_m_1m_1}^p & \cdots & \boldsymbol{Z}_{t\_m_1m_n}^p & \cdots & \boldsymbol{Z}_{t\_m_1m_N}^p & \boldsymbol{Z}_{t\_m_1m_{N+1}}^p \\ \vdots & \vdots & & \vdots & & \vdots & \vdots \\ \boldsymbol{Z}_{t\_m_ns}^p & \boldsymbol{Z}_{t\_m_nm_1}^p & \cdots & \boldsymbol{Z}_{t\_m_nm_n}^p & \cdots & \boldsymbol{Z}_{t\_m_nm_N}^p & \boldsymbol{Z}_{t\_m_nm_{N+1}}^p \\ \vdots & \vdots & & \vdots & & \vdots & \vdots \\ \boldsymbol{Z}_{t\_m_Ns}^p & \boldsymbol{Z}_{t\_m_Nm_1}^p & \cdots & \boldsymbol{Z}_{t\_m_Nm_n}^p & \cdots & \boldsymbol{Z}_{t\_m_Nm_N}^p & \boldsymbol{Z}_{t\_m_Nm_{N+1}}^p \\ \boldsymbol{Z}_{t\_m_{N+1}s}^p & \boldsymbol{Z}_{t\_m_{N+1}m_1}^p & \cdots & \boldsymbol{Z}_{t\_m_{N+1}m_n}^p & \cdots & \boldsymbol{Z}_{t\_m_{N+1}m_N}^p & \boldsymbol{Z}_{t\_m_{N+1}m_{N+1}}^p \end{bmatrix} \tag{11.40}$$

从式 (11.39) 和式 (11.40) 也可以看出，一旦一个新地标被插入，只需要更新协方差矩阵的最后两行和最后两列，其他不变。

11.3 EKF-SLAM 的完整算法

本节我们将以式 (10.15) 所列的运动学模型和式 (10.40) 所列的观测模型为例，介绍完整的 EKF-SLAM 算法。为了便于阅读，我们将公式重新列出：

$$\begin{aligned}\boldsymbol{s}_t^p &= \boldsymbol{g}(\boldsymbol{s}_{t-1}^c, \boldsymbol{a}_t) + \boldsymbol{w}_t \\ &= \begin{bmatrix} x_{t-1}^c \\ y_{t-1}^c \\ \theta_{t-1}^c \end{bmatrix} + \begin{bmatrix} v_t \Delta t \cos\left(\theta_{t-1}^c + \dfrac{1}{2}\omega_t \Delta t\right) \\ v_t \Delta t \sin\left(\theta_{t-1}^c + \dfrac{1}{2}\omega_t \Delta t\right) \\ \omega_t \Delta t \end{bmatrix} + \boldsymbol{w}_t \\ \boldsymbol{o}_{ti}^p &= \boldsymbol{h}(\boldsymbol{s}_t^p, \boldsymbol{m}_i) + \boldsymbol{e}_t \\ &= \begin{bmatrix} \sqrt{(m_{xi} - x_t^p)^2 + (m_{yi} - y_t^p)^2} \\ \arctan(m_{yi} - y_t^p, m_{xi} - x_t^p) - \theta_t^p \end{bmatrix} + \boldsymbol{e}_t \end{aligned} \tag{11.41}$$

11.3.1 初始化

这里我们先假设地图可以容纳 N 个地标。因此，机器人的系统状态向量的维度为 $2N+3$，并且初始系统状态向量为

$$\begin{aligned}\bar{\boldsymbol{z}}_0^c &= \begin{bmatrix} \bar{\boldsymbol{s}}_0^c \\ \bar{m} \end{bmatrix} \\ &= [\overbrace{x_0^c,\ y_0^c,\ \theta_0^c,}^{\bar{\boldsymbol{s}}_0^c}\ \overbrace{\bar{m}_{x1},\ \bar{m}_{y1}, \cdots, \bar{m}_{xN},\ \bar{m}_{yN}}^{\bar{\boldsymbol{m}}}]^{\mathrm{T}} \\ &= [\overbrace{0,\ 0,\ 0,}^{\bar{\boldsymbol{s}}_0^c}\ \overbrace{0,\ 0, \cdots, 0,\ 0}^{\bar{\boldsymbol{m}}}]^{\mathrm{T}} \end{aligned} \tag{11.42}$$

这里假设机器人从世界坐标系的原点开始探索世界，所有 N 个地标未知。

系统状态的协方差矩阵的初始矩阵为

$$\boldsymbol{Z}_0^c = \begin{bmatrix} 0 & 0 & 0 & 0 & 0 & \cdots & 0 & 0 \\ 0 & 0 & 0 & 0 & 0 & \cdots & 0 & 0 \\ 0 & 0 & 0 & 0 & 0 & \cdots & 0 & 0 \\ 0 & 0 & 0 & 0 & \infty & \cdots & 0 & 0 \\ \vdots & \vdots & \vdots & \vdots & \vdots & & \vdots & \vdots \\ 0 & 0 & 0 & 0 & 0 & \cdots & \infty & 0 \\ 0 & 0 & 0 & 0 & 0 & \cdots & 0 & \infty \end{bmatrix} \tag{11.43}$$

这里，因为地标未知，所以其不确定性为无穷。另外，假设机器人姿态和地标的坐标无关联。

11.3.2 预测步骤

将运动学模型 [式 (10.15)] 代入式 (11.28)，可以得出机器人当前时刻预测的系统状态的均值：

$$\bar{\boldsymbol{z}}_t^p = \begin{bmatrix} \boldsymbol{g}(\bar{\boldsymbol{s}}_{t-1}^c, \boldsymbol{a}_t) \\ \bar{\boldsymbol{m}} \end{bmatrix} = \begin{bmatrix} g_1(\bar{\boldsymbol{s}}_{t-1}^c, \boldsymbol{a}_t) \\ g_2(\bar{\boldsymbol{s}}_{t-1}^c, \boldsymbol{a}_t) \\ g_3(\bar{\boldsymbol{s}}_{t-1}^c, \boldsymbol{a}_t) \\ \bar{m}_{x1} \\ \bar{m}_{y1} \\ \vdots \\ \bar{m}_{xN} \\ \bar{m}_{yN} \end{bmatrix} = \begin{bmatrix} \bar{x}_{t-1}^c + v_t\Delta t\ \cos(\bar{\theta}_{t-1}^c + \frac{1}{2}\omega_t\Delta t) \\ \bar{y}_{t-1}^c + v_t\Delta t\ \sin(\bar{\theta}_{t-1}^c + \frac{1}{2}\omega_t\Delta t) \\ \bar{\theta}_{t-1}^c + \omega_t\Delta t \\ \bar{m}_{x1} \\ \bar{m}_{y1} \\ \vdots \\ \bar{m}_{xN} \\ \bar{m}_{yN} \end{bmatrix}$$

$$= \begin{bmatrix} \bar{x}_{t-1}^c \\ \bar{y}_{t-1}^c \\ \bar{\theta}_{t-1}^c \\ \bar{m}_{x1} \\ \bar{m}_{y1} \\ \vdots \\ \bar{m}_{xN} \\ \bar{m}_{yN} \end{bmatrix} + \boldsymbol{F}_s^{\mathrm{T}} \begin{bmatrix} v_t\Delta t\ \cos(\bar{\theta}_{t-1}^c + \frac{1}{2}\omega_t\Delta t) \\ v_t\Delta t\ \sin(\bar{\theta}_{t-1}^c + \frac{1}{2}\omega_t\Delta t) \\ \omega_t\Delta t \end{bmatrix} \tag{11.44}$$

$$= \bar{\boldsymbol{z}}_{t-1}^c + \boldsymbol{F}_s^{\mathrm{T}} \begin{bmatrix} v_t\Delta t\ \cos(\bar{\theta}_{t-1}^c + \frac{1}{2}\omega_t\Delta t) \\ v_t\Delta t\ \sin(\bar{\theta}_{t-1}^c + \frac{1}{2}\omega_t\Delta t) \\ \omega_t\Delta t \end{bmatrix}$$

式中，$\boldsymbol{F}_s$ 是一个 $3\times(2N+3)$ 的矩阵，用于将机器人姿态的变化量从三维变换为 $(2N+3)$ 维，其定义为

$$\boldsymbol{F}_s = \begin{bmatrix} 1 & 0 & 0 & 0\cdots & 0 & 0 \\ 0 & 1 & 0 & 0\cdots & 0 & 0 \\ 0 & 0 & 1 & 0\cdots & 0 & 0 \end{bmatrix} \tag{11.45}$$

该矩阵只有左边是一个 3×3 的单位矩阵，其他 $2N$ 列全为零。

由式 (11.28) 可知，在预测步骤，系统状态的协方差矩阵只有和机器人姿态相关的元素发生变化，即矩阵的前 3 行和前 3 列，并且元素的变化由 $\boldsymbol{G}_t$ 决定。为此，我们需要先

计算 $\boldsymbol{G}_t$。由式 (10.52) 可得

$$\boldsymbol{G}_t = \begin{bmatrix} 1 & 0 & -v_t\Delta t\sin(\bar{\theta}_{t-1}^c + \frac{1}{2}\omega_t\Delta t) \\ 0 & 1 & v_t\Delta t\cos(\bar{\theta}_{t-1}^c + \frac{1}{2}\omega_t\Delta t) \\ 0 & 0 & 1 \end{bmatrix} \tag{11.46}$$

由式 (11.28) 可得

$$\begin{aligned} \boldsymbol{Z}_t^p &= \begin{bmatrix} \boldsymbol{G}_t\boldsymbol{R}_{t-1}^c\boldsymbol{G}_t^{\mathrm{T}} + \boldsymbol{W}_t & \boldsymbol{G}_t\boldsymbol{Z}_{t-1\_sm}^c \\ \boldsymbol{Z}_{t-1\_ms}^c\boldsymbol{G}_t^{\mathrm{T}} & \boldsymbol{Z}_{t-1\_mm}^c \end{bmatrix} \\ &= \begin{bmatrix} \boldsymbol{G}_t\boldsymbol{R}_{t-1}^c\boldsymbol{G}_t^{\mathrm{T}} & \boldsymbol{G}_t\boldsymbol{Z}_{t-1\_sm}^c \\ \boldsymbol{Z}_{t-1\_ms}^c\boldsymbol{G}_t^{\mathrm{T}} & \boldsymbol{Z}_{t-1\_mm}^c \end{bmatrix} + \boldsymbol{F}_s^{\mathrm{T}}\boldsymbol{W}_t\boldsymbol{F}_s \end{aligned} \tag{11.47}$$

需要注意的是，式 (11.47) 中的 $\boldsymbol{R}_{t-1}^c$、$\boldsymbol{Z}_{t-1\_sm}^c$、$\boldsymbol{Z}_{t-1\_ms}^c$ 和 $\boldsymbol{Z}_{t-1\_mm}^c$ 是 $\boldsymbol{Z}_{t-1}^c$ 的分块子矩阵，是已知的。只要将 $\boldsymbol{G}_t$ 代入式 (11.47)，即可获得更新后的协方差矩阵。将矩阵分块的目的是提升计算效率。

11.3.3 更新步骤

在更新步骤，最重要的是确定观测模型。这里我们采用距离–方位观测模型（Range-Bearing Model）。假设在 t 时刻利用机器人搭载的传感器获得多个观测数据，根据距离–方位观测模型，对于任意一个观测数据 $\boldsymbol{o}_{tj}$，其表示形式为

$$\boldsymbol{o}_{tj} = \begin{bmatrix} d_{tj} \\ \phi_{tj} \end{bmatrix} \tag{11.48}$$

式中：d_{tj} 是机器人到地标的距离；ϕ_{tj} 是机器人与地标的方位角。

一旦获得一个观测数据，我们需要首先判断其是不是和地图中已经存在的地标相关联。为此，我们需要计算该观测数据与地图中所有地标的相似度。为了能够直接计算观测数据和地标的相似度，我们需要将地标从坐标空间变换到观测空间。对于地图中任意一个地标 $\boldsymbol{m}_i$，基于机器人当前时刻预测的系统状态 $\boldsymbol{z}_l^p$，我们利用从状态到观测数据的转移函数 $\boldsymbol{h}(\boldsymbol{z}_t^p, \boldsymbol{m}_i)$ 来预测地标 $\boldsymbol{m}_i$ 的观测数据。由于变换后的观测数据是一个服从高斯分布的随机向量，我们只需要确定其均值和协方差矩阵即可。另外，由于这个变换过程只涉及系统状态中的机器人姿态分量 $\boldsymbol{s}_t^p$，所以直接采用式 (10.54) 计算变换后观测数据的均值，具体如下：

$$\begin{aligned} \bar{\boldsymbol{o}}_{ti}^p &= \boldsymbol{h}(\bar{\boldsymbol{s}}_t^p, \boldsymbol{m}_i) \\ &= \begin{bmatrix} \sqrt{(m_{xi} - \bar{x}_t^p)^2 + (m_{yi} - \bar{y}_t^p)^2} \\ \arctan(m_{yi} - \bar{y}_t^p, m_{xi} - \bar{x}_t^p) - \bar{\theta}_t^p \end{bmatrix} \end{aligned} \tag{11.49}$$

为了便于展示，我们定义几个符号如下：

$$\boldsymbol{\delta} = \begin{bmatrix} \delta_x \\ \delta_y \end{bmatrix} = \begin{bmatrix} m_{xi} - \bar{x}_t^p \\ m_{yi} - \bar{y}_t^p \end{bmatrix}$$
$$\lambda = \boldsymbol{\delta}^{\mathrm{T}}\boldsymbol{\delta} = (m_{xi} - \bar{x}_t^p)^2 + (m_{yi} - \bar{y}_t^p)^2 \tag{11.50}$$

由式 (11.32) 可得

$$\boldsymbol{h}_{ti} = \begin{bmatrix} -\dfrac{\delta_x}{\sqrt{\lambda}} & -\dfrac{\delta_y}{\sqrt{\lambda}} & 0 & \dfrac{\delta_x}{\sqrt{\lambda}} & \dfrac{\delta_y}{\sqrt{\lambda}} \\ \dfrac{\delta_y}{\lambda} & -\dfrac{\delta_x}{\lambda} & -\sqrt{\lambda} & -\dfrac{\delta_y}{\lambda} & \dfrac{\delta_x}{\lambda} \end{bmatrix} \tag{11.51}$$

由式 (11.32)、式 (11.51) 和式 (11.34) 可以得出变换后观测数据的协方差矩阵：

$$\boldsymbol{O}_{ti}^p = \boldsymbol{H}_{ti}\boldsymbol{Z}_t^p\boldsymbol{H}_{ti}^{\mathrm{T}} + \boldsymbol{E}_t$$
$$\boldsymbol{H}_{ti} = \boldsymbol{h}_{ti}\boldsymbol{F}_i \tag{11.52}$$

式中，$\boldsymbol{E}_t$ 是观测噪声的协方差矩阵，由式 (10.56) 确定。

将地标 $\boldsymbol{m}_i$ 变换为观测数据，并获得了观测数据的均值 $\bar{\boldsymbol{o}}_{ti}^p$ 和协方差矩阵 $\boldsymbol{O}_{ti}^p$ 后，就可以利用式 (11.36) 计算 $\boldsymbol{m}_i$ 和传感器观测数据 $\boldsymbol{o}_{tj}$ 的距离。

在计算所有地标和 $\boldsymbol{o}_{tj}$ 的距离后，找到和 $\boldsymbol{o}_{tj}$ 距离最小的地标。如果这个最小距离小于设定的阈值，那么我们就认为 $\boldsymbol{o}_{tj}$ 和这个地标是关联的，即 $\boldsymbol{o}_{tj}$ 是传感器观测这个地标获得的数据。一旦 $\boldsymbol{o}_{tj}$ 和某个地标 $\boldsymbol{m}_i$ 关联上，那么就可直接利用式 (11.35) 来更新系统状态的均值和协方差矩阵。如果这个最小距离大于设定的阈值，那么我们认为 $\boldsymbol{o}_{tj}$ 是传感器观测一个新地标获得的。在这种情况下，我们需要将新地标插入地图中，并且更新协方差矩阵。由于我们获得的是新地标的观测数据，而插入地图中的数据是地标的坐标，为此我们需要利用逆向观测模型将观测数据变换为地标的坐标。由于我们采用的是距离–方位观测模型，所以逆向观测模型的形式为

$$\boldsymbol{m}_{N+1} = \boldsymbol{h}^{-1}(\boldsymbol{s}_t^p, \boldsymbol{o}_{tj}) = \begin{bmatrix} x_t^p \\ y_t^p \end{bmatrix} + \begin{bmatrix} d_{tj}\cos(\theta_t^p + \phi_{tj}) \\ d_{tj}\sin(\theta_t^p + \phi_{tj}) \end{bmatrix} \tag{11.53}$$

由于 $\boldsymbol{m}_{N+1}$ 是一个随机向量，其服从高斯分布，即最可能的坐标出现在均值位置。因此，我们插入地图中的坐标是 $\boldsymbol{m}_{N+1}$ 的均值向量：

$$\bar{\boldsymbol{m}}_{N+1} = \boldsymbol{h}^{-1}(\bar{\boldsymbol{s}}_t^p, \boldsymbol{o}_{tj}) = \begin{bmatrix} \bar{x}_t^p \\ \bar{y}_t^p \end{bmatrix} + \begin{bmatrix} d_{tj}\cos(\bar{\theta}_t^p + \phi_{tj}) \\ d_{tj}\sin(\bar{\theta}_t^p + \phi_{tj}) \end{bmatrix} \tag{11.54}$$

从物理意义的角度来说，$\bar{\boldsymbol{m}}_{N+1}$ 是从当前时刻预测的机器人姿态及观测数据来倒推地标的坐标。

在这种情况下，除了要将系统状态向量的维度从 $2N+3$ 扩展到 $2N+5$，还需要将协方差矩阵从 $(2N+3)\times(2N+3)$ 扩展到 $(2N+5)\times(2N+5)$。一种简单的协方差矩阵扩展方法是在原矩阵的基础上添加两个新行和两个新列，并且将右下角 2×2 的矩阵对角线上的元素设置为非零值，其他元素全为零。其含义是，新加地标的 m_{xi} 和 m_{yi} 分量只和自身相关，和其他元素无关。

11.3.4 完整算法

下面我们给出 EKF-SLAM 的完整算法，如算法 8(Algorithm 8) 所示。

Algorithm 8 EKF-SLAM 的完整算法

运动学模型和观测模型：

$$\boldsymbol{s}_t^p = \boldsymbol{g}(\boldsymbol{s}_{t-1}^c, \boldsymbol{a}_t) + \boldsymbol{w}_t$$

$$\boldsymbol{o}_{ti}^p = \boldsymbol{h}(\boldsymbol{s}_t^p, \boldsymbol{m}_i) + \boldsymbol{e}_t$$

初始化：

$\bar{\boldsymbol{z}}_0^c$，$\boldsymbol{Z}_0^c$

for $t=1$ to T **do**

预测步骤：

$$\bar{\boldsymbol{z}}_t^p = \boldsymbol{f}(\bar{\boldsymbol{z}}_{t-1}^c, \boldsymbol{a}_t) = \begin{bmatrix} \boldsymbol{g}(\bar{\boldsymbol{s}}_{t-1}^c, \boldsymbol{a}_t) \\ \bar{\boldsymbol{m}} \end{bmatrix}$$

$$\boldsymbol{Z}_t^p = \begin{bmatrix} \boldsymbol{G}_t \boldsymbol{R}_{t-1}^c \boldsymbol{G}_t^{\mathrm{T}} & \boldsymbol{G}_t \boldsymbol{Z}_{t-1\_sm}^c \\ \boldsymbol{Z}_{t-1\_ms}^c \boldsymbol{G}_t^{\mathrm{T}} & \boldsymbol{Z}_{t-1\_mm}^c \end{bmatrix} + \boldsymbol{F}_s^{\mathrm{T}} \boldsymbol{W}_t \boldsymbol{F}_s$$

$$\boldsymbol{G}_t = \frac{\partial \boldsymbol{g}(\bar{\boldsymbol{s}}_{t-1}^c, \boldsymbol{a}_t)}{\partial \bar{\boldsymbol{s}}_{t-1}^c}$$

$$\boldsymbol{Q}_t = \begin{bmatrix} \alpha_1 v_t^2 + \alpha_2 \omega_t^2 & 0 \\ 0 & \alpha_3 v_t^2 + \alpha_4 \omega_t^2 \end{bmatrix}$$

$$\boldsymbol{V}_t = \frac{\partial \boldsymbol{g}(\bar{\boldsymbol{s}}_{t-1}^c, \boldsymbol{a}_t)}{\partial \boldsymbol{a}_t}$$

$$\boldsymbol{W}_t = \boldsymbol{V}_t \boldsymbol{Q}_t \boldsymbol{V}_t^{\mathrm{T}}$$

更新步骤：

for $j=1$ to J **do**

$$\boldsymbol{o}_{tj} = \begin{bmatrix} d_{tj} \\ \phi_{tj} \end{bmatrix}$$

for $i=1$ to N **do**

$$\bar{\boldsymbol{o}}_{ti}^p = \begin{bmatrix} \sqrt{(m_{xi} - \bar{x}_t^p)^2 + (m_{yi} - \bar{y}_t^p)^2} \\ \arctan(m_{yi} - \bar{y}_t^p, m_{xi} - \bar{x}_t^p) - \bar{\theta}_t^p \end{bmatrix}$$

$$\boldsymbol{\delta} = \begin{bmatrix} \delta_x \\ \delta_y \end{bmatrix} = \begin{bmatrix} m_{xi} - \bar{x}_t^p \\ m_{yi} - \bar{y}_t^p \end{bmatrix}$$

$$\lambda = \boldsymbol{\delta}^{\mathrm{T}}\boldsymbol{\delta} = (m_{xi} - \bar{x}_t^p)^2 + (m_{yi} - \bar{y}_t^p)^2$$

$$\boldsymbol{h}_{ti} = \begin{bmatrix} -\dfrac{\delta_x}{\sqrt{\lambda}} & -\dfrac{\delta_y}{\sqrt{\lambda}} & 0 & \dfrac{\delta_x}{\sqrt{\lambda}} & \dfrac{\delta_y}{\sqrt{\lambda}} \\ \dfrac{\delta_y}{\lambda} & -\dfrac{\delta_x}{\lambda} & -\sqrt{\lambda} & -\dfrac{\delta_y}{\lambda} & \dfrac{\delta_x}{\lambda} \end{bmatrix}$$

$$\boldsymbol{O}_{ti}^p = \boldsymbol{H}_{ti}\boldsymbol{Z}_t^p\boldsymbol{H}_{ti}^{\mathrm{T}} + \boldsymbol{E}_t$$

$$\boldsymbol{H}_{ti} = \boldsymbol{h}_{ti}\boldsymbol{F}_i$$

$$d_i = (\boldsymbol{o}_{tj} - \bar{\boldsymbol{o}}_{ti}^p)^{\mathrm{T}}(\boldsymbol{O}_{ti}^p)^{-1}(\boldsymbol{o}_{tj} - \bar{\boldsymbol{o}}_{ti}^p)$$

end for

$j(i) = \arg\min\limits_i d_i$

if $d_{j(i)} < T_d$ **then**

$$\bar{\boldsymbol{m}}_{N+1} = \boldsymbol{h}^{-1}(\bar{\boldsymbol{s}}_t^p, \boldsymbol{o}_{tj}) = \begin{bmatrix} \bar{x}_t^p \\ \bar{y}_t^p \end{bmatrix} + \begin{bmatrix} d_{tj}\cos(\bar{\theta}_t^p + \phi_{tj}) \\ d_{tj}\sin(\bar{\theta}_t^p + \phi_{tj}) \end{bmatrix}$$

$$\bar{\boldsymbol{z}}_t^c = \begin{bmatrix} \bar{\boldsymbol{z}}_t^p \\ \bar{\boldsymbol{m}}_{N+1} \end{bmatrix}$$

$$\boldsymbol{Z}_t^c = \begin{bmatrix} \boldsymbol{Z}_t^p & \boldsymbol{0} & \boldsymbol{0} \\ \boldsymbol{0} & (d_{j(i)})^2 & 0 \\ \boldsymbol{0} & 0 & (d_{j(i)})^2 \end{bmatrix}$$

else

$$\boldsymbol{O}_{tj(i)}^p = \boldsymbol{H}_{tj(i)}\boldsymbol{Z}_t^p\boldsymbol{H}_{tj(i)}^{\mathrm{T}} + \boldsymbol{E}_t$$

$$\boldsymbol{H}_{tj(i)} = \boldsymbol{h}_{tj(i)}\boldsymbol{F}_{j(i)}$$

$$\boldsymbol{K}_{tj(i)} = \boldsymbol{Z}_t^p\boldsymbol{H}_{tj(i)}^{\mathrm{T}}(\boldsymbol{O}_{tj(i)}^p)^{-1}$$

$$\bar{\boldsymbol{z}}_t^c = \bar{\boldsymbol{z}}_t^p + \boldsymbol{K}_{tj(i)}(\boldsymbol{o}_{tj(i)} - \bar{\boldsymbol{o}}_{tj(i)}^p)$$

$$\boldsymbol{Z}_t^c = (\boldsymbol{I} - \boldsymbol{K}_{tj(i)}\boldsymbol{H}_{tj(i)})\boldsymbol{Z}_t^p$$

end if

end for

end for

第 12 章 机器人运动规划

运动规划（Motion Planning）是机器人的一个基本任务，其目标是在有障碍物的工作环境中，为机器人找到一条从起点到终点的运动路径，且该路径安全可靠，能令机器人绕开所有障碍物。机器人运动规划是机器人导航的关键步骤，也是其执行其他运动操作的必备步骤。本章将以运动规划任务中的基本运动规划问题为切入点，介绍问题的定义与各类主流的求解方法，具体内容包括：

- 图论基础
- 基本运动规划
- 全局运动规划和局部运动规划的异同
- 机器人的工作环境表达
- 基于图搜索算法的运动规划

12.1 图论基础

本章所述内容与图论密切相关，因此在正式引入本章内容之前，有必要对图论相关的基础理论进行介绍。图的定义如下：

定义 12.1 图

图或图结构（Graph）是一种由边的集合与点的集合组合而成的非线性数据结构，表示为 $G(V, E)$ 或简化为 G，其中 V 是由数据单体抽象而成的结点（Vertex）集合，E 是由数据单体间的关系抽象而成的边（Edge）集合（简称边集）。边总是连接两个结点，这两个结点称为“端点（Endpoint）”。♣

图 12.1 展示了一个图结构的示例。该图的结点集合与边集合分别表示如下：

$$
\begin{aligned}
&V=\{v_s, v_1, v_2, v_3, v_t\} \\
&E=\{e_1=(v_s, v_1), e_2=(v_1, v_2), e_3=(v_1, v_3), e_4=(v_3, v_t)\}
\end{aligned}
\tag{12.1}
$$

式（12.1）意味着图结构中一共存在 5 个结点、4 条边。在运动规划中，一个结点对应的数据单体即为构型空间中的一个构型，一条边对应的关系即为构型与构型间的状态转移关系。边可以是有向的（在图 12.1 中用单向箭头表示），表示一种构型状态可以在给定的机器人动作下转移到另一种构型状态；也可以是无向的（在图 12.1 中用线段表示），意味着边的两个端点状态可以在一定条件下互相转移。为了使算法描述更清晰，后续涉及的每一个图结构，仅包含无向边或有向边中的其中一种类型。仅包含有向边的图称为有向图（Directed Graph），仅包含无向边的图称为无向图（Undirected Graph）。此外，边可以有权重（Weight），以描述两个结点间的具体关系，如两个构型在欧式空间中的距离、机器人从一个结点转移到另一个结点所需的能源消耗等。边的权重也称边权或边权值。

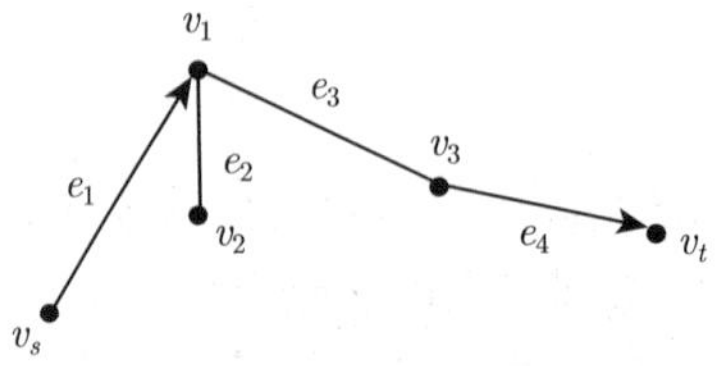

图 12.1　图结构的示例

了解图的基本定义后，我们再介绍若干图搜索过程中出现的基础定义。

定义 12.2　结点的度

一个结点的度（Degree）通过连接该结点的边来度量，为与其连接的边的数量。特别地，若一个图为有向图，则结点的度可进一步划分为出度与入度。出度指的是以该结点为起点，并指向其他结点的边的数量；入度指的是指向该结点的边的数量。♣

比如，在图 12.2(a) 中，结点 v_1 的度为 3，其中入度为 1，出度为 2；在图 12.2(b) 中，结点 v_3 的度为 4。

定义 12.3　路径

路径（Path）是图 G 的结点集合 V 的一个有序的子集，记为 P。对于 P 中的相邻结点 v_{i-1} 与 v_i，存在一条边 $e_{i-1,i}=(v_{i-1},v_i)\in E$。若路径构成的子图为无向图，则路径的起点与终点为度为 1 的点；若路径构成的子图为有向图，则路径的起点为出度为 1 且入度为 0 的点，路径的终点为出度为 0 且入度为 1 的点。♣

比如，在图 12.2(a) 中，以结点 v_1 为起点，以结点 v_4 为终点，则存在路径 $P_{v_1\to v_4}=\{v_1,v_2,v_3,v_4\}$。

定义 12.4　最优路径

最优路径 (Optimal Path) 是一条包含指定的起点与终点，且所含边的边权和最小的路径。♣

比如，在图 12.2(a) 中，v_1 到 v_2 的路径有 $\{v_1,v_2\}$、$\{v_1,v_5,v_3,v_4,v_2\}$，其中最优路径是 $\{v_1,v_2\}$。

定义 12.5　连通图

一个图是连通 (Connected) 的，指对于图中的任意一个结点对 (v_i,v_j)，都能找到连接两者的一条路径。这样的图就称为连通图。♣

比如，图 12.2(a) 与图 12.2(b) 均为连通图。

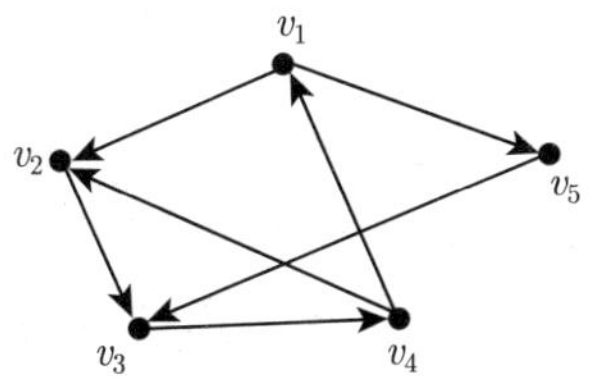

(a) 有向图

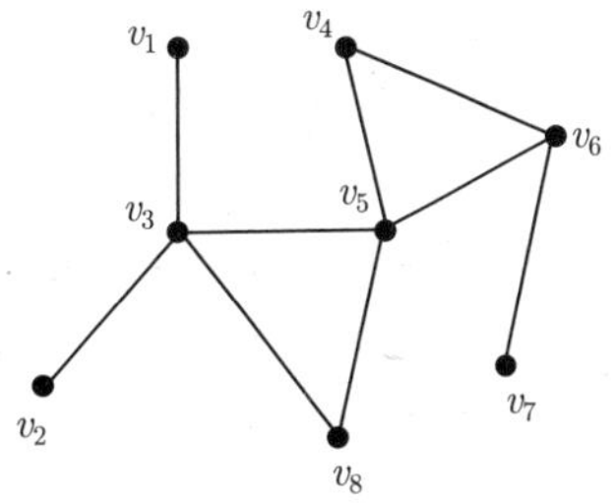

(b) 无向图

图 12.2　图搜索过程中出现的基础定义示意图

12.2　基本运动规划

机器人运动规划的难度取决于以下两个关键因素：① 机器人工作环境中的障碍物是否运动；② 有关障碍物的信息是否完整，如障碍物的尺寸、位置、运动速度等。一类比较简单的运动规划场景是假设障碍物在机器人运动过程中保持静态，并且已知障碍物的尺寸和位置。在此类情况下机器人的运动规划被称为基本运动规划。

对于如图 12.3 所示的基本运动规划问题，其通常采用两个关键步骤来加以解决。首先，定义一个图结构 G 以表示机器人工作环境的几何结构；其次，执行图搜索算法 $f(\cdot)$ 以寻找一条最小化运动代价的、连通机器人起点 v_s 和终点 v_t 的路径。因此，运动规划问题可被看作一类最优化问题。

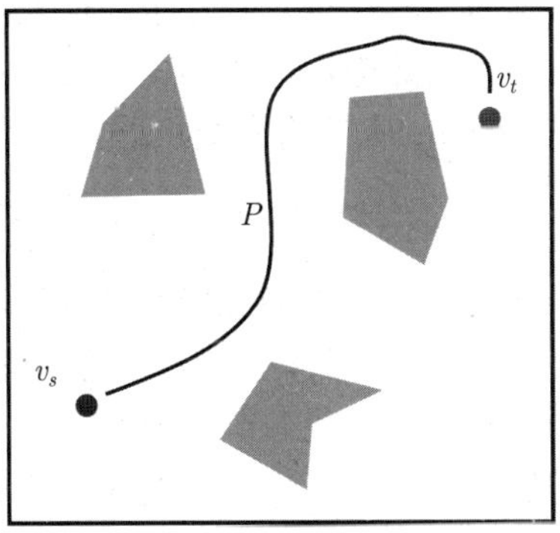

图 12.3　基本运动规划问题示意图

$$\begin{aligned}&\arg\min_{P} f(P \mid G(V,E))\\ &\text{s.t. } P \subseteq G\end{aligned} \tag{12.2}$$

式中，路径 P 是图结构 G 的子集，且 P 中结点互相连通；图搜索算法 $f(\cdot)$ 构建路径 P，并输出运动代价。从式 (12.2) 可以看出，求解基本运动规划问题的关键点在于工作环境的图结构化表达和图搜索算法的设计。本章后续内容将对这个关键点进行详细阐述。

12.3 全局运动规划与局部运动规划

根据对环境信息的掌握程度不同，机器人运动规划可分为全局运动规划和局部运动规划。

全局运动规划（Global Motion Planning）在环境完全已知的情况下，考虑机器人的动力学限制和约束条件，为机器人规划一条最优路径，并将此路径作为机器人的行动路线。本书中，全局运动规划指的是一种行动前的预规划，而非真实执行的结果。但当环境变化剧烈时，该规划方法一般较难胜任有效规划的任务。

局部路径规划（Local Motion Planning）支持在机器人行动过程中进行路径的更新，即当机器人遇到障碍物或需要避免遇到危险情况时，机器人通过即时的环境感知和分析，调整行动路线。该规划方法对变化环境的适应能力强，也不容易被噪声干扰，但要求算法的实时性强，且得到的结果一般与最优路径差距较大，甚至可能永远到达不了终点。

综上，全局运动规划依赖整个地图进行路径选择，计算资源消耗较大，但确保能找到最优路径；局部运动规划直接对局部环境进行评估，计算资源消耗小，但无法确保找到最优路径。两类方法大多经过修改之后，可以互相转换。在实际应用中，可以同时采用两者进行协同工作。本章主要介绍全局运动规划算法，包括广度优先搜索算法、深度优先搜索算法、迪杰斯特拉算法、A* 算法、D* 算法等图搜索算法。

12.4 机器人的工作环境表达

人类可以轻易地理解自己所处的环境，并快速地规划一条运动路径。然而，对机器人来说，执行这些任务是十分困难的，其难点之一在于如何表达机器人的工作环境并被机器人所理解。选择一种合适的表达方法并进行适当的简化，有助于利用图搜索算法等较为成熟的算法来解决机器人运动规划问题。本节将介绍机器人的工作环境表达方法和简化方法。

12.4.1 工作空间表达

工作空间 (Workspace) 表达是一种常见的工作环境表达方法，用于描述机器人所处实际物理空间的可达性。如图 12.4 所示，工作空间表达将物理空间划分为障碍物空间 (Obstacle Space) 和自由空间 (Free Space)。在工作空间表达中，障碍物空间是指被障碍物占据的不可达空间，而自由空间是指没有被障碍物占据的可达空间。事实上，工作空间表达是一种独立于机器人本身的工作环境表达方法，其仅描述了空间中的一个点是否被障碍物占用，而不能断定一个未被占用的点是否能被机器人通过。通常为了便于讨论，其潜在地假设机器人是空间中的一个点，机器人可以通过自由空间中的任意一点。然而，真实世界中的机器人并不是一个点，而是占据了一定的面积或体积。因此，机器人不一定能通过自由空间中的任意一点。比如，当试图让体积较大的机器人穿越靠近障碍物的自由空间点时，就有可能和障碍物发生碰撞。由于上述问题的存在，直接利用工作空间表达求解运动规划问题较为困难，需要将其进一步量化。

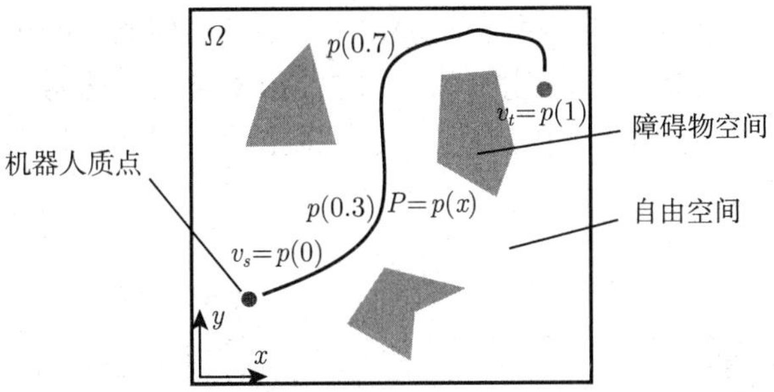

图 12.4　工作空间表达示意图

12.4.2　构型空间表达

在运动规划问题中，确定机器人与障碍物的位置关系是十分重要的。正如前文所述，工作空间表达中的机器人不是一个抽象的点，而是一个具有一定体积和形状的实体，此类形式不利于运动规划的建模。为了解决工作空间表达方法的缺陷，常用构型空间 (Configuration Space，C-Space) 表达进一步量化工作空间，如图 12.5 所示。在构型空间中，机器人可以被转化为一个质点，而障碍物空间中的障碍物则根据机器人的形体进行膨胀化处理。通过上述处理，机器人的位置、姿态即可表示为构型空间中的一个点，这个点被称为机器人的构型 (Configuration)。因此，一个机器人所有可能的构型组成了构型空间，其不仅能描述机器人的可能状态，还能描述工作空间的几何结构。

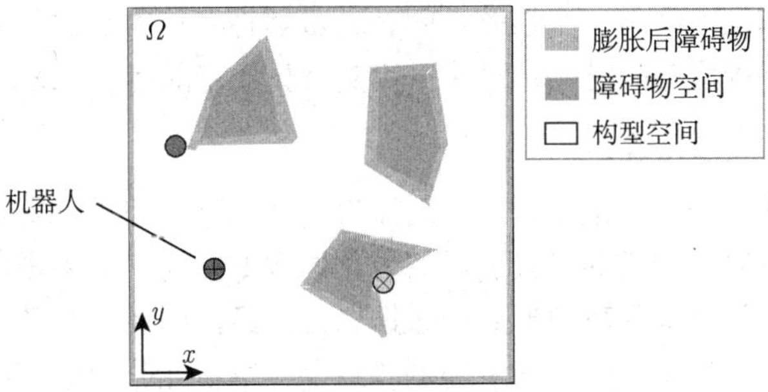

图 12.5　构型空间表达示意图

我们用更详细的例子来解释构型与构型空间的关系，如图 12.6 所示。一个机器人构型空间的维度由该机器人的自由度 (Degree of Freedom) 个数决定。一个刚性机器人的自由度是指该机器人可独立运动的参数数量，如位置、姿态等。如图 12.6(a) 所示，一个二维平面刚性机器人，若其仅在平面上执行平移操作，那么该机器人的所有运动模式可以分解为 x、y 方向的组合运动，即其可独立运动的参数有 x、y 两个，因此自由度为 2，其所有构型 (x, y) 组成的构型空间表现为一个固定形状的二维平面。再者，如图 12.6(b) 所示，若机器人加入一个自由度 θ，表示机器人的朝向或旋转角度，则机器人可独立运动的参数有 3 个，其构型为 (x, y, θ)，它们组成的三维空间就是平面刚性机器人的构型空间。该构型空间中的任意一点代表机器人的一个构型，该构型能完整描述该平面刚性机器人的位移与朝向状态。

从图 12.6(a) 和图 12.6(b) 的构型空间表达可以看出，构型空间表达与物理世界的坐标系统并非一个概念。当机器人的构型为 (x, y) 时，构型空间表达与平面坐标系相通，具有迷惑性。而当加入 θ 时，构型空间已成为一个三维空间。因此，构型空间是以机器人属性为依据张成的多维空间。

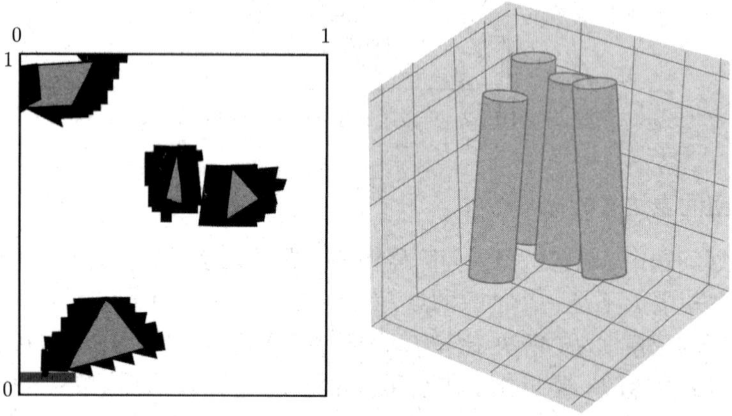

(a) 二维构型空间(x, y)　　(b) 三维构型空间(x, y, θ)

图 12.6　构型空间表达示例图

通过构型空间的构造方法，将机器人抽象为工作环境中的一个点，可以忽略机器人的形体及其内部的各种复杂形变和操作，在一定程度上降低了运动规划问题的求解难度。然而，本小节构造的构型空间是一个连续空间，其虽然拥有优秀的数学属性，但仍具有求解难度。下面将对连续构型空间进一步量化，以支持高效率的运动规划求解。

12.4.3　构型空间的离散化表达

计算机以离散存储的方式记录数据，因而将连续构型空间进行离散化处理是一种更合理的做法，以便支持以图结构的形式表示离散化的构型空间。进一步地，大量常用的运动规划算法可以方便地利用这些离散形式的数据以搜索最优路径。为了方便可视化，本小节以二维构型空间 $C = \{(x, y)|x, y \in \mathbf{R}\}$ 为例，主要介绍单元分解法、可视图法与概率路线图法这 3 类主流的离散化表达方法。

1. 单元分解法

单元分解（Cell Decomposition）法是一种将构型空间划分为规则形状的单元格的离散化表达方法。最基本的单元分解法规定了划分得到的单元格形状大小基本一致，如图 12.7 所示。此类方法同时将构型空间 C 中的自由空间与障碍物空间进行划分，从而将无限取值范围的连续空间离散化为有限取值范围的单元格集合 $X = \{x_0, x_1, x_2, \cdots, x_N\}$，其包含的元素 $x_i \in X$ 即为一个单元格，元素总数量 N 即为离散化后机器人可能状态的总数。x_i 可设定为二值变量：若该单元格包含的构型均处于自由空间内，则 x_i 取值为 1；反之，若该单元格包含的构型均处于障碍物空间内，则 x_i 取值为 0；值得注意的是，规则划分的单元格无法避免单元格同时包含处于自由空间与障碍物空间内的构型，对于此类单元格，可以视情况决定赋予 0 值或 1 值。

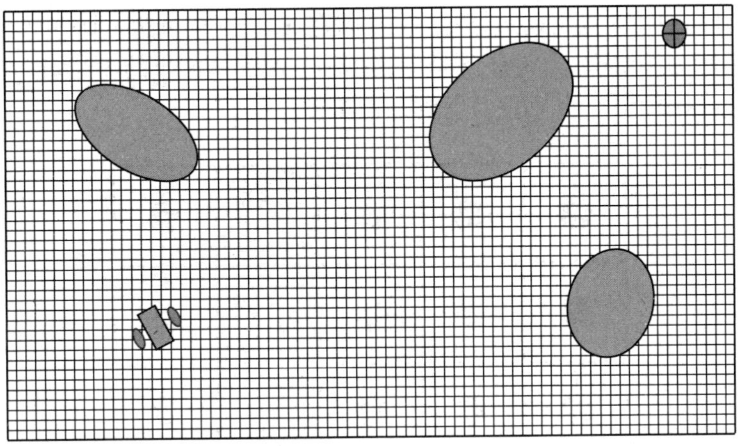

图 12.7　单元格形状大小基本一致的单元分解法示意图

基于上述离散化后得到的构型空间表达 X，可以进一步定义机器人的动作集合 $A(x)=\{a_0,a_1,a_2,\cdots,a_M\}$，其含义为机器人处于构型 x 时，可采取的动作集合。例如，对于单元格化的 X，可以将动作集合定义为 $A(x)=\{a_0=$“上”$,a_1=$“下”$,a_2=$“左”$,a_3=$“右”$\}$，或者 $A(x)=\{a_0=$“上”$,a_1=$“下”$,a_2=$“左”$,a_3=$“右”$,a_4=$“左上”$,a_5=$“左下”$,a_6=$“右上”$,a_7=$“右下”$\}$ 等多种。动作集合定义将影响到后续图搜索算法的构建。动作集合定义完毕之后，可以定义构型 x 之间的状态转移方程 $f_{\text{trans}}(x,a)=x'$，其含义为机器人处于构型状态 x 时，应用动作 a，即可达到新构型状态 x'。图 12.8 展示了动作与状态转移示意图。

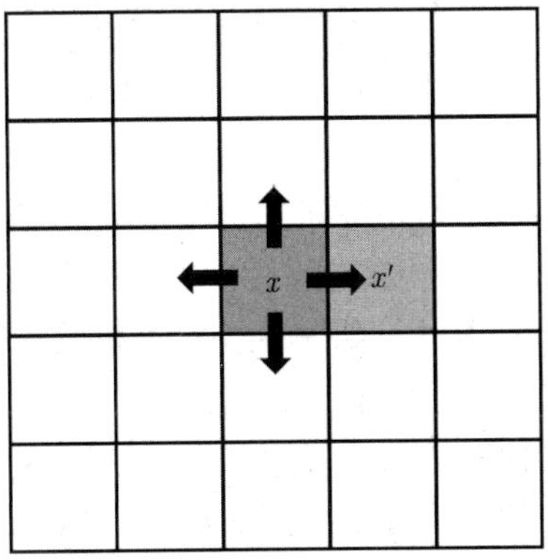

图 12.8　动作与状态转移示意图

通过上述步骤，我们得到了离散化的构型空间表达 X，以及定义于 X 上的动作集合与状态转移方程。至此，可以将 X 内元素的关系表示为前文所述的图结构，如图 12.9 所示。图的构建分为两步：首先，将所有取值为 1 的单元格抽象为图的结点，并选取其中的一个结点为起点 v_s，选取其中的一个结点为终点 v_t；其次，将单元格之间的状态转移关系抽象为图的边，即若 x 与 x' 之间存在关系 $f_{\text{trans}}(x,a)=x'$，则建立一条起点为 v_x 且终点为 $v_{x'}$ 的有向边。值得注意的是，一般在单元分解法中状态转移关系是对称的，即若存在关系 $f_{\text{trans}}(x,a)=x'$，则一定存在动作 a'，满足 $f_{\text{trans}}(x',a')=x$。因此，在建图过程中，也可以直接将有向边替换为无向边，表示两个状态 x, x' 互相可达。前述两步将构型空间表达 X 进一步表示为图结构 $G(V, E)$。至此，构型空间表达产生的图结构 G 可直接为大多数的主流图搜索算法所用，从而演算得到最优路径。

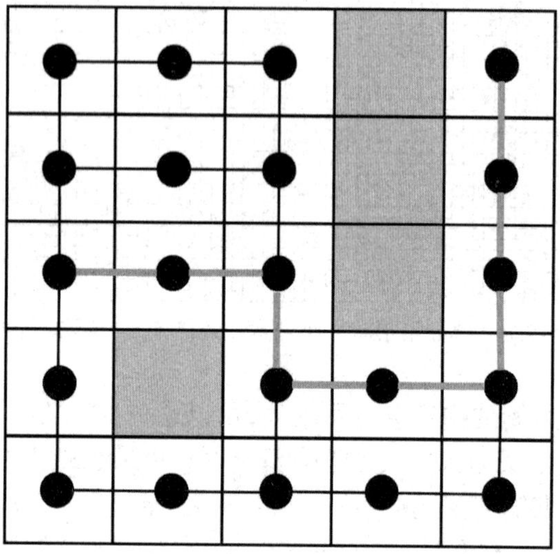

图 12.9　离散化构型空间表达的图结构表示

单元分解法具有构型空间表达一致、规范和简单的优点。其缺点在于空间开销和精度损失较大，且随着构型空间维度的升高，建模与搜索的计算量也将大幅增加。主要原因之一在于单元分解法所产生的结点密度较大。下面介绍的可视图法可以有效地减小结点密度，从而提升计算效率。

2. 可视图法

可视图（Visibility Graph）法是将障碍物空间中的障碍物表示为多边形，并将其顶点与起点、终点一起互相连接而构建图结构的一种方法。此方法一般对二维构型空间 $C = \{(x, y)|x, y \in \mathbf{R}\}$ 建模，即构型空间为二维平面空间，机器人是空间中的一个质点，障碍物为空间中的平面多边形，如图 12.10 所示。

图 12.10 展示了一种障碍物表示为凸多边形的可视图构建方法。我们利用此图解释可视图构建方法。与单元分解法类似，可视图法的最终目标是将二维构型空间离散化为一个图结构 $G(V, E)$，其中结点集合 V 包含起点 v_s、终点 v_t，以及所有多边形障碍物的顶点抽象而成的结点 v_x。将 V 中的所有结点用无向边互相连接，要求所有连线都不能穿过障碍物，满足条件的边构成边集 E。这些无向边可以被赋予边权，如长度越长则边权越大。通过上述方法得到的加权无向图结构 G，同样可以被主流的图搜索算法直接利用，得到最优路径。

由上述过程可知，构建可视图的关键点在于结点的选取与边的构造。结点的选取较为直观，即确定起点与终点，并将所有障碍物的顶点抽象为中间结点即可。然而，在实际情况下，结点的选取主要存在两个问题。①可视图法构建的路径显然是紧贴障碍物边缘的，使得构建得到的最优路径并非最短路径，且机器人容易撞到障碍物，如图 12.11(a) 中的折线所示。缓解此问题的方法是将障碍物的顶点略微松弛，以设定的超参数向外扩展一段距离，扩展的方向可选为外角平分线所在的方向。若不同障碍物的扩展区域有相交，则将相交区域的交点也抽象为可视图结点，加入到结点集合 V 中。通过此方法得到的最优路径如图 12.11(b) 中的折线所示。②前述结点选取的方法无法解决障碍物边缘为圆弧的情况。此时，可以在圆弧处做切线，将圆弧延伸为“尖角”，即可缓解此问题。可以看出，在可视图法及其变种中，结点的选取是比较灵活且自由的。在特定的场景下，设计合适的结点选取方法，将大幅提升可视图的搜索效率。

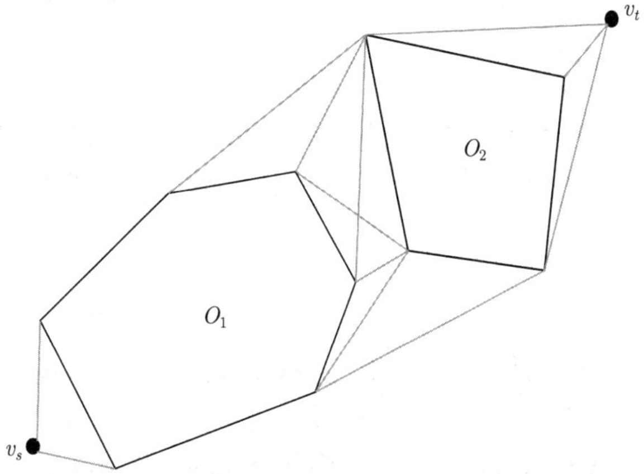

图 12.10　可视图构建方法示意图

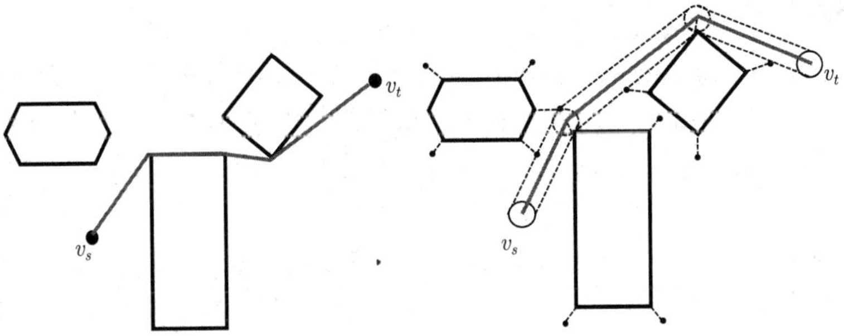

(a) 紧贴障碍物的最优路径　　(b) 松弛后的最优路径

图 12.11　可视图最优路径示意图

边的构造是可视图构建的重点，其关键在于判断两个结点是否可以连接无向边，即判断两个结点的连线是否穿过障碍物。若连线没有穿过障碍物，则为一条满足结点互相“可视”的边，此即可视图的名称含义。判断可采用计算量较大的几何方法，但也可以通过一些简单的判断减小建图时的消耗。①同一障碍物的相邻结点互相可视。需要注意的是，对于凹多边形，需要额外考虑非相邻结点的可视性。对于存在圆弧边缘的障碍物，可用前述的切线法进行转化。②不同障碍物之间的结点连线是否穿过障碍物的判断，可以转化为判断其是否与任意障碍物的边相交，如图 12.12 所示。若有相交，则为不可视情况。

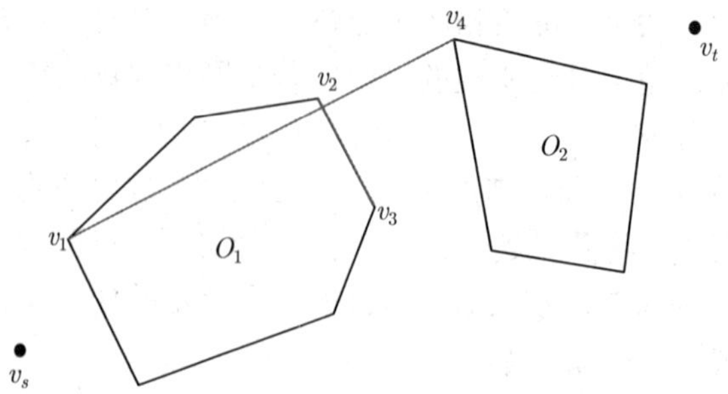

图 12.12　不同障碍物之间的结点不可视示意图

可视图法大幅度减少了图结构中的结点数量，然而当障碍物较多时，其搜索时间仍较长。此外，可视图法缺乏灵活性。当机器人的起点和终点发生变化，以及障碍物的数量、形态发生变化时，可能需要大幅度地重构图结构。下面将介绍一种摆脱障碍物强关联性的构型空间的离散化表达方法。

3. 概率路线图法

前文所述的两种方法均遍历了整个构型空间以进行图结构的构建，如单元分解法将整个构型空间稠密划分并进行网格化连接，可视图法将所有的障碍物顶点纳入考虑。当构型空间维度较高或规模较为复杂时，由于需要构型空间的全局显式表达，这两种方法的效率将会十分低下。概率路线图法是一种基于采样的方法，即通过对自由空间中的构型进行密度可控的随机采样，而后将其抽象为图结点以构建图结构。下面给出其定义。

定义 12.6　概率路线图法

概率路线图 (Probabilistic Roadmap) 法是连续构型空间的一种离散化的图结构表示方法，其结点集合由自由空间中随机采样的构型抽象而成，结点之间存在无向边连接，构成一个连通图。♣

图 12.13 展示了一个二维构型空间中的概率路线图。空心小圆表示随机采样得到的机器人构型，它们都处于自由空间中；灰色实心区域表示障碍物；将构型点与其较近的邻居结点用无向边相连，可得到一个简单的概率路线图。

由概率路线图法的定义可知，概率路线图的构建过程无须遍历整个构型空间，从而能够快速地生成一个规模远小于原始构型空间的图结构。概率路线图法放弃了单元分解法的高分辨率，且对障碍物的形状没有过多的依赖。即使如此，由于随机采样方法的概率完备性，概率路线图法已被证明在高维空间和复杂模型的情况下十分有效。同时，概率路线图法可扩展性强，其中涉及的构型采样、结点探索、终点区域规划等环节均有较高的设计自由度，以实现性能和效率的平衡。

我们通过单元分解法、可视图法、概率路线图法等构型空间的离散化表达方法，将连续构型空间进一步转化为离散的图结构表示，使其可利用大量成熟的图搜索算法得到最优路径，降低了运动规划问题的求解难度。下一节将详细介绍主流的图搜索算法。

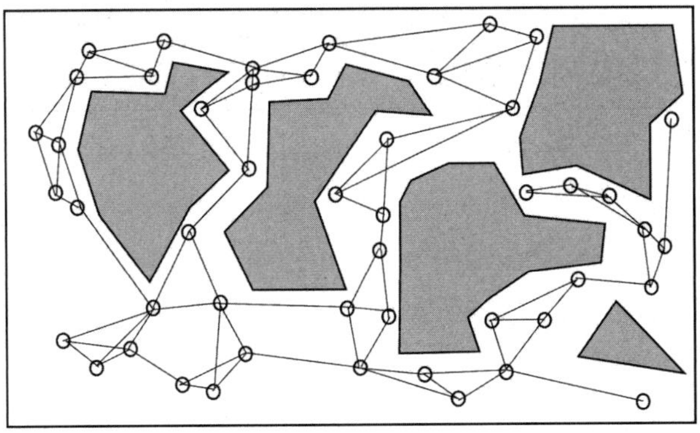

图 12.13 一个二维构型空间中的概率路线图

12.5 图搜索算法

由 12.4 节内容可知，无论采用单元分解法、可视图法还是概率路线图法进行构型空间的离散化表达，最后都能将构型空间表示为一种统一形式的图结构 $G(V,E)$，从而可利用图搜索算法以求解运动规划问题。本节仍以欧式空间中的二维平面构型空间 $C=\{(x,y)|x,y\in\mathbf{R}\}$ 为例，探索如何从给定的图结构中获取一条从起点 v_s 到终点 v_t 的最优路径。

12.5.1 图搜索算法概述

如图 12.14(a) 所示，给定一个连通图结构 $G(V,E)$，通过如算法 9（Algorithm 9）所示的图搜索算法，至少可以找到一条从起点 v_A 出发到终点 v_O 的路径。具体地，从起点开始，以一定顺序访问与其有边相连的所有邻居结点（此步骤称为起点的扩展），再按相同的访问方法扩展邻居结点，直至访问至终点。

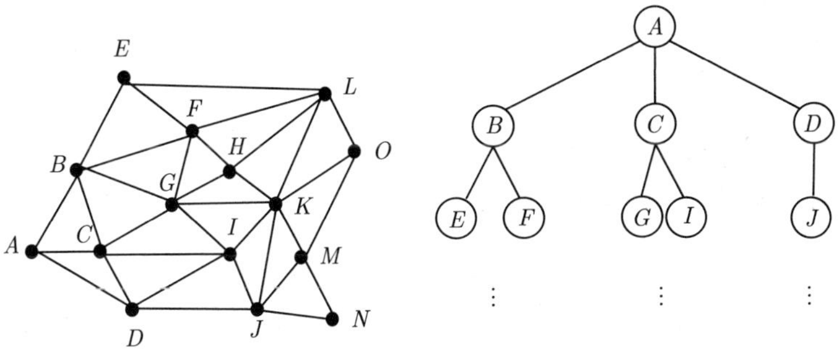

(a) 用于图搜索的连通图结构　　(b) 对应的搜索树结构

图 12.14 图与其搜索树示意图

如算法 9 所示的图搜索算法从起点出发，逐步推进至终点，又可被称为图的前向搜索算法。在此过程中，新引入了几个在图搜索算法中被广泛使用的概念。

- **Open 表** O：Open 表 O 存储了待扩展的结点及其相关状态（如与起点距离等）。算法须从该表中不断获取结点并对其邻居结点扩展访问，才能向终点步步推进，直至完成搜索。因此，Open 表 O 在大部分图搜索算法中不可或缺，且在不同的算法中具有不同的具体形式，如队列、栈等。

Algorithm 9 图的前向搜索算法

Input:
    v_s: 起点
    v_t: 终点
    O: Open 表
    VIS: 结点状态表
    BP: 反向指针表
    G: 图结构 $G(V, E)$

Output:
    布尔值，是否找到由 v_s 到 v_t 的路径

1: 清空 Open 表 O
2: 将所有结点的状态 VIS(v) 初始化为 NEW
3: 将起点 v_s 及其相关状态按一定规则放入 O 中
4: VIS(v_s) $\leftarrow$ OPEN {标记 v_s 为 OPEN 状态}
5: **while** $O \neq \varnothing$ **do**
6:     从 O 中按一定规则取出一个结点 v
7:     VIS(v) $\leftarrow$ CLOSED
8:     **if** $v = v_t$ **then**
9:         **return** True
10:     **end if**

    {扩展结点 v:}
11:     **for all** $u \in V$ **and** $(v, u) \in E$ **do**
12:         **if** VIS(u) = NEW **then**
13:             VIS(u) $\leftarrow$ OPEN
14:             BP(u) $\leftarrow v$
15:             将 u 及其相关状态按一定规则放入 O 中
16:         **else**
17:             执行对非 NEW 状态结点的处理
18:         **end if**
19:     **end for**
20: **end while**

21: **return** False

- **结点状态表** VIS：结点状态表 VIS 记录了每个图结点所处的访问状态。比如，处于 Open 表 O 中的结点可能处于未被访问的 NEW 状态，也可能处于待扩展的 OPEN 状态；扩展完毕的结点处于 CLOSED 状态，在某些图搜索算法中不会再被处理。VIS 在部分算法中也被称为 Close 表，如在基于 Open-Close 表方法的迪杰斯特拉算法中即被称为 Close 表。

- **反向指针表** BP：反向指针表 BP 用于记录最优路径的搜索过程，也是一种重要的数据结构。对于有向边 (v,u) 连接的一对邻居结点 v、u，$\mathrm{BP}(u)=v$ 表示在当前路径中，结点 u 是结点 v 的后继结点，即结点 v 可经过结点 u 到达终点 v_t。可见，反向指针表 BP 记录的方向与有向边的指向相反，此即"反向"一词的含义。当图搜索算法执行完毕后，从路径尾端对反向指针表 BP 进行遍历，可得到完整的最优路径：

$$\begin{aligned} P &= \{v_s, v_2, \cdots, v_{n-2}, v_{n-1}, v_t\} \\ &= \{v_s = \mathrm{BP}(v_2), \mathrm{BP}(v_3), \mathrm{BP}(v_4), \cdots, \mathrm{BP}(\mathrm{BP}(v_t)), \mathrm{BP}(v_t), v_t\} \end{aligned} \tag{12.3}$$

图的前向搜索算法去掉了图中的闭环，将搜索路径构建为一个树状结构，称为搜索树。搜索树以起点为根结点，其子结点即为其在原图中的邻居结点。相比于原图，搜索树的特点在于两个结点之间仅存在一条路径，且由于搜索到终点就停止搜索，因此终点是搜索树的叶子结点之一。图 12.14(b) 展示了一种搜索树的结构。对比算法 9 可知，增加一个搜索树结点对应着将该结点放入 Open 表 O 中，而扩展一个搜索树结点，意味着遍历对应图结点的邻居结点，并把它们以子结点的形式加入到树结构中。因此，搜索树构建的复杂度取决于图的结构、起点与终点的设置、将结点放入 O 中的规则，以及将结点从 O 中取出的规则等配置。不同的配置使得搜索树的构建复杂度方差较大。在最差的情况下，当所有的结点被访问过以后，即完整的搜索树被构建完毕，才能够到达终点；而在最好的情况下，仅访问最少的邻居结点或累计最小的边权值，即可到达终点，所获得的路径就是最优路径。对于大多数图搜索问题，应避免构建完整的搜索树。因此，一个优秀的图搜索算法应保证在尽可能少地扩展搜索树的同时，寻找到起点至终点的最优路径。

12.5.2 广度优先搜索算法

广度优先搜索（Breadth First Search，BFS）算法用队列维护待扩展结点。队列的定义如下：

> **定义 12.7 队列**
>
> 队列 (Queue) 是一种先进先出式的线性列表。越先进入队列的元素，在获取元素的时候越先被处理。被添加的元素存储在队列的尾端（称为队尾），从队列的头部（称为队头）取出元素。♣

广度优先搜索算法如算法 10 (Algorithm 10) 所示。对如图 12.15(a) 所示的图结构进行广度优先搜索，可形成如图 12.15(b) 所示的广度优先搜索树。广度优先搜索算法流程示意图如图 12.16 所示，我们根据此图进行算法流程的解释。

- **步骤 1**：在算法初始化完成后，将起点 v_s 追加至 O 的队尾。处于 Open 表 O 中的所有结点应处于 OPEN 状态，表示待扩展。因此，将 v_s 的状态 $\mathrm{VIS}(v_s)$ 设置为 OPEN。
- **步骤 2**：此时 O 非空，需要扩展 O 中的结点。将 O 中仅有的起点 v_s 从队头取出并从 O 中删除，更新为 CLOSED 状态，不会被再次处理。进入扩展结点 v_s 的循环。在循环中，所有起点 v_s 的邻居结点 v_a、v_b 都被更新为 OPEN 状态，且由于它们是

通过扩展 v_s 而被处理的，因此它们的前置结点 BP(v_a)、BP(v_b) 都被设置为 v_s，并将这两个结点按访问顺序依次放入 O 中排队，而后跳出 for 循环。

- **步骤 3**：程序判断 O 非空，继续扩展 O 中的结点。由于队列的先进先出性质，首先排队的结点 v_a 被取出并从队列中删除，更新为 CLOSED 状态。其所有处于 NEW 状态的邻居结点 v_c、v_d 被更新为 OPEN 状态，设置前置结点为 v_a，并将这两个结点依次放入 O 中。此时，O 中的结点从队头到队尾依次为 v_b、v_c、v_d。因此，在下一次结点扩展步骤时，首先扩展与结点 v_a 拥有相同前置结点的 v_b，而不是 v_a 的后继结点 v_c 和 v_d。
- **步骤 4**：从 O 的队头取出 v_b 并扩展。其有 v_s、v_a、v_e、v_f 4 个邻居结点，其中 v_e、v_f 处于 NEW 状态，它们被更新为 OPEN 状态，设置前置结点为 v_b，并将这两个结点依次放入 O 中。
- **步骤 5**：从 O 的队头取出 v_c 并扩展。由于 v_c 的邻居结点 v_a 和 v_d 均处于非 NEW 状态，因此本步骤中 O 没有新增结点，但 VIS(v_c) 仍需被更新为 CLOSED。
- **步骤 6**：从 O 的队头取出 v_d 并扩展。无新增状态为 OPEN 的结点。
- **步骤 7**：从 O 的队头取出 v_e 并扩展。在扩展阶段找到终点 v_t，此时可以提前停止搜索了。但这里严格按照算法步骤执行，将 v_t 放入 O 中，直至访问到 CLOSED 状态的终点，算法才正常结束。
- **步骤 8**：从 O 的队头取出 v_f 并扩展。无新增状态为 OPEN 的结点。
- **步骤 9**：从 O 的队头取出 v_t，终点变为 CLOSED 状态，算法返回 True。此时，从最后的 BP 中可以回溯出最优路径：从终点 v_t 开始，找到其前置结点 BP(v_t) $= v_e$，再找到 v_e 的前置结点 BP(v_e) $= v_b$，最后发现 v_b 的前置结点即为 v_s，这就形成了经过 4 个结点、长度为 3 的最优路径 $v_s \to v_b \to v_e \to v_t$。

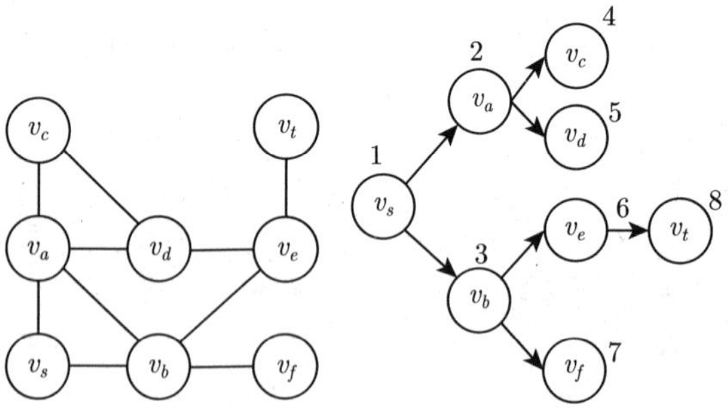

(a) 图结构　　(b) 广度优先搜索树结构及访问顺序

图 12.15　图结构及其对应的广度优先搜索树

从上述流程及图 12.15(b) 可以看出，当根结点 v_s 的子结点被全部扩展完毕后，结点 v_a、v_b 的子结点 v_c、v_d、v_e、v_f 才会被依次扩展，而层级最深的结点 v_t 将被最后扩展。广度优先搜索算法按搜索树的“层”扩展结点，此即“广度”一词的含义，无论树有多深，总是最靠近根结点的结点首先被扩展。起点（根结点）作为扩展的第一层级，其所有子结点作为第二层级，子结点的子结点作为第三层级，以此类推。

Algorithm 10 广度优先搜索算法

Input:
    v_s: 起点
    v_t: 终点
    O: Open 表（队列结构实现）
    VIS: 结点状态表
    BP: 反向指针表
    G: 图结构 $G(V, E)$

Output:
    布尔值，是否找到由 v_s 到 v_t 的路径

1: 清空队列形式的 Open 表 O
2: 将所有结点的状态 VIS(v) 初始化为 NEW
3: 将起点 v_s 追加至 O 的队尾
4: VIS(v_s) ← OPEN

5: **while** $O \neq \varnothing$ **do**
6:     从 O 中取出队头结点 v
7:     VIS(v) ← CLOSED
8:     **if** $v = v_t$ **then**
9:         **return** True
10:    **end if**

      {扩展结点 v:}
11:    **for all** $u \in V$ and $(v, u) \in E$ **do**
12:       **if** VIS(u) = NEW **then**
13:          VIS(u) ← OPEN
14:          BP(u) ← v
15:          将 u 追加至 O 的队尾
16:       **else**
17:          不做任何处理
18:       **end if**
19:    **end for**
20: **end while**

21: **return** False

现探究广度优先搜索算法的空间消耗和时间消耗。在空间消耗方面，由于其按层遍历，但终点结点皆为叶子结点，若起点到终点的路径较长，且途中每一层级的结点数量较多，则 Open 表 O 在大多数时候会保存大量的结点信息，存储压力较大；时间消耗方面类似，在最差的情况下，在到达最深处的叶子结点之前，若被扩展的结点数量过多，则时间消耗将会很大。在最差的情况下，必须遍历原图中的所有结点和所有边之后，才能到达终点。因此，广度优先搜索算法在终点和起点较为靠近时有良好的表现，而不适用于终点与起点相

矩较远，且结点规模较大的图。

广度优先搜索算法具有完全性，即只要原图是连通图，且终点存在，则一定能够找到起点到终点的一条路径。当图结构具有相同的边权值时，此路径一定为最优路径。读者可以尝试在图 12.15(a) 中走一走，但一定不会有比长度为 3 的路径更短的最优路径了。然而，当图结构的边权值不同时，算法不能保证返回最优路径。这是因为广度优先搜索算法仅考虑经过边数量最少的路径，而不考虑边权值。

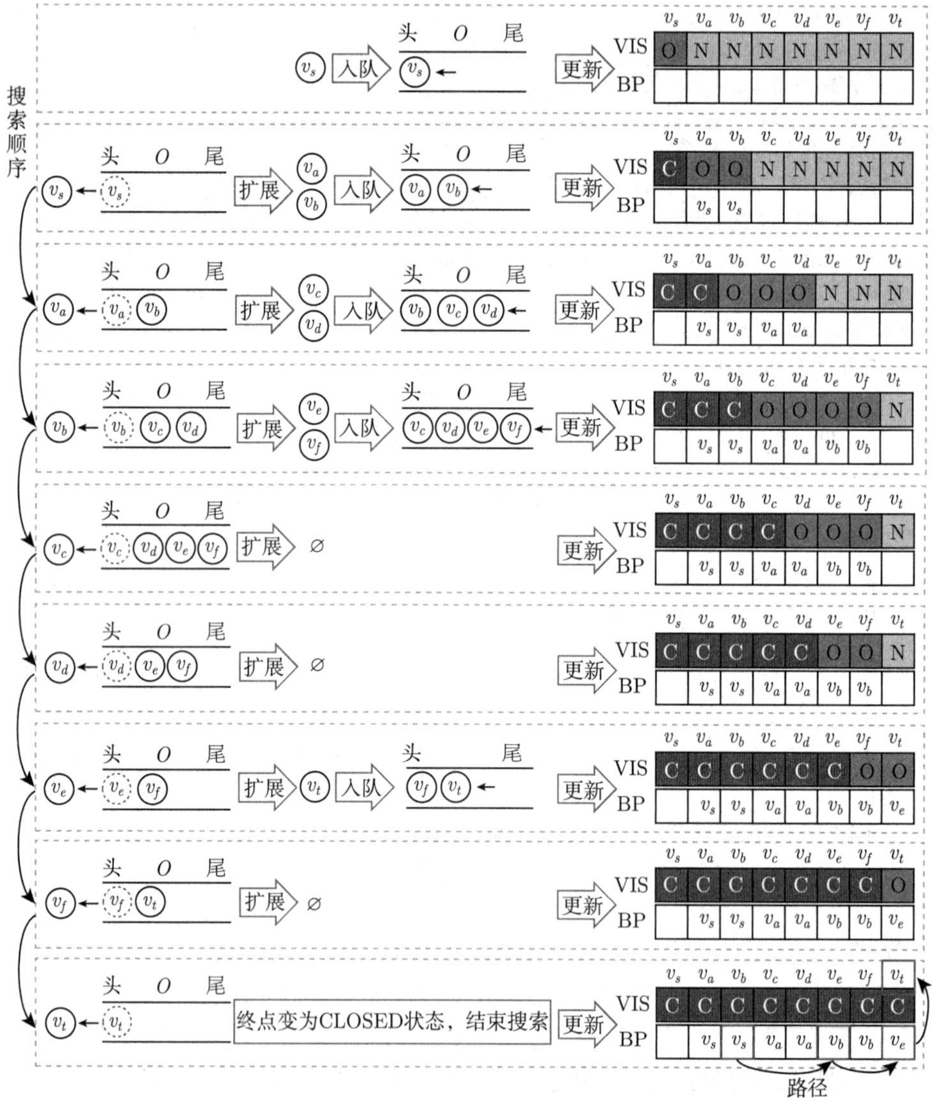

图 12.16　广度优先搜索算法流程示意图

12.5.3　深度优先搜索算法

深度优先搜索（Depth First Search，DFS）算法用栈维护待扩展结点。栈的定义如下：

定义 12.8　栈

栈 (Stack) 是一种后进先出式的线性列表。越靠后进入栈的元素，在获取元素的时候越先被处理。被添加的元素存储在栈的顶端（称为栈顶），同样从栈顶取出元素。♣

深度优先搜索算法如算法 11 (Algorithm 11) 所示。对如图 12.17(a) 所示的图结构进行深度优先搜索，可形成如图 12.17(b) 所示的深度优先搜索树。深度优先搜索算法流程示意图如图 12.18 所示，我们根据此图进行算法流程的解释。

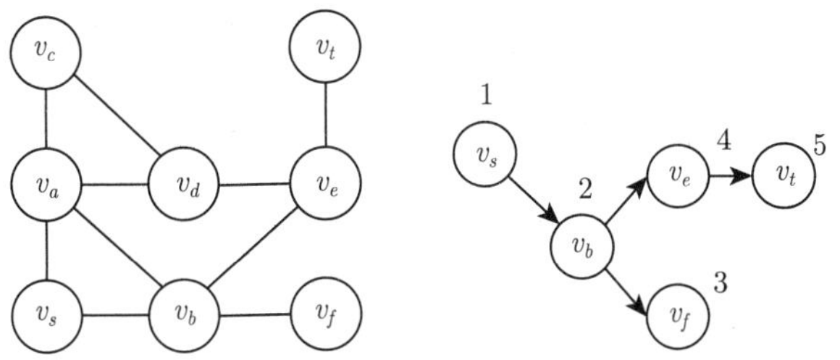

(a) 图结构　　(b) 深度优先搜索树结构及访问顺序

图 12.17　图结构及其对应的深度优先搜索树

- **步骤 1：** 在算法初始化完成后，将起点 v_s 压入 O 的栈顶，并将 VIS(v_s) 设置为 OPEN。
- **步骤 2：** 此时 O 非空，需要扩展 O 中的结点。将 O 中仅有的起点 v_s 从栈顶取出并从 O 中删除，更新为 CLOSED 状态，不会被再次处理。进入扩展结点 v_s 的循环。在循环中，所有起点 v_s 的邻居结点 v_a、v_b 都被更新为 OPEN 状态，且它们的前置结点都被设置为 v_s，并将这两个结点按访问顺序依次压入 O 中，而后跳出 for 循环。注意栈的压入顺序，越先被访问的邻居结点越靠近栈的底部。
- **步骤 3：** O 仍然非空，继续扩展 O 中的结点。由于栈的后进先出性质，最后被压入栈的结点 v_b 被首先取出并从栈中删除，更新为 CLOSED 状态。其所有处于 NEW 状态的邻居结点 v_e、v_f 被更新为 OPEN 状态，设置前置结点为 v_b，并将这两个结点依次压入 O 中。此时，O 中的结点从栈顶到栈底依次为 v_f、v_e、v_a。
- **步骤 4：** 从 O 的栈顶取出 v_f 并扩展。由于 v_f 没有状态为 NEW 的邻居结点，因此本步骤中 O 没有新增结点，但 VIS(v_f) 仍需被更新为 CLOSED。
- **步骤 5：** 从 O 的栈顶取出 v_e 并扩展。在扩展阶段找到终点 v_t，此时可以提前停止搜索了。但这里严格按照算法步骤执行，将 v_d、v_t 依次压入 O 中，直至访问到 CLOSED 状态的终点，算法才正常结束。
- **步骤 6：** 从 O 的栈顶取出 v_t，终点变为 CLOSED 状态，算法返回 True。此时，与广度优先搜索算法相同，从最后的 BP 中可以回溯出最优路径：从终点 v_t 开始，找到其前置结点 $\text{BP}(v_t) = v_e$，再找到 v_e 的前置结点 $\text{BP}(v_e) = v_b$，最后发现 v_b 的前置结点即为 v_s，这就形成了经过 4 个结点、长度为 3 的最优路径 $v_s \to v_b \to v_e \to v_t$。

Algorithm 11 深度优先搜索算法
Input:
    v_s: 起点
    v_t: 终点
    O: Open 表（栈结构实现）
    VIS: 结点状态表
    BP: 反向指针表
    G: 图结构 $G(V, E)$
Output:
    布尔值，是否找到由 v_s 到 v_t 的路径

1: 清空栈形式的 Open 表 O
2: 将所有结点的状态 VIS(v) 初始化为 NEW
3: 将起点 v_s 压入 O 的栈顶
4: VIS$(v_s) \leftarrow$ OPEN

5: **while** $O \neq \varnothing$ **do**
6:     从 O 中取出栈顶结点 v
7:     VIS$(v) \leftarrow$ CLOSED
8:     **if** $v = v_t$ **then**
9:         **return** True
10:     **end if**

    {扩展结点 v:}
11:     **for all** $u \in V$ and $(v, u) \in E$ **do**
12:         **if** VIS(u) = NEW **then**
13:             VIS$(u) \leftarrow$ OPEN
14:             BP$(u) \leftarrow v$
15:             将 u 压入 O 的栈顶
16:         **else**
17:             不做任何处理
18:         **end if**
19:     **end for**
20: **end while**

21: **return** False

    虽然深度优先搜索算法 (算法 11) 与广度优先搜索算法 (算法 10) 非常相似，甚至在示例中，两者得到了相同的搜索结果，但两种搜索算法流程仍切实地展示了两者的区别，其产生的搜索树也大相径庭。在深度优先搜索算法中，虽然在扩展结点 v_s 时，已经访问了结点 v_a，但在结点 v_b 的所有后续结点被访问完之前，结点 v_a 始终处于栈底，导致算法在找到终点并退出时，结点 v_a 仍无法被扩展。因此，深度优先搜索算法的策略是按搜索树"树枝"扩展，只有将一条从根结点到叶子结点上的所有结点都访问完毕，才会转向另一条路

径。因此，无论树有多宽，总是一侧的结点首先被遍历完全。

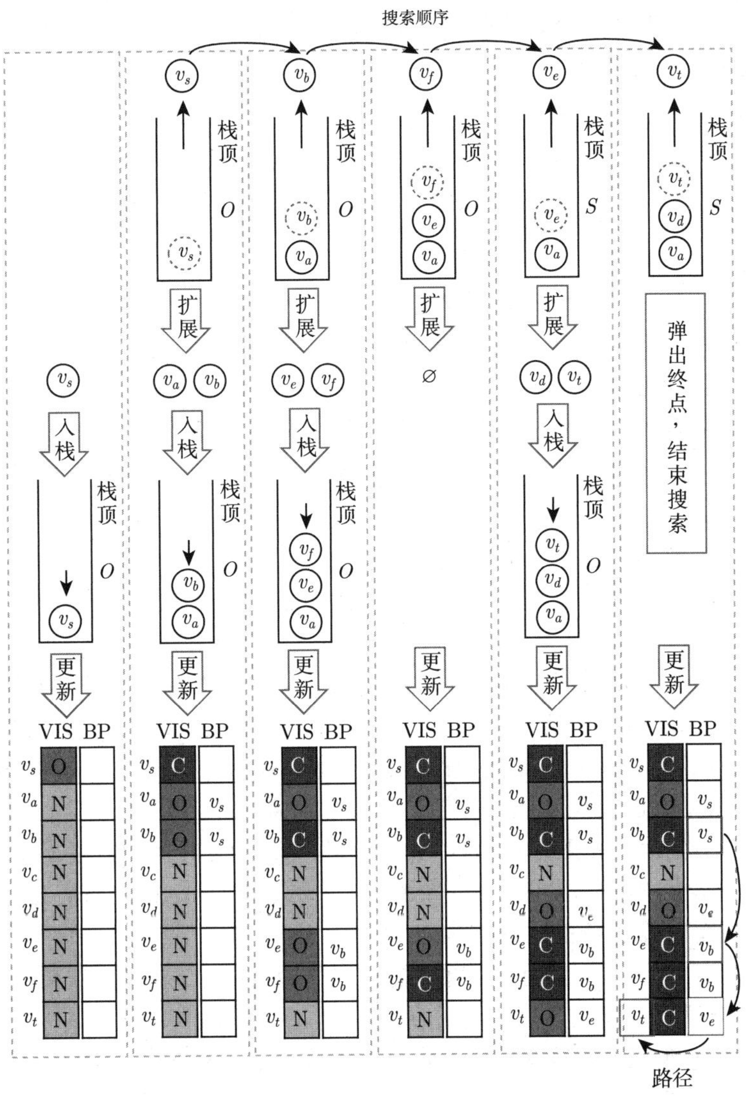

图 12.18　深度优先搜索算法流程示意图

深度优先搜索算法的空间消耗相对少于广度优先搜索算法，其无须在栈中保留大量浅层的结点，也能访问到深层的结点。但若终点被定于搜索起始侧的另一侧，则也会造成完整搜索树的遍历，时间消耗较大。因此，深度优先搜索算法对终点的位置同样较为敏感。值得一提的是，深度优先搜索算法不具有完全性，若搜索树的某一分支深度无限，则算法将一直循环无法到达另一分支的终点。此外，即使搜索树的边权值相同，也无法确保找到最优路径。读者可以尝试验证，若在步骤 2 时，结点 v_b 先于结点 v_a 被压入栈中，则会得到一条完全不同的从起点到终点的路径。在这个平行世界中，结点 v_b 将始终被压在栈底无法被扩展，最终得到的路径要长于在示例中得到的路径。因此，在实际应用中较少使用深度优先搜索算法寻找路径。

广度优先搜索算法和深度优先搜索算法都相对容易实现，但两者的效率都比较低，且都无法在搜索树的边权值不同时确保找到最优路径。下面将要讲述的迪杰斯特拉算法在一定程度上解决了上述问题。

12.5.4 迪杰斯特拉算法

迪杰斯特拉（Dijkstra）算法由荷兰的计算机科学家 Edsger Dijkstra 于 1959 年提出，因而以其姓氏命名该算法。该算法解决带权图（边权值不为负数）的最短路径问题，是路径规划中最常使用的全局算法之一。迪杰斯特拉算法的搜索顺序类似广度优先搜索算法，基于贪心的基本思想搜索带权图，即从起点开始，优先扩展离起点最近的路径，直到寻找到终点。在此过程中，该算法设计了一种称为 “松弛” 的操作，考察对于路径 $u \to v$，是否存在一个中转点 x，使得经过结点 x 的路径 $u \to x \to v$ 的距离更小。由于从本小节开始的算法均面向带权图搜索，因此我们为带权图的边引入一个新属性。

- $c(u,v)$：表示有向边 $u \to v$ 的边权值。在无向图中，若 u、v 两个结点有无向边相连，则有 $c(u,v) = c(v,u)$。

同样地，为带权图的结点引入两个新属性。

- $h_G(v)$：指起点到结点 v 的代价估算值。在迪杰斯特拉算法中，该属性直观地表示为 “在当前的探索情况下，从起点到结点 v 所经过的边权值总和”。
- $h_O(v)$：指结点 v 在进入 Open 表以后的最小代价估算值。该值会随着算法的推进而更新，从而保证当将结点 v 从 Open 表中取出并标记为 CLOSED 状态时，$h_O(v)$ 维护的是从起点到结点 v 的最优代价估算值 (最小代价估算值)。在迪杰斯特拉算法中，最小代价估算值是指从起点到结点 v 的最小距离。

迪杰斯特拉算法表述一般采用两种方法：永久标记和临时标记方法，以及 Open-Close 表方法。为统一本章的算法形式，这里采用后者，如算法 12(Algorithm 12) 所示。与前文算法类似，仍设置 3 个关键的数据结构。

- **Open 表** O：Open 表 O 用于存储仍需扩展处理的结点。在迪杰斯特拉算法中，Open 表 O 的实现形式通常是一个 “优先队列”。与朴素的队列不同，其拥有特殊的结点获取规则：在迪杰斯特拉算法中，规定首先获取 $h_O(v)$ 值最小的结点。
- **Close 表**（VIS）：Close 表用于存储已经找到最短路径、不会被再次处理的结点。在算法 12 中用 VIS 来实现 Close 表的功能，其维护结点的 3 种状态：NEW、OPEN、CLOSED。
- **反向指针表** BP：与前文算法类似，反向指针表 BP 用于回溯最短路径。值得注意的是，在深度优先搜索算法和广度优先搜索算法中，处于 OPEN 状态的结点不会被再次更新，因此在某一结点被第一次赋予 BP 值后，该值即不再改变；然而，在迪杰斯特拉算法中，处于 OPEN 状态的结点可能会有 $h_O(v)$ 值的更新，在此情况下，BP 值也会被同步更新。从前文算法流程可以看出，BP 反映了搜索树的结构。因此可以发现，迪杰斯特拉算法在构建搜索树的过程中，其构建完毕的结构是可能有变化的。

Algorithm 12 迪杰斯特拉算法

Input:
  v_s: 起点
  v_t: 终点
  O: Open 表（优先队列结构实现）
  VIS: 结点状态表
  BP: 反向指针表
  G: 图结构 $G(V, E)$

Output:
  布尔值，是否找到由 v_s 到 v_t 的路径

1: 清空 Open 表 O
2: 将所有结点的状态 VIS(v) 初始化为 NEW
3: 初始化结点属性 h_G 与 h_O 为 0
4: 将起点 v_s 放入 O 中
5: $h_G(v_s) \leftarrow 0$
6: $h_O(v_s) \leftarrow 0$
7: VIS$(v_s) \leftarrow$ OPEN
8: **while** $O \neq \varnothing$ **do**
9:   从 O 中获取 h_O 值最小的结点 v
10:   VIS$(v) \leftarrow$ CLOSED
11:   **if** $v = v_t$ **then**
12:     **return** True
13:   **end if**
    {扩展结点 v:}
14:   **for all** $u \in V$ and $(v, u) \in E$ **do**
15:     cost $= h_G(v) + c(v, u)$
16:     **if** VIS$(u) =$ NEW **then**
17:       VIS$(u) \leftarrow$ OPEN
18:       BP$(u) \leftarrow v$
19:       将 u 插入 O 中
20:       $h_O(u) \leftarrow$ cost
21:       $h_G(u) \leftarrow$ cost
22:       根据 h_O 值由小到大重排 O 中结点的顺序
23:     **else**
24:       **if** VIS$(u) =$ OPEN and cost $< h_O(u)$ **then**
25:         BP$(u) \leftarrow v$
26:         $h_O(u) \leftarrow$ cost
27:         $h_G(u) \leftarrow$ cost
28:         根据 h_O 值由小到大重排 O 中结点的顺序
29:       **end if**
30:     **end if**
31:   **end for**
32: **end while**
33: **return** False

考虑如图 12.19 所示的带权图结构，起点为 v_s，终点为 v_t。迪杰斯特拉算法流程示意图如图 12.20 所示，我们根据此图进行算法流程的解释。

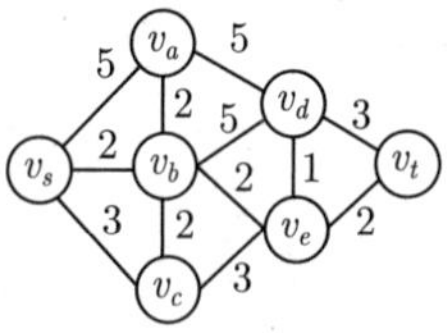

图 12.19 带权图结构

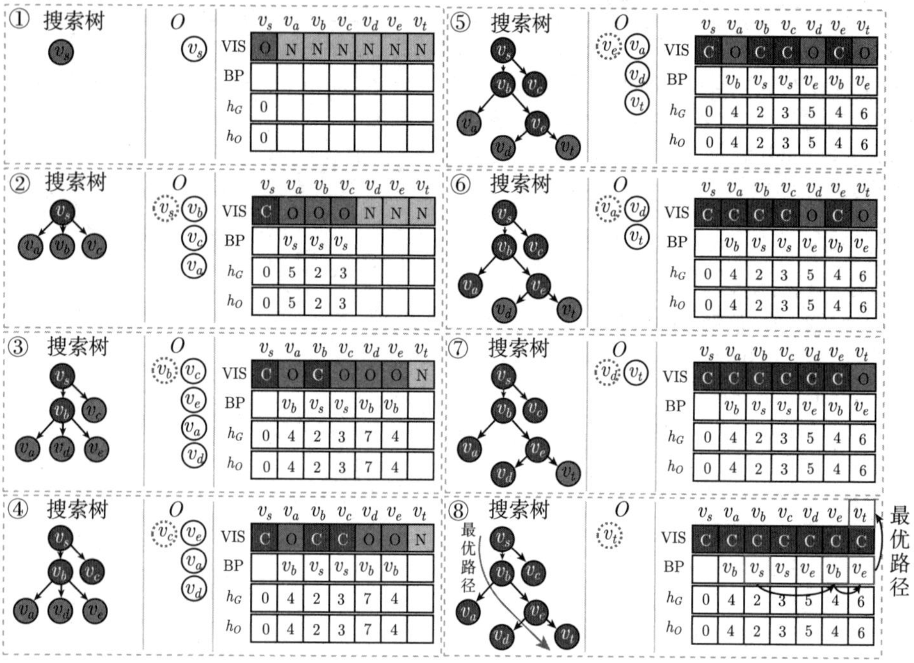

图 12.20 迪杰斯特拉算法流程示意图

- **步骤 1**：在算法初始化完成后，将起点 v_s 放入 O 中，并将 VIS(v_s) 设置为 OPEN。由于 v_s 到达自身的最小距离为 0，因此将 $h_G(v_s)$ 和 $h_O(v_s)$ 均设置为 0。
- **步骤 2**：此时 O 非空，需要扩展 O 中的结点。将 O 中仅有的起点 v_s 取出并从 O 中删除，标记为 CLOSED 状态，不会被再次处理。进入扩展结点 v_s 的循环。在循环中，所有起点 v_s 的邻居结点 v_a、v_b、v_c 都被更新为 OPEN 状态，且由于它们是通过扩展 v_s 而被处理的，因此它们的前置结点 BP(v_a)、BP(v_b)、BP(v_c) 都被设置为 v_s。相应地，在搜索树中，v_a、v_b、v_c 的父结点均为 v_s。将 3 个邻居结点插入 O 中，由于它们都为刚转变为 OPEN 状态的结点，因此 h_O 值和 h_G 值都被直接设置为 $h_O(v)$ 加上 v 到各自结点的边权值，意味着对于新插入的结点，其到达起点的最小距离即为其前置结点 v 到起点的最小距离加上从 v 走到自身的距离，符合直观感受。
- **步骤 3**：O 仍然非空，继续扩展 O 中的结点。此时根据优先队列的出队规则，取出 h_O 值最小的结点。此时 $h_O(v_b) = 2$ 最小，所以将结点 v_b 取出，标记为 CLOSED

状态。扩展结点 v_b，其所有处于 NEW 状态的邻居结点 v_d、v_e 被更新为 OPEN 状态，设置前置结点为 v_b，且 $h_O(v_e) = h_O(v_b) + c(v_b, v_e) = 2 + 2 = 4$，$h_O(v_d) = h_O(v_b) + c(v_b, v_d) = 2 + 5 = 7$，$h_G$ 值更新同理。此时注意，同样需要考虑 v_b 所有处于 OPEN 状态的邻居结点是否需要更新。符合条件的结点有 v_a、v_c。对于结点 v_c，由于 $h_O(v_b) + c(v_b, v_c) = 2 + 2 = 4 > h_O(v_c) = 3$，意味着从结点 v_b 绕路至 v_c，比直接到 v_c 的代价要大，因此不更新 v_c 的相关属性。相反地，对于结点 v_a，$h_O(v_b) + c(v_b, v_a) = 2 + 2 = 4 < h_O(v_a) = 5$，意味着从结点 v_b 绕路至 v_a，比直接到 v_a 的代价还要小 1。因此，需要将 v_a 的前置结点从 v_s 更新为 v_b，表明令其从 v_b 绕路，同时更新 h_G 值与 h_O 值为更小的距离值。对于 v_b 剩余的邻居结点 v_s，其已处于 CLOSED 状态，意味着不可能再出现比当前路径更优的路径，因此不再处理此结点。本步骤所有结点处理完毕后，对 O 中的结点重新排列顺序，使其符合 h_O 值由小到大的排列准则。排列后的顺序为 v_c、v_e、v_a、v_d。

- **步骤 4：** 从 O 中取出 h_O 值最小的结点 v_c，标记为 CLOSED 状态。此时没有状态为 NEW 的邻居结点需要扩展，但需要判断处于 OPEN 状态的邻居结点 v_e 是否需要更新。由于 $h_O(v_c) + c(v_c, v_e) = 3 + 3 = 6 > h_O(v_e) = 4$，绕路经过 v_c 只能使得距离更大，因此不需要更新。
- **步骤 5：** 从 O 中取出 h_O 值最小的结点 v_e，标记为 CLOSED 状态。其存在处于 NEW 状态的邻居结点 v_t，将其更新状态并插入 O 中，设置前置结点为 v_e，设置 $h_G(v_t) = h_O(v_t) = h_O(v_e) + c(v_e, v_t) = 4 + 2 = 6$。随后，判断 v_e 的处于 OPEN 状态的邻居结点 v_d 是否需要更新。由于 $h_O(v_e) + c(v_e, v_d) = 4 + 1 = 5 < h_O(v_d) = 7$，因此需要更新 v_d 的相关属性。完成更新后，对 O 中的结点重新排列顺序，排列后的顺序为 v_a、v_d、v_t。这里要注意，与广度优先搜索算法和深度优先搜索算法不同，在扩展时遇到 v_t，不能直接结束算法。因为处于 OPEN 状态的 v_t 可能还会被更新，直到其变为 CLOSED 状态才能结束算法。
- **步骤 6：** 从 O 中取出 h_O 值最小的结点 v_a，标记为 CLOSED 状态。判断处于 OPEN 状态的邻居结点 v_d 是否需要更新。因 $h_O(v_a) + c(v_a, v_d) = 4 + 5 = 9 > h_O(v_d) = 5$，故无须更新。
- **步骤 7：** 从 O 中取出 h_O 值最小的结点 v_d，标记为 CLOSED 状态。判断处于 OPEN 状态的邻居结点 v_t 是否需要更新。因 $h_O(v_d) + c(v_d, v_t) = 5 + 3 = 8 > h_O(v_t) = 6$，故无须更新。
- **步骤 8：** 从 O 中取出 h_O 值最小的结点 v_t，终点标记为 CLOSED 状态，算法返回 True。此时，从最后的 BP 及搜索树中皆可以回溯出最优路径：从终点 v_t 开始，找到其前置结点 $\mathrm{BP}(v_t) = v_e$，再找到 v_e 的前置结点 $\mathrm{BP}(v_e) = v_b$，最后发现 v_b 的前置结点即为 v_s，这就形成了经过 4 个结点、长度为 $h_O(v_t) = 6$ 的最优路径 $v_s \to v_b \to v_e \to v_t$。

从上述流程读者可能已经发现，h_O 与 h_G 在迪杰斯特拉算法中是等价的。原因主要有 3 个：其一，优先队列比较的 h_O 值即为当前最优路径 h_G 值，两者含义相同；其二，在该算法中，被标记为 CLOSED 状态的结点不会被再次修改；其三，在该算法的执行过程中，图结构是没有变化的。本章后续介绍的 A* 算法和 D* 算法将突破上述部分限制，使得 h_O

与 h_G 有着明确的分工。然而，为了算法的前后一致性，我们决定在此处同时保留两者。读者在实现基于迪杰斯特拉算法的路径规划代码时，可以免去构造其中的一种。

从最后的 BP 与 h_O 可以看出，迪杰斯特拉算法能够获取起点到终点的最短路径，同时在这个过程中，能够顺便得出所有长度不大于该最短路径值的其他结点的最优路径。由于和广度优先搜索算法类似，因此迪杰斯特拉算法也具有完全性，即若起点和终点处于一个连通图内，则一定能够找到从起点出发到终点的最优路径。但由于该算法仍为全局搜索算法，且优先处理距离起点较近的方案，直到搜索至终点才可停止，因此其同样具有与广度优先搜索算法相同的缺点，即当起点与终点相距较远，且图的规模较大时，其空间与时间消耗较大。在最差的情况下，同样需要遍历所有的结点和边，才能找到最优路径。

12.5.5 A* 算法

前文所讲述的 3 种算法效率低下的原因之一是不考虑终点所处的位置，仅从起点盲目探索。下面讲述的 A* 算法通过简单的改进，实现对地图的启发式采样，以有效地解决上述问题。

A* 算法与迪杰斯特拉算法的区别仅在于 h_O 值的计算方法。在迪杰斯特拉算法中，对于前置结点为 v 的结点 u，其 h_O 值的计算依据是 $h_O(u) = h_G(v) + c(v, u)$，这种方法仅考虑过去而不考虑未来。事实上，在实际的路径规划任务中，终点所处的位置是可以被有效利用的。A* 算法通过估算结点 u 到终点的距离，将 h_O 值的计算依据变更为 $h_O(u) = h_G(v) + c(v, u) + f(u, v_t)$，其中 $f(u, v_t)$ 即为根据估算方法（通常被称为启发式方法）估算的结点 u 到终点的距离。根据实际的地图，估算方法有多种。

为了方便说明，本小节采用如图 12.21(a) 所示的经单元分解法处理后的网格地图进行算法的解释。在此地图中，白色单元格表示机器人能够正常移至此处的单元格；黑色单元格表示障碍物，机器人无法移动到此处，也无法直接越过障碍物到达另一边。处于白色单元格上的机器人能够朝 8 个相邻或对角（上、下、左、右、左上、左下、右上、右下）的白色单元格移动。其中，向相邻单元格移动的代价设置为 1，向对角单元格移动的代价设置为 1.4($\sqrt{2}$ 保留一位小数)。单元格的坐标以 (行, 列) 的形式表示，行、列的起始坐标均为 1。比如，起点 v_s 位于坐标为 $(4,2)$ 的单元格，终点 v_t 位于坐标为 $(1,5)$ 的单元格。通过上述设置，图 12.21(a) 可以抽象成如图 12.21(b) 所示的无向图结构，其中的每一个结点对应着一个相应位置的单元格。在本小节与下一小节 D* 算法的介绍中，“单元格”与“结点”含义等价，可互换使用。

A* 算法如算法 13 (Algorithm 13) 所示。可以看出，A* 算法与迪杰斯特拉算法的差别仅在于第 6、20、24、26 行。在 A* 算法中，h_O 值的计算除了需要考虑从起点到当前结点 u 的距离 $h_G(v) + c(v, u)$，还需要考虑从当前结点 u 到终点的估算距离 $f(u, v_t)$。前者的计算方法同迪杰斯特拉算法，而后者的计算方法有多种。比如：

- **欧氏估算距离**：直接计算当前结点 u 的坐标与终点 v_t 的坐标之间的欧氏距离 $\sqrt{(x_u - x_t)^2 + (y_u - y_t)^2}$。在图 12.21(a) 中，起点 v_s 到终点 v_t 的欧氏估算距离为 $\sqrt{(4-1)^2 + (2-5)^2} \approx 4.243$。
- **曼哈顿估算距离**：计算当前结点 u 与终点 v_t 之间水平距离和垂直距离的总和 $|x_u - x_t|$

$+|y_u-y_t|$。在图 12.21(a) 中，起点 v_s 到终点 v_t 的曼哈顿估算距离为 $|4-1|+|2-5|=6$。本小节采用曼哈顿估算距离进行说明。

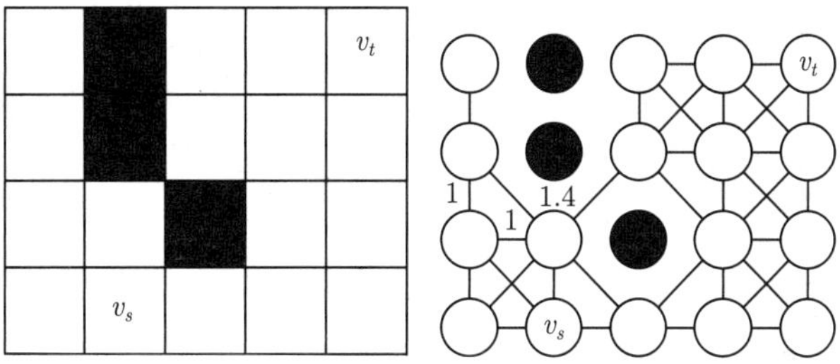

(a) 网格地图　　(b) 网格地图抽象成的无向图结构

图 12.21　用于 A* 算法的地图示例

针对图 12.21(a)，A* 算法流程示意图如图 12.22 所示。在图 12.22 中，对于每个非 NEW 状态的单元格 (结点) 中的圆形图案，其底色表示了该单元格的状态（浅灰色表示 OPEN 状态，深灰色表示 CLOSED 状态），其包含的箭头指向其前置结点；每个非 NEW 状态的单元格中均有两个数字，左下角的数字表示 h_O，右下角的数字表示 h_G。我们根据图 12.22 进行算法流程的解释。

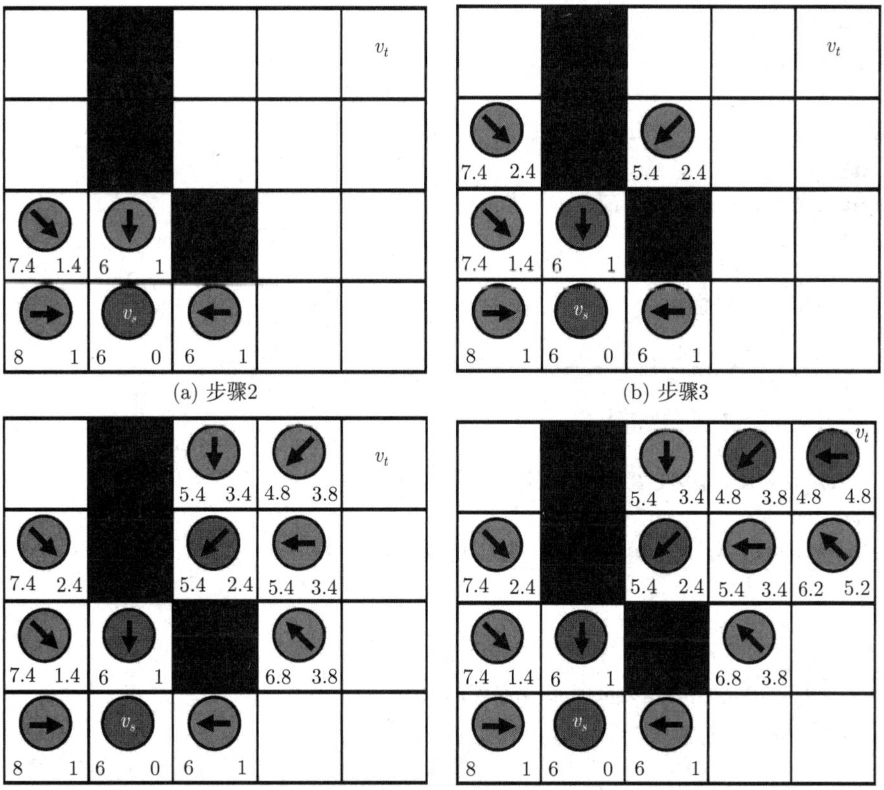

(a) 步骤2　　(b) 步骤3

(c) 步骤4　　(d) 步骤5与步骤6

图 12.22　A* 算法流程示意图

Algorithm 13 A* 算法

Input:
- v_s: 起点
- v_t: 终点
- O: Open 表（优先队列结构实现）
- VIS: 结点状态表
- BP: 反向指针表
- G: 图结构 $G(V, E)$

Output:
布尔值，是否找到由 v_s 到 v_t 的路径

1: 清空 Open 表 O
2: 将所有结点的状态 VIS(v) 初始化为 NEW
3: 初始化结点属性 h_G 与 h_O 为 0
4: 将起点 v_s 放入 O 中
5: $h_G(v_s) \leftarrow 0$
6: $h_O(v_s) \leftarrow f(v_s, v_t)$
7: VIS(v_s) $\leftarrow$ OPEN
8: **while** $O \neq \varnothing$ **do**
9:     从 O 中获取 h_O 值最小的结点 v
10:     VIS(v) $\leftarrow$ CLOSED
11:     **if** $v = v_t$ **then**
12:         **return** True
13:     **end if**
        {扩展结点 v:}
14:     **for all** $u \in V$ **and** $(v, u) \in E$ **do**
15:         cost $= h_G(v) + c(v, u)$
16:         **if** VIS(u) = NEW **then**
17:             VIS(u) $\leftarrow$ OPEN
18:             BP(u) $\leftarrow v$
19:             将 u 插入 O 中
20:             $h_O(u) \leftarrow$ cost $+ f(u, v_t)$
21:             $h_G(u) \leftarrow$ cost
22:             根据 h_O 值由小到大重排 O 中结点的顺序
23:         **else**
24:             **if** VIS(u) = OPEN **and** cost $+ f(u, v_t) < h_O(u)$ **then**
25:                 BP(u) $\leftarrow v$
26:                 $h_O(u) \leftarrow$ cost $+ f(u, v_t)$
27:                 $h_G(u) \leftarrow$ cost
28:                 根据 h_O 值由小到大重排 O 中结点的顺序
29:             **end if**
30:         **end if**
31:     **end for**
32: **end while**
33: **return** False

- **步骤 1**：在算法初始化完成后，将起点 v_s 放入 O 中，并将 VIS(v_s) 设置为 OPEN。由于 v_s 到达自身的最小距离为 0，因此将 $h_G(v_s)$ 设置为 0；v_s 到达终点的曼哈顿估算距离为 6，因此 $h_O(v_s) = h_G(v_s) + f(v_s, v_t) = 6$。事实上，$h_O(v_s)$ 对起点没有影响，因为第一次从 O 中取出的结点一定为起点。
- **步骤 2**：将起点 v_s 从 O 中取出，标记为 CLOSED 状态，并处理其 4 个连通的邻居结点，它们原来都处于 NEW 状态，现在都被更新为 OPEN 状态。对于每一个邻居结点 u，直接通过计算 $h_G(v) + c(v, u)$ 更新 $h_G(u)$ 值，$h_O(u)$ 值则需要考虑估算距离，设置为 $h_G(u) + f(u, v_t)$。
- **步骤 3**：与迪杰斯特拉算法的 h_O 值不同，A* 算法从 O 中获取结点的依据 h_O 值包含估算距离，因此在 A* 算法中，被首先取出的不是离起点最近的结点，而是离起点的距离 + 到终点的估算距离最小的结点，即结点 (3,2)，将其标记为 CLOSED 状态，并处理其邻居结点 (2,1) 与 (2,3)。同时，对于已在 O 中的邻居结点 (4,1)、(3,1) 与 (4,3)，需要考虑是否经由结点 (3,2) 能够获得更小的 h_O 值（因为 f 值不会变，所以比较时无须考虑）。由于三者绕路结点 (3,2) 后 h_O 值均变大，因此都不更新。
- **步骤 4**：从该步骤可以看出 A* 算法相对于迪杰斯特拉算法的明显区别。在迪杰斯特拉算法中，该步骤需要从 O 中取出的结点为离起点最近的结点，如结点 (4,1) 与 (4,3)。然而，A* 算法认为距离终点较近的结点也需要被提高优先级，两者应综合考虑。因此，在该步骤中，被取出的是 h_O 值最小的结点 (2,3)，将其标记为 CLOSED 状态，并处理其邻居结点。
- **步骤 5**：此时，O 中 h_O 值最小的结点是结点 (1,4)，将其标记为 CLOSED 状态，并处理其邻居结点。
- **步骤 6**：终点的 h_O 值为 4.8，在 O 中最小。因此，终点被取出，算法结束。

从上述流程可以看出，A* 算法认为距离终点较远的结点的扩展价值较低，因此在一定程度上避免了搜索树的过度扩展。在如图 12.22(d) 所示的最终状态中，可以看出被访问的结点皆紧密地“围绕”在最优路径周围，使得在算法结束时，仍有较多未被扩展的结点。我们同样给出迪杰斯特拉算法针对图 12.21(a) 的处理结果，如图 12.23 所示。可以看出，该结果与广度优先搜索算法的思想一致，在到达终点之前，所有比终点距离起点更近的结点都被扩展了。

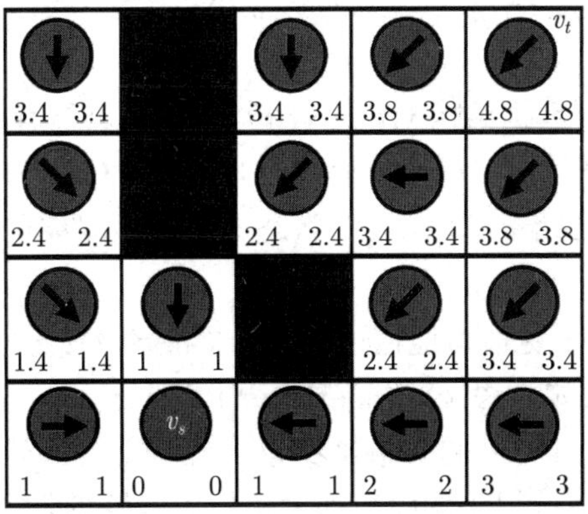

图 12.23　迪杰斯特拉算法针对图 12.21(a) 的处理结果

当图的规模较大时，A* 算法与迪杰斯特拉算法在计算资源消耗方面将体现出明显差距。此外，需要注意一点，A* 算法在 f 值过大时找到的可能不是最优解，而迪杰斯特拉算法能够保证最后获得的一定是最优解。

12.5.6 D* 算法

请读者思考一个问题：如果机器人在向终点前进的过程中，前方突然出现了障碍物，或者地图是随着机器人的走动而逐步可见的，该如何规划前进路线？

解决上述问题的一种简单的方法是重规划（Replanner）方法，即地图每更新一次，就重新运行一次图搜索算法，如迪杰斯特拉算法或 A* 算法。显然，这种方法虽然仍能找到通往终点的路径，但性能较差，尤其是当地图较大、终点离起点较远时，计算消耗会不可接受。这就揭示了前文所介绍算法的一个关键问题：它们所处理的都是静态地图，即利用图搜索算法规划完路径后，地图环境不会再随着机器人的移动而改变。然而，在实际情况下，地图环境更可能是随时在发生变化的，如居家机器人在移动过程中，可能会遇到人和宠物的阻挡，以及家具摆设发生变化的情况。

本小节将介绍一种思路类似 A* 算法，但较为高效的动态地图路径规划算法，以解决上述问题。该算法称为 D* 算法或 Dynamic A* 算法，由 Anthony Stentz 于 1994 年提出，其在功能上等价于 A* 重规划方法。与直接采用 A* 算法更新整个地图的状态不同，D* 算法通过维护新的状态 RAISE 和 LOWER，实现路径的局部更新，大幅提升重规划效率。

值得一提的是，D* 算法与前述算法有一个重要的区别：其搜索路径的过程是反向的，即从终点开始向起点进行扩展。此种做法是合理的，因为若机器人在寻路过程中遇到了地图变化，则变化点之前需要调整的结点状态一般多于变化点之后还未访问的，反向的构建方式倾向于进行更少的结点状态重调，实现更有效率的重规划。因此，本小节中的符号约定需要进行一些更改。

- **反向指针表** BP：由于 D* 算法是反向构造路径的，因此 $\mathrm{BP}(u) = v$ 指结点 u 是结点 v 的前置结点；终点不设置 BP 值。
- $c(u, v)$：表示有向边 $v \to u$ 的边权值。
- $h_G(v)$：指结点 v 到终点的代价估算值。
- $h_O(v)$：指结点 v 在进入 Open 表以后的最小代价估算值，衡量范围也是从结点 v 到终点。

除此之外，剩余的重要数据结构 Open 表 O 和 VIS 仍具有相同的含义。虽然 D* 算法引入两种新的状态，但 VIS 仍然仅记录 NEW、OPEN、CLOSED 这 3 种状态。但需要注意的是，在 D* 算法中，已处于 CLOSED 状态的结点可能被重新放入 Open 表 O 中，变为 OPEN 状态。

D* 算法较为复杂，为了更清晰地描述，本小节将该算法分解为若干个算法。首先介绍的是 D* 算法的整体流程，如算法 14 (Algorithm 14) 所示。D* 算法主要分为两部分。第一部分是基于初始化算法 InitPath 的初始化步骤，其作用在于对已知地图的全局路径规划。若地图不再改变，则第一部分得到的路径即为机器人寻路的最优路径。第二部分则是寻路部分：若地图未改变，则机器人按照 BP 指示的路径前进；若地图发生改变，则进行地图的更新及路径的局部重规划，直至到达终点。

Algorithm 14 D* 算法

Input:
  v_s: 起点
  v_t: 终点
  O: Open 表（优先队列结构实现）
  VIS: 结点状态表
  BP: 反向指针表
  G: 图结构 $G(V, E)$

Output:
  布尔值，是否找到从 v_s 到 v_t 的路径

1: 将 VIS 维护的所有结点状态初始化为 NEW
2: $h_G(v_t) \leftarrow 0$
3: Insert($v_t, h_G(v_t), O$, VIS)
4: Reached ← InitPath(v_s, O, VIS, BP, G)
5: **if not** Reached **then**
6:     **return** False
7: **end if**
8: $v_{\text{cur}} \leftarrow v_s$
9: **while** $v_{\text{cur}} \neq v_t$ **do**
10:    **if** BP(v_{cur}) 的状态发生改变 **then**
11:        ModifyGraph(BP(v_{cur}), newcost, O, VIS, G)
12:        Reached ← Replan(v_{cur}, O, VIS, BP, G)
13:        **if not** Reached **then**
14:            **return** False
15:        **end if**
16:    **end if**
17:    $v_{\text{cur}} = $ BP(v_{cur})
18: **end while**
19: **return** True

算法 15 (Algorithm 15) 展示了初始化算法 InitPath。在该算法中，出现了 D* 算法中最为核心的状态调整算法 ProcessOneState[详见算法 18 (Algorithm 18)]，用于对 Open 表 O 中的最小代价结点进行标记和扩展。初始化步骤中的 ProcessOneState 算法如算法 18 的第 12 行至 17 行所示，处理所有状态为 NEW 且为 LOWER 状态的结点。直观地说，这种处理使得初始化步骤等价于从终点到起点的迪杰斯特拉算法。具体地，结合详细的插入算法 Insert[详见算法 16(Algorithm 16)]，可以发现在初始化步骤中，ProcessOneState 算法只是将每个被扩展的邻居结点 u 的 h_G 值和 h_O 值都更新为 $h_G(v) + c(v, u)$，并设置后继结点为 v。这与迪杰斯特拉算法（算法 12）保持一致。

当一个结点状态改变后，这个结点及所有需要通过这个结点才能到达终点的前置结点都需要被重新规划。在算法 14 中，首先，通过 while 循环到达变化结点的前置结点位置；然后，通过图结构调整算法 ModifyGraph[详见算法 19 (Algorithm 19)]，修改这个结点所

有邻居结点的边权值，并把邻居结点放入 Open 表 O 中，这其中就包括 BP 直接指向这个结点的所有结点；最后，通过重规划算法 Replan[详见算法 20 (Algorithm 20)] 沿着路径往起点方向修正。由于地图一般为无向图，所以在 ModifyGraph 算法中，需要对一条边的两个方向皆进行修正。在图结构调整算法 ModifyGraph 中用到的图结构边权值调整算法 ModifyCost 如算法 17 (Algorithm 17) 所示。

Algorithm 15 初始化算法：InitPath(v_s, O, VIS, BP, G)

Input:

v_s: 起点

O: Open 表

VIS: 结点状态表

BP: 反向指针表

G: 图结构 $G(V, E)$

Output:

布尔值，是否找到从 v_s 到 v_t 的路径

while $\mathrm{VIS}(v_s) \neq \mathrm{CLOSED}$ **do**
    $h_O^{\min} = \mathrm{ProcessOneState}(G, O, \mathrm{VIS}, \mathrm{BP})$
    if $h_O^{\min} = -1$ **and** $\mathrm{VIS}(v_s) \neq \mathrm{CLOSED}$ **then**
        return False
    end if
end while
return True

Algorithm 16 插入算法：Insert(v, h_{new}, O, VIS)

Input:

v: 待插入 Open 表中的结点

h_{new}: 待插入结点的新 h 值

O: Open 表

VIS: 结点状态表

Output:

不返回

if $\mathrm{VIS}(v) = \mathrm{NEW}$ **then**
    $h_O(v) \leftarrow h_{\mathrm{new}}$
else if $\mathrm{VIS}(v) = \mathrm{OPEN}$ **then**
    $h_O(v) \leftarrow \mathrm{Min}(h_O(v), h_{\mathrm{new}})$
else if $\mathrm{VIS}(v) = \mathrm{CLOSED}$ **then**
    $h_O(v) \leftarrow \mathrm{Min}(h_G(v), h_{\mathrm{new}})$
end if
$h_G(v) \leftarrow h_{\mathrm{new}}$
$\mathrm{VIS}(v) \leftarrow \mathrm{OPEN}$
根据 h_O 值由小到大重排 O 中结点的顺序

在 Replan 算法中，ProcessOneState 算法会处理到各种状态的结点，其主要对 RAISE 状态和 LOWER 状态的结点区分处理。

- RAISE 状态：若一个结点的 h_O 值 $< h_G$ 值，则该结点处于 RAISE 状态。该状态在与邻居结点相连的边权值提升时出现。算法需要将处于 RAISE 状态的结点的 h_G 值尽可能调小，如令其绕开障碍物、选择更短的路径等。
- LOWER 状态：若一个结点的 h_O值 $= h_G$ 值，则该结点处于 LOWER 状态，该状态在与邻居结点相连的边权值降低时出现。算法需要判断让路径经过 LOWER 状态的结点时，是否能消耗更小的代价。

正是通过 RAISE 状态和 LOWER 状态的交替，D* 算法才能实现在地图变化时的局部高效修改。

Algorithm 17 图结构边权值调整算法：ModifyCost(v, u, cost, O, VIS)

Input:

v: 有向边的头结点
u: 有向边的尾结点
cost: 新的边权值
O: Open 表
VIS: 结点状态表

Output:

数值，Open 表 O 中表头结点的 h_O 值

$c(v,u) = \text{cost}$
if $\text{VIS}(v) = \text{CLOSED}$ **then**
  $\text{Insert}(v, h_G(v), O, \text{VIS})$
end if
return O 中表头结点的 h_O 值

Algorithm 18 状态调整算法：ProcessOneState(G, O, VIS, BP)

Input:

G: 图结构 $G(V,E)$
O: Open 表
VIS: 结点状态表
BP: 反向指针表

Output:

数值，O 中最小的 h_O 值

if $O = \varnothing$ **then**
  return -1
end if
取出 O 中的表头结点 v, $\text{VIS}(v) \leftarrow \text{CLOSED}$
if $h_O(v) < h_G(v)$ **then**
  for all $u \in V$ **and** $(u,v) \in E$ **do**
    if $\text{VIS}(u) \neq \text{NEW}$ **and** $h_G(u) \leqslant h_O(v)$ **and** $h_O(v) > h_O(u) + c(u,v)$ **then**
      $\text{BP}(v) \leftarrow u$, $h_G(v) \leftarrow h_G(u) + c(u,v)$
    end if
  end for
end if

12: **if** $h_O(v) = h_G(v)$ **then**
13:    **for all** $u \in V$ and $(u,v) \in E$ **do**
14:       **if** $\text{VIS}(u) = \text{NEW}$ **or**
            $(\text{BP}(u) = v$ and $h_G(u) \neq h_G(v) + c(v,u))$ **or**
            $(\text{BP}(u) \neq v$ and $h_G(u) > h_G(v) + c(v,u))$ **then**
15:          $\text{BP}(u) \leftarrow v$, $\text{Insert}(u, h_G(v) + c(v,u), O, \text{VIS})$
16:       **end if**
17:    **end for**
18: **else**
19:    **for all** $u \in V$ and $(u,v) \in E$ **do**
20:       **if** $\text{VIS}(u) = \text{NEW}$ **or**
            $(\text{BP}(u) = v$ and $h_G(u) \neq h_G(v) + c(v,u))$ **then**
21:          $\text{BP}(u) \leftarrow v$, $\text{Insert}(u, h_G(v) + c(v,u), O, \text{VIS})$
22:       **else**
23:          **if** $\text{BP}(u) \neq v$ and $h_G(u) > h_G(v) + c(v,u)$ **then**
24:             $\text{Insert}(v, h_G(v), O, \text{VIS})$
25:          **else if** $\text{BP}(u) \neq v$ and $h_G(v) > h_G(u) + c(u,v)$ **and**
              $\text{VIS}(u) = \text{CLOSED}$ and $h_G(u) > h_O(v)$ **then**
26:             $\text{Insert}(u, h_G(u), O, \text{VIS})$
27:          **end if**
28:       **end if**
29:    **end for**
30: **end if**
31: **return** O 中最小的 h_O 值

Algorithm 19 图结构调整算法：ModifyGraph(v, cost, O, VIS, G)

Input:
   v: 发生变化的结点
   cost: 新的边权值
   O: Open 表
   VIS: 结点状态表
   G: 图结构 $G(V, E)$

Output:
   不返回

1: **for all** $u \in V$ and $(u,v) \in E$ **do**
2:    ModifyCost(u, v, cost, O, VIS)
3: **end for**
4: **for all** $u \in V$ and $(v,u) \in E$ **do**
5:    ModifyCost(v, u, cost, O, VIS)
6: **end for**

Algorithm 20 重规划算法：Replan(v_{cur}, O, VIS, BP, G)

Input:

v_{cur}：当前状态结点

O: Open 表

VIS: 结点状态表

BP: 反向指针表

G: 图结构 $G(V, E)$

Output:

布尔值，是否找到从 v_{cur} 到 v_t 的路径

repeat

  $h_O^{\min} = \text{ProcessOneState}(G, O, \text{VIS}, \text{BP})$

until $h_O^{\min} \geqslant h_G(v_{\text{cur}})$ **or** $h_O^{\min} = -1$

return $\text{VIS}(v_{\text{cur}}) = \text{CLOSED}$

参考文献

[1] APARNA K, UMESH B. Overview of sensors for robotics[J]. ESRSA Publications, 2013,2(3).

[2] AHRENDT P. The multivariate Gaussian probability distribution[R]. Kongens Lyngby: IMM, Technical University of Denmark, 2005.

[3] BEN-ARI M, MONDADA F. Elements of robotics[M]. [S.l.]: Springer Nature, 2017.

[4] BISHOP C M, Pattern recognition and machine learning[M]. New York: Springer, 2006.

[5] 曹英善, 李英浩. Why? 新时期少年科普知识动漫百科全书: 机器人[M]. 郝光耀, 译. 北京: 世界知识出版社, 2007: 159.

[6] CHEN C H. Handbook of pattern recognition and computer vision[M]. 4th ed. Singapore: World Scientific, 2016.

[7] CHOSET H, LYNCH K M, HUTCHINSON S, et al. Principles of robot motion: theory, algorithms, and implementations[M]. Cambridge, Mass.: MIT Press, 2005.

[8] CINLAR E. Introduction to stochastic processes[M]. Englewood Cliffs, New Jersey: Prentice-Hall, Inc., 1975.

[9] CORKE P I. A robotics toolbox for MATLAB[J]. IEEE Robotics & Automation Magazine, 1996, 3(1):24-32.

[10] CORKE P I. The machine vision toolbox: a MATLAB toolbox for vision and vision-based control[J]. IEEE Robotics & Automation Magazine, 2005, 12(4):16-25.

[11] CORKE P I. Robotics, vision and control: fundamental algorithms in MATLAB[M]. Berlin: Springer, 2011.

[12] COROMINAS MURTRA A, MIRATS TUR J M. Map format for mobile robot map-based autonomous navigation[J]. Robotics and Autonomous Systems, 2008, 56(2): 187-197.

[13] DEEBA E, GUNAWARDENA A. Interactive linear algebra with Maple V[M]. New York: Springer-Verlag, 1998.

[14] FILLIAT D, MEYER J A. Map-based navigation in mobile robots. I. A review of localization strategies[J]. Cognitive Systems Research, 2003, 4(4):243-282.

[15] HONERKAMP J. Stochastic dynamical systems: concepts, numerical methods, data analysis [M]. New York: VCH Publishers, 1994.

[16] HUANG S, DISSANAYAKE G. Robot localization: an introduction[J]. Wiley Encyclopedia of Electrical and Electronics Engineering, 1999, 21:1-10.

[17] LAVALLE S M. Planning algorithms[M]. Cambridge, UK: Cambridge University Press, 2006.

[18] LAUWENS B, DOWNEY A B. Think Julia: how to think like a computer scientist[M]. Sebastopol, California: O'Reilly Media, Inc., 2019.

[19] LEDERER P S. Sensor handbook for automatic test, monitoring, diagnostic, and control systems applications to military vehicles and machinery[R]. Washington, D.C.: National Bureau of Standards, 1981.

[20] LEMONS D S. An introduction to stochastic processes in physics[M]. Baltimore, Maryland: Johns Hopkins University Press, 2002.

[21] LEBANON G. Probability: the analysis of data, volume 1[M]. Scotts Valley, California: CreateSpace Independent Publishing Platform, 2012.

[22] HORN B K P. Robot vision[M]. Cambridge, Mass.: MIT Press, 1986.
[23] JAMES G, WITTEN D, HASTIE T, et al. An introduction to statistical learning[M]. New York: Springer, 2013.
[24] JAYNES E T. Probability theory: the logic of science[M]. Cambridge, UK: Cambridge University Press, 2003.
[25] KURODA T. Essential principles of image sensors[M]. Boca Raton, Florida: CRC Press, 2017.
[26] LAVALLE S M. Sensing and filtering: a fresh perspective based on preimages and information spaces[J]. Foundations and Trends® in Robotics, 2012, 1(4):253-372.
[27] MUELLER A. Modern robotics: mechanics, planning, and control[J]. IEEE Control Systems Magazine, 2019, 39(6):100-102.
[28] MURPHY R R. Introduction to AI robotics[M]. 2nd ed. Cambridge, Mass.: MIT Press, 2019.
[29] MURRAY R M, LI Z X, SASTRY S S. A mathematical introduction to robotic manipulation [M]. Boca Raton, Florida: CRC Press, 1994.
[30] MURTRA A C. Map-based localization for urban service mobile robotics[D]. Barcelona: Universitat Politècnica de Catalunya (UPC), 2011.
[31] PETERSEN K B, PEDERSEN M S. The matrix cookbook[R]. Kongens Lyngby: Technical University of Denmark, 2008.
[32] PISHRO-NIK H. Introduction to probability, statistics, and random processes[M]. [S.l.]: Kappa Research, LLC, 2014.
[33] RIPKA P, TIPEK A. Modern sensors handbook[M]. London: ISTE, 2013.
[34] RUSSELL S J, NORVIG P. Artificial intelligence: a modern approach[M]. 3rd ed. Upper Saddle River, New Jersey: Pearson Education, Inc., 2010.
[35] SANZ P. Robotics: modeling, planning, and control[J]. IEEE Robotics & Automation Magazine, 2009, 16(4):101.
[36] SEEGER M. Gaussian processes for machine learning[J]. International Journal of Neural Systems, 2004, 14(2):69-106.
[37] SCHWARTZ M. Internet of things with the Arduino Yun[M]. Birmingham: Packt Publishing, 2014.
[38] SICILIANO B, KHATIB O. Springer handbook of robotics[M]. New York: Springer, 2008.
[39] SIEGWART R, NOURBAKHSH I R, SCARAMUZZA D. Introduction to autonomous mobile robots[M]. 2nd ed. Cambridge, Mass.: MIT Press, 2011.
[40] TABOGA M. Lectures on probability theory and mathematical statistics[M]. 3rd ed. Scotts Valley, California: CreateSpace Independent Publishing Platform, 2017.
[41] THRUN S, GUTMANN J S, FOX D, et al. Integrating topological and metric maps for mobile robot navigation: a statistical approach[C]//Proceedings of the Fifteenth National/Tenth Conference on Artificial Intelligence/Innovative Applications of Artificial Intelligence. Palo Alto, California: AAAI, 1998: 989-995.
[42] THRUN S, BURGARD W, FOX D. Probabilistic robotics[M]. Cambridge, Mass.: MIT Press, 2005.
[43] TZAFESTAS S G. Mobile robot control and navigation: a global overview[J]. Journal of Intelligent & Robotic Systems, 2018, 91(1):35-58.
[44] FRADEN J. Handbook of modern sensors: physics, designs, and applications[M]. 5th ed. New York: Springer, 2016.
[45] WANG D K, WATKINS C, XIE H K. MEMS mirrors for LiDAR: a review[J]. Micromachines, 2020, 11(5):456.

[46] WEST D M. The future of work: Robots, AI, and automation[M]. Washington, D. C.: Brookings Institution Press, 2018.

[47] WILSON J S. Sensor technology handbook[M]. Oxford, UK: Elsevier(Newnes), 2004.

[48] YANG C G, MA H B, FU M Y. Advanced technologies in modern robotic applications[M]. Singapore: Springer, 2016.

反侵权盗版声明